Redefining Aging,
Transforming Medicine,
Reimagining Life

Elderhood

银发世代

————————

重新定义老年

反思医疗体系

重构老年生活

［美］路易斯·阿伦森（Louise Aronson）_ 著

蒋一琦　张光磊　周哲 _ 译

中信出版集团 | 北京

图书在版编目（CIP）数据

银发世代：重新定义老年、反思医疗体系、重构老
年生活 /（美）路易斯·阿伦森著；蒋一琦，张光磊，
周哲译. -- 北京：中信出版社，2020.7（2025.4 重印）
　　书名原文：Elderhood:Redefining Aging,
Transforming Medicine, Reimagining Life
　　ISBN 978-7-5217-4325-8

　　I.①银⋯　II.①路⋯ ②蒋⋯ ③张⋯ ④周⋯　III.
①老年学－研究　IV.①C913.6

中国版本图书馆CIP数据核字（2022）第 079330 号

银发世代：重新定义老年、反思医疗体系、重构老年生活
著者：　　　[美]路易斯·阿伦森
译者：　　　蒋一琦　张光磊　周哲
出版发行：中信出版集团股份有限公司
　　　　　（北京市朝阳区东三环北路 27 号嘉铭中心　邮编　100020）
承印者：　　嘉业印刷（天津）有限公司

开本：787mm×1092mm　1/16　　　印张：30.75　字数：400 千字
版次：2022 年 7 月第 1 版　　　　印次：2025 年 4 月第 3 次印刷
京权图字：01-2020-3495　　　　　书号：ISBN 978-7-5217-4325-8
　　　　　　　　　定价：99.00 元

推荐序

进入工业时代以来，人类的寿命极大地延长了。WHO（世界卫生组织）数据显示，2019 年与 2000 年比较，人均预期寿命增加了 6 岁，但是健康寿命增加了 5 岁；根据预测，未来 20 年，预期寿命仍将增加 5 岁。尽管寿命延长，我们也比农业时代的人类更加健康，但是疾病、失能和死亡仍是不可回避的问题。大多数慢性非传染性疾病是年龄相关性疾病（老年病），是带来疾病负担的主要医学问题，在 10 大死亡病因中占据 7 项。由于衰老和老年病共享同样的病生理机制，75 岁以上的年长老年人带病生存已经成为常态，单病指南对于复杂多病、功能减退的老年人的作用很有限，老年人身处的社区家庭和医护支持系统给日常生活活动（Activities of Daily Life，ADL，反映了功能状态）也带来很大影响。慢性病稳定即可，医疗保健系统从 20 世纪关注疾病诊疗转向维护健康状态，从"器官疾病为中心"转为"以人为本"的个体化、整合式医护照料，并需要医院内外无缝隙联接的全程管理，目标就是支持老年人居家生活自理，提高老年人及其亲友的生活质量。目前，我国的医保支付仍然主要支付住院急性医疗，并大量花费在生命末期的无效医疗上。将死亡纳入医疗体系，延长的是死亡过程，我们需要改变这种情况吗？从另一个角度看，死亡也是一段关系的结束，我们却没有学过，也无暇关注对老人和亲友双方的社会、心理及灵性照顾。WHO 在 2015 年提出健康老龄化，在老年人功能良好期、疾病和衰弱期、生命末期和失能期三个阶段，从合适的医疗、适老化环境及建立长期照护体系三个方面给出建议；并呼吁在所有医护从业人员的岗前和岗后教育中都纳入老年学和老年医学的基础知识。作为内科医生，我们在医学院学过的儿科、外科知识，可能工作中很少用到，但是我们面对的患者中 2/3 是老年人，但我们没有接受过老年医学培训，我们制定的医疗目标和老人及其亲友的目标可能都不一样，我们是否花时间了解过患者的意愿是什么？通过有效沟通，达成相互理解，共同制定医疗决策，最好的方案就是符合老人心愿的方案，在老人希望的住所提供合适的医护照料，减少医源性伤害，降低负担，这也会提高亲友的生活质量和满意度。所以，在适应人口老龄化需求的医疗改革中，老年医学科是先锋队；所有医护从业者也都不会置身度外，我们都有上一辈要照料，自己也会进入老年阶段，面临衰老、疾病和死亡，于私于公，都需要了解老年人及老年医学。

路易斯·阿伦森是美国加州大学旧金山分校（UCSF）老年医学科的教授、也是教育家和作家。她所在的科室位列 2021—2022 年美国最佳专科前十。她记录了很多老年患者案例，反映了她从医学生实习、住院医轮转，至从事老年医学专业，在不同时期以不同视角发现不同问题，产生不同的疑问和反思。老年患者的诊疗异质性很强，一些问卷表格难以反映内在的、复杂的、变化的交互因果关系。质性研究、叙事医学等方法有助于医生深层次发掘问题。

阿伦森医生文笔细腻、生动，不乏细节描述，见字如面，场景再现。这些案例像是我邻居奶奶的故事，也像是我的患者，但是她记录下来了，并讲给别人。由于作者是从医生视角叙事，加上很多专业性描述，感谢出版社让我科同仁先睹为快，我们还摘录了一些"金句"用于教学，受益颇深，也从专业方面做了校对。

这本书非常适合老年医学科的新人，对于进入实习期的医学生、专科培训医生，以及其他专科医生来说都是非常值得一读的好书，同时也可以让大众读者了解老年人患病就医的特点，从而做出更适合的医疗选择。

在淡淡余晖中，品一杯清茶，看一本好书，愉快宁静，真诚希望与您分享。

刘晓红

北京协和医院老年医学科主任医师、老年医学系主任、教授

2022 年 6 月

致我的母亲，以及简

只有为自己而战，捍卫自己的权利……掌控自己的命运，
直到生命的最后一刻，老年才会被尊重。

——西塞罗，古罗马著名哲学家、诗人

目录

－概念－

-出生-

-童年-

-成年-

- 老年 -

- 死亡 -　　　　　　　　- 结语 -

本书特别感谢

北京协和医院老年医学科医生刘晓红、
孙晓红、康琳、朱鸣雷、曲璇、王秋梅、
葛楠的审订。

－概念－

身体衰老从来都不只是身体^[1]的细胞和器官在衰退，因为生命的推移持续不断地赋予其文化内涵。

——迈克·费瑟斯通·安德鲁·费尼克

前　言

　　一开始这是一本关于老年的书，后来渐渐超出这一范围，成了一本关于医学和探索人生意义的书。作为一名医者和一个正在衰老的人，我在面对该书主题的转变时也有些措手不及。它突然变得既传统又反主流文化，既真实又不乏故事性，既充满深情又固执己见，有时高声呐喊，有时悲痛不已，汇集了快乐、惊喜、沮丧、愤怒的言语，也有对于老年、医学和生活的期望。

　　这本书中的故事高度还原了我的记忆。站在医生、患者、护士、管理者或家属的角度看待同样的紧急情况或同一事件，版本常常大相径庭。记忆常常有缺陷，容易被演绎，但又很重要。你的视角既取决于你的立场和身份，也取决于你所处的环境、角色、态度和价值观。

　　一件事情发生之后，很快就会有各种版本的演绎，并且随着时间的推移，版本愈加繁多。鉴于此，我只能尽我所能，根据自己的想法和感受，保证事件的准确性与真实性。我在书中使用了患者的化名，也避免提到同事或者朋友的姓名。如果事先没有得到患者或者家属的允许来讲述他们的故事，那么我会调整那些容易被识别的独特细节。我之所以采取这些措施，不仅仅出于对医学基本宗旨的尊重，出于遵守美国联邦关于健康隐私的规定，同时出于对给予我信任的人们的感激——他们将健康托付于我，教会我关于衰老的体验，教会我老年生活应该是什么样的，以及老年人能活成什么样。

能写成这本书，我还要感谢众多的科学家、学者和作家。这些思想巨人创作了浩如烟海的与年老相关的书籍，而这些作品本应该对我们的老年群体和相关政策产生更广泛的影响。我对这本书莫大的期望之一就是，它能让读者了解历史学家托马斯·科尔和帕特·塞恩，莎伦·考夫曼、贝卡·利维、卡罗尔·埃斯特斯等人类学家、心理学家和社会学家，以及内科医生比尔·托马斯、穆里尔·基里科等人的著作……我不能在此一一列举，但他们的著作出现在正文、注释和参考书目中。

在你们离开本页，或者翻到下一页之前，还有一件事情需要你们了解：本书的行文不总是按部就班，而是有些跳跃的，或者说，这正是我所希望的。

-出生-

人性是我们的负担，也是我们的生活；我们不需要为此挣扎。
我们唯一需要做的是一件更加困难的事，那就是——接受。

——詹姆斯·鲍德温，美国作家

第一章　第三幕剧

与许多医生一样，我从医也是因为想帮助他人。与许多医学院学生的感受相似，我很快就发觉医学教育关注得更多的，是化学结构、生物、疾病和器官，而不是人文精神和疗愈。

研究生第一年时，我就已经认识了学校所有学院的院长并且收集了其他研究生专业的招生目录，其中包括公共卫生、医学人类学、英语、公共政策和心理学。这也不难理解，作为一名历史学专业的学生，又选择了一个对数学和科学成绩没有要求的本科学校，我几乎不太有希望学医。但我相信医学能够让我改变他人的生活，这一点其他学科或许无法帮我实现。两年间，我一直将那些精美的宣传册珍藏在我的寝室。每到深夜，我会研究其中的各类学科介绍，时常会抑制不住内心的激动，就像小朋友进了糖果店。这些压箱底的宣传册，帮我打开了一个观察世界的窗口。我的医学教科书和我所参加的讲座都未曾给过我类似的对世界的观察。这些课程和专业，高度关注人类生命的特殊性、复杂性和模糊性，而没有把生命仅仅等同于毫无感情的细胞、部位和进程。

研究生第三年时，我们班开始进科室实习，迎接一场充满挑战和屈辱的严酷考验。有时，频繁地换地方、换人、换科室看似是为了故意使我们保持焦虑和不安。

我们学会了如何在不睡觉、不吃饭、不上厕所、没有新鲜空气、没有干净衣服、没有时间流泪，也没有时间休息的令人恐惧和恶心的环境中工作。这确实非常残酷，但对我来说，比起之前的两年，已经好了很多。至少在每天工作结束时，我结识了活生生的人，了解了他们的故事——内容引人入胜，发人深省，情节不比我喜欢的小说逊色。在医院的工作经历，给了我文学巨著才有的对人类的深刻洞察，同时让我有机会帮助有需要的人。开始照顾患者的同时，我也认识到医学就是我想要从事的行业，虽然其他行业本质上更吸引我，看起来也更适合我。每晚回到家，我都觉着过得很充实，而且生命有了更高的价值，虽说我对世界的贡献并不大，但这种感觉美妙极了。

近30年之后，我仍能从医生这个职业中得到快乐。我认识到，医学常常无视我在课程宣传册里搜寻到的那些知识，以致违背了自己的使命。人类生活中有很多复杂的部分并不能轻易通过检测或者实验得出结论。虽然科学能够提供无价的信息，技术能够带来变革，但受制于少部分使用者的利益和信念，两者都无法很好地解决目前棘手的人类难题，无论是个体差异还是健康，抑或是要承受的苦楚。这一情况在人们到60岁以后变得愈加明显。我作为一名老年科医生，所在意的患者刚好处于这一年龄段。因此，尽管我认为自己在为他们服务，但最终是他们教会我，人在逐渐衰老时什么问题才是真的重要的，以及人如何增加一生中活得健康又有意义的概率。

2015年的一个早晨，天雾蒙蒙的，我抵达加州大学伯克利分校，赴约拜会盖伊·米寇教授。听说每年秋季学期他都会和新的医学生进行一项课堂练习，我想观摩一下。

米寇教授站在一间拥挤的教室前面，要求16位医学生写下他们在听到他用"年老"（old）形容一个人时，第一批进入脑海的词汇。

"不要筛选，"米寇说，"只管写下来。"

米寇蓄着厚厚的银白色胡须，头发蓬松，和爱因斯坦有几分相似。他在接下来的两个小时内展现的无限的好奇心和天马行空，让我进一步加深了对他的这一印象。

医学—公共卫生专业的一年级研究生围坐在一张大圆桌前，该专业这样描述自己招收的学生："积极致力于改善全球卫生事业。"申请者在20岁到25岁左右，他们的简历也体现了这一群体超凡的理想主义优良品质。

学生们开始在米寇分发的草稿纸上匆匆书写，这样米寇就能回收学生们的答案，进而评估一段时间内的趋势。一分钟过后，他要求学生们停下来，再次重复指令，但这次他用了"年长"（elder）这个词。一些学生摇了摇头，感觉被戏弄了一把。

多年来，米寇坚持让自己的学生进行这项练习。教室里的人换了一茬又一茬，但他们对于这两个词的回应没有变化。对于"年老"，学生的想法和感受并没有表现出变化的趋势，至少目前没有。

最常见的与"年老"联系在一起的词汇有皱纹、驼背、行动迟缓、秃头和白发（"对不起，米寇"，一位学生写道，但这并不是讽刺教授本人）。还有很多学生写了"虚弱""脆弱""无力""孱弱""疾病"。很多人写下了祖父母之类的词，也有人写了自己的母亲。这些医学生家长的年龄普遍在五六十岁，但这一年龄段通常被认为是中年。有些人使用了"智慧"等词，但更多的人选择了"悲伤""贬义""固执""孤独"。有一位写道："樟脑丸和陈腐的烟熏味。"

对于"年长"，学生们写的词就大不一样了。最常见的词是"睿智"，其他的回复包括"尊重""领导""经验""权力""金钱""知识"。

米寇的学生才刚开始第一个月的练习，而这一过程会持续几年。他们需要在医学院学习3~4年，然后再经历3~10年的住院医生实习期和专科培训。在培养医生的过程中，医学课常常提醒学生要更关注两个年龄阶段的患者：孩子和成年人。上完必修课，经历过轮岗，并亲历这两个年龄段人群展现出生理、社会行为和健康需求上的差别后，医学生需要在儿科医院或者普通医院（成为儿科专家或者成人疾病专家）之间做选择。如果医学生偶然间发现老年人只占总体人口的16%，却占整体住院人数的40%以上[2]，或者发现65岁以上的患者是最容易被医疗服务伤害的群体，但医学体系格外关注救死扶伤，医学教师和导师又常说"除非你喜欢给成人换纸尿片，否则别浪费时间"学习老年医学，那么以上发现的重要性会被冲淡。

米寇设计这个练习并不是为了让学生相信，作为医生，他们需要关注老年人并为其付出时间。他知道自己无法赢得这场争论，在几个月后的一个冬日早晨，阳光明媚，我们再次会面，一起喝了咖啡，他说问题的症结并不是学生太年轻，不谙世事。他将该练习与医院的同事以及医学界以外的朋友分享，有些医生、护士或者朋友也算是老年人，但关于同样的两个词语，给出的答案如出一辙。他感觉"年老"这个词已经不复存在，消失了。这个词充斥了太多的负面意义，让它已经不再适合形容一个人了。

米寇从口袋里掏出一支笔，在桌上的一张餐巾纸上画了一幅简单的图（如下）："这就是大多数人对老年的看法。"

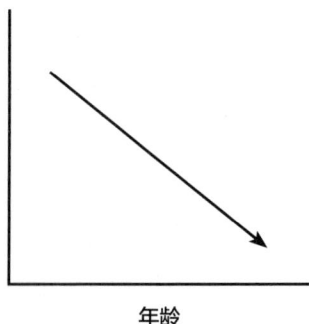

年龄

"纵轴代表什么？"我问道。换句话说，从年轻到年老的过程中，人们认为无法避免下降的是什么？

米寇盯着我说："任何东西。也可以是所有东西。"

他所言极是。尽管该观点难免有些片面，但这是人们普遍的看法，包括老年人自己。米寇那些充满理想主义的学生、那些照顾患者的朋友和同事，之所以用负面词汇定义"年老"，恰恰是因为这就是我们的文化中盛行的观点。当下，该观点也被整个世界普遍接受。但是，对"年老"的单一且负面的评价必然不能完整概括实际情况。在对"年老"的近义词"年长"的反馈上，受访者给出积极的回答，因为这些积极的属性同样是事实。这一分野反映了他们（包括我们）在思考老年话题时，缺失了点什么。或者，至少在看待生命最后的1/3时，人们不再有审视生命前2/3时的那种关切、好奇、创意或者严谨。

在我见到米寇之前的几个月，和现在很多医生一样，我有时会觉得生气、受伤并且孤立无援。我被那些伤害患者、医生及破坏整个医疗体系的人和事困扰。20世纪，美国医疗体系关注的是整形外科和重大疾病，而非促进和帮助人们保持健康和活力。到了21世纪，美国医疗体系崇尚的是机器治疗、基因技术、神经元研究、心脏病和肿瘤，精神健康、步行、饮食、虚弱或者痛苦则很少被关注。相较于孩子和老人，成年人是美国医疗体系的主要关注对象；相较于家庭和诊所，美国医疗体系更在乎医院和重症监护室。在这一体系下，治疗重于预防，单一器官重于整体健康，修复重于保健，共性重于个性，新治疗方法重于传统方法。

在这一系统内，作为一名老年科医生，为了获得患者所需的资源，我几乎每天都需要与这些体系化的阻力搏斗，但通常无果。在这一系统内，那些对我（作为一名医生）来说重要的人和我（作为一个人）所关心的人来说，真正有帮助的东西从来都不用花钱（患者花的钱对我的老板和我所在的医疗机构很重要），我所做的这些工作也都不能算进自己日常的工作绩效（这对我很重要）。我的患者，无论年逾古稀还是耄耋之年，健康还是生病，强壮还是虚弱，都会轻易接受透析，手术虽然能够修复部分受损器官，但是也摧毁了他们的生活。与之俱来的还有，几个月毫无成果的化疗（化学治疗），或者长期身处重症监护室，用遍了各种高科技成像扫描技术，用尽在同年龄段或者健康条件相当的患者还未证明有效的高价药。

大部分老年患者都无法拥有那些能让人更轻松、更有活力、更健康、更开心的器械（比如助听器），以及更多与医生共处的时间，还有能够帮助他们治疗慢性病并且有可能使他们不依赖外部医疗的运动课程。他们无法得到医疗保健中最重要的两个部分：有关他们接受的治疗有何优缺点的科学数据，以及与之配套的医疗资源和人文关怀。

在医学界，质疑医疗体系中的侧重点、医疗手段和医疗架构被认为是禁忌。如果有人这么做，他就会被认为是发牢骚或是不具备团队协作精神。这些年来，我要么把问题吞进肚子，要么就在提出自认为对于让患者享受更好的医疗照护，以及构建更人性化和更有效的医疗体系来说很有必要的问题时，被人指指点点。但就在2015年，我自己的健康出现了问题——视力下降，关节也有问题，这些身体症状不仅给实际生活带来困难，也带来了有关生存方式的焦虑。这些变化迫使我面对身体不适将长期存在的可能性，以及比预期中早很多的残疾问题。在不断适应新的现实的过程中，我对医学在整个社会、文化体系、经济运行和政治中应起到什么作用的理解愈加深刻。

我的健康水平整体上还好，但伴随着一些慢性病症。在某一瞬间，我发现自己正好在"年轻"和"年老"中间，这个位置恰恰给了我一个有关生命的全景视角。

就是那时候，我看到了职业生涯中一直摆在我眼前的事：老年人在美国医疗保健系统中的体验表明，对我们所有人来说，目前的医疗照护是多么支离破碎。我们创造了这样一个社会——一边竭尽所能活下去，一边害怕变老；还创造了这样一种文化——抛弃那些不符合最新的"人类产品规格"的人；以及这样一个医疗系统——医学工作与健康和医疗照护往往没那么兼容。

2 000多年以前，亚里士多德是这样定义整体的："其有始、有中、有末。"他通过三幕式戏剧来呈现这一概念，每个部分包括不同的场景，但服务于一个独特的主题。大部分人的生命遵循相似的进程，从开篇到情节升华再到帷幕落下。在近代之前的人类历史中，人生的重要戏码通常在第一幕就早早收场，并且一定是在第二幕之前早早落幕——人类的平均寿命只有30~40岁，如遇到产子、事故、感染，寿命又会进一步降低。如今，人的平均寿命已翻倍。生命被拉长后，每一幕有了很多场景，我们大部分人也会进入第三幕。现在，除了幼年阶段、成年阶段，我们中绝大部分人还可期待人生的第三幕——老年阶段，这一阶段从60岁或70岁开始，持续几十年。这一幕不是第一幕或者第二幕的重复。常言道，人生如戏，人生这个大剧场上演着我们故事的高潮、收尾和大结局。

生命的后两幕会使我们感到惶恐。我们急切地拉长我们的老年阶段，使之变得更有意义、更令人满意，但多数人不愿意像度过幼年和成年阶段那样，满怀天然、未经修饰的憧憬度过自己的老年阶段。在职业生涯的头几年，我以为自己已经了解老年，并且知道了如何为我的父母创造一个舒服且有意义的人生第三幕。但当我的父母迈入80岁，而我也到了50岁时，我意识到自己当初理解错了。我发现自己也开始取笑老年人，对老年群体抱有与周围人同样的感受。

直到那之前，我一直认为，老年科医生有专业的手段和知识，对老年应该无所不知。但如果老年科医生能够充分地解决老年问题，那么医疗系统的其他部门和医生不就都采纳我们的治疗理念和策略了吗？很显然，如医生常说的，老年医学对于老年是"必要不充分"条件。于是，我开始思考这中间遗漏了哪个环节。

这本书旨在通过新的视角来关注老年，继而弥补这些空缺。我从科学、医学、历史、人类学、文学和流行文化中抽取关于老年的思考：我们是谁，我们关注什么以及我们相信什么，这些价值观都体现在我们治疗患者的过程中。虽然这本书讲述了很多老人和患者的故事，但它仍然是一本关于生命的书。如果不想让自己的老年生活变成人生的"垃圾时间"，我们就需要审视当前采取的方式以及为什么我们会采取这样的方式。

对于我们中的很多人而言，人生的第三幕都很长，但也有差别。如果我们换个角度来看这一阶段，那么这一阶段的人生可能会给我们带来新的感悟。如果我们重新审视并对这一阶段有不同的感悟，我们就能做出不一样的选择，而这一选择能让我们的老年生活变得更好。

- 童年 -

我们都是处在培训期的老年人。

——乔安妮·琳，医学博士

第二章　初出茅庐

香甜与腐败：关于老年的最初记忆

乳房是我关于老年的最初记忆。这一场景出现在一栋建在山上的建筑物的 8 层，而金·诺瓦克在希区柯克导演的电影《迷魂记》里所扮演的角色居住的地方就是这样的。在这部吓得观众大叫的电影上映 12 年后，我的外曾祖母随手脱下自己的睡袍，而 6 岁的我努力地让自己屏住呼吸。外曾祖母坐在梳妆间里一个又软又厚的凳子上，梳妆间内空间狭小，衣柜门上装着镜子，光线从屋里的小窗户中投射下来，闪着黄色的光。空气中弥漫着香甜和腐败的气味，像是把旧书放在一个空间太久而没有接触新鲜空气的味道。她很可能刚刚泡了澡或者淋浴完。当外曾祖母把她巨大的乳房挨个挪进胸罩，然后把胸罩肩带拉上肩头，我和小妹妹牵着手，不敢对视。外曾祖母一边聊着天，一边完成了以上动作。即使是现在，也很难说是什么让我感到不适，是看到她的裸体给我带来的冲击，还是她巨大的双峰，或是她上了年纪的身体所带来的陌生感。

外曾祖母那时可能已经 80 多岁了，我认为我的外祖父母就已经够老了，外曾祖母的存在很显然就是个奇迹。在某种意义上，我的外祖父母和外曾祖父母属于成年人这一大类，这类人通晓世事，能够为孩子们提供建议。但他们又与我父母以及他们的朋友们完全不是一类人，而褶皱的皮肤、灰白和脱落的头发等外表特征只是他们区别于其他人的一部分。我们家中的老一辈通常拥有更多正装，举止更讲规矩，日常物件也更讲究。如果参加我们在金门大桥下举行的周日野餐，老一辈的女士都会穿着连衣裙或者短裙坐在折叠椅上，而非像我们一样在草坪上铺块地垫，坐在上面。除了过夜时穿睡衣，或者在沙滩上穿泳衣，我们家老一辈的男士一定会穿带领子的运动上装或者带扣的衬衣。他们的公寓同样与众不同，一应俱全的装饰让人觉得在他们家里吃饭像参观历史悠久的酒店或者景点，而不是在某人的家里吃顿家常便饭。

那时，我和妹妹还有其他表妹常常待在离外曾祖母家一个街区的地方，外曾祖母家位于一个山坡的顶部，坡度很陡。为了不折腾汽车引擎、刹车和自己的神经，当地人大都绕着走。如果我们姐妹几个中有人坐外祖父的车，他就绝不会放过这个"冒险"的机会。在唐人街吃完饭后，或者在吃冰激凌甜筒之前，他会开车把我们带到那个令人疯狂的山顶，在悬崖边开车。然后他会放开手刹，松开方向盘，让双手在空中挥舞。每次，我们都会互相搂着大声尖叫，呼吸急促，最后又大笑不止。每次他的脚都踩在刹车板上，汽车的速度虽然在我们看来很快，但如果以这个速度开到其他街区，后面的司机肯定会因为嫌我们慢而抓狂地按响喇叭。和外祖父在外度过的夜晚，是我们最快乐的时光。

这两段回忆本应证明我更了解老人，但与很多人一样，我从来没有认真考虑过衰老，即使老人正好出现在我的生活中。我的脑海里常常出现外曾祖母露在外面的乳房，我却从来没有考虑过，她松弛的皮肤、气味、她家里的陈设和氛围以何种方式影响了我的观感。我常常想起和祖父在外一起度过的美好夜晚，但没换位思考过，他作为祖父是否开心。我之所以没有换位思考，是因为我和其他很多人一样，都觉得当祖父是人生中最美好的体验。

我也没有真正思考过，因为年龄阶段不同，我们家老人的生活状态和心理状态有何不同，或者整个社会大环境在多大程度上影响了我们家的老年男性，让他们更加放松，更加融入社会，对生活也更有热情。我3岁那年，外曾祖母的第二任丈夫去世，她再次守寡。在我外曾祖父去世的时候，外曾祖母相对年轻，还能再嫁。但老年寡妇的剧本要求她们生活清静，偶尔出门或者参加家庭聚会，很少锻炼，很少独自旅行，也不会再找老伴。她看似生活得怡然自得，小辈们也觉得她很健康，但与她在一起时我会感到拘束。我们拜访她之前需要梳妆打扮，在她家需要像淑女一样端坐。有一次我们在讨论一场体育比赛，我说自己汗流浃背。她告诉我女士不会流汗，只会满面红光。我顿时明白自己为什么会隐隐有点怕她，为什么会一边认为她是家人，一边又感觉她像是陌生人。

外曾祖母在90多岁时过世，她的女儿，也就是我的外祖母，在度过了几年酗酒的生活之后，于78岁过世。外曾祖母和她的女婿，也就是我的外祖父，两人互相不对付。很多年他们都不说话。外祖母只好夹在中间，她生活中两个重要的人时常互掐，相互揭短。尽管儿女都已长大成家，但生于我外祖母这种家庭背景和时代的女人，不大可能离婚、找工作，更不会去找心理医生寻求逃脱、抽离之法或者实现自我价值。相反，她的生活里只有酒精。对酒精上瘾后，酒精的功能就等同于毒品了。酒精能够让人对痛苦变得麻木，带来短暂、舒缓的愉悦时光，但酒精毁掉了她的身体和健康。我依然清楚地记得，外祖母在餐桌上被呛着，眼睛撑得往外凸出，面部呈惊恐状，满头大汗，喘不过气来。在这一切发生的同时，在场的大人全然忽略外祖母的情况。我花了很多年时间才敢鼓起勇气询问到底发生了什么，为什么大家会有那样的反应。大人们说外祖母喝醉了，那些痛苦都是她自找的。我知道，他们拒绝帮助她，是因为外祖母以各种方式让他们失望，他们在惩罚外祖母，但我还是很难理解在她如此不适的情况下，他们还能镇定地坐着。当外祖母被呛着时，餐桌上的氛围降到了冰点。最后，外祖母终于深呼了几口气，拿手捂着嘴巴，离开了房间。晚餐照旧，仿佛什么事情都没发生。人们的年龄并不影响他们感受痛苦的方式。

对于男性来说，约束就少了很多：我的外祖父在自己的岗位上工作了40年，在60多岁退休，断断续续开始了新的工作。因为身体健康，受过教育，也有足够的钱，他找了一份既能迎合他对家具和旅行的兴趣，又能充分发挥他的商业和社交技能的工作。他有时间和资源做那些他年轻时深爱但又迫于忙着养家糊口、建设公司而无法追求的活动。在老伴过世后，70多岁的他仍然能够融入社会并享受其中。祖父一直以来都颇有魅力，对周围的人和事抱有好奇心。从80岁到90岁的这些年，是他一生中约会频率最高的时间。他很幸运——男性在最长寿的人群中占比较低，意味着即使身高平平、发量稀疏，如果愿意，他们每天都可以换不同的女人。我祖父也的确是这么做的。

那时老年人较少，社会也不关注这一群体。我也听说过"灰豹组织"，但民权运动和女权运动则更具影响力和社会重要性。老年人做新的尝试、获得新的机会或者取得成就的故事并不会每天都出现在新闻中。直到20世纪80年代，老年群体的问题才以"银色海啸"这一社会议题被提出。"银色海啸"比喻因为新一代人类寿命增加，老龄人口将会给社会带来海啸般的破坏力。如今，从《福布斯》杂志到《经济学人》《华盛顿邮报》《新英格兰医学期刊》等刊物，再到美国国家立法委员会，随处可见"银色海啸"一词。回顾20世纪六七十年代，甚至更早，早到古埃及、古中国、古希腊与古罗马时期，或者早期美国的历史，我们会看到很多我们认为"银色海啸"

时期所独有的关于老龄化的特点。事实上"银色海啸"很早就已经出现。

新的生涯

1992年6月，我从波士顿搬到旧金山，手握新拿到的医学博士学位，开启了自己的医生生涯。从很多方面来说，我都遇到了很大阻力。

从医学院毕业并不意味着一个人有足够的知识和技能去独立地诊断和治疗患者。这也就是为什么新晋医生需要做住院医生，即在拿到学位后需要进行3~8年的训练，才具备充分的能力，可以不用在他人的督导下开展从医活动。一次内科基层医疗保健住院医生的实习让我有机会再次回到家乡，我在旧金山总医院急救部门完成了第一次轮岗。作为一位初出茅庐的医生，我并不会感到不安，因为我周围都是技艺高超的护士和医生。让我不安的是每周二在那间拥挤的、开着荧光灯的房间里发生的事。房间位于在帕尔那萨斯大街医疗办公大楼的四层，上到90岁下到19岁的患者都会来这里与新的内科医生见面，而我就是他们的内科医生。每三年，门诊工作就会从毕业的住院医生手里转交给新来的实习生，而实习生都会有不同的侧重点，通常是关注某一类疾病或者是拥有某一类患者。我还不清楚这样做的目的是什么，比如一位计划成为肿瘤医生的实习生，会将自己的住院肿瘤患者转诊至自己的出诊诊所以方便后续治疗，或者通过其他手段，把同一疾病类型或特征的患者集中到某一位医生平台。可能是口口相传，或者是民族和语言相近，抑或是排班人员的直觉使然。这一趋势在我们组的住院医生中很明显：阿琳的糖尿病患者数量较多，桑米的患者中吸毒的较多，拉法耶的患者中说西班牙语者及HIV（艾滋病病毒）携带者较多，丹尼的患者中有复杂心脏病的较多，吉尔达的患者偏好女性内科医生，我的患者大多年事已高。

我那时也就 20 多岁，尽管比起其他住院医生，更关注老年人，但对老年的看法和现在不一样。我也有 60 多岁和 70 岁出头的患者，现在在我看来，他们中的一些人应该算是"中年"。但那一阶段，"老年"对我来说是庞大的、较容易区分的一个类别。虽然没有明确标准来划分，但我们通过年龄、生活态度和外表，就能自然而然地将某一群体归为这一类。如果有人问起，我会认为自己已经完全能区分 65 岁人群和 90 岁人群的不同。现实情况是，在日常的行医过程中，患者虽然年龄有别，即使隔了一代人，但他们仍然看起来较为接近。

在任何人看来，81 岁的安妮·罗薇都算是老人了。

那是我做了两个月住院实习医生后的某个星期二下午，阳光明媚。安妮坐在诊所的公共塑料椅边上，像个小女生似的，双脚离地，前后来回摆动。脚上穿着她的"奶奶鞋"。很快我便得知，她身上穿的是一套衣柜里为数不多的亮色连衣裙，这件衣服可以直接套头上身，避免为难地用变形的手指来系扣子和拉拉链。

我们互致问候，她从金框眼镜的上方仔细地打探着我。她有些驼背，身体被压变形，头发花白，微微带卷，一笑露出一排参差不齐的牙齿。

"另一位医生去哪里了？"她问道。

"他搬回东边了。"我回答道，试图表现出不输上一任医生的姿态。转岗的住院医生本应告诉患者自己要离开的事，但据我所知，没人这样做过。与自己的基层医疗保健医生分离，患者会难以接受，但难得的是，在我所在的门诊，安妮似乎表现出理解并接受了这一安排。这就意味着我们可以直接进入正题，讨论她的病史和目前关注的问题。她有一系列慢性病——高血压、风湿、过敏、便秘、胃灼热，还有一长串的在服药物。

在做体检的时候，她问道："阿伦森是什么名字？"

"犹太人的名字。"我说，"这是还在埃利斯岛时，我父亲家里被指定的名字，因为他们家的名字太难发音。"

她微微一笑，她的家族也有同样的故事，故事的主角是安妮，而不是她的祖父母。安妮于20世纪初从欧洲的大迫害中逃离出来。1906年，年仅3岁的安妮和家人离开白俄罗斯地区，几经波折，最后在美国北达科他州落脚。

后来，我了解了安妮的人生经历。在见面的头一天，我听了许多故事，初尝与老年人交流所带来的喜悦。安妮的一生跨越了将近一个世纪，辗转几个大洲，与所有生命历程一样，她经历过各种各样的悲欢离合。和她交流，让我感觉是在带薪听一部引人入胜的长篇小说的某个篇章。

在拿到师范学位后，安妮离开北达科他州，获得了一份在其他国家工作的机会。我了解到，她后来与一位英国艺术家兼社会活动家相爱并结婚。她本可以成为一位合格的母亲，但没过几年，她就和这位不靠谱的丈夫离了婚，并靠着在波多黎各和美国密歇根州教书养活自己。第一次碰面时，我们没有谈及民权运动时期她在密西西比州的经历，也没有谈到她退休后，为了搬得离自己在世的4个兄弟姐妹近一些，来到旧金山的时光。但可以肯定的是，她告诉我她近期在照顾她的姐姐贝斯，这是安妮逐渐进入角色并且责无旁贷的一项工作。姐妹俩，一个离婚，一个守寡，共处一个屋檐下。

那个时候，我并不是很了解照看患者这件事对看护者的身心健康有多大的危害，或者说有多强的破坏力。我确信的一点是，医学院没有教过这门课——在医学院里，社会层面和个人层面的健康很少被提及，医生的工作就是治病而已。

作为住院医生的第一年，在和患者交谈时，我们需要有一位更有经验的临床医生陪伴，以确保在面诊时不遗漏任何重要信息。在不断精进自己的医术的过程中，我学会了如何严格筛选，并把那些我知道、我感觉或者怀疑自己没有相应的知识及技能来应对的患者带到临床医生那里。在当面督导中，临床医生会确保我为患者提供高品质的医疗服务，并教我如何进行临床诊断、分析和治疗。我非常喜欢这样的安排。

在治疗安妮的过程中，我认识到80岁以上的患者的目标血压因人而异，并且懂得即使治疗风湿的药物价格不贵而且能帮助患者缓解疼痛，我们也要避开这些针对普通风湿的药物。虽然是非处方药，但我的老师告诉我，服用这些药物会使安妮面临更大的肾衰竭和内出血风险。否则，这终将导致那些很少在年轻或者中年患者身上出现的危及生命的副作用会出现在老年群体中。只要对"成人"——无论多大岁数的成人带来严重危险的药物，就不应该列为非处方药。即便到今天，在非处方药品的分类上还有很大的漏洞：尽管对儿童、孕妇及有相关疾病的人群明确了具体的风险，但这些药物并没有写明可能对老年群体有何种伤害。

我的指导医生给我指出了年轻和年老成年群体的差别，使得我能够制订符合最新治疗标准的方案。我以为我在学习一切必要的知识，为的是更好地治疗我的老年患者，但不幸的是，就在那一年晚些时候，我认识到我学到的还远远不够。即使有临床医生的监督，我还是犯了一个错误，这个错误不仅让安妮住院，还危及她的生命；我看到医学和社会的选择是在如何损害老年群体。通常是我们的选择和政策导致了现状，而背黑锅的却是"年龄"。

★ ★ ★

我和安妮越来越熟，我最喜欢她的一点是她的笑容。她嘴角微翘，眼睛里充满了光，一旦发现有趣的事情，她就会仰头大笑。那时她的脖子已经开始蜷缩，上背部的隆起愈加明显，但在开心或与朋友一起的时候，她脸上会毫不掩饰地流露出欢笑与喜悦。每次她来问诊，在进入检查室时如果我们两个人中有人讲了个笑话，或者我俩一起努力将她萎缩的身体挪上较高的检查台，帮她脱下我从来没见其他人穿过的及膝套头罩衫时，我都会看到她的笑容。

那是冬季的一天，我没有看到她的笑容，就知道一些非常不好的事发生了。

"您怎么样？"我问道。我坐在椅子上往她的方向滑过去，感觉自己问的问题很傻，因为答案显而易见。

"我得把贝斯送进养老院。"她轻声说道，轻到我几乎听不清。她的眼皮耷拉着，目光暗沉，眼泪沿着脸上的皱纹缓缓流下。

我把纸巾盒移到了桌边，放在她够得着的地方。

她哽咽道："我搬不动她了，也无法让她保持干净，我没有那么大的力气。"我忍住没有提醒她，她只是一位身高不足一米五的90岁老人，已经无法为一位卧床不起的患者提供全面医疗照护。但我指出，她已经照顾姐姐10年之久，对于绝大多数人来说这实属不易。

医生的直觉通常是试着修复、平息或是安抚，但在这一时刻，这些想法只会适得其反。

我说的话好像没有起到安抚的作用。后来，我就不再说话。我让安妮说，我听着。再后来，我问她是否有抑郁症状或者自杀倾向。随后，我咨询了我的指导老师。我们讨论了悲痛（grief）和抑郁（depression）之间的区别，我告诉他安妮陷入悲痛肯定是无误了，但我担心她也抑郁了。

"你觉得她需要药物治疗吗？"指导老师问道。

我当时不愿意因正常的悲痛就给患者开药，但我又不想看着患者的抑郁状况变严重却不给予任何治疗。

那天我决定不给安妮开药，而是请她第二周来我这里复诊。后来见面时，她脸上的笑容不见踪影。她告诉我她吃不下东西，无法入睡，也没法正常生活，生活变得索然无味。

她确实需要药物治疗了。

我告诉安妮，多少年来治疗抑郁的唯一药物有着非常强的副作用，而我们很幸运，现在有一款新的药物问世。该药物副作用较小，通常几周后便会消失。这是一条经过权威考证的信息，因为为了临床问诊，我专门提前阅读了最新文献，并且成功地用这种抗抑郁症药物治疗了我的其他几位患者。我递给安妮一份处方单，安排好一个月后去访诊，告诉她我会很快跟她通电话，问问病情进展。

在我第二周给她打电话时，电话没人接，我留了一则语音留言。我希望是因为药物有效，她又能四处走动了。

我意识到这只是我一厢情愿的想法。事实上，我感到如释重负，不管安妮感受如何，至少我是这么觉着的。对我来说，如果安妮身体状态良好，给她电话留言的方式比与她通话更简单也更有效率。给她留言后，电话沟通的责任就从我身上转移到安妮身上了。我可以把"给安妮打电话"从我的日程表上划掉，然后继续我的下一个任务了。那个月，我正好要在医院轮班，我们的团队在门诊部从早上8点钟就开始接打电话，一直持续到第二天早上8点。虽然通常我较为喜欢出诊工作，但那天极其繁忙，出现了需要连续上班36小时的突发情况。那天下午我原打算尽快完成工作，以免耽误我的门诊患者的时间，然后尽快赶回医院。

你可能会说，这一常见的安排是医院培训制度的失误，但这确实是基层医疗服务的预演，因为精心照看患者与临床医生只能在10~12小时内完成日常工作的要求之间常常存在直接的矛盾。给像安妮一样有危险的患者打电话，给患者再次开药，回答患者的疑问，决定患者是否需要复诊或者你能否让患者免于路途奔波，类似的工作还给医院医生或者出诊的护士打电话，确保患者从医院转移到家的过程很安全，以及和看护人及患者身边的亲属通电话，而这些工作内容都不在日常工作的范畴内。这些工作需要1小时、2小时或者3小时完成，并且这些工作对于患者的看护来说至关重要。这个现实是基层医疗服务的常态，也是让医生疲惫不堪的诱因之一；这一现状可以被定义为患者和医生的最优安排与医疗体系所关注的重点及报销覆盖范围之间的蓄意错配。

两周后的一天，在我刚到达门诊时，临床医院助理就拦住了我。

"你加了一个号，患者已经到了。"她交给我一份表格，上面写着安妮的名字，"她的儿子杰克陪着她。"

安妮比上次来时看着更瘦了，她坐在塑料靠椅上，一位较年轻也更壮实的男性版安妮一直在门诊门口来回踱步。

"她从来没有这样过，"杰克说道，"她很反常。"

我转向安妮："能不能告诉我你现在怎么样？"从我进入房间，安妮还没有抬起过头。

"我就是不明白。"她说道。这几个词从她嘴里以平常一半的速度冒出来，我得蹲在她的椅子边上才能听清楚。

"不明白什么？"

"所有事情。"

差不多可以判定，她有紧张性精神症（catatonic）。我的指导老师和我一致决定将安妮送至精神病院。我填好了必要的文件，联系了负责精神病医院挂号的团队，陪着安妮和杰克，直到一名护士用轮椅将安妮推到马路对面的医院。

那天的轮班非常忙乱，我大概迟到了一小时。每位来诊的患者一开始都表现出失望，我需要一一道歉。到6点时，我看到绿屏的传呼机上有精神病院的来电显示，除我之外其他医生都已经完成出诊，其他的后勤人员也都回家了。我急切地拨出号码，想知道安妮的状况。

精神病科的住院医生那天上午态度还是很好的，但现在他已经顾不了什么态度不态度了。

"她血液中的钠含量已经是121毫摩尔每升了。"他说道，"难以置信，你在把她送进精神病医院时竟然没有检查这项指标。你需要帮她安排转至医疗服务那里。"

安妮并没有抑郁，或者并不仅仅是抑郁。她血液中的钠含量极低，导致她看起来有紧张性精神症。据我所知，这也是一开始导致她抑郁的原因。在安妮把她姐姐贝斯送进养老院后，我调整了她的血压药。新的血压药组合会降低血液中的钠含量。我按照医学标准给她检验了一次血液，但没有二次检验，因为安妮抑郁的诱因看似很明显。

我感到害怕并且羞愧，我按要求打了一些电话。正当我打电话时，我的传呼机再次响起来。这次是医院的接线员，他说有一位患者的儿子要求我尽快回电。杰克十分愤怒，并且质问我是否知道自己的所作所为。我只能频频向他道歉。

在行医过程中，如果有意料之外的事发生，导致患者遭受危害，我们会审查这一案例，找到失误之处然后吸取教训，为的是更好地治疗后来的患者。在安妮出院后，我和主治医师与同期的住院医生进行讨论并达成共识：如果患者的健康出现问题，即使看起来有其他合理的解释，我们仍需要给服用多种药物的患者验血。我们还发现了一些服用我给安妮开的那款抗抑郁药物所导致的老年人血液钠含量极低的类似案例报告。那时还算是新品的选择性血清素再吸收抗阻剂类药物，现在成为市面上的畅销药。

但我们没有讨论的是，为什么我们都认为治疗一位患抑郁症的八旬老人和治疗一位年轻人的方法是一样的；或者，为什么当一位瘦小的80多岁老人服用了我给一位70多公斤的39岁患者一样的剂量，然后出现并发症时，有人会感到惊讶。

这一次，安妮和我都很幸运。在医院，她稳步恢复；等她出院回家后，有杰克照顾她。5年后，安妮逝世，在此之前我一直是她的医生。杰克现在也80多岁了，我们还保持着联系。有些患者教会医生很多，而医生却无法回馈。安妮给我上了一堂老年医学课，尽管直到许多年后我才真正了解其中的含义。

第三章　蹒跚学步

老年的历史

公元前 800 年至公元前 100 年左右，古希腊、古罗马和古埃及的主要思想家提出了一系列关于衰老的观点，而这些观点有时相互矛盾。希波克拉底将老年人特有的疾病分门别类，认为药物的帮助微乎其微，而在公元前约 600 年的古埃及，一部重要的医学文献中包括了"将老人变成 20 岁青年的书卷"[3]。柏拉图的《理想国》开篇是年迈的克法洛斯描述老年生活的种种变化[4]，说老年人经常把问题归咎于衰老这一过程，哪怕大多数更年长的人并没有出现这些问题。亚里士多德提出了"普纽玛"理论，认为有限的生命力随着时间流逝，带走的还有抵御疾病和死亡的活力与能力。西塞罗在《论老年》中指出："既然（自然）已经合理规划了生命这出戏的其他几幕，她不可能忽视最后一幕。"他认为："年长者不为年轻人所为之事，但所为之事……以禀赋、威权、理智而论，实在远胜。"盖伦断言，衰老是一个自然过程，只有疾病才算作病理。他教导说，通过饮食和行为上的个人医疗照护，可以减缓衰老。

2000 年后，我们对衰老的看法并没有太大不同。谷歌、美国国家医学院以及许多其他公共部门和私人企业的研究人员响应古埃及人的说法，发起"永远终结衰老"[5]的运动。也许正与希波克拉底不谋而合，英国在 2018 年任命了"孤独大臣"以重点关注老年人，而美国则通过《美国移民政策改革以促进就业法案》（Reforming American Immigration for Strong Employment）来支持照顾家庭的人。似乎也是重现亚里士多德的宿命论，对老年人的医疗照护往往不规范，也不受重视。虽然几十年来要求研究人员将女性和有色人种也作为研究对象纳入考虑的呼声高涨，但针对老年人的类似规定[6]直到 2018 年才出台，而老年人这个群体使用医疗服务的程度远胜于年轻人。同时，结合西塞罗和盖伦提出的观点，"健康"或"顺利"地步入老年的提法已经成为流行语，使"老年"变得可以接受，而观念提倡者正在争相造词，以便把相对年轻、健康的老年人与真正衰老、孱弱的人区分开来。

这仅仅是开始。

从最早有记载的历史来看，即使人们对老年病理机制的看法一致，对同一结果的解释也各不相同。古希腊医生认为，成人中的老年群体及其年龄只是与诊断和治疗相关的众多因素之一。与此同时，虽然医生们知道老年人与妇女、儿童不同，但他们仍然把老年人（不分男女）和妇女、儿童归为一类，因为老年人"太老了"，而妇女、儿童则"显得湿气太重"。除了成年男子，每个人都因其生来就有的"病理性体液失调"或元素混合不均，被归为健康到疾病之间的某一种状态（也是当时普遍认可的低于"能力完全无碍"的状态）。从最早有记录的历史来看，许多不同时代的社会都认为老年人算不得完全的人。

古希腊衰败后，中东地区关于老年人医疗照护的学术研究进步显著。在公元 10 世纪的阿拉伯半岛，医生贾扎尔（在欧洲被称为

Algizar）详细描述了衰老的病症，包括失眠和健忘，并编写了多卷关于在老年阶段保持健康的书籍。11 世纪，常被后世称为"早期现代医学之父"的波斯博学家阿维森纳的《医典》问世。阿维森纳提倡通过运动、饮食、睡眠和管理便秘[7]来保持健康，他的观点与盖伦的《卫生学》遥相呼应。盖伦的典籍早了 1 000 多年，到了 12 世纪晚期才被人们重新发现，立马成了当时的畅销书。它以《卫生手册》（*Regimen Sanitatis*）为题，以欧洲和中东的语言付印 240 次。在阿维森纳和《卫生手册》的基础上，13 世纪的方济会士兼医生罗杰·培根重新提出了盖伦关于"衰老是热量流失"的观点，他也赞同当时仍然流行的"磨损"理论，并提出"行为决定是否长寿"的基督教观念。培根的著作《治愈老年和保持青春》（*The Cure of Old Age and the Preservation of Youth*）在 400 年后被翻译成英文，广为流传。欧洲这几百年间在这方面的变化不大，对疾病和衰老的理解主要来自"人生而永存，死亡乃是罪的代价"的宗教观。

15~16 世纪，欧洲人开始采用归纳和实证的方法来研究医学。通过观察不同老年人，哲学家和临床医生得出的结论是，行为和干预措施可以延缓衰老甚至改善衰老的状况，但不能阻止这一过程，衰老和死亡是不可避免的。在意大利，加布里埃尔·泽尔比成书于 1489 年的著作《老人护理》（*Gerontocomia*）描述了从产生皱纹到呼吸短促等生理变化，阐明衰老是一个物理和生理过程。意大利的八旬商人兼哲学家路易吉·科纳罗是"衰老的使徒"[8]，他的著作基于自我观察。尽管"衰老"是指与年龄相关的细胞损伤和生物上的老年状态，但科纳罗将老年视为寄景和酬愿的时期。科纳罗主张适度，认为个人应对健康负责[9]，并能从中获益。科纳罗的《论清醒生活》（*Discorsi della vita Sobria*）于 16 世纪 40 年代首次出版，17 世纪 30 年代被译成英文，在 18 和 19 世纪的头 10 年间共发行了 50 个版本。科纳罗活到百岁，看来他的著作确有其根据。

在英国，弗朗西斯·培根研究了长寿的人[10]，并观察到饮食、环境、脾气和遗传等多种因素会影响衰老和长寿。近年来的研究一再证明弗朗西斯·培根的论点是完全正确的[11]。法国医生安德烈·杜劳伦斯于1594年所著的《谈保存视力、忧郁症、炎症分泌物与老年》（*Discourse of the Preservation of the Sight; of Melancholic Diseases; of Rheumes and of Old Age*）[12]也有多个版次和译本。仅从它的标题便可看出，老年人视力丧失，罹受抑郁和关节炎之苦。在整个19世纪，每隔一段时间，就有时下流行的书籍提出延长生命的法则，而其他著作特别是威廉·汤姆斯的《人之长寿：事实与虚构》（*Longevity in Man: Its Facts and Fiction*），则质疑是否真的有人寿数过百，并引发了争议。

随着16~17世纪的科技革命，医生们开始对既研究活体也研究尸体的解剖学和病理学进行剖析，关于衰老的躯体，越来越准确的细节浮现出来。包括勒内·笛卡儿和弗朗西斯·培根在内，当时杰出的哲学家就像今天的科学家一样，认为人类可以通过医学研究发现的健康生活方式和干预手段来延长寿命、治愈疾病。孔多塞侯爵正确地预测到，科学将改善人的身体健康，而拿破仑则认为，人类最终将实现长生不老。少数思想家以各种方式对此表示质疑，例如托马斯·马尔萨斯对人口过剩表示了担忧。在《格列佛游记》中，乔纳森·斯威特想象出他所谓的"斯特鲁布鲁格"人[13]（"长生不老者"）——他们过着毫无生气、毫无目的的生活，无须面对生命时钟的转动。

在这几个世纪中，也有人延续盖伦的传统，视年老为疾，认为这是介于健康与病态之间的一种状态。在法国，1627年，弗朗索瓦·朗尚的《医学手册》（*Opuscula Medica*）对热量减少造成的"自然衰老"和疾病导致的"意外衰老"进行了区分。在德国，雅各布·哈特在其1732年的著作《衰老本身正是疾病》（*That Senescence*

Itself Is an Illness）中提出了自己的主要观点。在哈特看来，人们死于年老本身，而且他发展出一套理论来解释潜在的病理学。哈特写道：随着年龄增长，人们"身体的所有纤维逐渐硬化"[14]，最终阻碍了血液流动，造成了"致命的腐坏"。

从 18 世纪开始，欧洲对衰老这一生物现象的理解迅速发展，把正常衰老与疾病区分开来，并认识到看似健康的老年人身上无明显病征的疾病和器官病变。这带来了对慢性病的认识，并让人们认识到疾病在老年阶段具有不同表现。人们渐渐意识到，老年阶段的死亡不是因为看不见的体液或热量减少，而是因为一种或多种疾病；换言之，年老本身并不是疾病。1761 年，乔瓦尼·莫尔加尼在《疾病的位置与病因》（*De Sedibus, et Causis Morborum*）中记录了慢性病的积累过程，这一过程可能在数年内毫无症状，悄然发生。1892 年，德国的法律教授（不是医学教授）海因里希·罗辛写道："人在极长的年纪，身体资质自然退化，身体器官自然衰败，这是人体发展的一个状态，年老体弱不是疾病[15]。"与此同时，在美国，本杰明·拉什于 1793 年发表的《老年身心状况记录，含对老年疾病及其治疗方法的观察》（*Account of the State of the Body and Mind in Old Age, with Observations on Its Diseases and Their Remedies*）指出，年老只在很少的情况下才是死亡的唯一肇因。但即便是那时，各种信息依然鱼龙混杂。长期以来，为实现最优的老龄化采用的预防性方案仍在沿用，而新的方法也在不断涌现。拉什还探讨了遗传学对衰老的影响以及婚姻和脾性温和的好处。

19 世纪，衰老的概念发生显著变化，有了新的定义。概念发生转变的部分原因是科学进步，但更强大的社会力量也发挥了作用。贫穷和社会政策对健康的影响越来越明显，人们认为社区和国家应对其辖区内的老年人负起社会责任。在 19 世纪的最后几十年间，英国维多利亚时期对个体行为的注重和把生命作为旅程的提法受到了现代派的抨击，他们认为那"创造了可敬的懦夫[16]，而不是道德上被赋予权能的个体"。到了20世纪早期，美国否认了之前对衰老的宗教式、形而上和宇宙观式的解释，人们开始相信生物科学，更多地靠它来解释衰老的过程而非原因。他们的理由是：只要了解了衰老的过程，就可以对衰老加以控制；如果能加以控制，原因就无关紧要。

尽管科学和社会变革巨大，但相比之下对老年人医疗保健的关注少之又少。这主要是因为，人们认为老年人命数已定而且不可治愈。19世纪对因年龄增长产生的病理变化的关注以及20世纪对治疗的重视，使得医学目标脱离了许多老年人的需求。当然，并不是所有人都漠不关心，德国研究人员（包括阿洛伊斯·阿尔茨海默和埃米尔·克雷佩林，后者以其导师的姓氏命名了"阿尔茨海默病"）和英国临床医生，就是例外。他们记录了阿尔茨海默病的病征[17]和早期生活习惯[18]对老年健康的影响，并详细阐述了老年患者身上多种疾病共存（现在称为"共病"[19]）带来的挑战。尽管如此，直到20世纪早期，正常衰老和病理性衰老之间的界限仍然模糊不清。

当时大多数医生认为（现在也是），关注老年人的医学价值不及关注更年轻的人，后者更容易进行治疗，而且更容易治愈。对于老年人的医疗照护问题，常见的做法是忽视，这是一种相对经济的策略，几乎不要求医生付出什么，还有附加的好处——抑制无病呻吟。年迈的患者困于床榻，环境昏暗，鲜有身体活动和外界刺激，几乎只有最基本的食宿需求。这导致抑郁、肥胖、肌肉萎缩和压力性溃疡。直到20世纪30年代，"英国老年医学之母"[20]外科医生玛乔丽·沃伦主张，对患病的老年人进行身体康复治疗[21]。

当时，在西米德尔塞克斯医院获得住院医生身份不久的沃伦负责其所在部门里的714名患者，她发现她的新患者"要么没有分类，要么分类不当"。她创立了英国第一个专门针对老年患者的"病区"，并带着一支跨学科队伍开始采用创新的方法帮助老年人进行康复。很快，她注意到，即使都是老年患者，年龄相同的人也可能在躯体功能上有着巨大差异[22]。她发现，在"与具有同等心智能力的人一同接受医疗照护"时，他们的表现最佳。她还主张"凡是患者可以自理的事，都不应有人代劳"，从根本上反对以便利为名，让患者产生绝望和依赖，这种绝望和依赖至今仍普遍存在，甚至有专门的名称——"习得性无助"。

沃伦的方法基于当时已经相当成熟的治疗脑卒中患者的康复疗法。她发现，如果患者所处环境适宜，辅以人生希望和各方协助，许多老年患者可以恢复正常生活："能够离开（老年医学部）病房的患者数量各不相同，我认为，这在很大程度上取决于是否有足够的时间和做了多少工作。许多所谓的'无法治愈的'病例[23]，只是需要受过专业训练的医护人员为其付出耐心、拿捏好分寸，静静地发挥能量，就能显示出相当程度的改善。"

在这方面，20世纪的变化不大。医院如果不快速把患者治好让他们回家，医疗系统就会对其施以惩罚。医疗系统指定每次看诊只能持续15~20分钟，而且不为大多数医疗照护机构的医护人员提供时间和培训，以便他们采取适宜患者生命阶段的方式来提供帮助。这形成了一个恶性循环：无视年龄差别的体系对老年人造成了不良后果，由此强化了老年人不值得治疗这一错误观念。

美国虽然直到20世纪70年代才正式设立专科，但对老年人护理医学的兴趣不时高涨，有时是医学进步的结果，其他时候则是应社会力量的变化而起。对病理解剖学的理解加深，推动了20世纪初的第一次浪潮，当时医学的重点开始从预防转向治疗。在第一个10年间，对老年医学感兴趣的医生开始为大众媒体撰写关于健康和老龄化问题的文章。这些文章描述了新的疗法，于是老年人在遇到年龄带来的问题时，开始更多地向医生求助。第二次浪潮始于 20 世纪 60 年代，最终让有兴趣照护老年患者的医生组成了正规的科室。

即便是对老年医学悠久历史的短暂一瞥，我们也能看出，科学家和哲学家就同样的衰老问题已经论辩了 5 000 多年：在这漫漫历史长河中，老年生活的体验受经济、社会的优先顺序、医学知识和技术以及我们对生命与健康的观念所影响。我们继续尝试以科学和实证性的方式来理解衰老。仍然有人试图寻找青春永驻的源泉，也仍然有人努力在鸿蒙之初就已界定的限制内把生命发挥到极致。正常衰老和病理性衰老之间的界限仍然模糊，而且科学能否"治愈"衰老仍然是未知之数。已然清楚的是，医学发展史照亮了老年的发展历程，而老年的历史进程则表明，目前被吹捧为创新或变革的方法[24]只是在手段和人群定义的具体方面称得上新颖，但在根本问题和追根溯源上仍然没有突破。

我与医院的缘分

我 9 岁半时，医生救过我的命——还是两次。我腹部的伤疤就是见证。

当时我正在科罗拉多州参加一个儿童夏令营，突然开始胃疼。这是我第一次经历父母不在身边的夏天，所以护士最初的判断是我思家心切。在我受到照看，获得会好转的保证但并未好转后，她认为我可能得了急性肠胃炎。最后，我难以进食和行走，我的表哥们（当时分别是 10 岁、12 岁和 14 岁）哭着说服了她：大事不妙。护士带我去看了医生。医生检查完我的肚子，给了她一个极其担忧的神情。我当时特别想念母亲。

护士坐在副驾驶座位上，有着天籁嗓音、风风火火的夏令营老板娘开车载着我和我破裂的阑尾在落基山间疾驰，直奔当地医院，当时恰好是那个夏天热浪最盛的时期，这一路开了几个钟头。我躺在旅行车后部，身体下面垫着海军条纹式的营地床垫。那是1972年，那辆车和它的避震器已经服役多年，比我老多了，我只能凑合。我的腹部开始感染，一路颠簸下来，里面充满了脓液。

尽管车窗开着，但车厢内的热气就是纹丝不动。那天的室外温度大约39摄氏度，我的体温比这还要再高几摄氏度。我仿佛看到热浪中模糊的棕榈树、波光粼粼的水塘、大象、狗和青绿色的蛇在旅行车褪色的棕色顶棚上穿行而过。我知道它们不是真的，所以告诉大人也没什么意义。虽然护士一路喋喋不休，而且每隔一会儿就来查看我的情况，但车内的紧张气氛如同热气一样沉重，无处不在。因为有病童躺在车后座的垫子上，夏令营老板娘在狭窄蜿蜒的山道上铆足了劲儿地开。

我还记得许多其他的时刻和片段，也可能只是我后来讲起那天时的记忆。有一段时间，这些记忆让9岁的我显得充满故事。

我不记得为什么是夏令营老板娘开车载我——在山间载着一个重病的小孩去最近的医院，但在那个时代，在医疗危机中，男人下决定、切开肚皮，女人则负责照护。

每当旅行车轧过树枝、石子或裂缝时，我感觉腹部就像刺进了一根熊熊燃烧的木头。我试过不哼唧或不尖叫，但有时只是徒劳。当有呜呜声不小心冒出来时，我就把嘴闭上。我感觉如同火烧，剧痛钻心。

他们说，我手术结束后醒来就能看见我母亲，但是并没有。那时探病有时间限制，病童的父母也不例外，而且母亲也无法从加州及时赶到。一整个晚上我在医院病房里睡睡醒醒。醒了后，在害怕和疼痛之余，我特别想见到母亲。我母亲在就近的汽车旅馆落脚，同样难以入眠，同样担惊受怕。

几天后，一位好心的护士说她会扶我走路，我笑道："我已经9

岁了，我知道怎么走路！"接着我站起来，但是双腿不听使唤，好在她抓住了我的胳膊。当天和第二天，她帮着我再次学会行走。

7月4日，等夜幕降临，大部分医生回家后，护士们让我们中的一些人坐在轮椅上，把我们推到小医院的滑动式前门外看烟花（这可是违反规定的）。夏季清爽的夜空如同香膏一般，烟花似乎既在庆祝独立日，也在庆贺我在医院得来的片刻自由。

那一周的晚些时候，当我母亲推着我穿过丹佛机场时，人们的目光紧紧地锁定了我们。我坚持自己走进洗手间隔间，至少让一部分陌生人看到我伤得并没有那么严重，只是看起来情况有点特殊并且让人有些揪心。我想证明我是个健全的小孩，只是目前遇到了一些困难。我也在想，如果一个小孩无法从轮椅上站起来，那么生活将变得有多艰难——每天被人关注，周围人将一直向你投射同情和担忧的目光。

回到旧金山，看见我的妹妹和自己的家时，我比以往任何时候都更加开心。但15分钟后，我就发了一通脾气，因为我的父母说我还得住院。很显然，这一切早已安排好：其实我并不是回家，只是住进离家更近的医院。

那个夏天，我的最后两段记忆发生在第二家医院。直到15年后我成为医学生，我才真正明白这两段记忆意味着什么。

在第一段记忆中，我躺在去往手术室的担架上，轮床周围的人穿着医生服：绿色的消毒服、白色外褂、一次性医用帽、口罩和输液包在我头上晃来晃去，脚那端的机器上闪现着数字和一条条曲线。

我们准备进手术室，电梯门关上。那时我还不知道大概要往哪里走，但我听到有人在尖叫，然后门又打开。我不确定我们是上了楼还是下了楼，或者我们要去哪里以及我们为什么停下，每个人又为什么那么慌乱不已。

之后，在手术室外面的走廊里，我看见白色的天花板在我眼前划过。医生给我的静脉注射了药物，很快我就看到周围的世界变得明亮、奇幻、美丽，变得自由自在。

直到我成为一名医学生，在一家医院目睹了死亡边缘的人后，才明白电梯里的那一幕意味着什么。在1972年夏天的那一天，我在电梯里"留下了人生的一行底层代码"，然后被抢救了回来。我撑进了手术室，外科医生打开了我的腹部，清理上一次没有清理干净的脓液。这次，医生在我的腹部插了导流管，确保我能够尽快康复。

第二段记忆的场景发生在某个傍晚，父母在医院病房陪护。虽然盖着毯子，但我仍然看起来像个孕妇，我胃疼得厉害，感觉落基山的那次旅行中所经历的痛苦反而更好接受一点。我浑身不舒服，时而呻吟时而大声哭泣。护士进进出出，分发药物。我哭得更厉害了，这也让我疼得更厉害了。

医院和整个城市笼罩在黑暗与寂静之中，这时外科医生出现了，他没有穿手术服，也没有穿西装，而是穿着一条便裤和一件运动T恤，在给我做检查之前和我父母聊了会儿。医生说我腹部的麻醉还没退，他说我们必须让腹部"苏醒"过来，要求我多走动。

我不愿意，然后哭得更凶了。我母亲安慰我。医生仍然不肯放松要求，他帮助我慢慢开始，让我先侧身躺到一边，然后再换另一边。他让我在床上爬，我像一个还没学会站立的小孩子。后来他要求我在走廊里走动，还有一名护士陪着我。我之后就开始排气，排着排着，大人们就回家了，而我也能入睡了。

1972年夏天那一两个月里的某些重要经历是否有可能促使我成为一名医生？我觉着有可能。第一次作为医学生走进一间儿科病房时，我瞬间就被一段感官回忆深深冲击，立马回到了自己是一个弱小病童的时候，那里有冰冷的墙壁，身材高挑的陌生人，药物和抗菌药品及躯干，无止境的嘟嘟作响、呻吟、窃窃私语、痛苦、无边无际且悄无声息的长夜。那个生病的夏天教会我作为一名医生如何理解看护患者，教会我如果在这个对能力崇拜的社会生病或残疾会有何种感受，也让我品尝了那种会让人想尽办法逃脱的痛苦，让我感受到虚弱、渺小和脆弱，让我目睹了人们的善意和残忍。我也体会到父母如何深爱着自己的孩子，体验到药物在解决问题时的强大作用。我也懂得了活着、健康是多么美好的事情，还知道了一次重大创伤既能带来积极的转变，也能带来消极的转变。

老年病的识别误区

维罗妮卡·霍夫曼是旧金山一家大型医疗中心的人力资源总监，她对医生这个职业颇有体会。"医生通常早起，有非常强的内驱力。"她推断。"连周日早上也起得很早。"

维罗妮卡等了很久。快到 8 点时，她远远望了望她 79 岁的母亲林恩，然后拿起了电话。

在小镇的另一边，我往杯子里添了咖啡，检查了传呼机，确保里面的电池已充满电。在那一刻之前，我值班的周末安静得让人有些心里发毛，我担心自己是不是漏接了信息。传呼机响起时，正好在我手里，闪烁的绿色显示器上出现了患者的名字、病历号及联系信息、来电人姓名和来电原因。在绝大多数情况下，打电话的是患者本人。在老年科，由其他人，包括患者的成年孩子、雇用的护工、朋友或者是出诊的护士打电话也很常见。这次，来电的是患者的女儿，此外特别值得注意的一点是她的留言：母亲状态不好，担心。

我打过去后，维罗妮卡很快接通了电话。

"感谢你这么快回电。"她说道，尽管她很镇定也很礼貌，但言语间透露出的紧迫和担忧很容易被察觉，"我不知道有没有事。昨晚医辅人员来过，确切地说是今天凌晨，他们觉着没事。我可能想太多了。"

我说如果发现了令人担忧的情况，随时给我打电话，然后我问她具体发生了什么。

"我母亲和我昨天本来是要参加一场聚会的，她已经为此准备了一周时间。这是我们近期的共同话题，我们甚至讨论了当天她穿什么衣服，我们什么时间出发。昨天早上她没起床，看着不想去参加了。这很反常。"

我低声应答着，以示我在听，一边拿起了笔和草稿纸，一边在电脑上打开了电子病历档案。很快我就明白了，维罗妮卡打电话来是明智的选择。

"她最后还是没起床，一整天状态都不好。我问她是不是不舒服，她说不是。她提都没提我们本来的计划。我告诉她应该去急诊，她说不，没必要去，她不想去。"

当时，我没忍住打断了维罗妮卡："你母亲平时怎么样？身体还好吗？"

我想知道林恩身体是否有恙，以便摸清楚她目前的状况。维罗妮卡的回答，决定了我对她母亲的异常行为的解释会有所不同，就连治疗方案、后续问题以及采取的步骤也会有差别。

"噢，她身体棒极了。"维罗妮卡说。"她是有一些小问题，但都不严重——血压、心脏病、风湿之类的。这也是我母亲找P医生看病的原因，但她身体和精神都很不错。我们生活在一起是因为我们都喜欢对方。"

我笑了笑，同时寻思着问一些更具体的问题。有时家人和医生对于什么是小问题和大问题有着不同的看法。理论上讲，我可以从电子档案中获取林恩的主要病历。在实际操作中，从其他地方登录电子档案，需要我通过几道有密码的防火墙，我暂时未登录成功。并且，林恩又有一些新的情况，我需要就轻重缓急排个序。

我请维罗妮卡告诉我更多信息："她日常的生活是否正常，比如吃饭、行走、说话等？"

"她昨天早餐吃得不错，午餐吃了一些，晚餐没吃多少，但她感到乏力。昨天下午我们散了步。我感觉有点奇怪，因为她希望去散步而不是去参加聚会。"

我稍微松了口气。如果林恩情况严重，她很可能不会有食欲，也不会有力气散步。

"她动作有点迟缓，"维罗妮卡补充道，"有点恍惚。"

我又紧张起来了："她之前有过这种情况吗？"

"从来没有。"

这时候我需要确认是不是大脑的问题，或者这种变化是否很有可能意味着是谵妄症（delirium）。谵妄症在日常生活中多指代一种自我幻觉或者高度兴奋的状态，在医学上其含义截然不同，有着明确的指向。谵妄症是指一种精神错乱，治疗该疾病通常需要很大一笔开销（患者和医疗体系都得承受这笔开销）。通常，谵妄症还会导致其他一系列并发症，继而降低患者完全康复的可能性。此病会延长患者的住院时间，导致患者整体健康水平和大脑功能下降，进而增加前往护理院安置和死亡的概率。身患严重疾病的任何年龄阶段的患者都可能出现谵妄症症状，但常常出现在年纪较大的患者身上，特别是有潜在的阿尔茨海默病的人。谵妄症的起因通常很简单，比如感冒、服用了非处方的抗过敏药或者安眠药。这一病症的发生主要是因为或大或小的感染、手术、骨折、药物服用、新环境或者其他一些情况。

我问维罗妮卡是否能听懂她母亲的话。

"医辅人员问了她很多问题，关于她的名字、我的名字、她的生日、她的年龄、我们在哪里住，她的回答都对。她只是交流得很缓慢，我们散步的节奏也很慢。"

鉴于即便是同一种病，不同年龄的人所呈现的症状也有所不同，我们医生会问老年患者他们的日常活动有哪些变化，这样获得的信息会更有参考价值和更有帮助。与儿科医生问小患者关于吃饭、睡觉、大便、小便及玩耍的情况相似，我们会问前 4 个问题，外加走动、疼痛、情绪、行为和日常起居等相关问题。这样做的目的不是将老年群体婴儿化，而是正确认识在生命两端的人的生理现状，即疾病不会再以"标准"的形态表现出来，更有可能是以身体基础功能的变化表现出来。

在 79 岁这个年纪，就年龄和身体功能而言，林恩不算是很老，但她女儿的回答帮我确认了一个需要关注的问题：无论是哪个方面，林恩的情况看起来都很严重并且在缓慢恶化。我们需要在这一情况变成灾难前行动起来。

"昨天晚上，母亲的病加重了。"维罗妮卡说道，"她准备上床睡觉之前，没有系睡衣上的扣子。她从不裸着在房间里走动。大概晚上 10 点钟，我睡觉之前，看见洗手间有灯光。我大概 1 点起来了一小会儿，看见洗手间的灯仍然亮着，母亲只是站在那里。她看起来有些迷离，我想或许她已经在那里站了一晚上了，于是拨打了急救电话。"

她暂停了一小会儿，似乎已经准备好接受我的批评。

我停下来，没有继续把她的话敲进电子病历："你做得没错。"

"医辅人员可不这么认为。"

"他们肯定是误解你了。"

"他们给我母亲做了检查，没发现有什么异样。我说她有点神志不清。他们说道：'你母亲已经快 80 岁了，又是深夜时分，你还想要你母亲怎么样？'我有点抓狂。他们给我的感觉是我不应该打急救电话。"

我得拿出行动并且表现得足够专业，即便我想对那些医辅人员，甚至是整个医疗体系表达愤怒和遗憾，其对老年群体的忽视程度让人震惊。我已经开始设想联系相关人员，为这座城市的所有医辅人员开展老年病培训，同时预想到他们肯定会拿出各种理由搪塞，说不需要也没有时间接受培训。

"你没做错。"

让患者的亲属难堪，在任何情况下都不是一种专业的行为。我又问道："接下来发生了什么？"

她说，医辅人员检查了她母亲当时服用的药物。

这一步他们算做对了。谵妄症的诱因有很多，其中药物是最常见的一种。开始服用一种新药会有风险，突然停止服用某种药物而非逐渐减量，也会带来风险。有时服用了好几年的药物也会因为身体对药物处理的能力发生变化而导致风险出现。

我在电脑上调出林恩的电子病历，看了看她目前服用的药物的清单，但记录在册的药物和患者实际服用的通常会不一样。我问了维罗妮卡她母亲最近在服用什么药物，有没有换其他药物。

维罗妮卡给我读了她母亲近期服用的药物的清单，然后说："医辅人员已经检查过所有的瓶瓶罐罐，并且说除了抗抑郁药，看起来其他药都在服用。我猜她在三周之前停止了服抗抑郁药，但是我也不是很确定。医辅人员说这就是问题所在，他们在今天凌晨2点30分给她服用了药物，然后告诉我们回房间休息。"

我深吸一口气，突然中止服用抗抑郁药会带来严重的副作用，但停药的副作用会在几天内慢慢显现，而不是三周后突然出现。

"她今天早上怎么样？"我问。

"嗜睡，仍然神志不清。"

林恩是一位很健康的79岁老人，关于日常行为的问题没能让我得出任何具体的诊断，那就得对症状挨个评估。医生会先问患者最担心的事项，之后用症状评测表来补充细节，确保所有信息都被涵盖其中。评测的问题从头问到脚，按照位置划分各器官，比如眼睛、耳朵、鼻子和嗓子，还有心理方面，以及心血管或者神经系统。

维罗妮卡回答了其中一些问题，但绝大多数时间她在向她的母亲重复我的问题。我时而隐约听到"没有"这个答案。没有发热、咳嗽、气短，小便没有增加或者出现失禁，胸口也不痛，四肢也没有乏力的情况，视力也没有变化，语言能力正常，吞咽也没有问题；腹部没有疼痛，没有反胃，没有呕吐；有几周出现了腹泻症状，但这一情况之前也有；也没有便血。

但当时问题来了，林恩头痛，不是一般的头痛，而是她经历过的最疼的头痛。如果按 1~10 级评级，她觉着这种疼痛有 10 级，10 级疼痛是能想象到的最痛的级别了。在经历这种疼痛时，林恩还说没有大碍，这一点让人更加担心。

我告诉维罗妮卡，我们需要尽快将她母亲送到急救部。

"我昨天早些时候想带她去，但她不愿意去。"

"她神志不清，已经不能自主做决定了，请告诉她目前的情况。"

我们同意由维罗妮卡叫救护车，我提前给医院打电话告知。在挂掉电话之前，我告诉维罗妮卡打电话是非常正确的，她的直觉很准确，我为她母亲有一个如此富有观察力和坚持不懈的女儿感到高兴。我也答应就医辅人员对她母亲的治疗给他们反馈。至少，他们需要知道并不是绝大多数老年人都神志不清。神志不清通常意味着身体有恙，需要治疗，而且忽视老人家属的担忧是不符合科学的医疗要求的。

几个小时后，我重新登录电子档案，看到林恩的脑部造影扫描图，感觉像是白纸上泼了墨水。在她周五晚上上床睡觉到周六早上她女儿进入她卧室期间，她经历了脑出血。到周日上午，她已经表现出出血性脑卒中。

三个月之后，我看到收件箱里维罗妮卡发来的电子邮件。在信中，她就没有及时给我写邮件表示歉意，感谢我的帮助和支持。她向我介绍了她母亲的状况，以及她母亲终于出院了："这一路走来充满艰辛，但今天下午在我回到家后，我给了母亲一个拥抱。我们能够交流她晚饭想吃什么，也能开始计划 9 月为她办 80 岁生日派对。"林恩因为这次脑卒中发生了变化，但她的生活仍然为女儿和自己带来快乐和意义。

维罗妮卡承认，在听到医辅人员对母亲的评价时，她感到很震惊。医辅人员很有可能也想帮忙，他们或许还遵循了正规的流程。在美国，警察时常出警抓捕那些迷路或者擅自闯入他人领地，抑或是抗拒"陌生人"帮助的阿尔茨海默病患者（他们无法辨认出看护人）。而这些"陌生人"只是想帮他们脱掉衣服或者带他们去他们不想去的地方。在城市和监狱里，老年人常常因为"不配合"[25]，或者听不懂指令，抑或是无法跪地求饶而遭到枪击。在一些案例中，比如林恩，没有痴呆症的人会被认为得了该病，老年人因为该病症承担了本不应该承担的责任。当我写邮件提出对相关医学专业人员进行老年病教育和培训，以弥补当前缺位的课程时，一位在当地乃至整个美国都很有名的内科领军人物回复说：他觉着人们不会从这样的课程中受益。在医学领域，临床医生通常认为照顾老年患者就只是照顾而已[26]，这一逻辑在治疗儿童和癌症患者领域绝对行不通。

不过，局势正有所好转。包括旧金山警察局在内的很多警察部门，意识到本部门缺乏对老年病的了解，能逐渐分辨出老年群体非故意的危害行为[27]，并且已经开启了相关培训项目。他们的努力或许很快就能显现成效。在近期一则流传较广的新闻中，一名南加利福尼亚州警察接到一家银行打来的电话，要求他们逮捕一位情绪不稳定的 90 岁老人。这位警官没有逮捕这位老人，而是带他更新了过期的驾照，然后把他带回银行，成功地帮他把支票兑换成了现金。

第四章　锋芒挫缩

我的职业理想

在成长过程中，我对于未来有一系列变来变去的梦想，但没有一个与老年人或者医生有关。我儿时的家里，堆满了书籍。新书、旧书、平装书和精装书，在书架上堆得满满当当，客厅和床头的案几上也摆着一摞摞书籍。我母亲通常读虚构文学、社会学和政治史以及那种后来被称作少数族裔文学[28]的书籍。她把这些书都留给了我，也塑造了我的世界观和我对自己及未来职业的规划。我的父亲是一位研究医师，他喜欢读小说、非虚构文学和医学期刊。当他要针对政治或者体育发表重要见解时，他会从其他人奉为圭臬的著作中摘取事实与数据。因此，科学思维作为支柱和横梁，帮助我搭建了认知大厦，即使在我打算成为一名考古学家、编辑或者英文老师的那段日子里，它仍然在我理解一些理念和经验时起了作用。

在 10 多岁的时候，我的兴趣转移到了人类学、文学和故事方面，而不是关注世界运行的规律、验证假设或者修理零部件。高中时，大学入学咨询老师给了我一份大学清单，让我从中考虑。我把对数学和科学成绩有要求的大学都排除在外。我对未来具体要做什么没有明确的想法，但知道我的未来不能和微积分、物理、化学以及生物这些科目有瓜葛。在大学期间，我专注于如何更加批判性地阅读和思考，如何更好地了解这个世界和人类，最后聚焦到两个专业，一个是历史，一个是"独立课题"，其中包括大量的人类学、心理学、文学和民族学知识。

我从未考虑过的一个群体就是老年群体。我年轻时，这个群体似乎和我没有多大关系。当我跨越整个美国去求学时，我的祖父母就和我海天相隔了。我在路上能遇见老人，在餐厅也见过，学校里时不时也会有年纪较大的老师，但他们与我的相遇都是机缘巧合或者仅限于某个场景。而儿童是我在大学期间的志愿活动、课程中，专业及职业选择方面反复研究的群体。儿童的养育、教育、福利和医疗长久以来一直是为数不多对职业女性开放的行业，因此这些领域常常出现女性工作者的杰出代表，进而对我更加具有吸引力。在大学期间，我在一家城市贫困学校当过志愿老师，也参加过与孤独症儿童有关的志愿活动，然后成为他们的大姐姐，也在暑期工作中与心理学家一起研究儿童发展。我以为我会从事与儿童有关的职业。毕竟，帮助儿童事实上就是在影响一个人的一生，还有什么比这还伟大呢？

从大学三年级起，我在一家为东南亚难民提供服务的健康协调机构当志愿者，其间学到的两件事将注定改变我的一生：你在这个世界的位置会影响你的健康；有时候权力不仅来源于地位和社会期望，同样来源于自身能力。护士和社工为这家机构完成日常工作，医生每个月只出现一次，每次停留1~2小时做一切重要的决定。我在想，是否有可能将医生的专业知识和权威与护士在帮助难民时所展现的同情心及协作精神相结合？这些难民家庭从战争和种族屠杀中逃脱出来，却来到一个并不欢迎他们也不理解他们的世界。自那时起，我开始对未来的职业有了期许，希望能够拥有帮助他人改变生活的社会地位和能力。成为医生能直接实现这一愿望，外加工作还较稳定，收入体面又受人尊重。对我来说，这比去纽约从事出版业或者加入庞大的非政府组织要容易得多，因为我一直都是个胆小鬼。

本科毕业后，我报名参加了一个学士后医辅人员速成班，完成了数学和科学课程——对这两门课程，一直以来我都避之不及。在接下来的15个月，我申请了医学院，并在泰国与柬埔寨边界的难民村当了一名负责特殊教育的主管。

在考伊当①，人们可以向医生咨询任何事情，不仅包括医学，还有心理、社会及当下有关的问题。我的志愿者经历进一步坚定了我的想法，广义上，我认为做医生是一项为人类服务的事业。难民营中的难民经历过炸弹袭击、饥荒、劳动营、流离失所，也失去了无数的朋友和亲人。他们的遭遇与他们的疾病之间产生了关联，他们是否相信诊断或者遵循治疗方案，很大程度上决定了他们是否能够生存，但他们也仅仅是生存，毫无生活质量可言。了解这一切之后，我带着与我的同学不同的视角进入医学院。我认为医学和科学不能解决所有问题，而且同一种疾病会给不同的人带来不一样的结果。我也目睹了濒临死亡会如何改变一个人的生活，也知道治好一个人的身体并不总能减少他的痛苦。

我原本期待着这些现实情况能够为我学习医学提供方向。可我发现在医疗目标和医疗实践之间的确存在鸿沟。我接受的医学训练只关注科学，让其他的事项都往后靠。如果治疗不见效，医学生就不会去关注社会、个人、文化和系统性因素，也不去关心研究和治疗中的局限会产生何种影响，而是责备患者或者换下一个更容易治的病例。我们会说"她很不听话""治疗对他没起效""没救了，我

---

① 位于泰国巴真府（现沙缴）亚兰以北20公里处的柬埔寨难民营。——编者注

们已经尽力了"。这样的言论通常会出现在明着或暗着贴着"难对付"标签的人或者疾病上，比如无家可归的人群或者患有精神疾病的人群，肥胖或者长期饱受痛苦的人群，孩子生了病的家长，和手忙脚乱的老年患者的成年子女。

但事实上，任何一个人都有可能被责备，特别是当他们和我们的优先项不同，或者患有某种不容易康复的疾病时。在医学界，我们似乎偏爱某些人群或者某种疾病。容易被接受的疾病包括骨折、膀胱肿大、心脏病或者是肿瘤，那些用药明确、治疗步骤确定的健康问题。相关研究表明，如果是治疗自己的身体或挽救自己的生命[29]，我们的治疗效果会更好。这并不是说我们已经承认这是事实，也不是说早些年我的想法和行动受到影响时，我能意识到这一问题。

用专业的方法思考与做事，并且将其不断内化，是医学教育的关键所在。然而，尽管我已经完全接受"科学为王"这一观点，但是在20世纪90年代初期的波士顿和旧金山学医时，我还是忍不住关注医学与社会价值观的互动，以及这种互动将如何影响患者的生病体验。我也不难发觉，很多年纪比较大的患者排在艾滋病患者之后；那些通常在年轻患者身上见效的方式，要么在老年群体身上不起作用，要么不能解决他们最迫切的需求。很明显，绝大多数医生能做到不表现出种族歧视、性别歧视或者发表"恐同"（同性恋恐惧）言论，但他们很少关注老年群体的个体差异。正如萨缪尔·山姆在其半自传体畅销医学小说《上帝之所》[30]（The House of God）中明确提出的那样，老年人被称作"gomers"（"滚出我的急诊室"的缩写），他们被定义为"随着年岁增长，失去了被当作人类的重要部分"。这是一本关于医学和医学教育的书，自20世纪70年代初期到现在，该书一直被认为很具前瞻性，所以一经上市，便畅销长达40年之久。现在回头看这本书，在其所有杰出的洞见中，有一个叙述者本人在照看老年患者时得到的经验教训：如果他按照医学标准规则给患者安排检测和一系列流程，那么这些患者将失去生命。因为害怕产生这一结果，他选择打破规则，同时学着不去治疗患者，这着实悲剧。叙述者说道："我原本喜欢老年人，但现在他们不再是老年人，而是'gomers'，我再也不能喜欢他们了。"面对医疗体系对老年群体非人性的处理，他和其他年轻医生变得麻木不仁，让自己也失去了人性，恶性循环就这样继续下去。

我刚开始上学时，在美国几家顶级医院里，包括在《上帝之所》的故事发生地，有一个明显的现实，即老年人无足轻重的社会地位影响了医疗体系给予老年人专属的医疗资源。以老年医学为例，这个跨学科研究衰老和老年人的领域多由硕士生和博士生领衔，我读本科期间，这门学科比起儿童发展学科，几乎不为人所知。与儿童医学相比，在我接受医学教育的过程中，老年医学也很少被人认可。因为正如衰老的身体不按照规律运行一样，老年病专家也不再按照医学规定行医。老年科医生不再将提供生理、疾病和治疗方案看作唯一重要的事，而是会考虑其他影响患者健康和生活质量的因素，包括患者的居住地、看护人、患者保持自立所需的条件，患者保持健康和生命质量的关键因素，以及患者的饮食、睡眠、行动、大小便、心理和思维状况。

我们这些初出茅庐的医生，花了很多年学习科学，在这一过程中逐渐学会了新的行话，后来已经熟练掌握这门新的语言。我们几乎掌握了囊括所有器官、疾病、小毛病和药物的知识，同时掌握了一系列技术和步骤要领。我们只需要环顾医院和培训中心的诊所，就知道医院究竟应该是什么样，以及什么样的医院才是最好的医院。与其他国家相比，美国病患的治疗成果排名较低，且该排名还在不断下滑。我们并没有为此感到困扰，因为美国拥有最好的医疗条件这一点众人皆知。毕竟美国有尖端的设备、最新的医学科研和创新成果。而这些科研和成果中，只有一小部分与老年医学相关，大部分都针对其他学科。那么我们会问：老年医学的乐趣何在？研究的意义在哪里？

处方瀑布

进入我的新患者的病房时，我看见他躺在床上，双眼紧闭。尽管年近80岁，迪米特里·萨科维奇几乎没什么白发，面部轮廓如雕塑般分明。前一天，他来到看护中心的重度痴呆症看护病区。

迪米特里从家里过来，身上只带了他的健康问题清单和药物服用清单。短短几页，我了解到迪米特里患有晚期帕金森症、阿尔茨海默病和其他一些常见慢性疾病，目前服用10种药物，有些药物每天得多次服用。埃琳娜是该病区的护士长，她告诉我，迪米特里一直和自己的妻子及成年女儿一起生活，但她们已经无法在家照顾他了。

我叫了迪米特里的名字，但他没有回应。后来，我摸了摸他的手臂，没有反应。我轻轻摇了摇他，稍大声地呼唤着他的名字，最终他睁开了眼。埃琳娜用俄语跟他解释我是谁，为什么我们会在他身边。我不清楚迪米特里是否听懂了她的介绍。

有埃琳娜做翻译，我问了迪米特里两个问题："你叫什么名字？你哪里痛吗？"帕金森症会让人的反应变得缓慢，我们需要耐心等待他的答复。我在心里默默唱了首生日歌来确认我等待的时间足够长。

关于第一个问题，迪米特里嘴唇微微一动，但未发一言。关于第二个问题，他毫无反应。我们跳过了这一环节直接开始做检查。他一只手不停地颤动，四肢僵硬，行动缓滞——帕金森症的典型症状。除此之外，他看起来相当健壮，有结实的肌肉和关节，各个器官也都运转正常。

在护士站，我研究了他的药物服用清单。患者一来到看护中心，我们通常会继续给患者服用之前使用的药物，起码要一直服用到我们对患者的情况和病史有基本的了解。迪米特里服用的药物基本是常见药，每种药都对应一种诊断，这是个很好的开始。然而，有两种药物是比尔斯标准（Beers Criteria）中提到的，这一标准是美国老年人潜在不恰当用药的一个清单。这一标准警示道，服用此列表中的药物会有副作用增加的风险，并建议医生在为超过70岁的患者开此类药物时综合考虑，或者尽可能使用替代药物。

我问埃琳娜，迪米特里家里是否有人说英文。

"他的女儿。"埃琳娜说着，脸上露出疑惑。我点了点头。埃琳娜把表格从我手里拿了过去，翻到了另一部分，然后给我指了指一个电话号码。我拨打了这个号码。

一位女士接通了电话："Alyo。"

埃琳娜在我旁边做我的翻译，我解释了自己的来意。"哦，你好，医生。"这位女士用英文说道，"感谢你照顾我父亲。"

我给埃琳娜竖了大拇指，她回去做自己的工作了。我请斯威特兰纳介绍一下她的父亲。"我的父亲曾经是一位苏联工程师，"她说，"我的母亲是父亲的第二任妻子。他们结婚41年，在美国共同生活了8年。"我问了斯威特兰纳她父亲近期的健康和医疗状况，她所描述的情况是帕金森症晚期患者普遍的状况。迪米特里不动，也不说话，神志不清，大小便失禁，近来吃得很少，绝大多数时间都在睡觉。我确认了迪米特里的一些其他症状、诊断和服药情况，问还有没有其他我需要知道的信息。

"哦，没有了。"斯威特兰纳说道，"我觉得就是这些了。"

通常，标准化的医学访谈就此可以结束，但我还有其他问题。在老年医学中，无论患者有多健康或有多么重的疾病，医生都需要根据患者特殊的健康状况、能力、价值观及患者喜好的治疗方式提供相应的照顾。第一次见面时，我并没能获得全面的信息，迪米特里的进食量与喝水量都不大，我担心我们需要抓紧时间了解关键问题的答案。即使他没有生命危险，我也需要了解更多，让他在这个新家感到舒适。

对待生命和死亡的方式，因人而异，千差万别。如果迪米特里的家人不了解他的病情，那么我是没办法和他的家人探讨看护中心的服务或临终关怀的。

"你能告诉我你是如何理解你父亲目前的病情的吗？"我问道。很快我就得知，斯威特兰纳和她的母亲清楚地知道迪米特里病情的严重程度。我还希望她能告诉我哪种治疗方法是迪米特里在这个阶段可以接受和不愿意接受的。

"你们家里是否讨论过，如果你父亲没办法自主发声，对他最重要的是什么？"

在电话那端，背景声里有杂音，我想是不是斯威特兰纳的母亲迫不及待地想在我们通话结束后，用俄语了解我们的谈话内容。斯威特兰纳说道："不，我们没聊过这个话题。"

这样的情况时有发生，所以我开始问一些指标性问题，帮助家人和看护团队了解患者的偏好，即使他们从未和患者明确地探讨过。很不幸，迪米特里的父母和祖父母都是英年早逝并且猝然而去的，死因听起来像是心脏病或者感染。

鉴于这一问题十分重要，我尝试了另一个思路："你父亲的朋友或者家人有没有得过帕金森症、阿尔茨海默病或者脑卒中？"我问道。迪米特里或许在他们生命的最后几年或者几个月说过什么，无论是正面还是负面的评价，都会给我们思路。

"或许有吧。"斯威特兰纳最后说道，"我不确定，我得去问问我母亲。"

我告诉她这些情况将会非常有帮助，给了她我的电话号码。她感谢我打电话给她。

"最后一个问题。"我说。与迪米特里病情类似的患者中，有些将不久于世，有些能再活数年。我想了解一下迪米特里的病情恶化速度，于是问了她关于她父亲近两周、近两个月、近半年的情况。

斯威特兰纳回答到一半时，我站起来拿了根笔。五分钟之后，我向她致以谢意，挂断了电话，立马给迪米特里家附近的药房打了电话，了解每种药首次开处方的日期。当我挂掉电话时，埃琳娜手头空闲了下来，悄无声息地来到我这边。

"什么情况？"她说。

"一年之前，他身体非常好。精神、身体等各个方面都是。6个月前，他仍然能自主行走，与人聊天，读书看报。目前的情况或许是服用药物导致的。"

"噢，我的天。"

我给他停了 8 种药物，其他两种也减了量。我要求护士在接下来的几天多查看几次他的病房。我想尽快知道我的判断是否正确，不管怎样都要让他舒服。

到了那周的周末，迪米特里能坐起来了。他开始说话，一开始声音较小，但后来底气日渐浑厚，音量也开始提升。他的饭量开始增加，脚步也变得更轻盈。我给他预约了物理疗法。他的血压有所上升，但我给他开了另一种更加安全的药。药店的记录也与斯威特兰纳对她父亲身体日渐衰弱的记忆重合。他不幸成为"处方瀑布"[31]的受害者。这一切始于他服用的一款新降压药，一款药效良好也较常用的药品，但与所有药物一样，该药物也有副作用。对迪米特里而言，这款药物加重了他的痛风症状。他的医生没给他替换该药，而是接着给他开了治疗痛风的药，后者有较强的消炎功效，但副作用是胃灼热，这样迪米特里的清单上又多了一款药。为了治疗前一款药的副作用，再开一种新药，如此循环。当他的病症（如痛风）

得以缓解时，他仍在继续服用药物，结果身体状况急转直下。短短几个月内，他从身体健康变成卧床不起。

迪米特里身上这种"处方瀑布"的情况并不是引起老年群体中帕金森、痴呆症、虚弱、残疾的主要原因，很可能一定数量的患者没有获得正确的诊断。我认识的老年科医生几乎都会遇到类似的情况。其他科室的医生也很有可能有类似的病例。任何一位医生或者药剂师，如果认真看了迪米特里的药物清单，并且没有因为他的年龄和较明显的晚期疾病症状而不去查看他的服药史，那么他会得出与我相似的结论。在医疗体系里，时间是最稀缺的资源，医疗服务分散地由多位医生负责，没有一个明确机制指定一位牵头的医生，而新的症状常常被归因于年龄和疾病，从而忽略了那些真正引发疾病的治疗方式或药物。

在迪米特里进入看护中心的 6 周后，我们把他转移到了一个辅助生活中心。我与康复后的迪米特里第一次碰面是在楼下的走廊里，我几乎没认出他。当时他甚至没有使用拐杖。虽然他可以搬回家住，但他似乎找到了一个更适合他的生活方式。他开始绘画，当选居民委员会成员，结交了几位女性朋友。因为迪米特里已婚，这一关系还引起了一拨流言蜚语，但他不在乎。

无可避免的"老糊涂"？

在我成为医生之前，我原以为老糊涂是衰老正常的一部分。我想，只要活的时间足够长，记忆就会衰退。我也没有意识到老糊涂就是痴呆症的俗名，而其中阿尔茨海默病这一病症有 70 多种医学诱因。我原来也不知道，只要没有身患其中一种病症，你一直到 80 岁、90 岁、100 岁也不会得痴呆症。这些日子，我们听到很多关于痴呆症及其常见类型的内容。20 年前，阿尔茨海默病不在这一分类中。但基于对我家里老人的观察，我本应该更熟悉痴呆症才对。我的祖母、曾祖母，都活到了90岁，并且大脑从未出现过问题；迪托，我的外祖父，86岁逝世；我的外祖母和她的姐妹，都是70多岁时过世。很奇怪，与我亲身经历的情况相反的是，我原本以为痴呆症和老糊涂是一回事。

我不是唯一一位有这种错误想法的人。1933—1998年，痴呆症从来没有在美国疾病控制与预防中心（CDC）"美国各年龄段十大死因"的报告上出现过。1994年，阿尔茨海默病第一次出现在这份清单上，是当时导致女性死亡的第八大病因，直到1999年才出现在男性死因和综合死因清单上。

为什么阿尔茨海默病在20世纪晚些时候才进入大众的视野？对此的解释与艾滋病或寨卡病毒进入大众视野的原因不同，后者要么是新发现的病原体，要么是感染人群的历史很短。阿尔茨海默病受到大众关注，也不仅仅是因为人们的寿命增加，虽然这一原因影响了该症状的发病率。与此同时，公众和医学界对这一疾病的认知也有所提高。部分变化说明，填写死亡证明的医生，只是自身所处环境和日常医学训练的产物。在日常生活中，如果医生听说过相关情况，那么他们听到的一定是老糊涂，而非痴呆症。在课本中，痴呆症所占的比例远不及那些常见的、对生命有重大影响的疾病所占的比例。如果把这一疾病当成衰老正常的一部分，或许还讲得通，不过也有人会说，任何影响人的身体、器官功能和健康的问题都应该被看作健康问题。

若医生没有被培训过如何评估或者治疗这类疾病，那这类疾病就不会出现在死亡证明里。持证的临床医生或者疾病防治中心的科学家或许也曾经认为，痴呆症和老糊涂是相伴而行的，所以不及心脏病和癌症重要。

自2007年起，阿尔茨海默病已经成为美国80岁以上老人的第六大死因。单独来看，该病排在男性死因的第五位，女性死因的第三位，但这样的表述也不尽然正确。很多情况是，在 20 世纪，疾病防治中心的致死疾病名单里都是以疾病的大类出现，比如心脏疾病、恶性肿瘤、事故（非故意的伤害）。其结果是，很多疾病都归入这些大类中，因此每个大类所造成的死亡数量都很高。如果我们把心脏病发作、心力衰竭、心律不齐和其他心脏病分开计算，把癌症作为单一病症，那么这样计算下来，心脏疾病的排名不会居于榜首，但癌症会；如果我们细分癌症的种类，分别列出乳腺癌、肺癌、皮肤癌、前列腺癌、直肠癌、血癌和其他癌症种类，那么癌症的排名也会略有下降。但美国疾病控制与预防中心会把阿尔茨海默病列为单一病症，而非与其他许多痴呆症合并。分类学上更合理的方式应该是，将痴呆症单独当作一类，其中包含血管性痴呆症、路易体痴呆症、额颞叶痴呆症及其他痴呆症类型。这样的分类很重要，这种疾病出现在美国疾病控制与预防中心的名单及其他类型的名单上的排名会影响医疗体系的方方面面——从医生的培训到相关研究和医疗体系中细分部门得到的资金，同样也会改变大众的观念以及我们的政治和社会的优先选项。

严重的疾病总是会改变很多。我的父亲在 84 岁离世前，一直都还是我眼中的那个父亲，但在其生命的最后几年里，他越来越不像那个我认识了 48 年的父亲。痴呆症给患者带来的变化，对患者家庭来说是双重损失。首先，熟悉的脸庞和身体里像是装了一个陌生的人。其次，很多年后，患者离世，一切皆化为灰烬。在《献给艾丽斯的挽歌》（Elegy for Iris）中，作者约翰·贝利一直照顾着自己的爱人——作家艾丽斯·默多克。当艾丽斯进入痴呆症晚期时，约翰·贝利曾这样描述她的身体状况："阿尔茨海默病，事实上就像一团隐秘的迷雾，很难被发觉，直到身边的一切都消失[32]。在那之后，你很难再去相信迷雾外存在一个世界。"不知贝利是有意对妻子，还是对看护妻子的自己，抑或对两人做出了模棱两可的描述。

我的父亲，没有活到进入痴呆症晚期。直至他生命的最后一两年，他仍能瞒过周围不认识他的人。有一次，我母亲因为胃部不适而头晕跌倒，撞到了头部，父亲和我在急诊室的小隔间里陪护我的母亲。护士要求我父亲在他不能完全看懂的文件上签字。那一天的晚些时候，医院做出诊断，我母亲头上的创伤是这次受伤中最严重的部分。一位急诊室的医生来照看她——这位男医生以其思维缜密和博学的治学方法多次赢得嘉奖。他说，文件还需要时间准备，我可以先回去工作了。很显然，他没有发觉我父亲思维模糊，有时语无伦次，以及他邋遢的样子——因为当天早上没有我母亲的监督。也就是说，医生没能把这些表现综合成一个合理的判断。我告诉医生，我得陪着我的父亲，没有我的帮助，我父亲会找不着洗手间，也找不到楼上的咖啡店或者我母亲的小隔间。

痴呆症早期的情况会比较微妙，难以察觉，只有那些专业或者观察细致的人才会发现。在描述自己母亲确诊阿尔茨海默病之前几个月的情况时，法国作家安妮·埃尔诺这样描述：

> 她变了，她很早就开始铺桌子……她变得脾气暴躁……当收到养老基金的通知时，她容易变得恐慌……然后开始不断出现各种状况。她在月台上等着早已过站的火车。当准备出门买东西时，她发现所有商店都关门了。她的钥匙总是找不见，她似乎开始防备一些看不见的威胁[33]。

阿尔茨海默病是最常见的痴呆症，按照标准定义，其发病过程较为渐进。在确诊前几年，患者便开始表现出一些症状，一开始较为难以让人察觉，通常会被归因于上了年纪或是不小心。自己大脑开小差了，人们会说"脑袋老朽了"，边说边笑，但同时会感到害怕。除了癌症，美国人最怕的疾病就是痴呆症[34]。年龄增加会改变大脑，病变会导致痴呆症。曾经轻而易举的事情，对痴呆症患者来说都会变成挑战，比如理财、服药、购物、做饭、开车。反应迟缓、记忆力衰退、易于分心这些问题给生活带来了不便，但没有造成严重的损失。和不能粗略模仿简单画作或在既定的一分钟之内只能讲出几种动物的名字这些情况相比，他们的状况有根本上的不同。那些大脑健康但上了年纪的人，做事情较慢，或者采取不同的方式，原因是他们需要费劲控制自己的双手、眼睛和大脑，但不管怎样他们都能完成。

很多美国人都有痴呆症：2015 年患者数量达 530 万人，是艾滋病患者的 4.5 倍之多。有分析指出，只有 50% 的痴呆症患者被诊断出来[35]。虽然大部分老年人没有痴呆症，但年龄确实是一个重要风险因素。80% 的痴呆症患者超过 75 岁。平均来看，70 岁以上的老人得痴呆症的比例为 14%。

美国黑人群体比白人群体更易患上痴呆症，拉丁裔美国人排在中间，亚裔的发病率最低；另外，在不同族群的亚群体中，情况也有明显不同[36]。在诊断出阿尔茨海默病后，人们平均能活 8~12 年，通常死于心脏病或者肿瘤，这一点与同龄的老年人情况一致。痴呆症通常是逐渐发病，但也有因为服药、感染或者脑卒中而出现病情突然恶化，大脑功能大幅度下降，但通常都可以治疗。痴呆症没有一个标准的定义，而每位受其影响的人要面临的现实是复杂的，让人担忧的，有趣的，让人灰心丧气的，让人心怀感激的，悲剧的，让人感悟深刻的。

医学发展至今，尽管痴呆症患者需要来自不同领域的医生的专业知识，但只有神经学、精神病学和老年医学等专业的学生在学医的过程中对这一疾病有充分的学习，而且每个分支学习的侧重点不同。神经学学生偏好通过大脑病理学来做诊断，通过药物来治疗；精神病学学生关注痴呆症患者的焦虑、压抑和精神病症状；老年医学在医学系统里是一个新的学科，学生数量也较少，他们关注对患者的健康、患者所处的社会环境和物理环境的管理，以最大限度地提升患者和陪护人员的身心健康。现如今，多数医生对痴呆症都有所了解，但与对其他常见的致命疾病的认知比起来，还远远不达标。

从 20 世纪 80 年代开始，定期发表的研究报告发现，至少直到该病症的中期，医生常常漏掉对痴呆症的诊断[37]。我在加州大学旧金山分校工作，并且职业生涯的绝大多数时间都在这里度过。2018 年，这里超过 65 岁的患者中，只有 3% 被记录存在某种认知障碍[38]——这比我们预计的数量要少很多。最近的研究在探究为什么会有这样的结果。有些临床医生没有相应的专业知识和技能；有些医生报告称，自己怀疑患者有该症状，但鉴于无法给出治疗方案，觉得没有做出相关诊断的必要；还有一部分医生承认，他们既缺少时间，也缺乏手段来确诊这种让人难以捉摸的疾病。

痴呆症也迫使我们思考何以为人。如果一个准确描述痴呆症患者的定义能够把周围人群的因素包含在内，那么我们或许会发现更容易应对这一剥夺了很多患者基本人性的疾病。我们或许会对什么是"医学"治疗有更广泛的理念，或许会有更多掌握必要看护技能的医生，医疗体系也会更加灵活地应对高度差异化的患者需求。

2010 年，我受邀给一个继续教育课程做一场关于"重新审视老年医学"的讲座。每一位演讲者需要选取并翻译其专业领域内过去 12 个月最具影响力的研究。

在我提交了讲座内容简介后的一天，这门课程的总监反馈道："你不能讲痴呆症，因为有人已经准备讲这个话题了。"

这个人是痴呆症领域的著名研究员，还是一个大型记忆研究中心的带头人。在他的领导下，这个小型项目已经成为一个活跃的研究、教学和临床治疗中心。

"我敢肯定我们谈论的内容有所不同。"我回答道，并解释说神经科学家关注的是科学层面的问题，而我会讨论临床治疗。

课程总监并不为之所动："我们需要确保同样的材料不会出现两次。"

鉴于我们的侧重点不同，以及痴呆症领域在过去一年发表了超过 1 700 篇文章，我觉得我们能够避免重复。

"那这样吧，"我提议，"我要来他的讲座大纲或幻灯片，如果有重复的地方，我就把痴呆症相关内容剔除出去。但如果我们谈论的是不同的研究，那我就保留。"

课程总监答应了，我给这位研究员发了封邮件。

几周后，我收到一封语气友好的答复邮件和他的幻灯片。幻灯片的内容主要关注分子变化及不同情况的痴呆症，特别是罕见病症中药物的作用位置。幻灯片图片包括取自《自然》等杂志的患病大脑的电子显微镜照片和正子扫描图。他的讲座看起来非常棒，向听众展示了当前老年病生物学研究领域的前沿信息。

而我的讲座中的痴呆症部分，选择了顶级临床杂志的三篇研究。第一篇研究建立了关于痴呆症确诊标准的前兆症状标准，即轻微认知障碍，第二篇是对痴呆症驾驶风险进行评估和管理的指导方针；第三篇是关于患者晚期的生活质量和住院治疗的大型研究。

我给继续教育课程总监发了邮件，向他保证我和那位研究员的讲座内容没有重叠的部分。

科学对于理解和推动医学来说至关重要，但就患者的看护来说，科学并不总能产生直接的效用。通过电子显微镜来观察因额颞叶痴呆症死亡患者的大脑的螺旋丝，能够帮助医生了解这一疾病与其他痴呆症有何不同以及为什么会不同，但是这既不能告诉医生要如何诊断或者治疗患有该病症的患者，也不能帮助看护人管理这类患者，以避免他们常常做出的大众难以接受的行为。与之不同的是，如果认识到晚期痴呆症的存活率类似于转移性肿瘤或者是晚期心力衰竭，医生就能够在如何帮助患者和患者家庭做好临终安排，以及如何在死亡来临之前减少患者的压力和身体痛苦方面获得至关重要的信息。

这位研究员的讲座反映的不仅仅是自己的关注点，更能反映整个医学界的侧重点。20世纪，实验室测试、放射学研究、医学治疗手段和药物的发展极大地推动了医学进步，同时这些因素也被当成医疗中最主要也是仅有的组成部分。在应对痴呆症时，这样的看法就会存在很大问题。尽管在诊断领域有进步，也有个别效果微弱的药物，但要想照顾好患者，相关的知识和技能则来自上述范畴之外的工具箱。相应的专业知识包括帮助患者管理好日常的挑战和痴呆症诊断所带来的实际压力，与不同类型和程度的认知损伤人群的沟通技巧，认识并管理看护人压力的能力。这就要求研究人员不仅要掌握相应的药物知识，而且要掌握针对疾病症状副作用更小、更行之有效的社会、行为和环境方法，还需掌握随着病情的进展，在复杂情况下进行生命规划、亲属安抚、冲突管理和重大决策的高超技能。

几年之后，我得知自己当初低估了这位研究员。他的研究中心正在开展以老年医学为基础，针对痴呆症治疗方法的研究和教学，同时仍然关注前沿科学和神经学评估。

★ ★ ★

目前痴呆症仍无法预防或治疗，尽管有些常见的类型可以通过降低与心脏病、脑卒中、某些癌症相同的风险因素，包括有规律的锻炼、健康的饮食、避免肥胖和烟草等方法来延缓发病，但如果你没有钱，缺少渠道、教育、资源或者对树立健康的生活方式没有信心，那么达到以上要求就变得很困难。这也是不同族群中发病率不同的部分原因。如果长期以来你的社区很贫困，并且有自己的传统，包括喜欢的食物和家庭活动，这些食物和家庭活动对社区居民来说意义重大但对健康无益，那么情况就更加困难了。一些健康威胁因素可以归因于个人选择和行为，教养方式让我们中的一些人比其他人更容易获得成功。与其他疾病类似，痴呆症中体现的是：社会不公平会导致糟糕的健康水平和非必要的医疗开销。

在很多方面，痴呆症是美国如何应对老龄群体的一种体现，也是一种映射。在什么时间如何讨论这一话题，我们是否了解它给生活带来的影响，近几十年我们有无采取社会和医疗方法，完美地体现了我们对老龄化现状的态度和方法。我们对痴呆症所提出的问题也完全可以应用到老年这一议题中：这一改变的自我是谁？我们处在什么样的位置，与社会、与他人有什么样的联系？一位老人虽然不能跑 10 公里，但能做收银工作、在最高法院出庭、为放学后的孙辈提供看护服务、给网络约车公司当司机、在博物馆当讲解员或者运营一家医疗中心，与一位连自己家都找不到、连自己孩子的名字都记不起来的老人之间有着极大的差别。但相同点是，他们都是人，需要人们的关注和关心。前者或许会变成后者，后者曾经也是前者。他们是未来的"我们"，我们是过去的"他们"。

不欢迎老人的医疗体系

帕特里克·佳珀是丹佛健康中心的首席执行官和首席医务官，她通过为具体的医疗问题引入被称为"临床路径"的系统化方法，对一个大的社会安全网医疗体系进行了改革。这些路径是最有效的方式之一，能够将文化偏见和医生的偏好从医疗过程中剔除出去。这一方法通过提供明确的目标和必要且基于实证的步骤，鼓励或者迫使医生遵循标准的方法和实践。佳珀的路径方法极大地改善了那些曾经因为教育匮乏、低收入、饥饿、种族歧视、心理疾病、吸毒和疾病负担等较少得到救治的患者的健康。她理应为自己感到骄傲。

当她的母亲，一位 94 岁的晚期痴呆症患者，在一次跌倒过程中受伤时，佳珀意识到她所推行的标准医疗模式虽然对很多患者来说是革命性的变化，但并不是她母亲所需要的。佳珀担心的并不是这一临床路径方法不能帮助到她的母亲，而是这一方式可能会带来伤害。作为自己母亲指定的医疗监护人，佳珀拒绝了一系列医疗手段，包括颈托、心脏监护器、静脉滴注、CT（电子计算机断层）扫描、矫正手术及住院要求，只答应缝合母亲前臂的一道伤口，将多处骨折的手腕用夹板固定，也同意对盆骨骨折部分采取保守治疗。

住院医生对最后一项选择不满，表示手术很快结束并且算是个小手术，但佳珀——从一名当医生的女儿而非医生首席执行官的角度出发，有自己不一样的想法：

> 我想象到了，我母亲肯定会试图拿掉静脉导管，静脉导管会让她感到轻微的束缚，而她会努力摆脱。之后她会静卧，然后身体情况会逐渐下降。这一过程中的每一部分对她而言都将是折磨，而我还不得不目睹这一折磨的过程。[39]

给正在度假的骨科主任打了电话后，佳珀和她母亲就回家了。在一周之内，佳珀的母亲已经能够在理疗师的帮助下下地走动了。佳珀不仅拯救了她母亲的生命，还帮医疗系统省下了将近 15.6 万美元。这是一个双赢的结局，但也只是因为佳珀拥有战胜美国现行的医疗和社会护理体系的知识、权威和财力。

佳珀从医院为患者提供的流程性服务中算出了这笔省下的费用，如果佳珀当初没有拒绝这些服务，那么佳珀母亲的保险公司会支付这笔费用。过去，她没能看到自己推行并实施的标准与患者群体的需求之间的鸿沟。临床路径的方法假设患有同一种疾病的患者都能从同样的治疗方法中受益。虽然该标准有诸多益处，但其关注的是单一的某种疾病，没有考虑到一个患者身上或许有很多相互影响的疾病，也没考虑到对于年轻、年老和非常老的群体，抑或是那些原本很健康、长期患病或者濒临死亡的患者来说，每种疾病的发病情况及治疗效果及每个人的感受都不尽相同。同样重要的是，正如医学家兼人类学家阿瑟·克勒曼在《疾痛的故事》(*The Illness Narratives*) 中指出的那样：对于各年龄段的患者，美国的医疗体系仍然常常在治疗疾病而不是关注病痛[40]，而后者是人类个体身上一种独特的疾病表达。

在佳珀母亲的例子中，我们的医疗体系也出于另外两个明显原因省下了费用。在母亲跌倒之前的几年，佳珀在她母亲还能够做出决定的时候，帮助母亲表达并决定了自己的健康愿望和临终遗愿。佳珀代表自己母亲所做的决定反映了她母亲的价值观和偏好，母女之间的关系也随着母亲逐渐重获健康和尊严而变得更加紧密。同样，母亲也帮助自己的女儿缓解了在没有指导的情况下艰难做决定的压力。如果没有之前的沟通，佳珀或许就会答应让母亲接受手术或者其他一系列昂贵和标准的治疗流程，而这些流程可能会伤害自己年事已高、身体虚弱的母亲。很多人在采用过于激进的生物技术治疗方法上犯下了错误，在当前的医疗环境中，医生很少将这些医疗手段有多么残忍以及会带来多大的创伤向患者解释清楚，也不会给患者展示更适合患者情况的替代疗法。最后但也是最重要的一点是，因为佳珀在母亲跌倒后自掏腰包，支付了母亲在家治疗的费用，为整个医疗体系省下了钱。

家属常常以为医生会给出最好的方案，但大多数医疗专业人员只是医疗体系的产品和签约服务提供方。这一体系只会为某种医疗服务付费，甚至有可能延长痛苦，而不是修复健康问题。一篇篇报告甚至指出，在大多数情况下，医生甚至不愿意为自己或者自己的亲人选择类似的治疗方案。在临床医生那里收集来的不喜欢照顾老年患者的原因中，医生所面临的道德压力，来自他们被要求为老年人提供无效的治疗，而这些治疗会带来极大的痛苦。[41]因此，人们本不该从指导医生处得到更适合老年人的治疗方法。然而，问题不仅仅出在医生层面。

我们当前的医疗体系很少关注这些医疗流程的必要性，而这些医疗流程常常导致虚弱的老年患者产生并发症，医疗体系理所应当为此买单。然而，在佳珀母亲的情况中，要确保患者安全并舒服地从医院回家，医疗照护经费是不能报销的。如果另一个患者面临同样的伤病，那么患者的孩子就不得不让母亲住院，然后需要在母亲身体状况渐渐恶化与失去工作和收入之间做选择。佳珀算出了15.6万美元的费用，包括延长住院时间、看护中心的住宿费及再住院的费用，而多数人在老年的某个阶段常常需要面对这样常规的事。

反对这一做法的主流观点是，很多人负担不起佳珀母亲所接受的治疗。这一观点忽略了我们已经为昂贵但无效的医疗服务支付了高额的费用。

被异化的"老年"

鉴于我们多数人都会活到老年，相较于其他定义我们社会身份的分类，你可能会觉得老年人这一定义较少会收到"我不是"及"我从没考虑这个问题"的反馈，毕竟老年与性别或者种族不同。绝大多数情况是，人们还会保持和出生时相似的状态。老年也不同于癌症或者心脏病，尽管很多人都患有这类疾病，但不是所有人都会得，在得某种疾病之前你不知道自己在哪个阵营。但去世之前，人总在变老。信仰、外貌、国籍和宗教信仰也与老年不同。你或许不会改变自己的政见或发型，但一生中你都有选择的权利。相反，为什么我们能更广泛地团结以及更有效地抗击老年问题，部分原因可能是每个人都会变老，无论你是谁。

　　撇开孩童时期不谈，年轻总是伴随着力量、社会能力和性能力的增强，每种能力的定义也决定了它们都是短暂的，所以愈加珍贵。但事情并不总是这样，在美国的清教徒中，老年群体代表了人类最高的成就，因此理所当然地被人尊重。当下，大众崇拜年轻的模特、演员和运动员，对他们的奖赏和褒奖超过其他群体，甚至高于极大地改变了我们的日常生活、身家上亿的科技大佬。或许大众把老年群体当作其他人还有其他更重要的解释。从定义上说，社会身份是理性的，人类可通过和其他人的比较来找到自己的定位。正如波伏娃所解释的那样："差异性是人类思想中的一个基础类别，因此人类群体建立的过程中都必须比照自己再建立差异群体。"

　　在人生的前几十年将老年当作不同的群体对待，这将带来一定的后果。唐纳德·赫尔，一位80岁的诗人，后来成为散文家，他为我们提供了关于老年群体最根本矛盾的表述。

　　　　在80岁时，我们明白自己是"外星人"。如果我们短暂忘记了自己是老人，在我们站起来的时候，有人会提醒我们；或者当我们遇到年轻人时，他们观察我们的感觉像是老年人长了绿色的皮肤、好几个头，身上还有肉瘤。人们对我们的孤立是冷漠的，虽然可能出于善意，但总是让人感受到居高临下的优越感。

很显然，上了年纪以后真正的挑战也会随之而来，但这些挑战只是让老年生活变得辛苦的一部分。最核心的因素还是我们对老年人的反应。生活中，生理部分并不是影响老人体验的唯一因素，否则清教徒老人也不会在礼拜堂获得最好的座次。围绕生理健康的个人、社会及文化建制在深深地影响着老年生活的方方面面。也就是说，我们在自然与文化的共同影响下逐渐衰老。

就年纪而言，他物感并不仅仅限于老年群体。这一倾向发生时间较早、发生频率较高，并不全是负面影响。莎拉·曼谷索在《持续》（*Ongoingness*）中提到："从一个孩子的角度来看，母亲是一个不变的个体、一个巨人，是不会变化也不会演化的人类有机体，在很多方面与年轻人类似。"

她的这一表述可以被理解为年轻大脑的一种局限，但同样代表着我们最早的对他物的感知，也反映出我们最早的直觉反应，即将他人简化成遥远、抽象的事物。纵观人类历史和地理变迁，人类在面对与自身不同的部落、民族、种族、宗教、性别、性取向、能力、政治、阶级、阶层、偏好、公司、行业、地域、穿着、举止等情况时，会采取这种认知方式。来自差异群体中的个体会被当作各群体的代表，而非一个独特的人。这一群体也并不是由一个个活生生的人组成的，而是一个概念——简化的、单一的、本质上与自己不同的概念。这一现象包含了我们可以控制以及无法控制的特性，而且无法控制的特性比我预想的要多很多，包括我们目前还没到达的人生阶段。如果年轻人常常说某人"日薄西山"，那年纪大的人是不是也可以理所当然地对那些"乳臭未干"的孩子表达愤怒？

鉴于他物的现象普遍存在，这似乎成了人类的一个特质。与其他不公平、不友善和自我矛盾的社会趋势类似，如果想要一个更周全的方法，第一步就是承认它，尽管道德进步并不一定能够实现。

就变老而言，采取另一种方式来应对这一问题时，需要把以下的情况考虑进来，即我们自身的大部分属性虽然不会随着时间的推移而改变，但年龄会。在《今日秀》中，70岁的雪儿说："我照了镜子，看到这位年迈的女士也盯着我。我完全不知道她怎么就变得这么苍老！"

在讨论种族问题时，克劳迪娅·兰金曾经说过，为了思考身边的世界，人们常常想"写点其他人的东西，但不去探究与他们的关系，我认为这一点已经或者正在成为一个问题"。她指出，在认识到白人或是黑人，以及年轻和年老是编造出来的概念之前，人们总是会依赖来源于文化的刻板印象。有一些甚至是针对我们自己的。

诗人莫莉·麦卡利·布朗，一位先天性脑瘫患者，一生的大部分时间都在轮椅上度过。她曾经说过："语言在帮助我们与自己对话及让别人理解自己的过程中起到了重要的作用。我非常感激能有这些科学的、具体的解释，帮助我尽可能真实地理解我的身体和我的大脑如何工作，以及为什么工作，又为何不工作。我认为，语言确实塑造了一个人的自我认知。我对自己的身体最早掌握的语言是一份身体部件故障清单[42]和一份人们试图努力让它变得更好的清单，'更好'需要打引号。我觉着这些语言确实塑造了自我认知。"

差异性和刻板印象能够帮助我们缓解因无法控制这个世界甚至无法控制自己的生活而产生的焦虑。它们给我们以捷径，内嵌在更大的原型、理念和神话中。社会用以上元素把集体认可的意义和凝聚力[43]灌输到人们的日常体验中，让我们通过这种方式来了解自己、他人和这个世界。差异性和刻板印象能让我们看到一类或者一个抽象比喻，让我们观看而不是观察，这两者之间差别巨大。当观看一件事物时，我们只需要把目光转向该物。观察时，我们对该事物的理解会变得紧密，变得特别。因此，19世纪晚期，当美国人开始把身体当成机器而非神赐之物时，他们对于老年的看法也开始发生变化——以某种方式鼓励观看而非观察这一群体。之前，人们认为老年人离上帝更近；现如今，美国人从工业的视角来看待这一群体，认为他们身体的机能和效率均已落伍。年老开始比年轻变得缺少价值[44]，年老开始和衰败、过时等概念联系起来。这些都是当今人们避之不及的状况，导致人的价值被赋予同样的、单一的机械化定义。

第五章　循序渐进

所谓"正常"

我们医学院的博士教授说过，除非知道正常人是什么样，否则就无法辨别和了解失常的人。初入医学院的头些天，我们掌握的皮毛知识是，"正常人"就是体重70公斤的健康男性。尽管没人这么说过，但这个"正常人"显然还是个白人、异性恋，而且本着刚刚好的原则，既不过分年轻，也不过于老迈。这后三个特点虽然没有明说，但很容易就推测得出。除了人类胚胎学和某些与青年或老年有关的疾病，我们的教科书几乎只关注成年人。

在案例研究中，在"正常人"不具备那些"基本""常见""健康"特征的罕见情况下，总会有一种病理学原因，比如妊娠、镰状细胞贫血、艾滋病或脑卒中等，为我们解释这种人口统计偏差。在过度肥胖之前，体重70公斤的"正常人"就没有经历过儿童阶段。儿童是另一类人，我们过两年才会学到。

我当时没有质疑这种框架——它将绝大多数的人视为正常人以外的一类，我们所有人都没有质疑。幸好，对我而言，儿童无疑在医学上还是有一点重要的，哪怕他们在根本上属于"非正常"的一类。

我们从受精开始学习，花了数周听课、分小组讨论病例、用显微镜观察组织。按时间顺序，从胚胎学一直学到生理成熟期。我们了解了新生儿、幼儿、儿童和青少年的身体变化及社会心理发展过程。到第二年，我们又学了一遍这些主题，那时开始接触儿童先天和后天性疾病和畸形方面的内容。这些周的课堂学习加上第三年我们必修的儿科轮转实习（医院一个月、门诊部儿科科室一到两周），意味着我们医学院的所有学生都要在儿童领域花几个月。这听起来像是培养未来医生的完备培训，除非你考虑到，儿童阶段在大多数人的一生中占了1/4，而短短几个月绝对占不到我们整个医学教育的1/4。那时我从未想过，医学上的优先排序是如何选定的，又或者，为什么某个年龄段的医疗需求和医疗服务的使用情况不影响医生学习这方面所用的时间。

人们认为科学知识是客观的，但它与利用它的人处在同样的社会结构和偏见下。在西方医学史[45]的大部分时间里，对儿童的治疗与对成年人的治疗没有区分。与之并行的是社会对待儿童的方式，即儿童与成年人相比，并没有本质上的不同，只是个头更小而已。因此，一旦儿童能够行走，就会被安排去劳动，而且世界上许多地方至今依然如此。几个世纪以来，他们在绘画中被描绘成身量短小的成年人，衣着和身材比例与成人相同，因此从生理结构上来看，这些画并不准确。19世纪中期，英国和其他几个欧洲国家通过了童工法案。此后不久，儿童阶段方才成为生命周期中一个更为显著的阶段划分。儿科学作为专科应运而生，也是这种更大的社会变革的产物。当时最优秀的医学文献来自大西洋彼岸，美国的医生们虽然知道这个新兴的门类，但并不大感兴趣。那时，照顾孩子是女人的分内事，而医学界是男人的天下。尽管第一批儿科机构早在19世纪晚期就在美国成立，但儿科直到一战前才得到较为广泛的关注。其原因是：当权者意识到，如果减少儿童的死亡数量，国家就能拥有更多士兵[46]。像许多历史故事一样，儿科学的存在既要归功于一些人出于正当理由做了正确的事，也要归因于其他特权阶层为了维护权力和自身地位而做了同样的事。

当进入医学界的女性人数从象征性的寥寥数人，过渡到几乎与男性持平时，女性健康就成了学术和医疗照护的新焦点，诊所、科室、研究资助和卓越团队应运而生。在我的上一届——1991级的医学生中，首次出现哈佛医学院学生男女各占50%的情况。那已是30年前，但我们至今仍然在说"健康"和"女性健康"，仿佛仍在暗示她们是特殊的群体，因为健康主要用于描述男性。对于黄种人和黑种人健康问题的关切也有着类似的轨迹，而这两种肤色的人口在全世界占大多数，在美国人口中的比例也很可观。到了21世纪初，许多学校的学生构成开始像我们学校一样多样化，医疗保健中显著的人种和族裔差异问题开始得到关注和资助。现在，医学院聘请种族背景不同的院长，美国国家卫生研究院下还设有国家少数族裔健康和健康差异研究所。

这些努力既有益也有必要，但也以自相矛盾的方式强化了这一现状。这种对"少数群体"的关注多多少少如同掩饰，它们不是必不可少的，即便在加州这样所谓"非白色人种"占大多数的地方也不例外。当我们以自己不属于的群体自我界定时，这就有麻烦了。

社会力量和文化理论决定了医生的研究内容和价值取向。纵观医学史，这一点不仅是发现、拯救生命的治疗方法和改善健康背后的精彩助力，也是健康恶化、伤害和死亡的幕后推手。有时，负面结果是无意间造成的，其他时候则是公然地歪曲事实和普遍的恶意忽视。我所在的行业里，一些臭名昭著的反面案例只是冰山一角，有的就在并不久远的过去：在黑人男性身上进行的塔斯基吉梅毒实验；把孩子的自闭症归咎于母亲；在未经同意的情况下，对穷人和残疾人进行绝育手术。如同生活的其他领域一样，在科学和医学中，偏见见诸方方面面，它体现在我们的思想中、行动上、情感中和优先级排序上。关于偏见，我们无法完全掌控，而且只在过于偏颇时才对其加以管理。无一例外的是，大多数类型的人没有得到实现良好健康所需的关注、资助、尊重和照护，除非他们与引发全国迫切关注的问题产生关联，或者能为自己发声。

在医学院，我们偶尔还会遇到"正常"、体重60公斤的姐妹——"正常女人"。她不常出现的原因是另一门不做明确说明也可以轻易查到的课程。迄今为止，"正常女人"最重要的意义在于她的性器官、激素和生殖能力，这些确实保证了她在我们的研究中的地位，但显然又不属于大多数医学分科。在我们讨论具有人种或民族倾向性的疾病时，有关的术语几乎总是指向任何非欧洲后裔的人。我们发现，"正常人"与"正常女人"之间的差异、"正常人"与黑种人或黄种人之间的差异，既使医学研究变得复杂，又给患者医疗照护造成了问题。例如，黑种人不像"正常人"那样对某些主要的高血压药物有反应，而这种"无感"导致他们罹患脑卒中的风险奇高。同样，"正常女人"也不怎么显现心脏病手册上那些病症，而经常表现出"非典型"症状，与"正常人"不同，这往往导致对她们的诊断和治疗出现危险的延误。人们发现，性别、人种和民族等差异影响着病程、药效、临床护理和健康结果，包括死亡率。对我而言，在我步入临床界的年代，幸好已经有人开始认识到，将占大多数比例的人群排除在帮助我们理解和治疗疾病的试验之外，可能并不是什么好主意。"正常人"的正常毕竟并不普遍。

30年后，医学逐渐进步，但有的问题并没有从根本上发生改变。近些年来，当我辗转各地讲学，提到"正常人"时，医学生都微笑点头，表示认同。尽管现在医学院越来越关注大多数的人类多样性形式，但未来的医生对较为年老的患者仍然知之甚少，而且大多数人几乎从不质疑为什么会如此。我不喜欢那种不假思索的偏见，但我理解它为什么存在。我的同学们和我完全一样。如果有人问我，在医学院是否掌握了足够的老年医学知识，我会回答"是的"。这个问题曾出现在美国医学院协会（AAMC）一年一度的毕业调查中。在最近毕业的医学院学生中，有3/4给出了与我相同的答案，哪怕几乎没有人在获得老年人生理学或护理的培训方面能与我相提并论。问题在于，一个人如果对一个领域知之甚少，就不会意识到自己的无知能到什么地步。而如果对一个社会群体的重视程度不如其他群体，那么对不予重视的群体知之甚少，也显得理所当然。在课堂上、诊所里和医学文化中，你即便只掌握很少的老年医学知识，在大多数人眼中也可算作绰绰有余。也许正因为如此，现在的美国医学院协会调查中已经完全看不到"老年医学""老年人""老"这些字眼[47]，却尽职尽责地罗列了如此繁多的其他专科和人群。

我们1992级的学生自认思想开放、思虑周全，且富有同情心。我们努力宣传，倡导为得不到充分医疗服务的人群和弱势群体提供更好的护理，对女性和性少数群体的健康给予更多关注，但我们从未想过，可能遗漏了某个社会群体。没有人想到为老年人服务，就算想到了也兴味索然。

与此同时，在我还在医学院就读的那个年代，老年疾病并没有被完全忽视。和女性一样，老年人在患上常见疾病时，通常也表现出"非典型"症状，而且像儿童一样，他们往往会发展出那个生命阶段特有的病症。儿童和成人都有专门的医生、医院和诊所，因为有这样的需求。而老年人只有护理院，但护理院根本不是真正的医疗设施——其名称也完美地显示了这一点。此外，护理院已经存在了很多年，许多建筑的年纪一望便知，而且护理院的存在显然是有作用的。人无计可施时就住进去，而且因为他们距离死亡如此之近，似乎我们对于无可作为也并不觉得意外。与我在医院共事的住院医生经常指出，通常医学的目标是挽救生命和治疗疾病，而将医学资源用在许多老年患者身上，似乎是所托非人或不够明智。由于没有明显的替代方案，住院医生的工作重点变成了尽快把老年患者送回他们的护理院。

在我成为老年医学家多年以后，如果有人问我，学校是否教了大量与老年人特有疾病相关的知识，那么我给出的答案是非常少。我的几本医学院教材体现的却恰恰相反。这些大部头里详细记录了常见的老年综合征，包括谵妄症、失禁和跌倒，还有几处提到了罕见的疾病表现和需求。然而，尽管这些话题对患者的生活影响巨大，在医院和诊所里也十分普遍，但并没有得到相应的关注。即便谈到这些话题，影响力也因为所谓的"隐性教学内容"[48]（临床情况下的常见想法、习惯做法、固定程序和理所当然的方面[49]，凡此种种）而大打折扣。老年患者在医学中的"二等公民"地位是根深蒂固和系统性的。

在我积累下来的专业教材中，有一本红褐色的1987年版医学书[50]，多年来一直被视为病史采集和体检方面的不二权威。出于对内容的好奇，加上对医学生时代的记忆，我查看了其中与老年相关的最普通的疾病。在索引部分，认知功能和痴呆症只各占了寥寥两行和三行，而关于中年阶段和老年阶段都会发生的心脏病，则洋洋洒洒写了90多行，列了多个小标题，诸如病因、体检结果评估、体检技巧，这些在"痴呆症"词条下都没有出现。离"痴呆症"（dementia）不远，另一个以d开头的疾病"玻璃膜疣"（drusen）也只有三行字的说明。"玻璃膜疣"是随着年龄增长，在眼睛后部积聚的黄色或白色斑点状细胞外物质。尽管现在人们知道它有时伴随着一种严重眼疾——黄斑变性出现，但在这本书出版时，尚没有这些发现，而书中给了玻璃膜疣和痴呆症相同的篇幅。同样值得注意的是，另一个以d开头的词"死亡"（death）完全缺失。即便在那时，"死亡"也已经是一个极为普通的诊断结论，进行细致的身体检查变得很有必要。

这些省略是20世纪医学的典型特征。不同的医学学科共有50本主要教科书，编排方式是按照疾病划分章节，其中几乎或完全没有临终护理的内容。我们都会出于某种原因走向死亡，原因多半是疾病，而这些疾病造成的死亡很少会突然发生。现在21世纪已经过了1/5，大多数教科书都加入了死亡和临终的章节，但老年人特有的生理学和病理生理学以及末期的疾病和生命状态仍然不受重视。

造成这种现状的一个重要原因是历史沿袭。医学进步使得数千年来致人死亡的疾病得到治愈，而且成果显著，见效通常也很快。这些疾病有感染、分娩和肠道阻塞，然后是高血糖和高血压、心脏和肾脏衰竭以及某些外伤和肿瘤。到了20世纪晚期，医生已经可以通过疏通动脉来预防心脏病和可预见的脑卒中，也通过移植手术替换衰竭的重要器官，以及采取靶向疗法治疗某些癌症。"现代医学奇迹"一词所言非虚。

随着人们的寿命延长，这些治疗显然也带来了其他后果。人们开始发展出慢性和致死速度更加缓慢的疾病，因为细胞的寿命变长，也就有了更多的时间和机会出现复制错误和有害接触。随着年龄增长，损耗在大脑、心、肺、肝、肠和肾等器官中积累。有时甚至当重要的内部器官还在继续运作时，耳、眼、关节和脚等身体部件却已走向老化。

尽管美国医学界现在认识到，"慢性病流行"和"老龄化流行"也属于医疗保健的主要挑战，但慢性病以及罹患慢性病的更年老的患者，还有专门诊治他们的专业医护者以及治疗的工具和技术，仍然被贬于二流地位。

差异即偏见

曾有一位住院医生请我审读他的一篇论文，其中记述了他的一次经历：他仅花了15分钟收治一位临终患者，以为不过"又是一位命不久矣的老妇人"。在收治了另一位患者后，他前去查看之前的临终患者，发现对方原来才40多岁，只是身体和精神状态完全与他的预判相同。医生这时马上意识到，分配给这位女患者的诊疗时间太短，根本不够。在文章的最后部分，医生写道："当时我万分歉疚，最终向其他几位住院医生承认了自己的错误。"他们大多数都有过类似经历。这些年轻医生最后的结论是，以后吸取教训，要把患者的年龄更显著地标注在交接工作的手卡上，这样便于接手的同事做出合理的时间规划。

当时我发电子邮件问他："结尾写完了吗？""已经写完了，"他答复道，"结尾就是那个教训。这不是期刊想要的结尾吗？"显然，无论是他，还是他的住院医生同事，他们都没有注意到，面对两个病情完全相同的患者，他们认为，在临终护理上，一个人比另一个人更值得花时间、更有价值。这让我心中一凛，而更让我心下一沉的是：他们确实注意到了这种差异，但认为在道义上完全合理。

半个多世纪前，哈佛大学心理学家戈登·奥尔波特在他的开创性著作《偏见的本质》中指出，"意识到自己的偏见，并为之羞愧的人，才恰恰正行在消除偏见的道路上[51]。"与之相对的是那些既没有意识到自己的偏见，也不为之羞愧的人。在医学界，有些关于老年人的带有严重偏见的评论堂而皇之地表达出来，说话人毫不脸红，或者对于其中明晃晃的偏见浑然不觉。这样的评论在医学界可以被接受，是因为它们在生活中也被接受了。对老年人价值的贬低无处不在，而且无人质疑，尽管人们因阶级、种族、地域甚至年龄产生巨大分歧，在这一点上却无比统一。

20 世纪 60 年代，美国医生罗伯特·巴特勒创造出"年龄歧视"这个词，将它定义为"一种因人年老[52]而产生系统性刻板印象和歧视的过程，就如种族歧视和性别歧视是因为肤色和性别一样"。巴特勒帮助建立了美国国家老龄化问题研究所，并在美国一所医学院设立了第一个老年医学系。他于 1975 年出版了《为什么要活下去？：在美国变老》（*Why Survive?: Being Old in America*）一书，获得了普利策奖（非虚构类）。这本书中的许多观察结论时至今日也像 40 年前一样切中要害。

巴特勒写道："衰老是人类生命周期中被忽视的一环，像继子一样。虽然我们已经开始审视……死亡，但我们直接跳过了死亡[53]之前那段很长的时期，通常称之为'老年'。"巴特勒将这种忽视归结于年龄歧视，指出人们通常认为老年人普遍具有某些负面特点，包括衰老和思想观念僵化。事实上，老年是人生中差异性最大的时期：同是耄耋之年，有人担任公职，有人在工厂做工，有人跑马拉松，也有人因为无法行走、思考或生活自理，住进了护理院。

那么，人们为什么还是如此"一视同仁"地消极看待所有老年人呢？巴特勒做了如下解释："年龄歧视让年青一代认为老年人与自己不同[54]，因此，也就在不知不觉间，不再把老年人视作同样的人类。"虽然这不无道理，但并没有完全解释为什么社会上如此普遍地将老年人区别对待。还有一个事实是，我们同情疟疾、肺疾或癌症患者，但大多数人没有也不会患上这些疾病。我们是安全的，可老年就不一样了。除非早逝，否则步入老年是每个人必然的命运，而且通常不是怀着热切期盼来迎接的命运。在某种程度上，死亡甚至更具有吸引力：它更清楚，更明确；不是生，就是死。对许多人而言，生活质量因年迈而大打折扣，生命缓慢艰难地挪向终点，不像一跃即至那么痛快，这是最令人生畏的。

几年前，美国国家老龄化问题委员会发布过一个预防流感的宣传视频，内容是一位迷人的 65 岁女演员因为看起来太年轻，而被医生拒绝为其接种疫苗。一周后，一项 100 万美元的"帕洛·阿尔托长寿奖"宣布设立，"专门用于奖励终结衰老的工作"。虽然流感宣传视频传播了重要信息，但它暗示吸引力和 65 岁或更高年龄是互斥的两极。该长寿奖也许会激励重大进步的实现，但它也提出了一个问题：我们究竟是应该试图"治愈"人类正常生长过程的一个部分，还是应该奖励只是从生物学角度来应对生存挑战的做法？

虽然这两个例子背后的出发点都是好的，但它们都表现出年龄偏见通常会带来的负面影响——影响我们对待老龄问题的看法和做法。对于同等程度的种族或性别歧视，我们至少已经公开或正式表态不再容忍，但在消极看待老年的问题上，我们依然能够容忍。我们把老年视为一种疾病或问题，而非生命的三大阶段之一。我们把老年视为一种独立的、受人厌弃的存在，却没有充分认识到它的巨大乐趣或者老年人独特的特点、贡献、生理学特征和优先事项。

我们的年龄偏见如此之深，以至于加诸其他年龄群体被视为不可忍耐的行为，放在老年人身上则是可以接受的。我们实在无法想象发布这样一段视频——医生因为一位颇具魅力的患者的肤色，而拒绝为她接种流感疫苗，或者设立这样一个奖项——以加快童年的进程为目标，帮助减轻父母多年抚养和花销的负担。

有时在教学过程中，我向济济一堂的学生或医疗卫生从业人员发问：美国老年人住养老院的比例是多少？答复通常在 20%~80%，远远高于实际数字：整体 3%~4%，最高龄的那部分老人则为 13%。事实上，大多数 65 岁以上的人都自得其乐、态度积极、生活独立。但我们很少承认老年生活可以而且确实过得很好，有数年乃至数十年探索新的工作机遇、发展个人爱好，享受天伦之乐、休闲益智，还可以学习新事物，为社会贡献余热。相反，在日常生活中，我们的关注点都在秃顶、身形佝偻、步履蹒跚，看到的都是皱纹、拐杖和助听器。在医学上，我们使用带有偏见的样本。当老年人表现良好或偶尔抱恙而大体安康时，我们把他们当作中年人——这还是尚把他们纳入考虑的时候。这使得我们通常把"老"这个字，与常见的令人焦虑的极端情况联系起来：疾病缠身、身患残疾甚至"半截入土"的老年人。也许，因为年纪对于最健康的高龄老人的影响力显而易见，而且大多数老人临终之前确实疾病缠身或者腿脚不便，所以我们就简单地把生命最后数十年视为清一色的令人厌弃的状态，哪怕它其实充满欢乐并多姿多彩。

英国人文学家威廉·哈兹里特将偏见描述为"无知的产物"[55]。这一评论对于某些偏见来说确实不错。但是，我们都有年迈的父母和祖辈、朋友和导师。有时，偏见的形成似乎并非出于无知，而是出于害怕和畏惧。我更倾向于伏尔泰的说法："我们都由脆弱和错误[56]组成，让我们互相原谅彼此的愚蠢。"显然，我们必须做得更好。

尽管消除偏见是乌托邦式的理想，但近年来，我们在为被系统性边缘化的群体发声，倡导他们的权利、成就和医疗照护方面取得了不小的进步，这也为我们减少偏见和改善医疗照护做出了表率。要建立一个不那么歧视老年人的医疗体系，第一步就是承认问题所在。正如奥尔波特指出的："如果一个人能够根据新的证据纠正自己的错误判断，那么他就不是一个心怀偏见的人……偏见与简单的误解不同，偏见积极抵制一切可推翻它的证据[57]。"我们的医疗体系有问题，我们的文化大背景也是如此。

更年长的成人和年纪较小的成人在生理上有所不同，这一点无可争议。大量证据表明，不同的高龄老人在身体健康、功能状态、生活重点和医疗偏好上也存在很大差异。但在英国，制定健康政策的基础有时是漠然地假定年老必然造成能力丧失，并且基于年龄而非功能状态拒绝提供可以帮助其维持健康和独立的医疗照护。这种现象被称为"治疗不足"，它意味着剥夺了一个人只要接受治疗就有很大概率恢复健康的可能。在美国则正好相反，所谓的"治疗过度"是常态：年长的患者经常被当成年轻患者一样照护；针对中年人研究开发的药物和治疗也直接用在老年患者身上，而不考虑年龄、其他医疗条件、失能或预期寿命的差异。这两种做法都不合理。一种因为对年龄的偏见而歧视患者，另一种否认年龄的影响。两种做法都把所有老年人囫囵地归为性质单一的一类，完全无视其中随着年龄增长而增多的健康和功能上的多样性。两种都是年龄歧视，形式不同而已。老年人与年轻人不同，对年长患者的护理也与年轻些的人不同，但年长患者同样应该得到高质量的医疗照护。

医学领域的年龄歧视只是更大的问题的一个缩影。负责老年医疗照护的人都知道，如果在某个中心或项目的名称中使用"老年"或"老年医学"等字眼，就会给中心和项目带来麻烦。如果希望获得患者、资助者和机构的支持以及同事的推荐，就必须把这些字眼替换成"健康"和"长寿"。换言之，老年人本身、个人和机构捐助方、医疗中心、卫生系统和医务工作者都表现出对委婉用语的强烈偏好，而不愿使用那些更精确、更具包容性而且本身并不具有消极含义的表述。在老年医学中，我们不断遇到的争论就是如何改换自己的名头（改成"复杂学科医生"或"转诊医疗医生"），这主要是因为老年医学"隐含负面性"。但是，专门从事老年医疗照护的职业显然本身就不应排斥与老年联系在一起！可以想象的是，以下场景是多么荒谬：儿科医生改变自己的专业名称以便与儿童保持距离，或者外科医生开始自称介入治疗医生。

与此同时，"年龄恐惧"是可以理解的。即使是一直健康积极的人，随着年龄增长，也会感受到力量、耐力和外貌上的变化，而且即便不是所有人，也有很大一部分人会逐渐患病、行动失灵。但这些实际问题掩盖了更为复杂的现实：老年是我们一生中时间最长、最具差异性的时期。一些人步入花甲之年就开始变得虚弱，而另一些人年过百岁，仍然身体康健。许多我们接受的事实实际上是一种"半空玻璃杯"式的解读，假定年老带来的所有变化都朝着更坏的方向发展。诚然，身体的衰老令人感到失望和沮丧。然而，每个阶段各有利弊。毕竟，正是我们这些处在青年和老年阶段之间，在青年的思虑及判断不周与老年的身体积弱之间晃荡的人，在减压活动和产品上倾注了数十亿美元。

之所以觉得老年变得艰难，一部分原因是我们与之相抗，而不是把它当作万物生发之道的一个阶段来张开双臂迎接。我们也没有正确认识到它的积极方面：在老年的大部分时期，家庭和工作压力减少，满足感、智慧和发挥作用的能力增加。有时候，人们把医学和社会上对待老年问题"先天"带有偏见的做法导致的不良后果归咎于命运，从医学工作者到年长之人的家人，都是如此。有时确实是命运使然，但在通常情况下，命运至少在我们自己手中。

第六章　老之迷思

变老：漫长而隐秘的过程

2016 年，美国著名歌手布鲁斯·斯普林斯汀出版了自己的回忆录，《纽约客》编辑戴维·雷尼克为此采访了他。雷尼克问时年 66 岁的斯普林斯汀："为什么现在出书？"

斯普林斯汀长叹了一声，然后笑起来："你知道吗，我想趁现在自己还没忘得一干二净。"

雷尼克开怀大笑。现场观众掌声雷动。

"所以开始有些压力了，"斯普林斯汀补充说，"我觉得现在是时候了。"

采访那时，斯普林斯汀正在做巡回演出，门票预售一空，每场演出时间都极长——连续三个多小时高强度的纵情欢歌，夜以继夜，辗转于世界各大城市。一个月后，他的新书问世，登上了畅销书排行榜榜首。斯普林斯汀又开始新一轮巡回，更确切地说是两轮：一轮签书会，一轮音乐会。按他这样的年龄或精力，几乎可以肯定地说，他还处在中年时期，但艺术家本人清楚地感觉到，无论"老"的定义是什么，"老"在他身上都已经初显，而且至少他自己已经可以看到以后的走向。但无论是斯普林斯汀，还是小他 10 岁的《纽约客》编辑雷尼克，他们都没有意识到其中的讽刺意味：从他们正在讨论的职业细节来看，斯普林斯汀不仅正处于新的高点，而且掌握了新的艺术技能，但他们认为斯普林斯汀的人生已经滑到了一去不返的下行螺旋上。斯普林斯汀数十年来一直作为音乐人为人称道，现在则作为富有才华的作家得到肯定，而这给他的未来带来了新的选择和机遇。

作家不需要蹦蹦跳跳，也不需要沿着舞台劲歌热舞，走入歌迷之中。当然，并不是所有的音乐人都这样。斯普林斯汀也可以坐在钢琴前弹琴，或者坐在凳子上弹吉他，或者只用一个麦克风，打一小束聚光，让观众的注意力全部集中在他的脸、词和曲上。那就不是典型的斯普林斯汀演唱会了，但那样会难看吗，或者说只是不同？那样做是会破坏他一贯的风格，导致他的歌迷流失，还是会吸引更多歌迷，以此显示他的受众更广、适应能力更强？他可是发过民谣专辑《爱情隧道》(Tunnel of Love)的人。重点是，像许多人一样，斯普林斯汀有选择的余地，只是他的选择和大多数人显著不同。举办不同形式的音乐会，演唱改编的歌曲或演奏不同类型的音乐，只是他的选择之一。他也可以坐在家里，拿着鼠标键盘，或者纸笔，或者录音机，或者一边口述一边请人记录，他还可以自己动笔写。只有对这种分类做一成不变的理解，这种过渡通常才被归为退化。若以对人类生命周期的理解对其进行建构，那么它看起来更像是进化：是一个渐进的过程，是从一种形式发展到其他形式的过程。

即便不是接近古稀之年，斯普林斯汀也肯定处在人们长期以来所认为的"老"的范畴。纵观两三千年的历史，从西方的苏格拉底和雅典帝国时期，到更早之前的中东和亚洲，人们给老年划分的起点是六七十岁。在美国，1935 年启动了社会保障计划，把 65 岁当作整个联邦区分中老年的分界线。制订该计划的总统经济安全委员会（the President's Committee on Economic Security）选择以 65 岁为界，一部分原因是，这是当时普遍退休年龄方面的数据所显示的结果；另一部分原因是，在当时已有的美国国家养老金体系中，50%选择了这个年纪（另外 50% 选了 70 岁）。尽管自 20 世纪 30 年代以来，退休标准、寿命和保险方面的统计结果已经发生变化，但在许多人的心目中，65 岁要么是一个严格的分水岭，要么是进入过渡期、走向老年的标志。

在大多数人身上，老年的早、中、晚期差异显著。在我们目前关于"老"的概念中，生理退化和选择丧失是它的必要条件。即便大多数更年轻的人很快并明确地把他们归入"老"那一类，许多人也不认为自己老了，直到生理退化和选择丧失这两个方面变得无可回避。当到达通常所认为的"老年期"时，人们有时会觉得无所适从。但对我们大多数人而言，进入老年的这种过渡其实是在几十年内逐渐发生的，从 20 岁时就已经开始。这种变化利弊共存，只是我们总倾向于关注它的弊端。起初，那些生理退化和选择丧失悄然不觉，然后是容易忽视，接着也许是退而避之，最后是避无可避。

斯普林斯汀表示，他意识到了自己身心的负面变化。人到了一定年纪，很难不扪心自问：是我的心智先衰退，还是身体先衰退？是身心俱衰，还是会出现奇迹？衰退从什么时候开始，会有多快？

衰老始于出生。在童年时代，人的变化巨大。在最初的几十年里，活着与衰老的含义无法画上等号。我们先看到的是关于儿童发育的表述，接着是成年早期的忙碌和社会意义上的重要节点。我的一个朋友搬到了美国另一个州，之后我有 9 个月没有见到她的小宝宝，再见面时，小婴儿已经长成蹒跚学步的幼童。除了严重疾病或残疾，儿童发育的各个阶段都是可预测的，而且在不同的文化中都有分界点。随着人生不断展开，各阶段之间的界限变得模糊。虽然人们会争论生命的起点是受孕时还是出生，但童年的起点都是从呱呱坠地后大口呼吸的那一刻开始的，这是生命伊始的统一形态。然而，生命的终局就没有这么明显了。10岁时永远是孩子，但到了18岁，既可以是青少年，也可以说是青年人，关键要看他们的表现。有些人在十几岁时身体、情感和心智就已经达到成熟，有些人则是在20多岁时。女性往往比男性早熟。尽管如此，大多数人都在长达数年的同一时期内长为成人。

随着20岁的到来，发育速度似乎变缓，像毛发生长或冰川融化一样不易察觉。从婴儿期进入儿童期、从青少年进入成人期的那种变化似乎停止了。但是看不见或者注意不到，并不等于没有发生。变化贯穿人的一生，无论是身体、功能，还是心理，莫不如是。在某个节点，我们进入了"中年"的疆域，发现变老并不只是那个被称为"老年"的神秘之地的特征。有时候，我们愿意迎接进化，因为它带来了更大的自我满足、更深层的自信和对过往与当下更多的安全感。与此同时，身体变化不断积累，可能会以复杂、令人不安甚至使人穷困的方式发挥作用。人对自身的认同感可能会受到挑战。

即便那几十年里变化看似缓慢、几乎无关紧要，它也依然存在，依然重要，而且持续发生。在我30多岁时，我有一口整齐洁白的牙齿，因为我有幸在十几岁戴上了牙套，并且坚持看牙医。到了40岁出头，我的下门牙开始向交叠的方向生长，似乎因为已经过了太久，以至于它们忘记了早年金属牙套、头套、颈套、橡皮筋对其的训练。沿着叠长的下门牙的边缝，我看到了自己的生命轨迹：喝了几十年早餐咖啡、偶尔来一杯红酒以及日常食物残渣的侵蚀。但我的牙医说，我的牙齿看起来很不错，她可以看出我在老老实实刷牙、用牙线。但我知道，她真正的意思是，我的牙齿状况对50多岁的人来说很不错，但不是像以前一样好，或者绝对意义上的好。随着时间流逝，这种有条件的解释慢慢就变成无声的了。

到了明显衰老的年纪，曾经十分遥远、所谓"老"的秘境对我来说不再陌生。每天，我的膝关节都会提出抗议。有时只有一条腿响，但更多的时候是两条腿一起咔咔作响，如同新的背景音乐，伴随着我的每一步。我时不时在三副不同焦距的眼镜之间切换，因为每一副功能不同。我有一个基因缺陷，有癌症史，有七道可见的手术疤痕，现在还在渐渐丧失几个不重要的身体零件。如今，当身体抱恙时，我不光考虑治疗的问题，还担心无药可医，担心新的衰弱之兆不但会持续下去，还会引发一连串的伤病和额外的身体失能。我脑海里回响起童年的歌谣："脚骨连着腿骨，腿骨连着髋骨……"虽然还不清楚以后的光景，但我现在已经可以想象"我 = 老"，只是有时，眼看着自己在这个广阔领地无情地挺进，我仍然觉得意外。

这些身体变化是实实在在的，但它们只是生命长河的其中一段。对我来说，生命这个传奇的余下部分更像是这样：尽管我还没成为"老龄"国度的永久居民，但我已经对它的文化和习惯颇为熟悉，而且充满期待。我想象着，如果幸运的话，早期老龄可以长达数十年，而且极似中年的最佳时期：我坚定地知道我是谁，明白我想如何度过光阴，那些容易与空洞、虚荣的社会认可混为一谈的野心减弱，我有更多时间和精力用于关怀和关注他人，有信心坚守自己的信念，有令人振奋的新目标，对生活有深切的满足感。全世界步入老龄的人普遍有类似的情绪[58]。

童年时期，我们会庆祝重要的成长节点。而在此之后，我们也许会惊讶于继续成长的安静，甚至感到有些不安。一位将近40岁的朋友发现一个荒谬的现象：他的同龄人不愿意听到他自称"中年人"，而他显然已经步入中年。我打量他一番，表示同意其他人的看法：他一点也不显老，但是显然也不再年轻——他介于两者之间。我母亲则在成年的另一端，她说变老并不尽然是件坏事，除非年届八十，在那之后情况才会急转直下。她说这话时，我们正在护理院吃晚饭。她住进护理院是因为我当时尚在人世的父亲需要有人照应，而不是她自己状态不佳。几秒钟后，因为没人来送水，她耐不住性子跳了起来，抓起我们的杯子就奔向餐厅另一头，往杯子里倒满了水。她的身体不复从前，但在我看来，也不像是身体状况急转直下的人。但对她而言，她已经越过那一道槛，进入了风险更高、更加脆弱的阶段。

迄今为止，即使是最不固定的分界线，也把成年和老年划分得清清楚楚。如果身体健康、运气好，有些人直到将近 80 岁，才开始或自认为显出老态，有人还要更晚些。相比之下，一些主要的压力因素，比如无家可归、贫困或监禁，会加快衰老的进程，使 50 多岁的人老态尽显——他们的细胞变化与慢性病和死亡方面的风险，与年长他们几十岁相对健康的老人不相上下。尽管如此，对 50 多岁的人使用"老"这个词仍然可以打上引号。我们将"年老"定义为生命年表上的一个确切位置，有时还把它解释为一种生物—心理—社会学状态，但主要是这二者的结合。按照这种逻辑，一个虚弱的 72 岁老人可以被称为"老"，但一个跑马拉松的 72 岁主管则不能。事实上，两者都属于老年人，哪怕这位主管到了 80 岁高龄仍能保持目前的各项活动，他也是老年人。

因为变老是个漫长而隐秘的过程，一个人步入老年与其说是突然转变，不如说是悄然跨过了一系列不甚明确的门槛，而这种转变往往是由局外人首先注意到的。大多数 30 岁以上，当然还有那些 40 多岁的人，都还记得第一次被称为"先生"或"女士"对他们意味着什么。从而立之年进入不惑之年，衰老似乎在加快。等到知命之年逐渐届入花甲，定义成年人生长的身体变化日积月累，不再无法察觉，而是出现一些微妙的征兆：眼角生出鱼尾纹，发际线后退，右膝不大听使唤，朋友中有人得了癌症，同龄人开始谈论疾病和临终的老年亲戚。如果不是从更早的时候开始，那么最晚等到花甲之年慢慢走完，这些变化就已经无法否认了。再过不久，变化更加显著，每一个 10 年过去，生命的轨迹看起来都比前一个 10 年更加清晰。一天天来看，似乎没有什么不同，但过了 1 年、5 年或 10 年再回首，我们会发现，变化竟是如此显著。

各个时代都有老年人的身影。在公元前 2800 年的埃及象形文字里，我们可以看到一个佝偻的人倚着一根棍子。从公元前 775 年开始的 900 多年里，希腊人提出了一系列关于衰老的理论。他们留下的遗迹显示，古希腊人建造了系统、道路和高效的污水处理系统。他们的卫生条件良好，大部分繁重的劳动由奴隶来完成。亚里士多德很可能已经注意到，奴隶们长时间从事体力劳动，但得到的食物不足，而且经常暴露在自然环境中，使他们比所在社会的其他公民衰老得更快。亚里士多德认为，衰老是由时间推移、"精力"丧失、体内的热量和精气逐渐消耗所致。因为身体需要一定量的这些元素，而老年人的摄取量较少，导致他们更容易生病。尽管奴隶比学者更快地消耗这些元素，但最终每个人的元素都会耗尽。

在人类的大部分历史中，人们并不期望变老[59]，而那些期望变老的人往往比他们的孩子活得更长久。在儿童和年轻人居多的社会中，老年人只占人口的一小部分，所以在建造房屋、制定法律、设计城市、培养劳动力或培训医生时，考虑他们的意义不大。现在，大多数出生在发达国家的人都比较期待老年生活，而且老年人的数量比人类历史上任何时期都多。老年也会持续更长时间，维持健康的时间也更长。许多老年人（数量空前）正在或将要在老年阶段做的事，与较为年轻的人所做的大部分相同，只是有时方式不同。如今的老年人还会完成许多其他在生命早期或寿命不够长时不可能做到的事。

在那些通过传统、历史和宗教形成认同的社会中，"老年人在出生时更接近神圣的过去，在临终时更接近圣贤先祖的权力之源[60]"，因而享有威望和明确且重要的社会地位。如今，人们认为过往无关紧要，死亡更像是结局或深渊，而非与上帝同在的机会，于是"变老"失去了魅力，甚至连中年也是可怕的。在一篇名为《惧怕衰老》的一句话微故事[61]中，作者莉迪娅·戴维斯完美地捕捉到了这种情绪：

> 在28岁时，
>
> 她渴望回到24岁。

与此同时，在我50多岁时，我认为回归24岁的想法很可怕。我并不怀念那时的压力、不安全感或者装腔作势，一切在当时常常看似有潜力、力量和机遇，实则不然。

老年有界限和地标，它们真实存在，但又取决于如何被解读。在变老之前，我们有数十年时间"年轻不再"，而不同的人和文化对"长期"的定义也大不相同。

就像色情文学一眼即知，我们也能在第一时间识别出老态龙钟。但是，中年和老年之间确切的转折点很难定准。考虑到过多的生物学标记以及它们无法预测的行为和相互作用，无论对于个人生活，还是对于我们这个物种而言，想明确地区分几乎都是不可能的。在这个难以捉摸的等式中，文化也不是唯一值得注意的部分。什么是"成年人"变成"老年人"的标志，关于这个边缘地带的特征，不同人的解读各不相同。我母亲在60岁时被诊断出癌症，她选择听天由命，说没什么大不了，因为她已经老了，已经走过了幸福的一生。25年后，她回忆起当时的想法，意识到几十年间她的观点发生了变化，她的老年生活本身也发生了改变，连她自己都感到吃惊。

残忍的治疗

克拉伦斯·威廉姆斯72岁，身材敦实，身高不到一米八，是一位刚刚退休的律师，他手里或腿上总是放着一本书。上个礼拜他还一直很活跃，身体健康，下一个礼拜就进了我们医院的癌症科，成了我的患者。尽管他的癌症不是最严重的那一种，但在1992年，我们提供的所有治疗都可以冠以"残忍"一词。

我早上查房，下午要告诉他检查结果，查看他对诸多治疗的反应和副作用。我期待上下午都见到他。他在许多微小却重要的方面都显得勇敢而善良，其中之一就是对待我的态度，他对我既慈祥又尊敬，而我那时只是一名新手医生，而且年轻，还是女性——这三点足以让一些患者敬而远之。我希望是他的宽厚，让我这么多年后还记得他，但我怀疑自己之所以对他念念不忘，其实是因为他在治疗中经历的痛苦。

克拉伦斯到医院后的几小时内，肿瘤学家就开始对他进行化疗。我给他开了抑制恶心和疼痛的药物，以及让他免受感染的抗生素，还有排掉他全身多余液体的利尿剂。在大多数日子里，待他从实验室返回，我会要求护士给他注射钾元素和磷元素。一些治疗药物，以及一些针对药物副作用的药物，会导致身体流失必要的元素。肾脏是一对藏在下腹部肋骨下的小器官，是身体的垃圾处理系统。当功能正常时，它们会清除血液中的毒素和废物，让毒素和废物随尿液排出体外，将干净的血液送回体内。如果把肾脏想象成过滤器，化疗的后果就是过滤器网眼扩大，结果某些分子（比如钾）就会被"过滤"出去。当钾含量过低时，人们会感到疲劳，出现疼痛性肌肉痉挛，心率会慢到危及生命的程度。多种矿物质从克拉伦斯体内流出，可能导致致命的后果，而我负责把它们补回去，争取补到位。

不仅如此，克拉伦斯的口腔和肠道溃疡还导致出血。尽管医生开了药，但他仍然恶心、腹泻和疼痛，而且皮肤起泡脱皮。当时的抗癫痫药物没有现在高效，他的呕吐十分频繁，以至于我们要用静脉注射液保证他的身体不缺水。随着疗程由几天变成几周，他的眼睛变得无神，晶体模糊，皮肤看起来更像棕灰色，而不是棕黑色。尽管他身体敦实，但似乎整个人都被床吞没了。

当时，癌症科医生认为克拉伦斯需要做结肠镜检查。他们想看看他的肠壁情况，看肠壁是否还能撑下去，看看他们还能给他做多少次化疗。这是一个十分合理的检查理由，因为检查信息能为下一步的治疗方案提供指导。而我作为组内的实习生，负责的工作是确保他能够接受检查。但问题是，到了治疗的这个阶段，克拉伦斯很难坐起身，而且基本没有进食、饮水。他需要一到两个人的帮助，才能到离床不足 5 米远的卫生间。为了清理结肠，为检查做准备，他要喝 4 升看起来清澈但令人作呕的液体，然后要在几小时之内频繁上厕所。我看着他和装着洗肠液的巨大塑料容器，心想：这样行不通。

肿瘤科医生得出了同样的结论。他的方案是使用饲管，将液体通过饲管直接注射到克拉伦斯的胃里。表面上看，这是个不错的计划。通常，像他这样的患者必须喝够总量 16 杯、每杯约 0.24 升的预备液，每 10 分钟喝一杯，喝上近三个钟头。克拉伦斯有时会喝几口果汁或吃几口软食，即使第一轮化疗结束后，最严重的副作用已经减弱，但大大降低的食欲和持续的喉咙不适也让他无法大量饮用任何东西。有了饲管，我们可以直接把洗肠液注入他体内，而不用让他自主喝下去。这种饲管在医院里相当常见。我曾经给几例患者插过饲管，还照顾过许多插饲管的患者。我理解饲管的用途和优势，但我讨厌它们。为了到达胃部，我们首先必须将这种长且中空的柔软塑料圆管插入克拉伦斯的鼻孔，然后做 180 度旋转，从喉咙后方插下。在那里，饲管要进入正确的入口——食道口，而不是邻近的气管口。对克拉伦斯而言，这一点尤为重要，因为他绝对不想往肺部注入 4 升液体。大多数人发现，把管子插入鼻子和喉咙，并且在那里保持不动，是十分难受的，而这还是饲管插入过程相对快速和容易的时候。

有时，插入过程很慢，很艰难。毫不意外，许多患者也讨厌这些管子。在这个过程中，管子并不知道自己应该向下走，反而经常继续向上，插到患者的鼻子和喉咙后方的软组织上。即使进展顺利，患者也经常呕吐或者要吐不吐，非常难受。神志不清的患者还会下意识地把它拔出来，除非其手臂被绑在病床栏杆上。在这种情况下，他们的状态看起来几乎就像在接受酷刑。毕竟，这根塑料管对于身体来说是外来的异物，所以整个身体都在说"不"。克拉伦斯的身体就是这种反应，而当我看到管子插入他的身体时，抗拒也成了我的反应。

更糟糕的是，插管还只是开始。克拉伦斯的鼻孔发痒、肿胀、流血、流鼻涕，眼睛湿润。当管子抵住被化疗破坏的喉咙时，他有窒息感和灼热的疼痛感。因为太疼了，他在想吞下异物和再也不想吞下异物之间左右为难。当护士开始将液体通过管子推到他的胃里，他的肚子开始膨胀，胃里翻腾不止。他的恶心感加重，然后吐了。护士放慢速度，但没有停。一个小时后，便急开始了。如果你相当健康，刚刚五十，要接受结肠镜检查，这种便急是可以控制的。但是 74 岁的你在医院里住了几个星期，细胞饱受化疗攻击，肌肉因不使用而萎缩，而且因为这些，你的癌症和癌症治疗都让你无可忍受。于是乎，即使只是到床侧的便桶边，也像跑马拉松一样。

克拉伦斯腹内的压力越来越强烈，他按下了呼叫按钮。如果没有人来，他只能用虚弱的声音呼喊。然后呢？医院里很少有人能随叫随到。每个人都有太多的事要处理，除非有人命悬一线，否则护士和助理不可能立即抛下正在照顾的患者，去照顾别人。

克拉伦斯知道要发生什么，他讨厌这样。他考虑过站起来，可是他知道自己会摔倒，也知道如果摔出重伤，那么化疗和已经承受的所有痛苦都会变成徒劳。于是，他躺在原地，直到一股暖流拂过下身。化疗让他感到皮肤刺痛。他闭上了眼，但不是因为不舒服，而是因为羞愧。只有小孩子会拉自己一身，他这么想着。而且如果已经到了这一步，那么他的整个人生循环即将结束。至少，在我确认他的情况时是这样。他的眼神和表情表明，他知道自己时日不多，而且会以孤独、凄凉、不光彩的方式结束生命。

在医学上，结肠镜检查是一个"小"程序。虽然大的医疗过程对每个人来说都很艰难，但这些被标记为"小"的流程未必容易。这种定义基于该流程对于医生和患者的困难程度，并没有考虑接受检查的患者的具体情况。它还鼓励在弊大于利[62]的人身上和情况下使用该流程，最常见的就是在极虚弱的患者或极年迈的老人中使用。医生与患者讨论治疗风险和效果，往往是为了满足法律要求，而不是为了告知、询问和共同得出结论。讨论的重点不是如何努力克服和应对，而往往是副作用和不良后果的发生率。我们没有语言或记录机制来记录患者经历这些流程的实际情况、在过程中受到的创伤以及随之而来的痛苦。

克拉伦斯入院时还是一个"年轻的老人"，那时他显然还很享受生活。在接受癌症治疗的几周内，他就变成了典型的老人——体弱多病，身心都受到即将到来的死亡的折磨。目睹这一切让我震惊，但像多数医生一样，我什么也没说，只是继续我的工作。有时候，在完成常规的治疗任务和对话后，他会和我静静地对视片刻。在那些时刻，我们用一种无声的通用语进行了所有未能说出口的交流，而这种语言在我的职业里是缺位的。

那一个月，我目睹肿瘤科医生拯救了许多生命——各个年龄段和得各种癌症的人。我也亲眼看见他们"毁"掉了许多人——各个年龄段和得各种癌症的人的生活。这就是医学，这就是人生。

我们在查房时从来不提克拉伦斯切实存在的痛苦。相反，我们讨论他的化疗周期和钾元素水平、症状和下一个疗程。最终，我们开始讨论他几时可以出院——考虑到他的虚弱程度和糟糕的预后，他最有可能转去护理院。我们希望他能通过化疗，多挣得几周或几个月的生命，但从化疗造成的虚弱结果来看，似乎不大可能。我们也没有妄下定论，因为我们还没有针对他这个年龄段的患者研究过化疗方案。我们没有讨论显而易见的事：在多挣得的这些时间里，他也不太可能感觉良好，去做他喜欢的事。也许他无论如何都想接受治疗，因为别的人选择了治疗，而且万一有效果呢。直到多年以后我们才知道，有些人尤其是更年迈的老年人，尽管患上了某些显然会致命的癌症，但在不接受治疗的情况下，反而活得更久、更好。又或者，克拉伦斯起初想化疗，而清楚地认识到化疗让他变得多么糟糕时，他就改变了主意，但他找不到办法离开这趟已在高速行驶中的列车。也许他没有想到问一问，是否还有其他选择。

我也没有想到可以提供什么别的选择。部分原因是我无权这么做。肿瘤科医生是他的主治医生，我那时只是主治医生最低级的助手。然而真正的原因却是这样的：我不知道有什么替代性选择，也不知道如何安排。关于癌症服务，我们只学到了化疗和放疗。尽管年龄是罹患癌症最大的风险因素，而且癌症是第二大常见死因，但老年医学和安宁疗护（palliative care）并不在肿瘤培训的内容之列。除了少数例外情况，现在依然不是。医生不太可能做评估和给建议，因为医生自己也不知道怎么做和何时做。

作为美国人，我们有权要求获得毫无意义的医疗照护，有权坚称我们的身体被摧残、被毁坏、未受到尊重，它曾经是神圣不可侵犯的，现在却受到了刻意和系统性的亵渎。美国人的权利要求医生去做不可能的、丑陋的、骇人听闻的事。有些人喜欢操练他们的技术程序和专业技能，但对另一些人来说，出于治愈和帮助的愿望，做这样的事会侵蚀他们柔软的内心，留下的伤口只能以厚痂和腐坏来掩饰。这才是美国的战争地带，是美国医疗系统的广阔、荒蛮之地，是它酿造了美国式医疗悲剧，却贴上了关怀的标签。

"抗衰老"的幻梦

健身课上站在我后面的那个女人很漂亮，甚至可以称得上沉鱼落雁，她是那种在 80 岁比我 20 岁时更漂亮的女人。是的，我可以看出她已经步入老年，哪怕她染了头发、做了整形手术，还化了妆。但她看起来状态很好，见她做举重训练、平板撑、俯卧撑、下蹲和仰卧起坐，我更加叹服。但我还是注意到，她不能完全伸直胳膊或腿，我心里想，她这么健康，但有肌肉挛缩。于是我断定，她再年轻也得 70 多岁了，但更有可能是 80 岁出头。我好奇她是否很晚才开始锻炼，或者像一些人一样，尽管坚持规律的锻炼，但肌腱还是会变硬、变短。但当我们在垫子上锻炼了约 40 分钟后，我看到的景象让我心里猛地震了一下。那时她的头发因为重力下垂，露出了前额，与头发金棕色的光泽相比，她的皮肤却呈半透明状，简直不像属于同一个人。我霎时间都有些恍惚，而后是不安。没有头发的遮掩，我看到她的皮肤被拉起和收拢的边缘，看到了肌体如何自相抗衡——手术拉向一边，重力拉向另一边。突然，她看起来美貌不再，反而像恐怖片中的人体模型。在某种程度上，你取走一样东西，并试图把它变成另一样东西，就有变得怪诞的风险。可能医生们没有告诉她这个风险，也可能她不在乎。绝大多数人都更看重现在，而不是未来。

在网上搜索"抗衰老"这个词，会出现超过 4 600 万条结果。首先出现的是一堆方法、秘诀和常见的"医生推荐"、美容产品；还会出现诊所，它们承诺帮助你减轻衰老对皮肤、身体和精神的影响。最常用的词包括"预防""逆转""纠正"，其次是"老年斑""激素""皱纹"，"年轻""神采焕发""活力""健康"也很靠前。这些表述大多是从科学中借来的，听起来是很高级的市场宣传，给大多数只是化妆品的产品赋予了正当性，甚至罩上了真理、严谨和客观的光环。抗衰老堂而皇之地隐隐强化了这样一种观点：衰老（即便我们一生都在衰老）是糟糕的、丑陋的，终其一生的进化不过是失败的证明。它给我们带来了一种虚假的希望[63]，即可以远离所有让我们觉得毫无吸引力和感到恐惧的事物。

21 世纪，许多科学家得出结论，一次治愈一种疾病对于人类健康意义不大。令人难以置信的是，即使我们制服了当今所有的"主要杀手"，比如癌症、心脏病、痴呆症和糖尿病，我们也只能多活几年。我们的身体组织仍然会磨损直至衰竭。正如俄狄浦斯所说："只有众神永远没有衰老或死亡！所有其他的事，全能的时间都会混淆。"

根据这个相对较新的"老年学假说"[64]，由于衰老与疾病、虚弱和死亡有着密切联系，解决这些问题的最好办法是中断衰老过程本身[65]。这种方法可以同时预防（甚或更有可能延迟）和治疗多种与衰老相关的疾病和功能障碍，从骨质疏松症到糖尿病，从心脏功能障碍到虚弱。已经在进行的治疗，比如针对高风险高龄患者的复原力疗法，使他们不那么虚弱、不那么容易生病，还有药物可以清除伤害邻近组织的炎症蛋白细胞。大多数此类治疗的目标是延长我们健康的年岁或"健康寿命"，而不是我们的寿命本身。当然，有些人希望两者都能实现。

对青春永驻的求索至少可以追溯到公元前3000年的古巴比伦，当时吉尔伽美什宣称，通过祈祷、英雄主义和牺牲来取悦神灵，可以长寿。古代中国的皇帝也曾寻求长生不老药，而古代印度经典《吠陀经》则暗示炼金术不仅可以提供源源不绝的活力，还可以使人青春永驻。在欧洲，这种想法在几个世纪间几经沉浮。公元前5世纪，希罗多德描写了一个所有人可以活到120岁[66]的民族，并声称他们的秘诀是在一口特殊的泉中沐浴。在中世纪的记载中，有的称"黄金时代"或"永恒青春之地"曾经存在过，有的则称它们仍然存在，但被隐藏起来了，因此亟待发现。

其他记载不太关注年轻人，而是更关注长寿。在13世纪的英国，罗杰·培根借鉴了古代文献和基督教信仰中关于人类在堕落之前天然不死的观点，认为正当的行为可以将人类的寿命延长到150岁。罗杰·培根还表示，如果后代继续同样有益的做法，人类的寿数也许会达到三四百岁甚至五百岁。随着时间推移，同样的主题反复出现：寻找青春、寻求长寿、恢复活力（性活力）。许多方法经常与更早以前关于衰老的看法和观点遥相呼应。有一个长期存在的观点源自迦伦关于生命力逐渐消退的理论。这一观点认为，来自青年人的元素和体液——呼吸、血液、精液，可以用来改善老年人的健康、精力或容貌。一些人则援引这种论断，建议与青年人同居共寝，因近水楼台，可以从年轻的躯体汲取热力。而这后一种观点的流行，可能是出于健康之外的其他原因……

1888年，法国名医夏尔-爱德华·布朗-塞加尔称，时年70岁出头的他给自己注射了动物睾丸提取物，由此恢复了活力。大约在同一时期，获得诺贝尔生理学或医学奖的俄罗斯免疫学家埃黎耶·梅契尼科夫认为，进行激素注射是延长寿命的要诀之一。1907年，梅契尼科夫的《延年益寿》（*The Prolongation of Life*）一书使得激素注射风靡多国[67]，尤其是德国和美国。在20世纪上半叶，外科医生谢尔盖·沃罗诺夫通过腺体移植和注射猴子激素使老年人恢复活力，这项工作虽然遭到法国医学同行的鄙视，但在大众中广受支持。

到了 21 世纪，发生改变的是我们计划用于实现长寿的具体技术，而不是实现长寿的目标本身，甚至许多科学策略也没有改变过。

从酵母和蛔虫到老鼠和非人灵长类动物，热量限制[68]显著改善了这些生物体的健康并延长了其寿命。它可以降低身体的脂肪含量，延缓免疫系统的变化，增强 DNA（脱氧核糖核酸）的修复能力，还能实现许多别的功效。在一篇相关文章中，除了通常的图表，还放了两组猴子的对比照片，猴子的年龄都是 27 岁。喂食普通食物的猴子看起来很老，有皱纹，面部凹陷，肌肉松弛，毛发稀少，而同伴被投喂了热量有限的食物，则看起来年轻健康。热量限制组的血糖和胆固醇水平也更良好，寿命更长。到了 30 岁，对照组活下来的猴子不到 1/4；相比之下，热量限制组的猴子存活率达到 70%。在日本，长寿的冲绳人每天仅摄入 1 200 卡路里的食物，表明类似情形也在人类身上发生。有人正在为此做尝试。一家国际卡路里限制协会声称有数千名成员，但其医生创始人去世时"年仅"79 岁。关于人类的初步研究所持续的时间还不足以影响寿命，但已显示出积极的激素变化[69]［如胰岛素水平较低、类固醇激素 DHEA（脱氢表雄酮）维持水平较高］，与热量限制组的猴子的情况类似。

这是个好消息，只是我们大多数人很难限制自己摄入的所谓正常量的食物。大多数美国人都超重，许多体重处于正常范围的人仍然经常摄入过多热量，只为满足一时的口腹之欲。我也如此，尽管知道不应该这样做，有时甚至后悔，但依然喜欢。大多数科学家也爱吃，所以他们开始寻找限制热量的生物学机制。他们假设，也许可以通过一种分子实现热量限制，如果复制、操控或制造这种分子，人们就可以获益于热量限制，而不必彻底剥夺享受美食的机会。

我们或许可以试试白藜芦醇，这是一种源自植物的化合物，可以激活乙酰化酶[70]。乙酰化酶是一类细胞内蛋白质，负责调节衰老和其他影响衰老的进程，包括炎症、能量效率和抗压有关的重要生物途径。白藜芦醇可以诱导与延长寿命相关的细胞变化，延长包括果蝇和鱼类在内的多种低等物种的寿命，并改善高热量饮食老鼠的健康和存活率。这也是红酒越来越受欢迎的原因。人们最有可能采纳的是自己能享受其中的膳食变化。

科学家们还在研究人体因热量限制而产生的其他分子，比如酮体中的 β–羟基丁酸（以下简称 BHB），这是人在进行高脂肪、低蛋白质和低碳水化合物的"生酮饮食"时产生的分子。最近一项对老年哺乳动物的研究显示，BHB 对记忆和寿命具有积极影响。研究结果表明，BHB 影响基因表达。参与项目的资深科学家说："我们正在寻找药物靶点[71]。最终的目标是找到一种方法，让人类从 BHB 中获益，而不必限制饮食。"你如果现在就想获取这种益处，那么不妨多多参加体育锻炼，这是产生酮体的天然方式。事实上，生酮可能正是体育运动之所以能改善大脑功能、延长健康年岁和自然寿命的原因。

科学家们认为，有许多不同的途径可以影响衰老、健康甚至长寿。以细胞为基础的策略包括"抗衰老药"[72]等疗法，利用某些与衰老相关的标记物[73]清除衰老细胞。其他正在研究中的减缓或阻止衰老的疗法还包括补充抗氧化剂和使用一种叫作西罗莫司的化合物，后者首次发现于复活节岛的细菌渗出物中。西罗莫司会对免疫系统产生影响（已被用于器官移植医学），并且已经显示可以延长苍蝇、蠕虫和啮齿动物的寿命[74]。最后一种做法是对"体液学说"的一种改造，有几家初创企业正用青年志愿者的血液替代老年人的部分血液，希望能一次性转移多种相关的化合物。

然而，无论被吹捧得多么流行，看起来多么合理，某些疗法都远远没有达到可以在人身上做试验的阶段。以干细胞[75]为例，尽管它们已经被证明可用于细胞再生，但直到 2018 年都没有证据显示它们能使人长寿。

"抗衰老"的语言和论述在不断进化，但背后的信息始终大同小异。医生参与抗衰老事业的做法也是万变不离其宗。纵观历史，有些人进入这个领域是为了改善人类生活，而有些人则在利用人们对于自欺欺人和虚假希望的无尽渴求。受市场驱动的操控者援引医学上用于癌症、药物滥用和艾滋病的军国主义用语，同时暗示不对衰老进行"抵御""反抗""对抗"是鲁莽的做法，"反抗"才是充分利用现代医学的全副武装。不要忘了，这些产品和疗程中只有很少一部分可以被视为达到了医学标准，值得开展调查，进行公正审查，以及我们对真正的医疗产品和设备开展的那种安全性和功效方面的监督。而激素、血液和其他身体物质的使用[76]，在今天就像在 19世纪 80 年代一样普遍。在这个领域，真正的科学和伪科学相互交错，产生混淆。追求长寿还具有性别上的差异；男人追求的是持续的性活力，最富有和最具权势的人希望有更多时间享受金钱和权势；而女人则追求美貌以及在社会中伴随美貌而来的隐形财富，比如知名度、相关性、诱惑力和价值。

在科学界，"抗衰老"通常指延缓或"治愈"衰老，而不是对抗与老年相关的众多歧视性观点和政策。在造这个词时，支持者们希望将它与"抗生素"等词联系起来，因为抗生素是人类历史上最显著的医学进步之一。但"抗"这个字的使用与衰老之间的关系，如同"反权威"或"反移民"等词语中的"反"字，表示反对或反抗自然生命周期的一部分。更糟糕的是，从使用"抗衰老"一词到负面看待正在衰老的人及其特征，仅有一步之遥。

与大多数医学组织不同，美国抗衰老医学科学院的网站域名是.com，而非.org，二者之间的差异在于：一个以利润为目标，一个以使命为重。2002年，52位老年医学界最杰出的科学家发表了一份声明，称"以抗衰老医学而为人所知的领域近年来在美国和其他国家已经发展成一个价值数百万美元的产业。但出售的产品没有被科学证明有效，在某些情况下，甚至可能是有害的[77]，产品出售方常常歪曲其中的科学依据"。在这些科学家里，莱纳德·海弗利克发现了细胞分裂的有限性[78]，并以他的名字命名了"海弗利克极限"；还有杰伊·奥尔尚斯基，他致力于发现寿命的上限。

　　至少在过去的一个半世纪里，人类对于自己影响衰老的能力抱有极大的信心，较前人更甚。1905年，免疫学家阿瑟·麦克法拉尼在《延长生命的黄金时期》（*Prolonging the Prime of Life*）一文中写道，科学将为老年人带来健康。100多年后，科学仍未实现这个预言。前沿研究人员表示，这些愿景大有希望，只是这样的说法已经持续了几个世纪。"革命尚未成功"并不一定意味着这个概念有缺陷，也许失败的是方法，而不是目标。更不要说各种非疾病问题，包括人口过剩、气候变化、伪劣食品、社会政策以及对人类健康和寿命造成负面影响的技术使用。对许多人而言，科学技术已经成为唯一的希望，唯一的出路。于是，当下明确的痛苦被忽略，许多可能减少或减轻痛苦但并不成熟的策略也被忽略。

　　另外，极大地被忽视的是治疗的副作用。解决一个问题往往会产生新的问题，要想避免或减轻这些新问题，首先我们要重视所有人和所有问题，而且必须愿意在可以使用的所有工具和技能上投资。例如，如果患者从癌症中存活下来，那么往往需要经过一段时间，副作用才会显现，有的是发展成其他癌症，有的是身体任意器官出现问题，诸如此类。在经历过心脏病或心脏感染又捡回一条命之后，你将有可能直接步入老年。这基本上是一件好事，只是如果我们让你活得越久，你就越有可能在步入老年时，发现大多数现代社会和医学已对你无计可施，甚至连尊严和同情都无法给你。

创新要付出代价。我们的聪明才智和技术能力几乎使人类的寿命延长了一倍。但如今，过去那些在出生不久后即宣告陨灭的生命，或是因遭受毁灭性的战争创伤或极其老迈而逝去的人，现在仍然得以存活。这条界限如果划得太近，生命就被无谓地牺牲掉，如果划得太远，则会造成系统性的苦难。而让事情变得更加复杂的是，面对同样的情形，人们划界的地方不同。一般而言，我们宁可错误地选择存活。这其中，一部分可能是出于本能，但另一部分可能是后天习得，是在现代医学早期形成的一种社会文化习惯。那时抗生素和外科手术带来的结果，如果放在更早的时代来看，无异于神迹。我们当前的进步带来的结果，与早前的世代又迥然相异。数百万人必须承担这些结果，但造成这些结果的医疗机构几乎认识不到，也几乎未采取对策。特别是当前，改善人类健康和生活的最佳方法并没那么需要科技，更需要的是态度、优先级和价值观的转变。

总有一天，新一代的一种或多种"抗衰老"方法可能会取得成功，也许不是完全逆转衰老，而是消除它的一些弊端。与此同时，要想在不久的将来迎来变革，我们有两条路可走：政策公正及态度友善。

老年人的用药风险

有一天看诊前，行政人员告诉我，我的新患者年届 98 岁，名叫基德。我开始查看他之前的病历，一边看一边微笑，对我们的首次见面抱有很高期待。

几秒钟后，我盯着电脑屏幕，满腹狐疑。总的来说，美国医疗体系注重将资金和精力投入治疗，但从经济、医学和道德的角度来说，预防无疑是更好的方法，因为它首先使人们远离疾病和医护需求。通常，我都赞成预防。但基德最新的一条医疗电子记录显示，一位神经科医生为他开出了每日服用阿司匹林的处方，目的是预防脑卒中。对此，我深表怀疑。

随着患者年龄增长，服用阿司匹林的风险会显著增加，可能导致内出血、住院甚至死亡。2011 年的一项研究认为，阿司匹林是造成 65 岁以上人群进急诊室的四大药物[79]之一。

基德的年龄比 65 岁多出了 30 多岁。我想知道，如果一个人已经比 99.99% 的同辈人长寿，那么预防对他来说还有什么意义？

为了照顾好基德，我的神经科同事采用了她手上唯一的证据来制订医疗照护计划，而这个证据源自更年轻的患者。这种想法有两个重大缺陷：首先，我们不知道阿司匹林是否能预防 98 岁的老人脑卒中，因为还从未有过这样的研究；其次，数据、常识和科学研究让我们知道，在老年阶段，身体对药物的反应发生变化，药物副作用的风险会增加。基本上，我们知道阿司匹林不会对基德有什么益处，但确信的是，阿司匹林会使他面临很大的风险——可能导致内出血、肾衰竭和其他副作用。

在相对年轻的成年人身上经证实有益的常规药物处方，到了老年人身上只会被证明有害，这适用于所有种类的药物。老年人被排除在证实有益的试验之外，却被开具了同样的药物，于是乎，关于不良反应的报告迟早会出现。当然，除非患者、家属、护士和医生都将症状归咎于疾病本身、高龄或是他们预期中老年患者不可阻挡的衰败，上面说的那些关于药物使用和开发的情况才会不同。

一个阳光明媚的春季周末，我在当值时接到一个电话。打电话的人是一名看护人员，而他 90 多岁的奶奶患有心房颤动。老人的心脏病科医生开了一种新通过审批的血液稀释剂。试验显示，这种稀释剂比老人正在使用的稀释剂更加安全，也更易于管理。对于这位深居简出的 90 多岁老人来说，新药可能带来的好处是巨大的，因为她将不必通过抽血来检查药物水平。让这样高龄的患者前往实验室验血，本身就是一种折磨。另外，要找到她的静脉也很不容易，这个过程还会造成瘀伤。同样重要的一点是，由于她的食物和食量变化很大，而且某些食物会对之前使用的血液稀释剂造成干扰，因而她此前一直面临着如下风险：要么血液浓度过低，可能造成危险性出血；要么血液浓度过高，使脑卒中的概率增加。而新药将消除这些风险。

在电话里，孙子说奶奶有些犯迷糊。她怎么看也不像病了，或者有什么异常。虽然可能疾病正在酝酿之中，但药物治疗通常会让老年人犯迷糊，而且时机正好在观察对新药的反应期间。我给她停了药，她就好转了。到了周一，心脏科医生说这个药不会引起谵妄症，又重新启用。周二傍晚，她又糊涂了。我们再次停药，她再次好转。这个故事最糟糕的地方在于：罹患心房颤动的大多是老年人，但药物在试验时，没有要求将这些人纳入考察范围[80]，以观察治疗这种疾病或其他年龄相关疾病的效果（"跨生命周期涵盖"政策直到 2019 年才执行）。即便不是年龄导致他们被排除，老年人也往往被拒之于研究考察的范围之外，因为他们的实验室结果或器官功能不够理想，或者具有慢性病史。一旦研究发表，其他患有相同疾病的更老的患者就会被开具"经试验证明"的药方，并被告知这些药物安全有效。

在临床医学上，我们一般应该寻找"奥卡姆剃刀"①。根据这一

---

① 即奥卡姆剃刀原理，由 14 世纪英格兰逻辑学家奥卡姆的威廉提出，也被称为"简单有效原理""如无必要，勿增实体"。——编者注

定律，单一、统一的诊断可以解释一个患者所有的症状、体检特征和检测结果。这种策略通常在年轻人或大多数健康的人身上很有效。在年龄较大的人群中，这通常是例外，而非常规。对于患有多种慢性病的年轻人和中年人来说，也是如此。即便如此，大多数指导方针、医疗照护标准和质量指标也都是一次性根据一种疾病制定出来的。相对而言，很少有指导方针针对现实世界中的具体情况[81]：患有两三种或更多种疾病的人。对于他们，不同的指导方针可能会提出相互矛盾的建议，抑或建议过多，以致个人要花过多的时间、精力和金钱在各种药物治疗和健康行为上。在这种情况下，出现负面后果的风险很高。不同药物间相互作用，容易造成众多或协同加重的副作用，使得治疗方案无法实施、受到患者抵制或患者无力承担治疗费用。也许患者会私自停用最贵或令他们感到不适的药物，直到后来才知道这是次要还是关键的药物，但为时已晚。

年龄会改变代谢药物的器官（主要是肾脏和肝脏），老年人尤其容易出现会对任何人产生影响的不良反应。年老的身体还会出现年轻的身体通常没有的反应。服用4种以上药物的老年人跌倒的风险显著增加，跌倒是导致老年人患病、残疾和死亡的主因之一。

在现实生活中，一个人心脏、肺部或情绪上出现的变化绝不会孤立发生。在科学研究中，研究人员应分离出想研究的内容，以确保结果与主题相关。医学以科学为先导，而我们有器官专家和疾病专家，他们组成专业的团体和学会，就器官或疾病的护理制定指导方针。在《美国医学会杂志》的一篇文章中，医生们举了个例子：假设一名79岁的患者像现实中常见的那样，同时患有糖尿病、高血压、关节炎、骨质疏松症和慢性阻塞性肺疾病[82]，如果严格遵循指导方针，她平均每天需要在5个不同的时间点服用19剂12种药物。她每天还需要遵守14~24条（取决于计算方式）关于饮食和锻炼的建议。她每天总共需进行26~36次健康活动，已经接近一份近乎全职的工作，而且她会因此面临各种活动相互作用和负面情况的危险。但如果不进行这些活动，她就有可能被贴上标签，变成"不听话的患者"。

将老年人排除在研究之外[83]是荒谬的。骨质疏松症及其导致的或可治疗、或使人衰弱的骨折是常见的老年疾病[84]，无论男女，大多数病例都在年届 80 岁或 80 多岁的年纪。然而，在规定严格的科克伦图书馆数据库[85]（Cochrane Library Database）中，一项基于全部随机对照试验考察骨质疏松症管理的研究显示，受试者的年龄中位数仅为 64 岁，而出现这种疾病的人群年龄中位数接近 85 岁。这就意味着，全部试验中有 1/4 的数据根据年龄对受试患者进行了排除。这就像在 30 岁女性中研究更年期问题一样。

对 65 岁之后几十年生命的优质照护通常需要采用不同的方法和指标，这与为更年轻的成年人制定的方法和指标不同。在从癌症筛查[86]到癌症手术[87]的医护领域中，已经有基于更多动态变量而非实际年龄的范式提议，这些变量还包括疾病负担、功能状态（生理健康的现实状况）、健康目标和预期寿命等。

目前，我们对老年的各个阶段在生物学、免疫学或健康风险方面的差异还不甚了解，因为我们没有像研究儿童和成年的各个阶段那样来研究老年阶段。某种程度上，以前老年人相对"稀有"，使得招募足够多的老年人来参加试验难以成立，而且产生的结果只适用于更少的人。但是我们的人口老龄化已经持续了一个多世纪，所以这还不是事情的全部。

研究高龄老人具有独特的现实挑战，从对高龄受试者来说更麻烦的试验要求，到无法获得痴呆症患者的知情同意，凡此种种。而且，我们很难将年龄效应与大多数人在晚年患上的多种疾病和所服药物的效应区分开来。最后但同样重要的一点是，许多人认为，研究老年人和研究较年轻人群不同，后者似乎是对资源更好的利用。然而生活不是零和游戏，大多数美国人正在或将要变老，所有人都将受益于更健康的人口结构。通常，对高龄老人的研究也有助于较年轻的人群。最近的一项研究将接受更具侵略性的结肠癌治疗的中青年人，与接受一些临床医生称为"较少照护"的高龄老人进行比较。研究发现，前者的预后表现更差。如果不看所有选项，我们看不出年龄与疾病的差别所在，也看不出明显的好坏区分。如果没有研究过药物在这些人肌体内的反应，医生就不可能安全地给他们开药。

　　我见到阿图罗，是在他因为憩室炎住院的 7 个月后，之后过了两周，他又因为肺炎入院。当阿图罗最终回到家里，恢复健康时，他的痴呆症加重了，睡眠也出现了问题。出现这种情况的部分原因可能是痴呆症，但另一部分原因是生活环境发生了变化。除了在物理治疗师的帮助下下床活动，阿图罗日复一日，躺在同一个房间的同一张床上。房间里有扇窗户，有台电视，他女儿特蕾莎下班回家时给他带吃的，或者坐着陪他聊会儿天，但直到睡觉，他都在同一位置保持同样的姿势，一整天一动不动，而且失眠。

　　在阿图罗回家后的几周内，特蕾莎尽其所能帮助他入睡。她给他热牛奶，没用。阿图罗提议喝一点波旁酒可能更有效，但特蕾莎认为这对正在服药的他没好处，也无益于健忘和迷糊的病情。在阿图罗二度住院期间，这些情况显著恶化。

　　阿图罗在夜里睡得越少，白天就越容易打瞌睡，到了晚上就格外清醒。有时他还产生幻觉，喊着不在场的人的名字。他们的公寓很小，所以如果阿图罗醒着说话或者看电视，特蕾莎就睡不好觉。在阿图罗生病时，特蕾莎已经耽搁了好几天的工作，显得疲惫不堪，身体虚弱。特蕾莎估计，如果父亲能在夜里安睡，他们父女俩的状态都会更好。

在一个周三回家的路上，特蕾莎路过药店时看了看，发现货架上整整一列都是安眠药。特蕾莎像往常一样，尽责地阅读用药说明中的"警告"部分。这部分提到的大都是她父亲不会再做的事：如驾驶或操作重型机械。许多药还警告儿童或孕妇慎用。特蕾莎回到家，帮她父亲服用安眠药，似乎有点效果。

在之后的几个月里，阿图罗抱怨说视力越来越差。他的家人认为那是因为他年纪大了。他的孙子给他买了一台更大的电视。然后某一天，他不能小便了，最后又回到医院。医院说阿图罗患有前列腺肥大，阻塞了尿液，会造成肾衰竭。医院为他插入了导尿管，并告诉特蕾莎，她父亲余生都需要这根导尿管。

我在这之后的一个月见到了阿图罗。在头两次住院治疗后，他其实已经被转到我们这里，但我们这里的候诊名单一直很长。有时，人还没轮上，就已经病情恶化或去世。我们人手不够，而且，由于居家治疗的患者和他们全年无休的看护者往往没有时间和财力制造骚动以引起关注，所以，要么没有人注意到，旧金山有多少老人即使有非常好的保险，也无法充分获取所需的健康照护，要么人们的关注还没到足以采取行动的程度。

美国有 400 万~600 万高龄老人居家[88]治疗，相比于不居家治疗的老年人，前者的急诊就诊和住院次数分别多出 22% 和 57%。出诊使得这些数字降低，有时甚至是显著降低，这不仅节省了医疗系统的资金，患者及其家庭也因此少受很多痛苦和折磨。在一定程度上，一次急诊就诊的成本[89]相当于十次出诊的成本。这些数字表明了美国医疗系统在医保偿付和优先排序上的歪曲取得了适得其反的效果。

在我查看阿图罗的病史，并给他检查身体时，特蕾莎提到她父亲的失明和小便问题刚出现，情况相当突然。这让我从电脑屏幕前抬起头来。我问了她一个之前问过的问题，但这次让她给我看看过去几个月以来，她给阿图罗服用的全部药物。

罪魁祸首就在冰箱上方，它不是正规处方药，正规处方药是那种按照医生处方拿到的贴着药店标签的药。像大多数人的一样，阿图罗的非处方药整齐地摆放在一个药盒里，按照每天早上、中午、下午和晚上的剂量分开放在不同的小格子里。也像大多数人一样，特蕾莎以为，她不用医生的处方就能在药店买到的药，只要按说明服用，就是安全的，只不过比处方药的药效弱。

当一切清楚之后，她问我："要是这样危险，为什么这么多药这么容易就能买到？"

这是个好问题。她父亲的安眠药是非处方药，但包装上没有提及药的副作用和毒性。由于阿图罗患有前列腺疾病，这些药造成泌尿道闭塞，导致肾衰竭。药效使他的青光眼加重。一开始这些安眠药虽然能帮助阿图罗入睡，但最终加重了他的意识混乱问题，使他更容易产生幻觉，结果两个人夜里都睡不好。

在医院，当被问到父母服用了什么药物时，特蕾莎甚至提到了安眠药，但没人说过什么。也许他们像特蕾莎一样，都以为药是安全的。

我一个退休的护士朋友说："我们以前一直给患者吃这些药，连我自己也是直到女儿在网上读到这很危险时，才停止服用。"

现在的非处方药对老人有害，而且用药说明中的警告更重视其他人群。当老人生病时，我们认为这是意料中的事。人们经常引用被认为出自希波克拉底的一句话，它在这个问题上给了老年人合理建议："如果你能用食物治愈患者，就把药留在药剂师的锅里。"

我的选择

在医学院的第三年，医学生要走出课堂，进入医院，在每个核心的专业科室待上 2~8 周。一开始，我唯一能确定的是，我不会成为外科医生。我出生时左眼几乎失明，因此缺乏深度知觉，没有人想要一个不能在结肠或动脉之间明确感知手术刀位置的外科医生。

当然，我的第一次轮岗是去外科。刚到医院不过几个小时，我就饶有兴致地看着一位住院医生和一位资深外科医生打开了患者的腹部，取出了出问题的部位，做了一些改善，经过数小时精神高度集中的辛苦工作，再做关闭缝合。到了晚上，患者醒了，疼痛、昏昏沉沉，但健康大为改善。整个过程蔚为神奇。

第二天，我接手了几个病例，跟着我组里的三位住院医生各做了一例手术。他们三位都是男性，都是超过一米八二的大高个。到了中午，我意识到，每个人的五脏六腑看起来都差不多，切割、烧灼、再接合，这个缓慢的过程虽然无比重要，但对我来说，没有多大意思。"等你自己做的时候，感觉会好很多。"艾哈迈德解释说，他是指导我的四位医生里最和善的一位。在我轮岗的最后几天，艾哈迈德要指导我完成截肢手术，这是少有的、连缺乏深度知觉的我也可以做的手术。然后我发现，他是对的。

在此期间，我学到了很多外科知识，清楚地认识到，即使有无可挑剔的视力，外科也不适合我。大多数早上，我组里的住院医生们会在医院餐厅讨论我们的患者。这可能是我们在之后的 15 或 40 个小时里唯一一次吃饭的机会。也是在这些讨论会上，我亲自见识到没有女性在场时，男人会怎么说话。作为未来不会进入外科的女医学生，我虽然在场但存在感为零。他们鼓励我谈论我的病例，好一边挑衅似的检验我的知识，一边聆听我患者的最新情况。在其余时间里，他们用我只在其他场合听说过的方式交谈。第一个月轮岗结束时，我已经可以相当准确地猜测出，当任何毫无戒备的女性从他们眼前经过时，按1~10打分，每位住院医生会给出什么分数。我本以为，如果我的外形能够得到更高的评价，这种事情可能就不会发生。我还以为，艾哈迈德的和善部分源自他受到过类似的侮辱。不仅如此，我还意识到，对沉睡中的患者进行"修复"，与对硬盘或吸尘器进行修复，没有太大的区别。虽然认知性技能必不可少，但大部分实际工作都是体力活和技术活。我希望自己进入的专业领域更侧重于知识和医患关系层面。

在医学院第三年的头5个月里，儿科一直是我的首选。到了第六个月，我按学制要求在儿童医院的幼儿病房轮岗。很快，我意识到在生病的孩子眼中，医生又坏又可怕，他们看我也不例外。像照护人员一样，一些医生与患儿家庭保持着长期、亲密的关系，但这种关系更加正式，更具有权力上的细微差异，医生与患儿相处的时间也少一些。这些小患者各有苦楚，有的是遗传上的不幸，有的是遭父母虐待，还有的是可怕的事故。在每个小患者的照护过程中，他们都哭着尖叫着，因为他们太小了，理解不了医生在做什么。与此同时，我在门诊轮岗的同学报告说，到诊所的大多数孩子都很健康，因此在医学上"没什么意思"。等到寒假时，我已经知道自己也不想当儿科医生。

在那个假期，我开始阅读精神疾病方面的书籍。精神病科是我轮岗的下一个科室，我对这个专科感兴趣，因为与患者交谈在这一科室至关重要。我渴望了解如何从医学上解释一些基本的人类表现，比如情绪、行为、身份和理智等，并掌握相应技能，把这些概念转化为对患者生活的实际改善。在我轮岗的第一天，经过初步的情况介绍后，科室通知我加入一个已经开始的治疗小组。我走进一个房间，看到里面一大群人围成一个大圈，从青年到中年都有。

为了不打断别人，我环视人群，想找出我的主管医生，但我没能认出来。我迅速走向两张空椅子中的一张，想从讨论中听出来谁是医生。我心想，在精神病科的住院病房，这应该很容易。30 分钟后，除了主持讨论的医生，我仍然辨别不出其他医生。更令人不安的是，当我开始照料病情最重的患者时，我有时会想：这个人真是完全疯了。考虑到我所在的科室，这可能听起来很滑稽，但在医学道德上显然是应该受到谴责的。到第一周轮岗结束时，我不得不承认，自己不是那块料，成不了一名好的精神科医生。让我意外的是，我发现，尽管我自认不像一般医生那么强调科学，但我希望有一个专业能让我更多地运用我新掌握的生物学知识和技术技能。

接下来是神经科轮岗，然后是妇产科。那些专科也都不适合我。我开始担忧，我在医学学习上花了那么多年和那么多钱是不是要白费了。轮岗的时间快结束了，科室也快走遍了，我担心自己错得离谱。也许我不想当医生。我考虑了剩下的选择。对我有吸引力的领域是这样的：认可人之为人，而非其不同身体部位和各种疾病的简单加总，不仅重视对环境和文化的考量，而且承认生命固有的模棱两可性。因为这些偏好，皮肤科、病理科、放射科和麻醉科都被我排除，因为它们分别专注于单个器官、细胞、图像和机器。

于是我剩下两个选择：家庭医学和内科。春假期间，我读了约翰·麦克菲的《全科医学的继承人》（*Heirs of General Practice*）和约翰·伯格的《一个幸运的人》（*A Fortunate Man*）。我觉得家庭医学不错，但也为此紧张：我怎么才能有足够多的医学知识储备，确保为患者做的每个决定都正确呢？这门学科要求掌握有关儿童和成人、医药、外科和产科照护等多学科专业知识，可能会让我永远处于焦虑和不确定的状态中。我想要广度，但也许不用那么广。

内科是我最后的轮岗科室。很快，我知道我找到了自己的位置。除了大手术，内科包含了成人医疗照护的所有内容。患者可能有身体疾病或精神疾病，又或者两者兼而有之。他们也许是 18 岁、100

岁，或者是介于其间的任何年龄。你可以和他们交谈，大多数人可以自主选择最适合他们的治疗方案。我喜欢广泛涉猎，因为这代表了无限可能。此外，轮岗那个月带着我工作的内科医生们都聪慧而且富有关怀精神，他们对待彼此、对待患者都很和善，这是我在和其他科室的许多团队共事时都未曾见过的特质。

内科可以在打磨专业技能的同时为我提供一系列职业机会：初级或重症监护、医院或诊所、全球卫生、预防或职业健康。我将学习如何处理大多数身体器官问题和疾病，以及如何对待许多不同的人群。对我而言，这个学科是完美的选择。

-成年-

我们想象不到的是，我们努力成为怀有善意[90]和具有能力的
人，而且以为自己做到了，但可能哪一点都没有做到。

——贝尔福·芒特，医生

第七章　我的思考

创伤

1992 年夏天。我是旧金山综合医院急诊科的一位新晋医生，站在一片混乱的急救车和人群中，对着身着绿色手术服的男男女女大喊。创伤室是长方形的，没有窗户，在明亮的人造光下白刷刷的。生命维持设备占了一整面墙，另一面墙是一排排铬合金的柜子。

我是一名年轻白人女性。患者是一名棕色皮肤的男性，年纪更轻。我那时刚刚在美国国内转了一圈，开始接受初级保健内科住院医生的培训。他多处受了重伤，可能是枪伤或刀伤。我们俩对这个城市紧急事件和突发状况的温床都不熟悉——这里只有一组无情的蒙太奇画面，其中充斥着流血、骨折、点头、喘息、尖叫和垂死的人。

房间的一端是床，另一端是两扇相对的门，这样人就可以跟着轮床，在病房内笔直穿行。当然，他在轮床上，而我则在跑道上。

初为医生，我一次又一次惊讶地发现自己是医患关系中那个穿着医院制服的健康人。我向别人提的问题在其他情况下会被认为十分粗鲁，我触碰的他们的身体部位是他们最亲密的朋友永远也不会触及的。对这个患者来说，我看起来和其他医护人员一样，都在一片模糊不清的专业面孔之中。但我就在那里，站着看着，充分意识到在这个繁忙拥挤的空间里，只有患者和我是唯一没有目的地要去的人。

在我们周围，医生、护士、住院医生和医学生在评估患者的气道、呼吸和血液循环，从头到脚检查，对他可见的创伤和其他不太明显的损伤部位、刀片或子弹运动轨迹上的重要器官和容易擦伤的动脉进行定位和量化。他们给患者进行静脉注射，下医嘱液体、X光检查、磁共振成像（MRI）和计算机轴向断层成像（CAT），制定核心处理方针，呼叫资深的创伤外科医生，打电话订手术室和重症监护室，让其他相关负责的人员行动起来。

这些步骤我一一学过，而且对需要做什么有一些想法，但"一些想法"看起来不够充分和具体，这很危险。我没有处理严重外伤的经验，也几乎不知道怎么真正动手做该做的事。我不知道如何判断什么时候发生了什么状况，谁应该做些什么，怎么搞明白已经或开始做了哪些工作，或者如何恰到好处地帮上忙。我也不知道如何在这个紧要关头获得这些问题的答案。在这个紧要关头，患者需要所有人全力关注。比起什么都不做，我更加害怕的是帮倒忙。毕竟，在这间创伤室里，一切正在发生的状况的底线是，患者正在试图"慢慢死掉"（在那个夏天之后，此话变成了我的口头禅）。

"你！"有人大喊，"准备消毒胸壁！"

我松了口气，让自己站在患者左侧，与躯干平齐。我两边都是放着医疗用品的桌子，床的每一边都有无数人聚集。我靠高个子和短马尾辫认出了一个我很喜欢的女生，她是高我一届的医学院学姐，正在接受普通外科手术的训练。

一瓶消毒剂递到我手上。我找到纱布，撕开包装，把它们泡起来。我读过关于胸腔插管的书，并且见过一次插管，所以知道要清理什么部位。同样让我放心的是，我在其他照护过程中知道，如果涂上三层，让每一层在涂下一层前晾干，消毒效果最好。但我没有考虑到涂用方法可能要视具体情况而定。

我把黄褐色的液体涂在患者的腋窝处，涂在他浓密的黑色腋毛下，这些腋毛可能是最近几年才长的。我用画长圆的手法缠上纱布，将涂湿的边缘部分覆盖住，避免皮肤暴露在感染的风险之中。一道伤口撕开了他的肺部，肺内气体不断溢出至胸腔，压迫肺组织，使得吸入氧气变得越来越困难。一旦外胸壁被清理干净，外科医生将在胸腔插入一根粗管，排出不应有的空气，并让他的肺适当充气。我理解情势紧急，因此也在快速行动，但我同时专注于把它做好做对。

我在患者的胸壁附近挥手扇风好让消毒液快点干，同时环顾四周，注意到床和地板上散落着的医疗垃圾：塑料和纸质的包装及护套，还有患者被剪割和撕开的衣服碎片，剩下的布条从他身体上垂下，中间穿插着一堆导管和导线，还有摊摊血迹。令我惊讶的是，受伤造成的出血这么少，而医源性出血（对他进行的医疗处理，而非受伤造成的）看起来那么多。

正在这时，在我右耳边，一个女人大声说道："你在干什么？"

是那个外科医生，我在医学院认识的那个学姐。

"给我！"她从我手中夺过消毒瓶，揭下瓶盖，把消毒液倒在患者胸口上，然后放下瓶子。她从我们身后桌上敞开的胸管托盘中取出要用的物件，这时消毒液的颜色浸湿了床单，滴到了地板上。在紧急情况下，时间比一些程序更重要。

"按住他别动。"她吼道。我照做了。

血立即沿着她用手术刀整齐划下的线涌了出来。她把戴着手套的手指和钳子伸到刚刚打开的空间里，将皮肤和皮下组织抬起，与下面的结构分离。患者的内脏格外苍白。一道鲜红的血液从伤口流出，顺着他身体流下，在床单上形成一小摊。

她动作很快，身体前倾，用穿刺锥打孔，一个明显的凹陷显现出来。她把长长的手指插入刚刚制造的隙孔里，一直插到指关节，然后向周围探查。我什么都没做，就这么看着。她的动作，我在感恩节准备烤火鸡时可能也会做，但她是在一个活生生的人身上这么做。我虽然心头一阵恶心，但更多的是困惑和震惊于一个人能对另一个人做这样的事。

我记得患者有些抵抗，也许回忆有些偏差，但也不是没有可能。事实上，那天的记忆中最深刻的创伤是我自己受到的心理冲击。

直到25年后，在我使用同样精细的技术给患者消毒胸壁（就像现在给患者进行膝盖或肩膀注射前做的那样）时，我还记得当时那位外科医生看我的眼神——她眼里透着专业人士的反感，而不是像朋友或熟人那样的失望。她的眼神，加上创伤室里的桩桩件件，将那一刻深深烙在了我关于那个久远夏天不平静的记忆里。

在创伤室那一天之后的几天、几周甚至几年里，我无法向任何人开口诉说当时的经历。我为自己的无能和不适感到羞愧，也为不可名状的别的什么感到羞愧。

在医学院，有些人迫不及待地想要开始医生对人体所做的大胆尝试，这些尝试在其他情况下会被认为违反常理甚至是犯罪。这些学生后来未必全做了外科医生，但我怀疑，后来成为外科医生的人，就算不是全部，也大都属于这一类。他们毫不迟疑，而且对于需要做什么和怎么做，拥有我认为不可思议的直觉。有了这些，他们找到了自己的用武之地。他们恰到好处地融入了医学文化，但我没有。我害怕伤害患者，总是等待指导和许可。

像我自己的缺点一样让我感到不安的是，我认识的这个医学院学姐这样和善，而她竟能如此随意、如此粗暴地侵入另一个人的身体。我想不出如何以委婉的方式措辞，或者带着纯粹的好奇心提问，问她为什么能够这么做。我还认识到，我之所以感到不适，部分原因一定与性别有关，因为她和我都是女性，而女性的暴力不太可能是身体上的。我知道，即便我这样想是基于大量的社会、生物学和历史事实，这种想法对于她或大多数男性也不完全公平。

以下是对创伤室那天事情经过的总结：患者需要插入胸腔导管。外科医生以正确的方式快速精准地做了正确的事。我既不理解也没有充分完成自己的小任务。我们让患者存活足够长的时间，让他能撑到去接受手术，然后我们就可以走开了，表现得好像这只是办公室里的又一天，因为我们的工作就是如此。

这些都是事实。

但以下这些也是事实：金属、塑料和手指塞入患者创口的大部分，穿过患者的肌肉，在他濒死的身体上创造洞口。在他刚被推入创伤室时，在他喊叫或者试图抱怨或反抗时，他被迫屈服了。在这个过程中，没有任何一个人在彼时彼刻向他解释情况和原因，以便他能够理解。在那之后，也没有任何一个人把团队召集起来总结经验，讨论是否能有不同的做法或更好的做法。

在认为暴力是必要的情况和环境下，有太多不恰当的事实，也有很多做得更好、变得更好的时机。

我之所以知道这一点，是因为我见过在同情、沟通、程序和危机管理方面同样熟练的医生。我们大多数人在其中某些方面比其他人做得更好，但人们往往认为前两项是额外的红利，后两项才是必不可少的。这种看法是医学文化的决定性特征之一，但几乎没有人认识到，这是一种道德上的优先选择。人们选择只看程序的好处，只看教导、鼓励与对同情心和沟通进行评定的难处。这种认为某些知识比其他知识重要的看法，也是一种选择。

现代老年医学

20世纪是医学快速发展和进步的时期，是医学史上的最高峰。病理学家发现了疾病和年龄相关变化的原因及机制，研究人员开发出新的诊断和治疗方案，从心电图、手术到抗生素、激素及其他拯救生命的药物。尤其是心脏病学、肿瘤学、透析和关节置换等领域的医学进步，挽救了许多50岁以上人的生命。人类的死亡年龄延后，赢得了数年甚至数十年有意义的岁月。他们在"可治疗性"更高的医疗条件下活到了老年，以像生命早期一样的治疗或治愈心态（这种心态让他们在生命早期获得了如此巨大的回报）步入老年。

但是，对成年人有益的治疗在老年人身上可能会产生问题。越来越多的患者被安置在"仓库"一样的地方，要么被称为"成熟的照护设施"或护理院，要么是其他更可怕的地方。患者在那里靠机器呼吸，靠机器进食，整日整夜躺着，不能移动，不能说话，几乎不能接受探视（如果还有人探视的话）。

在20世纪的大部分时间里，大多数阐释特定疾病及其治疗的研究都是在年轻人或中年人身上进行的。当然，也有老年科医生研究老年人，但他们关注的是高龄、更衰弱的患者和老年综合征。像跌倒和虚弱这些疾病，对于老年人至关重要，但大多数医生不感兴趣[91]。这使得许多老年人和大多数年近七旬、身体虚弱的人处于标准成人内科和老年医学之间的无人区[92]。

20世纪30年代末到40年代，对出生率下降和寿命延长的恐慌引发了发达国家对老龄化和老年医学研究的兴趣。到了20世纪50年代，至少17个国家有老年医学学会和期刊，这些国家大部分在欧洲。彼时，在其中大多数国家中，老年医学至少已经成为一个非正式的专业领域，只是没有很多人从事，也没有很高声望。1953年，美国有三位老年医学教授，格拉斯哥大学在1964年任命了英国在这个领域的第一位教授。

遗憾的是，这些发展几乎没有改善高龄患者的生活。不仅专门从事老年医学的人员数量少，他们的努力也经常受到医疗机构的阻挠。20 世纪 50 年代，美国老年科医生抱怨综合医院不愿意接收高龄患者，而且受过老年医学培训的护士极度稀缺[93]。与此类似，英国政府 1956 年的一份报告指出："老年群体目前接受的服务水准低于医疗消费者主体，而且老年人的需求还有很大一部分没有得到满足[94]。"报告警告说，医生不应该用"因为'年老'这一简单的解释"而将老年患者的小病不当回事。

这种情况仍在发生。对于这种社会偏见和医学上的懒惰，一位 90 多岁的老人给出了最好的回应。他因为膝关节疼痛前去就医，医生在询问病史和检查完膝关节后说："这很正常，毕竟你的膝关节也 95 岁了！"老人回答说："话是没错，但我另一条腿的膝关节也是 95 岁，可一点儿没见有问题。"

第二次世界大战后，诊断和治疗方法的改进，使得人们更加认知到功能和心理因素对于高龄老人健康的作用，针对痴呆症和其他特定老年病的特殊机构也有所增加——至少在一些国家是这样的。在欧洲国家、日本和其他许多国家，卫生系统将医疗和社会保障相结合，有效做到了满足大多数高龄老人的心愿，使他们得以居家治疗，避免支付昂贵的住院治疗费和住护理院。这种趋势合乎逻辑，对社会负责，但美国逆势而行。

医疗保健和社会保健之间的界限是政治因素造成的，而不是生物学原因。大多数欧洲国家开始将提供眼镜、助听器、助行器和假牙视作国家卫生保健的一部分，但在美国不是这样。在美国，它们继续被视为"非医疗项"，由个人或家庭来承担开销。现在，非常贫穷的人只是偶尔可以通过医疗补助或慈善组织来获取这些设备，富人则能够轻易买到，其他人就都不在命运眷顾的范围之内了。这背后的逻辑是，解决医疗问题需要药物或手术，如果不需要药物或手术，即使是影响健康和幸福的躯体功能障碍，那也不能算是医疗问题。在美国，医保可以覆盖对眼疾帮助不大的激光治疗，但不覆盖让你在视力下降时仍能维持活动的眼镜，可以让你植入人工耳蜗，但不能保证你戴得了助听器。美国的医疗保健系统把昂贵、"博人眼球"的医疗干预称为医疗项目，把更便宜、更注重功能性的设备视为非医疗项目，为高利润的制药和医疗设备行业提供支持（这些行业为民主党和共和党的政治候选人提供资金），而牺牲了为数众多本应受益于辅助设备的公民的利益（这些公民是许多政治人士想要代表但不能代表的人，因为如果他们不支持大医疗项目，就意味着不能连任[95]）。

医疗的暴力

PubMed是美国国家医学图书馆综合生物医学和生命科学期刊文章数据库的搜索引擎，是一个在线资源平台，医生们可以在这里查找绝大多数资料。输入"暴力"一词，结果会跳出几十个关键短语，但都不涉及医生对患者施加的暴力。搜索"医生暴力"，显示的结果都是对医生实施的暴力。

在美国历史上的这个时期，关于暴力的新闻每天都有，对于暴力的看法是非常主观的，某些人比其他人更有可能成为暴力的受害者。警察和检察官、政策制定者和公众都在审视自己如何有意无意地助长了这个社会显性和结构性的暴力。但在我的专业领域中，我们并没有从新的、不同的角度重新考虑自己的暴力行为。

不是我们在回避眼前的事件，而是医生看待暴力和看待其他一切事物一样，无论是概念上还是实际上，都是在我们"自己的地盘上"从掌握权力和特权的地位来看。如今，医学专业人员越来越多地谈论种族和种族主义，谈论暴力如何影响患者、实习人员和同事的生活。但我们没有看到自己工作中存在的不必要的暴力，尤其是在我们说我们别无选择，表示没有其他途径可以实现我们无可厚非的高尚目标，而质疑我们在遇到危及生命或重要器官功能的疾患时采取暴力行为的人，又显然不理解我们所面临的状况时。和法律、警务、政治和教育领域一样，医学领域的我们不辞辛劳，认为我们面临的挑战独一无二，我们的应对机制合情合理，我们的基本假设准确无误，我们的道德使命神圣不可侵犯，但是这些都是错觉。

我的PubMed搜索结果空空如也，于是我给一位著名的学者发了封电子邮件。她精通医学文献，我向她请教我是否遗漏了一些关键的搜索短语或文献。她的答复再清楚不过——没有人从这个特定的角度研究暴力，至少没有人直接这样做研究。同样值得一提的是，据她推测，对医生暴力可能有所了解的人，研究的都是"有问题的患者"和"有问题的医生"这样的话题。虽然这些群体也很重要，但我关心的是不存在问题的人所施加的暴力——我们倾尽所能、尽职尽责做好工作，却是在施加暴力。

世界卫生组织2002年的一份报告指出，暴力的含义不止一种，因为可接受的行为和伤害都受到文化的影响，具有主观性，是可变的。然后它对暴力下了这样的定义："蓄意地运用强暴的力量或武装，对自身、他人、群体或社会进行威胁或伤害，造成或极有可能造成损伤、发育障碍、精神伤害、死亡或剥夺权益。"

严格来说，按照这个定义，医学中的暴力是固有的、无处不在的。在大多数医患关系中，医生掌握着权力。我们经许可使用某些类型的力量。许多医疗决策、讨论、疗程和处方都有极大可能造成伤害或创伤，就像我们的训练过程一样，这些训练过程处处存在剥夺、存在等级，对心理要求很高。我们一天天受训、工作，暴力就是一种持续的威胁，是常见的现实。

但是这个定义忽略了意图，即人在实施行为时的首要目标。在医学上，施行强力或权力通常是为了改善患者的健康状况或挽救生命，而不是为了伤害或杀害患者，尽管后者也时有发生。儿童时期的我阑尾破裂，在去手术室的途中差点死在电梯里。那时，医生把针扎入我体内，推搡我的身体，大声呼喊，并把一个氧气罩紧紧地盖在我脸上。在我十几岁时，我因打排球肩膀脱臼，一个身材高大、肌肉发达的骨科医生猛拽我的胳膊，好让滑脱处归位，好像中世纪时的手法，哪怕只是一刹那，也让我剧烈疼痛。这两次医疗暴力，前一次救了我一命，后一次让我常用的手臂恢复了机能。

然而，还有许多其他的例子，让我禁不住想：我们何时又如何判断，什么样的暴力是必要的或者可接受的。例如，身在创伤室，是否就意味着一切尽速行事皆被许可，可以为压力大、担心表现不好或让患者失望的医生大开绿灯？如果是这样的话，医生手头总有太多的工作等着，他们急需完成这道程序或者那项批准，回应这个夜间呼叫或者那个门诊，是不是就可以一切以速度为纲，好进入下一步工作呢？可接受的界限在哪里，应该在哪里？界限是应视具体情况或专业科室而有所变化，还是因个人行为或系统结构设定而有所不同？目前，我们只考虑一小部分药物伤害，优先考虑患者而不是卫生工作者和卫生系统受到的伤害，而且几乎只考虑对身体或机能造成明显影响的伤害，而忽略暴力的语言、行为和政策在心理上和关系上造成的伤害。

说到这里，我还想到了未被充分认识到的伤害带来的影响。一位朋友的丈夫患了癌症，她曾经给我发来电子邮件，叙述了她丈夫接受的旨在缓解病情的治疗。尽管不太可能，但在理想的情况下，这些治疗也能治愈患者。三个月后，她这样形容丈夫的化疗："化疗中止了手术后的恢复进程，甚至更像是起了反作用。他瘦得皮包骨头，甚至这个词都不足以形容他的身体状况。"

又过了两个月，她解释说丈夫提前终止了化疗："就是无法承受。自从停止化疗以后，他的体力和体重都有所恢复，进食也不再那么痛苦了。"

最后半句话一直在我脑海中挥之不去。化疗不只是造成伤害、死亡、心理创伤、发育不良或剥夺有质量的生活，毫无疑问，它还造成了目前的一切情况，只是没有造成死亡，而这已足以把患者推上绝路。同样说明问题的是，这种暴力如此之巨，以致我朋友和她丈夫甚至不敢奢望痛苦能结束，只企盼少受痛苦。

任何接受过医疗培训的人，还有出于其他原因接触过医疗环境的大多数人，特别是患者或患者家属，都目睹过这样的暴力。它通常是必要的，但有时也未必，有时暴力是可质疑的，或者有可能发生，但实际上又尚未发生。我应该解释一下，我这里说的"有可能"就像我们在解剖学上的说法一样，它表示在两个相邻的结构之间切实存在的空间，但有时并不明显，直到由于受伤或疾病而充满炎性积液或血液时，它才显现出来。因此，即便是现在，当暴力在这个意见分裂的国家中随处可见时，某些人（比如像我这样的中年白人女医生）完全有可能要花几个礼拜，而且是在愿意承认的情况下，才会意识到问题所在。

在每分每秒的医学实践中，可能有诸多问题可以怀疑或质疑，但我们已经习惯于假定它们的必要性。在医学和社会中，当谈及暴力时，我们做得远远不够，还不足以否定负面的东西，也没有充分探索必要和不必要之间的界限。如果要找到这个边界，我怀疑它会像潮汐区的水陆分界线一样，随着季节、天气和时间而变化，也因观测者不同——本地人、游客、渔夫、博物学家或诗人而不尽相同。

大量接触暴力不一定会影响我们如何回应他人的痛苦，但这种影响似乎切实存在。在这方面，暴力的作用似乎有点像嗅觉与麻醉剂的关系，二者会刺激产生一种被称为快速免疫的现象，即人的反应灵敏度由于反复暴露在刺激下而迅速减弱。我们不再注意到香水味，或者开始需要更多的麻醉剂，或者不再留意另一个人的痛苦。有些人认为，最后一种麻木的情况是人们对充满危险和痛苦的环境的必要适应。这可能在一定程度上是正确的，但研究也表明，在医学培训期间，几乎普遍出现同理心减弱的现象。我们将其归因为健康的适应机制，但其中一部分可能是有害的文化适应。于是我们不再将患者视为人，而把他们看作任务、障碍或问题，总之是其他东西，甚至连这个都不如。当一个环境或职业中的多数人甚至明显的少数人，变得对其他人的人性基本面都不敏感时，这种文化本身就不健康。

在绝大多数情况下，背景都很重要，而压力会侵蚀同理心。两者不仅会影响所发生的事，还会影响我们的视角和看法。在我接受住院医生培训时，我以医院为家。一周有 168 小时，在一年的大多数时间里，我每周工作 100 小时。这种高强度长时间的沉浸会简化和加快我对医学生活和文化的适应。如果加上基本生活功能受限，包括吃喝、小便和坐卧，这种生活就开始类似于机械的教化或灌输。我们见到同事的频率和时间远远超过家人或朋友。我们身边的规范成了我们自己的规范，尤其是当我们感到压力最大或最沮丧、害怕、愤怒、不知所措或筋疲力尽的时候，影响巨大。在我接受住院医生培训的第二年和第三年，我便能胜任自己的工作。无论是在什么情况下，我都觉得自己像个真正的大夫。直到现在，我才意识到，当我感觉自己像医生时，我觉得自己很重要、很强大，而且（最重要的是）可以施惠于人。我较少注意到暴力，或者更容易接受它：它只是工作的一部分。只有当我从训练中走出来，开始恢复可以称之为正常生活的大多数活动时，我才能够看到无疑普遍存在的医学暴力和暴力的威胁。

但这也不完全正确，我一直在思考良心的概念，而且还记得当我怀疑甚或明知文化规范有问题却依然选择屈从时的情形。在我担任住院医生的整个期间，我一直在思考。在我发现患者有时需要其他专科的医生才能施治的过程之后，我也在思考这个问题。在许多这样的情况下，另一个医生还等不及给我足够的时间规划局部麻醉或要求并实施术前用药，就进入下一步了。患者在呻吟，或者紧紧抓着侧栏，直到指关节都发白了，但是医生们似乎并不在意。

对没有同理心或良心的人来说，使用暴力很容易。但即便不是反社会型人格，具有同理心和良心，有些人也比其他人更倾向于使用暴力。在医学上，我们往往认为外科医生更暴力，他们的亚文化更严酷。虽然有证据表明这种概括是准确的，但它们模糊了一个更重要的事实，即我们大多数人几乎都袖手旁观，没有对我们经常遇到的这种暴力提出质疑甚或发起革新。

丽贝卡·索尔尼特在《遥远的近处》（*The Faraway Nearby*）一书中写道："同理心，首先是一种想象行为，一种讲故事的艺术，然后是一种由此及彼的行进方式。"在所有的人际关系中，在所有的医疗保健中，此即我，彼即你，由此及彼即由己及人。医生们已经发表了大量关于移情的文献。有衡量移情的尺度，也有提高移情程度的干预措施，但当人们成为医生时，还是发现移情的现象骤减，哪怕我们每 10 年左右就推出创新课程，也并没有产生什么变化。我每年教医生和实习生通过写作记录进行反思，但年复一年，也不过如此。目睹医疗暴力带来的震撼和骇然会和医学生一起出现在他们的故事里，虽然有时是不经意间提到，但这样的故事一直存在，他们认同患者的立场。而当我向执业医师传授同样的内容时，很明显，经过住院医生培训和之后从业的实务训练，惊骇的感受基本上消失殆尽，取而代之的是其他话题，比如死亡率、病痛、情谊、虚弱无力或幻灭，暴力在其中最多只是映衬主要事件的未被承认的背景。

还有无数出自医生之手的文章，记叙自己做完当时就后悔或事后后悔的事，记叙自己在其他医生的所言所行应受谴责时或旁观，或嘲笑，或做了帮凶。这些经历往往令他们无比羞愧，甚至过后数十年都不愿启齿。几年前，一篇文章引发了巨大的争议。文章中的一名男医生承认，他在医学院学习期间，看到另一名男医生用手在昏迷的产后患者的阴道内做出了不可原谅的行为，却选择了纵容。非常值得注意的是，文章在医学博客圈和从《时尚》杂志到《纽约时报》的新闻出版界引起轩然大波，主要原因不是文章所写的内容，而是医学期刊坚持让作者匿名发表。期刊的主编表示，采取这种前所未有的做法是为了"防止故事中其他人的身份被认出，最重要的是，防止患者的身份暴露"。但是时隔多年，名字已经改换，而且分娩后出现危及生命的出血以至昏迷的女患者经历了如此重创的一天，很少还会记得当时在旁的医学生的姓名，因此期刊说主要出于对患者的考虑，但很多人认为难以信服。

建立和强化暴力文化的方式有很多，而我们所有人也以很多种方式直接或间接地成为这种暴力侵犯及其后果的帮凶。

医生也会犯错

像别的医生一样，我时不时也会犯错。

在医学院，我们接受的教导是，在问患者的性取向时要问："跟你有性行为的人是男是女，还是男女都有？"询问陌生人的性行为，对于大多数人而言并不是自在的事。如果你20多岁，向年届五十甚或八十的"大人"们询问他们在床上、浴室隔间、幽暗小巷或商务旅行期间做些什么，会让你十分别扭。我们班花了一下午时间练习这个问题，这其中伴随的大量症状是出汗、惊骇、脸红、讪笑、尴尬和紧张。你必须记住，提问的唯一目的只是确认这个人的行为是否构成健康风险。你不是在窥探隐私，也不是粗鲁无教养，更不是要做道德批判。你要成为一名医生，而医生需要知道这种实情来保证患者的健康和安全。你必须在思想上、面色上和声音上都做好准备，不论答案让你吃惊、厌恶还是好奇，你都要泰然处之。你的倾听必须不带偏见或批判，只探寻可能影响患者安全、健康或福祉，需要关注的事实，然后依据你的专业判断温和地提出建议。像在正常生活中一样，除非涉及儿童或虐待，否则其余的都与你无关。

在我实习那年的早春时节，朋友凯特来找我看病，那时我对这个问题已经完全适应，而且自认为应对自如。凯特刚从大学毕业，刚到美国西海岸，非常健康。她披着一头棕色长发，穿着绿色紧身衣和迷你短裙，踩着复古高跟鞋。当我们的问询进入性史环节时，我问了这个问题，心里想着我知道答案。

"女的，"凯特说，"都是女的。"她微微低下头，但眼睛直直看着我。我脸上露出了惊讶的神情。我基于成见做了错误的预设，而且我们都意识到了这一点。我努力恢复平静，以一种平和、安抚的语气问完了后面的问题。虽然继续看诊，好像什么都没发生过一样，但前面发生的尴尬，一直无声地笼罩着我们，好像身边有股弥而不散的恶臭一般。

错误有多种形式，程度不同。当患者不确定能否信任自己的医生时，他们的回答可能不尽诚实，也不太可能直言自己的关切所在。那天下午我伤到了凯特的感情，破坏了我们的关系。如果我是凯特，我就会换医生，但她没有。她很年轻，所以也许她不知道可以换医生，或者她认为所有的医生都怀有偏见——这种想法也是偏见，它的形成和我对她的偏见如出一辙。在之后的几年里，每当她来找我看病时，我都感到内疚。而每次当她看完病走出诊室时，我知道我又错过了一次向她说明这事的机会。

我没能向凯特道歉，这是我第一次犯这种错误。有些我做了或没做的事，不是真正的错误，而是离明显能达到的理想状态差了一步，比如看到检查结果显示正常，但因为紧接着忙于给其他人看诊，忘了告诉检查的患者，或者在患者家属离世带来巨大打击后，事隔一两个月才打电话询问后续。发生这些事之后，我内心都万分歉疚，长久地自责考虑不周，想逼自己打个电话，跟患者说点什么，但往往最后还是什么也没做。反复出现的失误，尤其是当直觉上明知该怎么做却并没有付诸行动时，最能让医生看清自己。

即使是训练有素、用心良苦的医生，也会出错。重要的是他们犯错的类型和频率。有些是满腹真诚地想要解决错综复杂的问题，而有些则是缺乏专业能力的表现。前者比后者更为常见。而几乎无一例外的是，承认自己的错误，为错误道歉，从错误中学习，不仅让我成了更好的医生，也拉近了我与患者及患者家属之间的关系。道歉让患者和医生在共同的人道关怀中彼此体谅。

相关研究表明，会道歉的医生[96]被起诉的可能性较低。如果医生或医院明知出了问题，却假装一切正常，无视患者的痛苦，搬出律师和一堆医学术语自护其短、自圆其说，没有比这更让人感到侮辱和愤怒的了。这种回应会导致失望和悲伤被激化，变成愤慨和诉讼。我还觉得，会道歉的医生通常也会日子好过一些。道歉并不能消除我的遗憾，但它会让情况变得易于接受，也让我有可能从错误中吸取教训。

在作为住院医生受训的第二年，我们承担了更多职责，相对更独立。我在医院和我的科室负责带一组医生和医学生。我可以决定是否要去大厅与主管医生商议。我不再那么需要资深医生手把手地教导，但那年冬天，我向他们咨询了关于患者玛丽亚·卡尔德龙的意见。我知道漏掉了什么，但就是不明白是哪儿。结果，我的主管医生也想不出，但公平而论，他们的想法可能也受到了我的描述的影响。直到卡尔德龙拿到正确的诊断结果，我才意识到，我此前一直在寻找"正常女人"会有的症状，而没有考虑到她在86岁高龄时会出现的症状。

在关于衰老的生物科学中，"正常"被定义为[97]"由于自然过程，而不是病理过程"而发生。但如果不同时了解疾病和衰老的所有原因，我们就很难做出判断，做出判断也可能流于空想，因为人类对衰老和疾病的定义因文化和时间而异。然而，实际情况有可能更加复杂。许多疾病都与年龄有关，随着科学的进步，最初认为是衰老导致的变化，可能最后发现是疾病造成的结果。同样，衰老也可以像疾病一样，使得情况更加错综复杂。还有一个问题是，正常状态是否会随着年龄的增长而改变。人们通常认为正常状态是必然和普遍存在的，而病理意味着偏差，但是将20岁的患者与80岁的患者做比较，这公平吗？如果疾病在老年时很常见，那么这是否意味着它是一种正常状态？这些问题令人疑惑，而且对于其中的许多问题，最佳答案来自哲学，而不是科学。

尽管有这样的争论，但医生们还是注意到了数千年来"老年"独有的范式。希波克拉底评论说，老年人的发烧没那么严重[98]。亚里士多德探讨说，老年人抵御疾病的脆弱性加剧[99]，即使是轻微的疾病，也可能导致死亡。1863年，英国的丹尼尔·麦克拉克伦博士在思考如今所谓"多病"的问题时，指出高龄老人经常同时患上多种疾病[100]，使诊断和治疗变得复杂。大约在同一时期，19世纪最著名的法国医生让–马丁·沙尔科也注意到高龄老人在生病时的"特殊征象"[101]。1866 年，他写道："即便是最严重的功能障碍，也会表现出有一定特点的症状。"在 20 世纪 90 年代初，医生们通常能意识到这些特殊的特征，但是他们在评估和管理高龄老人的做法上几乎没有什么贡献。

★ ★ ★

玛丽亚·卡尔德龙的疾病能列出长长一串，其中最严重的是三叉神经痛。当这种面部神经疼痛过于严重时，有的患者甚至会选择自杀。玛丽亚抱怨说，她总是提心吊胆。那时我给她看病已经有一年半了。当患者说"头晕"（dizzy）时，如果只持续了一秒钟时间，大多数临床医生会告诉他们，是他们体内的某种东西在紧绷着。

其实人们在说"头晕"时，可能有许多不同的意思：它可能表示眩晕，这种感觉普遍令人不适，感到虚弱，或者在身体、心理或精神上感觉与周遭错位了。它可能是由于耳朵、心脏、神经、大脑、眼部或心理上的特定病因造成的，也可能是脑卒中或心律异常、焦虑或药物副作用的征兆。它还可能表明只是需要换副新眼镜。考虑到玛丽亚的所有诊断和药物治疗情况，我想到了许多合理的原因。我清洗疏通了她的左耳，调整了她的用药方案：她的血压低吗？血糖高吗？头晕是因为三叉神经痛的止痛药吗？我反复检查她的心脏和神经系统，却总是无果。

接着我去度假了。玛丽亚在家中摔倒，然后去了诊所。给她看病的医生桑尼与我一同接受过住院医生培训。在玛丽亚沿着走廊走向检查室时，桑尼给她做出了帕金森病的诊断。我在此之前没有见过帕金森病的早期症状，也没有在像玛丽亚这样年老体弱的患者身上见过这个病，但桑尼马上就发现了。也许，正因为不了解玛丽亚，桑尼没有因为玛丽亚目前的诊断和药物分散注意力，而这其中任何一种都可能导致头晕。我向我的主管医生承认我漏诊了。主管告诉我，他 10 年前犯过同样的错误。在一个健康的 60 岁老人身上发现帕金森病，要比在一个虚弱的、患有关节炎的 86 岁老人身上容易得多。

几周后我见到了玛丽亚，那时她的两个女儿正陪着她。考虑到新诊断的病情和她所有其他的问题，女儿们打算让她搬到萨克拉门托市，搬到她们身边。我为漏诊了帕金森病向她们道歉，母女三人惊讶地看着我。玛丽亚的女儿们给我带了礼物，感谢我对她们母亲的悉心照顾。玛丽亚说她会想我，她用双手捧着我的脸，祝福我。我们在检查室门口拥抱告别，然后她走了。在医生的职业生涯里，有时你会被快乐和满足包围，有时你会被悲伤和懊恼淹没。总有某些时刻，你知道你的工作是这世间最好的。

准确识别的能力

一天早上，我例行出诊。我爬上一户人家陡高的砖砌台阶，摁了门铃。等了片刻不见人来，我又摁了一次。门铃从灰泥墙上耷拉下来，显然是需要修理了，必须找准位置才能摁响。我确信我听到了门铃响，然后继续等着。这是我的患者米尔的家，她步子很慢。通常，在米尔来开门的这段时间，我可以查看电子邮件，有时甚至还能回复一封。那天，我回复了好几封邮件，还不见米尔来开门。我打电话给办公室的协调专员，向她确认前一天下午已经和米尔通过话，并确定了出诊时间。协调专员给出了肯定的答复。我心想：情况不太妙。米尔患有痴呆症，还酗酒，在家里属于被边缘化的人，照管她的侄子住在一小时路程之外的地方。我相当肯定米尔不会出门，她已经多年闭门不出，而且门前的台阶这么陡，对她来说非常不便。我按下米尔的电话号，听到房子里的电话响了。我正在暗自纠结，是给她侄子打电话，还是报警，这时突然听到了一个声音。声音过一会儿停了下来，接着又响起来，听起来好像越来越近。于是我继续等着。

最后，大门向里打开，但只开了个小口。没有看到米尔，于是我小心翼翼地推开门。她靠在墙上，看上去很虚弱：衣服乱糟糟的，头上淌着汗，面色苍白，上气不接下气。我从沙发上抓起一个枕头，让她在地板上躺倒。我快速对她做了一番评估，问了几个重要问题，明白她好几个小时前心脏病发作了，一直忍着胸口疼和其他一些症状。我在药品盒里找到一片阿司匹林，放进了她嘴里，同时给她侄子打电话。我先找她侄子，而不是打急救电话或报警，是因为她侄子说过尽量不住院。

和她侄子商量后，我们都认为米尔应该去急诊室确认诊断情况，或者至少让她舒服些。这样我们能更了解情况的严重程度，安排之后的照护方案，并且有时间安排护士上门照护。米尔无法权衡利弊，但很顺从，她如果感觉好的话，反而不会顺着我们。她上一次去医院已经是好几年前，那时我们还不认识。在医院，她必须戒酒。后来她又住进了康复病房，当然也不许喝酒。但她觉得那些都没用。我打了急救电话，在等待的时候，我完成了对她的初步诊断。

10分钟后，照护人员把她接管过去，我给急诊部打电话，想向他们告知情况。我那时的时间安排已经严重超时，后面还有一个临时增加的紧急出诊任务。急诊部在电话里说，要等上一会儿才能和负责的医生通话。我说我没时间了。我把重要信息告诉接线员，然后前往下一个出诊地点。

几个小时后，我给医院打电话查问米尔的情况，发现她还在等待看诊的队列里。这说不通啊。我把那天早上发生的情况告诉了负责的医生，她立即开始对米尔进行诊治。后来，我们梳理回忆，看是什么环节出了问题。我们发现，经过几次交接之后，我提供的信息被一再缩减，最后面目全非。这个过程一开始是非临床医生做笔记，到了最后，就像小孩子玩游戏接龙，彻底走了样。照护人员刚把米尔送到急诊，要进行交接时，又收到了另一个急诊呼叫。忙乱之中，他们错手带走了米尔的医疗记录。急诊部挤满了危重患者。当分诊护士向米尔询问情况时，米尔说："好多了，谢谢。你呢？"照护人员在送诊途中对她做了处理。她不再胸口疼，也不再呼吸急促，更不记得刚刚发生过的事。于是照护人员编了个病由，说米尔是肠胃感冒。之后，她就一直被停在走廊上。

在创伤室里，米尔的心电图显示，她的心脏病发作已经基本结束。可能夜里就发作了，但是如果我能等到把报告交到医生或护士手里，或者如果照护人员没有带走她的医疗记录，或许她还能得到部分治疗。如果急诊科有人注意到，米尔的外表看起来不像只是得了无关痛痒的小病，她也会及时得到应有的照护。因为 85 岁以上的人中有 1/3 患有痴呆症，急诊科发现异常，应该意识到要进行简单的认知能力评估，然后打电话给我或救护车的照护人员，查问她的情况。虽然大多数高龄老人没有痴呆症，但痴呆症在他们中间十分常见，这足以让相关检查成为常规程序，尤其是对米尔这样的患者。她既不是流浪老人，也没有精神疾病，但由于无法好好照顾自己，她的指甲、皮肤、衣服和脚都很脏，已经偏离了正常人关于整洁的标准。

像硬币有正反两面一样，老年人常见的问题也是如此。如果米尔在急诊科的经历算反面，那么雷在楼上住院病房的经历就是正面。

雷住院时 100 岁，住院原因是腿部有个血块。住院第三天，专门照护住院患者的医生打电话给我，想讨论决定门诊治疗方案，因为雷的伴侣多年前就去世了，他也没有其他家人。

"他有什么想法？"我问。

住院医生尴尬地笑了，然后他顿了顿，说："我们认为以他的精神状态，他没有能力就这样的事做决定。"

在医学上，考虑患者是否有能力对自己的治疗做出决定时，我们会考虑两种截然不同但彼此相关的状态：一是行为能力，这是由法官判定的法律地位，除非有证据表明患者的判断能力严重受损，否则这种能力很少被剥夺；二是心智能力[102]，这要视患者的具体情况而定，任何临床医生都可以进行评估，许多人也称之为认知心理评估，但许多精神科医生对这种情况嗤之以鼻。心智能力具体是看患者是否有能力准确评估每一个行动过程可能带来的影响。他们如果能够做此判断，就有权决定他们想要的方式。哪怕他们的决定与医生的建议相反，看似违背了他们自身的福祉[103]或最大利益，他们也依然有权这么做。

雷完全具备这种行为能力，而且完全能够做出判断。我问住院医生："他神志不清吗？"我之前问过实习生，对方没说有问题。

住院医生说："没有神志不清，但我们认为他情况不好，基本处于基线上。"

我有些困惑："抱歉，我没太明白。他想怎么做？"

住院医生顿了一顿，然后问道："他没有痴呆症吗？"

突然间，我明白了是怎么回事："他耳朵完全聋了，他戴助听器了吗？"

尽管超过80%的85岁以上的老人至少有轻微的听力损失[104]，但住院科的医生们没有想到患者的听力状况，当时那位住院医生也无法回答这个问题。很少有百岁老人听力还能完全正常。

住院科认为雷有痴呆症，因为每次问他问题，他都会答非所问。其实雷的大脑完全正常。也正因为如此，他把昂贵的助听器留在了家里，这样就不会在医院里弄丢了，因为他以前丢过一次。后来雷告诉我，他试着读过医生的唇语。"看来那不是我的强项。"他说。

我们都笑了。

我建议住院医生找护士站借便携式对讲机。

"借什么？"他问。

虽然这位住院医生已经身为副教授，业务娴熟，但他不知道这个便携的小设备有助于跟听力障碍的患者进行沟通。便携式对讲机有一副小小的挂耳式耳机，可供患者使用，还有扩音麦克风供说话人使用。设备很原始，只能提高说话的音量，不能像好的助听器那样，可以减少听力受损导致的声音失真，或减弱背景噪声，但还是能派上用场。

有了便携式对讲机，雷很容易就做了决定，并且告诉了医生。住院科取消了他们为这位"痴呆症患者"预订的护理院床位。雷回家了，在家里顺利完成了 6 个月疗程的血液稀释药物治疗。

我的失败经验

再说一件在我受训那几年里发生的难忘的事。那是一个秋高气爽的黄昏，在旧金山随处拐个弯，就能看到长长的海平线上一望无际的太平洋与落日的余晖相接，那时人就会明白，为什么人类一开始会认为世界是平的。但我还没有走出医院的大门，走入惬意的夜晚，享受锻炼、晚餐、朋友聚会和安稳的睡眠。我还在住院医生培训的第二年，还没有上班时间限制。我还在医院，正要探视我手上唯一一个我不太喜欢的患者。

他的病房在走廊中间的位置，离护士站不远。房间光线昏暗，与其说是因为当时的天色，不如说是因为他喜欢这样。他总在提要求。我很少不喜欢患者，但我努力在这个永远不满意的患者身上寻找优点，好从中生出哪怕是一丁点儿对他的亲近或尊重。我真心希望我能顺利陪他走完他需要的疗程，而不用对我同组的人大发牢骚。

当然，患者还只是我这天傍晚要面对的问题的一部分。我们组这天轮值——在接下来的 24 小时里，我们负责所有的入院手续、目前已有的重病患者，还有几个能下班回家的其他组医生的患者。和我一起当值的还有一名业务可靠但不算出色的实习生，她也在学医，然后会相对轻松地进入节奏较为温和的精神科住院医生培训阶段。另外还有三名医学生，其中一名正在医学院读三年级，我很努力地帮他，但是除非出现奇迹，否则他这一年的重点考核科目医院轮岗一定会挂科。

　　我们这一组要想下班，就要先做完所有必需的工作：不管是应对新入院的患者，还是护理手上现有的其他患者。这些工作通常需要再花 9~11 个小时，而且还是在我们把值班任务交给第二天接班的组之后。在我接受培训的这四年间，情况好的时候，我也有 3/4 的时间要值夜班。我已经不期待能享受什么个人生活了，不但把花花世界隔离在医院之外，连我在这家医院爱点来当晚饭的花园汉堡、住院医生休息室里凸凹不平的床垫，还有几层楼下面勉强喝得下去的饮水点也要通通放下。但奇怪的是，我并不觉得累。长期在筋疲力尽的状态下工作，已经变得像呼吸一样自然，即便这是在消耗我的身体、心智和情绪健康，我也还能继续工作。在接受医学培训这段艰难的青年时期，我为患者付出的努力，加上自己的耐力，常常能让我感到自我满足，并且引以为傲。但是，这个特殊的值班日正在考验我。用住院医生队伍的话来说：我们被"削得很惨"。这比"被干掉了"或者"被团灭了"要强，但我们要整理的入院记录越来越多，要完成的其他照护任务负担又很重。这就意味着，我们可能连相对满意的目标都达不到。

　　我那时 30 岁。我说的这个患者比我大 10~15 岁，也是白人，不过他是男性，而且得了艾滋病。时值 1994 年，这家旧金山医院里有许多患者都得了艾滋病。他也不是新入院的患者。那些急重症患者都集中安排在医院的其他地方：有的在这一条走廊两边的好几个病房里，有的在我们科往下两层楼的重症监护室里，还有的在一层的急诊科里，等着楼上的床位腾出来（而腾出床位意味着出院、转诊或者死亡）。

他发烧了。我们已经对他进行了常规的采样：把他的尿液和血液送到实验室，给他的肺照X光，查看皮肤状况，检查耳腔和口腔，按压腹部，测试神经系统。我们无法充分解释或治疗他的发烧，而规范流程要求我们从他的脊髓里抽取几管液体，做细菌、真菌和分枝杆菌测试。要求取样的脊髓液最好是清澈的，但是因为他病了，抽出来的很可能是混浊的、淡黄色、橙色或红色的液体，还附带脑组织。

我和那个业务能力不太好的医学生一起进行腰椎穿刺采样。我们让患者坐起来，这样我们可以辨别应该在哪一节脊椎进针。我们让他以胎儿的姿势向左侧卧，面向窗帘，然后给他的皮肤做清洁和消毒。在我们进入病房前，我已经给那位医学生预演了一遍这一阶段所有的环节和后续步骤。之后，我退后一步，让他来负责完成。虽然患者的行为举止不讨喜，但这对医学生而言是个完美案例，因为患者相对年轻，而且有很好的骨性标志。

这个学生动作慢，但操作无误。我想假装站定，却忍不住在他身边来回挪动步子。他频频抬头看我，寻求确认。我们就这样无声地商议刺针的进入点和方向。他先插入局部麻醉剂，然后是粗粗的腰椎穿刺针，先穿过皮肤，然后向椎骨间的狭窄缝隙推进。针顺利地插入了。我们三个人不知不觉间屏住呼吸，到这时都松了口气。没过多久，针就停止不前了。从它停住的样子来看，我判断它碰到骨头了。我们讨论过这种情况。我的学生看着我，我点点头，他调整了一下，再试一次，接着又试了一次，然后再一次。

我走上前，没向患者透露我的学生失手了。我评估了患者的姿势，调整针的走向，找准了方位：角度微微向患者头侧倾斜，对准肚脐位置。我擅长做腰椎穿刺。在两年多的住院医生生涯中，我一次都没失手过——直到现在。我把针稍稍往回拔，朝上移动几毫米，然后向前推。如果位置找准了，感受到的阻力会像橡胶一样，稍稍用力一推，刺针就会成功穿透，再将探针从刺针中取出，注射器就会充满脊髓液。然而当时我只碰到了骨头，无比坚固，无法穿透。

我对我可怜的学生抱歉地笑了笑。他的情况就像我在驾照路考前一天的情况一样。我母亲带我出门练车，我们都确信那会是最后一次练习，结果我甚至发动不了汽车。我试了又试，车一动不动。母亲非常生气，坚持换个地方再练，但是连她也发动不了汽车。最后我们只能叫了一辆拖车。

我再一次尝试穿刺。每当我动针，我们的患者都会紧张。他问我知不知道该怎么做，而且不相信我的回答。我用针探着经过他的脊柱表面，那一片坚硬似乎没有尽头，我试着找寻那个阻力发生轻微变化的异常点，那能表明我到达了骨头之间的柔软处。他已经蜷曲的身体因为紧张更加紧缩。他身上起了鸡皮疙瘩。他时不时地大口喘气。我用针尖探着，是骨头，还是骨头。每次金属针头触到他高度敏感的骨膜，他都会反抗。

我看着我的学生。他无法做好连贯的病史记录，也不能出色地做完全身体检查，但他有结实的肌肉，可以控制住我们的患者。患者比这位学生瘦弱，病中又虚弱，而且年龄是该学生的两倍。汗水浸湿了我学生蓝色手术服的腋下部位，但如果我们正在做的事让他难受，只凭注视他，我是什么也看不出来的。他眼中显现出来的，更明显是那种坚决要讨好我的欲望。在学术这块薄冰上，我相较于他有绝对的权威。

我尽可能温柔地对患者说："试着放松一点。"但我心里想的是：我在这道程序上，从来没有出过问题，即使是那些因为肥胖导致骨性标志模糊的患者，或者脊柱因为关节炎而弯曲变形的老年患者，我都能一试即中。当然，虽然这个患者令人不快，而且总喜欢鸡蛋里挑骨头，但我的针怎么会进不去呢？

我通常对术前用药、止痛、帮助患者使用便盆，以及患者为了在医院里尽可能舒适而提出的任何要求都很敏感。但这天晚上，我全不在乎了。一种欲望从我心头生出来，一种几乎纯生理的冲动，想要对这个患者越刺越多、越扎越狠。我抑制住这股冲动，我需要结束并且完成这个程序。我的呼机一直在响，而我的实习生需要监督。我不知道另一个学生在哪里，希望她不是还在处理我3小时前叫她办理入院的新患者。整间医院里到处都有其他患者，病历卡上写着我的名字。如果可以选择不负责眼前这个患者，我宁可去做其他的任何事。我饥肠辘辘，膀胱饱胀，我想逃离这间病房的急切就像努力去够我抓不着的痒。

是时候听从自己内心的建议了。我深吸一口气，重新评估了形势。我把针完全拔出，从头来过。我嘴上不说，手上很快，一心想要成功。当刺针滑入时，患者的呼吸变得清晰可闻。在我感到"噗"的一下时，他闷哼了一声。那个医学生把试管递给我，我们采到了需要的液体。

患者保持着胎儿姿势，背对着我，浑身颤抖。在穿刺过程中，我们把他薄薄的病号服褪到腰间，房间里的空气很凉爽，但我知道他颤抖不仅仅是因为冷。

"好了，"我说，"好了。结束了。"我给他披上被单。房间内十分安静，隔着紧闭的房门，也能听到外面的说话声和机器的哔哔声。被单下的他看起来分外虚弱。我看着他，意识到对医生、对我自己而言，可能还有远比在医学"必要"的暴力上失手更糟糕的事。我刚刚伤害了一个我应该帮助的人。

我把手放在他肩头，做了一个蹩脚的、迟到的安慰手势。他缩了回去。导致他生病的原因可能在他的脊髓液里，脊髓液越早到达实验室，我们就能越早给他开出该用的药，帮助他好转。他和我都明白这一点，但我们俩也都知道这不是他屈服的原因。我在成为医生的过程中，也变成了猛兽。我没有花时间确保他在身体和心理上感到舒适，而是利用我的权力、威势和蛮力结束并完成了这一过程。我赢过了他，而我从未感到如此羞愧。

系统性歧视

在《白色相簿》[105]（*The White Album*）一书中，作者琼·迪迪翁援引了阿拉梅达县大陪审团的一份笔录。一名护士在笔录中描述了黑豹党创始人休伊·P. 牛顿被送到凯撒急诊室那天的情形。当时，牛顿因与警察交火，腹部中枪。交火还造成一名警察死亡，另一人受伤。由于这次事件，牛顿成了政治烈士，被判故意杀人罪，处以2~15 年监禁（后被撤销）。在援引的就医过程中，牛顿要求见医生，而称牛顿为"这个黑人"的护士反复询问他是不是凯撒医疗集团会员（Kaiser member）。在牛顿大喊自己正在流血、需要救治的时候，护士却坚持要他在入院单上签字。那一年是 1967 年。

身为白人的迪迪翁给出了这段记录，以此说明"文化的冲突"。迪迪翁所说的文化，与其说是美国黑人和美国白人的文化，不如说是在迪迪翁看来，是不是凯撒医疗集团会员的文化。当她发现牛顿确实是凯撒医疗集团会员时，迪迪翁觉得自己以往的理论被彻底粉碎。她以往的理论认为，在既定秩序面前，黑人从古至今一直是局外人。

因为这个故事至少有一部分关乎医学，所以也许可以借用一个医学概念来做更好的阐释。在医学上，"鉴别诊断"是指对患者病情做出的一系列可能的解释。如果让迪迪翁对牛顿与凯撒医疗集团护士的这次经历做鉴别诊断，那么可能列出的项目有：

- 认为官僚做法凌驾于人的尊严和好的医疗照护之上。
- 种族主义，有意或无意地存在于护士一方、系统一方或上述两方。
- 观点差异，即从不同角度看待同样多的血，观点会有很大差异：牛顿说"你看不到这全是血吗"，而护士则说"也没有那么多"。
- 第一层文化冲突：护士说"他没表现出任何痛苦"。众所周知，无论面对的是枪伤、心脏病发作、分娩、骨折还是亲人死亡，来自不同背景和群体的人表达痛苦的方式都不一样[106]。而且大家也都心知肚明，医生和护士对待患者疼痛的反应不同，取决于患者的性别和肤色。
- 第二层文化冲突：护士继续说"他骂了我好几次，骂得很难听"。虽然言行粗鲁难以称是，但确实有人会在沮丧或泄气时骂骂咧咧，牛顿和我都是如此。牛顿痛苦地流着血，却被人打官腔推诿搪塞，就算没理由辱骂，他也有理由感到沮丧。
- 第三层文化冲突：白人护士看到带有枪伤的黑人男子时之所以有这种反应，是因为在他们所处的城市和国家，大多数黑人的生活充斥着贫困和暴力，黑人受枪伤也很常见。黑人患者在白人的医院中，经常听到白人护士说"等一下""冷静点""我得知道你是这里的人""我更清楚情况""我们有规则和程序要遵守，跟你的肤色无关"。
- 相关证据表明，医学不在有关社会问题的争吵范围之外，或凌驾其上。
- 相关证据表明，詹姆斯·鲍德温是对的："美国黑人"[107]的故事就是美国的故事，而且是令人不悦的故事。

在医学上，医生做出鉴别诊断是为了找出所有的可能性并得到正确的结果。如果只考虑疾病，不考虑病情，那么这种方法的效果最好。但是，如果考虑患者个体，把患者当作处于更大的社会背景中的人来对待，那么单个的解释很少能反映出整体情况。在牛顿的案例里，对他在凯萨急诊室的遭遇进行鉴别诊断，所得出的每一条解释逐一来看似乎都说得通。当然，人们很难不怀疑，如果是一个白人男子被送到急诊室，带着同样流血的枪伤，是不是双方之间随后的对话会完全不同。同样，人们也很难不怀疑，在前述条件下，对话的内容可能就会不同，他是不是凯撒医疗集团会员，都不重要。

但也许，这只是我的偏见。

42 年后，在距离休伊·P. 牛顿看枪伤的医院将近 23 公里处，就是我们大学医院的急诊室。这天来了一个患者。她叫梅布尔，她神志不清，说话含混，意识水平上下波动，这表明她有时很警觉，有时又昏昏欲睡，很难与他人互动。为了搞清楚她的情况，医生们送她做了检测，包括毒理学检测，即"毒物筛查"，以便判断她是否使用了某些合法或非法的药物。在临床医生称为"精神状态变异"[108]的患者身上，这是一种较为常规的检测。

看起来没错，对吧？可是梅布尔已经 94 岁了。她经历过一次带来毁灭性伤害的脑卒中，在此后将近 5 年时间里一直卧床不起，靠饲管进食。她神志不清，已经无法叙述自己的病情细节，但从她出现在急诊科门口时的样子来看，人们不难发现这位老人的异常：她面部苍老，脖子和左臂不自然地扭曲着，饲管吊在腹部而且翘起，挤得病号服发皱。另外，照顾她的医生和护士只要看一眼她的病历表，就会发现上面突出地显示着她的年龄和基本情况，或者他们可以向她忧心忡忡的儿女问几个基本问题。她女儿就站在病床边抚摸母亲的额头，喃喃地说着安慰的话；她的两个儿子当时都在候诊室。采用其中任何一种做法，都可以对患者进行初步的评估，这些全部是非常常规的内容，以至于医学上还规定了标准化的名称"标签"——"总体观感""病历表活检""既往病史"。无论采取任何一种做法，都可以清楚看出，关于梅布尔精神状态变异，眼下最可能的原因是谵妄症。

神志不清非常严重的高龄老人除非是被车撞了，或是被发现静脉里插着注射海洛因的针头，在证实还有其他原因之前都应视为谵妄症。可是，照护94岁卧床不起的梅布尔的医生们送她做了毒物检测。他们这样做很可能是习惯使然，或者是因为要遵循一项（不合逻辑、费用高昂的）无视年龄因素的规定。但可能的解释还不止这些。我知道这事是因为我有一个"对照"患者，他也是老年人，也很虚弱，在梅布尔去看急诊那个月，他也去了同一家急诊科。

这个老年人是我父亲。他于75~85岁期间度过了他生命的最后10年。这10年间，在情况较好的时候，他每次进医院都会出现谵妄症。之所以进医院，是因为他得过一次心脏病，做过一次膝关节置换、一次心脏搭桥手术，得过肺炎，有过敏反应，出现膀胱感染，做过又一次矫形外科手术，还跌倒过两次。即便在这些情况下，照护他的急诊科人员也没有送他做过一次毒物检测。药物滥用的情况在女性身上不如男性常见，而在高龄和居家不出的老人身上更少见。所以送我父亲去做毒物检测，比送梅布尔去要合理得多。但事实完全不是这么回事，哪怕他们的表现很相似。从医学角度来看，两人都年老体弱，诊断出的病情都是长长一串。从社会层面来看，两人都有乐意给予帮助且受过教育的家庭成员陪伴，还有我作为他们的"守护者"。说实在的，除了年龄更大和残疾是负面风险因素，梅布尔与我父亲最大的差别就在于肤色。我父亲是白人，梅布尔是非裔美国人。治疗梅布尔的住院医生恐怕无法想象她的家是独栋住宅，装饰精美，家里堆满了几代人积累下来的家庭照片和宗教物品。这不是说这些因素都应该与她理应受到或实际受到的照护相关。

我不会送一个卧床不起的 94 岁老人做毒物检测，但我可能会考虑送更年轻的人去，而这其中的部分原因也可能是肤色。如果我这么做了，那么我会注意到我的偏见，把它从我的想法中摘出去，努力以开放的心态看待患者。这是一种进步。但医学上有关偏见的研究[109]显示，这恐怕还远远不够。如果让像我这样的人来定义和管理美国的医疗卫生系统，甚或更糟，但是让那些怀有偏见却不自知的人来定义和管理，那么如此多类型的人近乎常态地得到较少的照护，难道不是意料中的事吗？几乎我们所有人都可以被划在受到医疗偏见的那一类或几类里，极少数幸免的人即便当前没有受到偏见，总有一天也会因为疾病体弱或年老而遭受偏见，除非突然离世。一项针对 4~7 岁儿童进行的研究发现，其中 66% 的孩子不愿意变老[110]。在这样的世界里，当我们步入老年时，无论我们以前是谁，我们都加入了一个庞大、脆弱和得不到充分照护的群体。

那个月急诊科对梅布尔和我父亲谵妄症的不同处理，表明了"交错"的重要性[111]。交错是指社会的多重相互作用和有史以来不断演变的特权和压迫、包容和排斥的体系。它表明，仅仅根据其中一种定义来看待一个人，永远是不准确的。梅布尔不只是黑人，不只是女性，不只是老人，她三个都是而且还是残疾人、异性恋，受过教育，信奉基督教，打扮得体……所有这些因素在人类经历中总是相互关联的，不仅在个体的一生之中，而且在一代又一代人的生命中起作用，方式有好有坏，取决于你是谁，在什么时期、在哪里生活。

琼·迪迪翁对休伊·P. 牛顿在凯萨急诊部的经历做出了一种解释，直到事实粉碎了她对于牛顿及其社会地位的固有认知。但是，如果迪迪翁的解释在某些方面仍然是正确的，只是正确的方式与她的预期不同呢？牛顿既是历史上的局外人又是凯撒医疗集团会员，不是吗？如果鉴别诊断的其他可能的解释也都正确呢？事实上，如果迪迪翁的错误不在于使用了错误理论或假设，而在于相信任一种单一解释就足以诠释人类行为呢？

连篇累牍地指出大多数形式的偏见反而让每一种偏见失去了影响，最后可能反而弱化成无足轻重的噪声，这是有风险的。为此，我只列举一些我见过相关数据的偏见，从科学角度看有理有据，从道德角度看却令人沮丧[112]。这些偏见包括种族主义、阶级歧视、性别歧视、年龄歧视、同性恋恐惧症、仇外心理，还有基于宗教、母语、教育水平、物质使用、住房状况、性别流动、医疗环境中的行为以及各种身体和精神上的诊断所产生的偏见。这些医学偏见导致照护服务变差、信任大打折扣、承受不必要的痛苦，甚至是高成本、本可避免的疾病和死亡。这不是说我们每一个人都抱有所有种类的偏见，也不是说我们无时无刻不会表现出其中一种或多种偏见。然而，就像所有的人一样，所有的专业医护人员至少在某些时刻会有这样或那样的偏见，有时是故意的，有时不是。

如果两个年纪相同、仪容和阶级地位相同的患者[113]出现完全一样的心脏病症状，他们一个是棕色皮肤，一个是白人，那么白人会更快获得拯救心脏和生命的治疗；如果是白人男性而不是白人女性的话，那么差距更明显。如果两名出现腹痛的女性患者最终发现是同一病因，那么相比于棕色皮肤的女患者，白人女患者会获得更多止痛药；如果这名白人女性的母语是英语[114]，而深肤色女性不是，那么差距也更明显。同样令人感到不安的是，如果让心怀善意的医生自己来评价，比如我，那么即使我是出于好意，也常常进行自我教育，而且与来自不同背景的患者保持真实且真诚的联系，我也仍然可能由于偏见而对他们造成伤害。

可能更加令人担忧的是，像美国国家卫生研究院、我所在的医疗中心乃至那个被称为美国医学界的庞大体系——这些系统本身具有的预设、规范和价值观可能就反映出长期存在的不平等，进而危及这些机构想要服务的许多人。无数的例子表明，对于高龄老人，存在一套不同的规范，这种规范基于通常的印象，而不是具体的结果，从实验室检测结果到干预阈值，都是如此。在大多数情况下，我们无从得知这些不同的标准反映了特定的年龄差异，还是基于年龄的病理学研究不足。在接受医学培训时，我们接受的观念是，人到老年，血压"通常"或"自然"会偏高。几年以后，业内对这个话题进行了研究，结果发现，如果老年人出现"老年人常见的"血压值（在中青年身上则认为偏高），那么他们脑卒中的次数也会增多，就像在中青年身上一样。

医学规范经常塑造会伤害患者的政策。美国医学界不仅把听力受损视为"衰老的正常表现"，致使大多数保险政策拒绝为助听器买单，而且美国的医疗卫生政策将老年人受损的听力水平称为"正常"，而同样的听力水平在儿童身上已经需要及早干预，以提高儿童的生活、学习和交流能力。我们还知道，听力受损的高龄老人比听力正常的人早3.2年出现认知障碍，听力轻度、中度和重度受损的老人罹患痴呆症的概率分别高出2倍、3倍和5倍。虽然我们没有发现听力受损会直接造成痴呆症（可能是其他原因同时造成了这两种病），但两害相权，治疗听力障碍要容易得多。此外，老年出现听力受损，也与功能丧失、孤独、家庭不睦、医疗信息沟通失误、抑郁、焦虑和偏执相关。尽管有这么多关于听障伤害的科学数据，我们却为老年干预措施设置了更高的门槛，医疗保险也不涵盖助听设备。

解决偏见和成见的问题是很复杂的。事实上，医生也不过是人。有了划分类别，就会有可变性、不一致性、偏见和复杂性，而所有这些，在我们的行为中都存在。因此，问题不在于各种"主义"是否存在于医疗实践中，而在于它们如何表现出来，让患者付出了何种代价，以及如何能让医疗照护在医疗文化、医院、诊所和临床医生的复杂适应系统中变得更加公正。这才是结构性方法至关重要的原因。体系和政策可以制度化，也可以弥补人的偏见和失败。选择在我们手中。

直到 2014 年，美国的肾脏移植都是遵从"先转诊先移植"的制度进行分配的。这听起来像是公平公正的程序，而且背后可能是出于好意。然而，美国各地的实践数据显示，医生对有色人种的肾衰竭患者进行及时转诊以便移植肾脏的概率较低，有时甚至完全做不到。这些不及时的转诊，意味着非裔和拉丁裔患者获得新肾脏的机会较少，他们接受透析治疗的时间大大延长，而透析过程需要数小时，经常产生疲劳和恶心的循环，影响患者的工作和生活能力，造成更高的死亡率。自 2014 年起，患者在移植名单上排位的决定因素不再是转诊时间，而是他们开始接受透析治疗的时间[115]。这消除了在肾脏移植方面存在的一些基于种族的结构性不平等。其他很多方面还继续在历史、社会和医学不断变动的模糊的交错上徘徊。

有时候，系统性不公是人为造成的。其他时候，之所以出现系统性不公，则是因为科学优先考虑容易衡量的事物，而不是重要的事物。当患者心脏病发作时，我们会观察结果，比如从到达医院到进行导管治疗的间隔时间、某些药物的使用效果和死亡率。但是，一个年届八旬、有 17 种其他问题的老人心脏病发作，与一个其他各方面都健康的 55 岁老人因为慢跑时晕倒而心脏病发作，哪怕是相同的心脏血管在相同的位置出现同等程度的阻塞，在我们眼中也会有差异。标准的医疗措施忽略对高龄老人来说意义重大的结果，例如认知能力回到先前的水平，丧失关键能力和独立性，必须住进养老院。他们是谁，他们在哪儿，这些对于他们的生活，一直都非常重要。无视年龄差异，是另一种形式的偏见。

第八章　拨云见日

稀有物种

2012年，约翰斯·霍普金斯大学的一群医生制作了一段名为"未知的职业"[116]的视频。视频的构思很简单。在一个冬日的下午，他们带着摄像机在巴尔的摩四处走动，随机向路人提问："geriatrician（老年科医生）是什么？"他们采访了不同年龄、族裔背景和教育水平的人。大多数人都不知道答案，但试着猜测了一下。我最喜欢的一个回答是"在Ben & Jerry's（美国冰激凌品牌）冰激凌店舀冰激凌球的人"。但让我印象深刻的一段采访，是一位中年女性试图从"geriatrician"这个词的发音或词根中寻找线索。当她得知这个词真正的含义时，她颇受震动。她告诉拍摄者说，自己过去几年一直在照顾年迈的父母，但从未遇到过这个词。

老年医学专业直到1978年才在美国出现。在我刚进医学院的那一年，它刚满10岁。老年科医生在那时是"稀有物种"，老年医学也不在我和其他同学考虑的专业范围之内。我在医学院就读的四年里，也只听说过一位老年科医生。波士顿郊外有两家小型的社区医院，我听说的那位医生就在其中一家工作，那里有时也有医学生轮岗。在医学院读到四年级时，我也曾在那里的急诊科轮岗。我隐约记得见过她，却不清楚她的工作到底是什么。急诊科的医生觉得她的岗位很滑稽，但当他们收到令他们手足无措的老年患者时，他们就会呼叫她，而且感到如释重负。当时急诊科医生的表现给了我这种感觉：因为老年科医生要考虑所谓的社会问题（患者是否能安全回家，是否有日常活动需要帮助，前来急诊科的原因究竟是什么），所以她不能算作真正的医生。真正的医生应该像我的导师们在教学和行动中表现的那样，只关心生物学问题、疾病和医疗程序。

在这一点上，旧金山和波士顿没有什么不同。在为期三年的内科培训中，我们经常谈论谁去了哪个科室，但我不记得有人提过老年科。在培训的第二年，我开始考虑住院医生之后的职业生涯，那时我只知道自己想成为全人照护方面的专家，为真正需要我的人服务。许多初级保健领域的从业者都有这样的感受。我们讨论是继续留在学术圈，还是去社区医院实实在在地开始行医；是继续磨炼作为普通内科医生的本领，还是以某种非正式的方式转往细分学科，比如通过照顾艾滋病患者，慢慢转往更细分的专业领域。虽然很喜欢我的老年患者，但我只是多年前在剑桥遇到过那一位老年科医生，而且不知道她到底在做些什么，换句话说，在照顾老年患者时，她跟普通内科医生、心脏病医生或风湿病医生的区别到底是什么。出人意料的是，我没有意识到老年医学这个细分学科能满足我的一切愿望，甚至能给予我更多。我当时的考虑是当一名普通内科医生，照顾各个年龄段的成年患者，主要在诊所工作，偶尔也去医院。

现在回想起来，我从一开始就更容易接受老年患者，但直到一位医学生指出这一点，我才意识到。当时我们组接收了一位老迈的中国老奶奶，她个子小小的，不怎么会说英语。她有一大家子亲戚，病房里总是至少有一个亲人在旁边帮忙，常常是好几个。她入院时呼吸困难，没有食欲，对周遭的任何事都提不起兴趣。她患有肺炎和心力衰竭，经过治疗，她好像变了一个人，棕色的眼睛恢复了神采，时刻留意着房间里的人员往来和谈话，哪怕听不懂，她也在留心观察。她有亲戚们帮忙翻译，当我们告诉她很快可以回家时，她伸出一只手掩嘴大笑，好挡住缺掉的牙。

我们组的人一个个走出她的病房，来到候诊厅。我与负责照顾她的实习生和医学生一起复查了当天的安排，要转去另一层看下一个患者。这时，那名四年级的医学生冲我咧嘴一笑。她前一年在另一家医院也跟我一组，我们比较熟。

"你喜欢老年患者。"她说。

我惊讶地看着她，有点想辩驳，仿佛对年长者的喜爱是个羞耻的秘密，而她刚刚"揭发"了我。那一刻，我无暇细想，但确实有许多人看不起老年患者，以至于我不确定自己是不是想通过这样的"特殊兴趣"来标新立异。过了一秒钟，我才意识到，我的学生笑，是因为她看到我一直在笑。而我一直在笑，是因为看到耄耋之年的患者面带微笑，重燃了希望，这让我分外高兴。和她的家人打交道也叫我开心，他们的奉献精神让我既敬重又钦佩。

但在让我微笑的患者身上，还有什么别的在吸引我，我当时不愿意承认，更不愿意写出来：她很可爱。各种各样的小事总是格外吸引我，而我们的患者在年老时开始皱缩变小。这位中国老奶奶身材娇小，五官端正，花白的短发上日夜戴着一顶紧贴头皮的栗色针织帽。医院的病床很大，她把被单掖在腋下，只露出胳膊、脖子和头。白色的枕头、白色的被单和白色的毯子仿佛组成一幅背景框，映衬出她小小的身形。

称老年人可爱[117]，会被认为是将其幼龄化和具有侮辱性色彩，这主要是因为这样的倾向常常存在，有时是其中一种，有时两种都有。圣迭戈一家倡导社会正义的网站指出："称老妇人'可爱'，并没有'性感'之意①。它的意思是，对方说了或做了什么，如果换作正常人，完全不会引起注意，却不符合评论者对于'老'的刻板印象……[118]"看到这种贬义的评价后，我对于厌恶以"可爱"来评价老年人的情绪十分敏感。同时我也在思考，更大的问题会不会其实是"老"，而不是"可爱"。

"可爱"与漂亮或帅气不同，它暗指一种情感上的吸引力，而不仅仅停留在表面。我的家人认为我可爱，我也喜欢这样的评价。"可爱"也更有可能是由一些体量小的事或人所致，而我们会随着年龄的增长而缩小，所以老年人通常会"赢得"这个标签。人在年老时，足弓下降，脊椎骨本身和两节椎骨之间的空隙缩短，肌腱和关节收缩，于是人会"变小"。我希望当这一天到来时，我也会被看作可爱的，只是我不希望别人在用这个词评价我时，带着纡尊降贵的口吻。如今的问题就在于，人们在使用"可爱"这个词时，多半是因为它涉及对人类价值的机械和商业化的解读。这些判断导致年轻人假定老年就是失能，对二者不加区分，而老年人则哀叹和否认与年龄有关的正常变化，由此助长了他们对自身价值的贬低。然而，大多数时候，被称为"可爱"是一件好事，而且不局限于被暗指具有性吸引力的时候。如果用它来描述孩子、心爱的动物和迷人的行为或物体，那么它的意象就是积极的。如果用在老年人身上时也是表达类似的好感和喜爱之情，这就不是一种侮辱，而是承认每个人生阶段都有其独特的魅力。

经眼尖的医学生指出这一点后，在那之后的一年里，我开始更多地留意我在心智上最投入、情感上最满足的时候。她说的没错。我发现，老年人有漫长的个人经历和复杂的医学问题，无论从哪方

---

① 英语口语中以可爱（cute）来形容成年人时，有暗指对方具有性吸引力之意。——译者注

面来看，治疗他们都是一种乐趣和积极的挑战。当时只有一个问题很棘手：我所在的医疗中心没有老年科，虽然可以在其他地方接受培训，但我想留在旧金山。

要应对这种情况，需要具备老年科医生特有的技能：我需要运用综合的科学数据、人际交往技能和务实的创造力，在一个起步时就没有考虑到老年人的卫生系统中，实现我的目标。

关于老年的隐喻

在谈论老年时，我们最常使用的三个表达是"银色海啸""特别养老照护""成功老龄化"（后两个是美国这个领域时兴的概念）。第一个是比喻，第二个是象征，第三个是转义。每一种提法都耳熟能详，但它们真正表达的深层含义分别是：我们社会的老年人越来越多，会破坏我们所熟知的生活；老年人如此迅速又如此普遍地丧失能力，以致普通的活动都变得特别；疾病和死亡意味着失败。这些表达朗朗上口又充满吸引力，几乎每个人都挂在嘴边。

在一次"重塑老龄化"的会议上，一位著名的研究人员讲解了老龄化科学和人口趋势，他还使用了一句时下流行的格言："70岁是另一个50岁。"现场反响热烈，尤其是因为这话出自他口。当然，帮助人们在老年时保持健康、舒适和机能正常是件好事，但他的俏皮话似乎在暗示：年轻总是更好的，70岁的人没什么可圈可点之处。也许最令人担忧的是，连这位头发花白、功成名就的科学家都没有看出，某些关于老年的"流行语"弊大于利。

有些关于衰老的说法大受欢迎。还有一些说法，人们在年轻或刚步入老年时也颇受其鼓舞，但随着年龄增长，就会发现这些说法实则荒谬。其中一句广为流传的是："你的真实年龄是你所认为的年龄。"但厄休拉·K. 勒古恩以她一贯的机智聪颖进行了反驳，她还反驳了其他一些不实之说。她说："如果我在90高龄还相信自己其实才45岁[119]，那么我在出浴缸的时候，就会知道厉害。"她接着指出："如果有人将上面这句话说给真正年迈的人听，那么他可能都没有意识到，这有多么愚蠢，会让听的人感到多么残酷。"

我还经常听到另一种说法，连我父亲也"引用"过几次——"娘娘腔才害怕变老"。勒古恩也反驳过这句话："每个人都会变老，到点儿了就变老[120]。勇士要变老，娘娘腔也要变老……没有人能逃过变老的命运，健康的、强壮的、性格坚毅的、勇敢无畏的、生病的、虚弱的、胆小害怕的、懦弱无能的，无一例外。"她承认，大多数人在说这话时，是出于善意。但是，告诉一位80岁的老人她不老，就好像在告诉教皇，他不是天主教徒。在这个话题上，勒古恩对自己的想法做了总结，指出了最重要、最精辟的一点："告诉我'我老'这件事不存在，就如同告诉我我不存在。[121]"老年阶段，就像人生许许多多其他的阶段一样，如果我们纵容自己自欺，那么我们的现实状态和真实的自己，连同我们的需求和机遇，都会被一并抹去。

叙述死亡的语言表达也很说明问题，哪怕说法多种多样，委婉语比比皆是，甚至在医生之间也不鲜见。人们很少会直说某人死了。相反，他们会说"她过世了""我们失去他了""她离开已有5年""他去跟他已故的亲人团聚了""她走了"。我们如果多读读讣告，就会发现，对于"离世"这一经过的描述不外乎以下几种："走得突然""曾缠绵病榻许久""在亲友的陪伴下""在家中平静离世"，或者"经过跟病魔的英勇搏斗"。如今我们已经不太听到的说法是"摆脱了尘世的束缚""屈从了命运的安排""最终放弃了抗争"。对于宗教人士，人们有时会说"回归天国""重见造物主""超度""回归天主的国度""安息主怀"。而那些拿信仰开玩笑的人，有时则会戏谑地说，某人"咽下了最后一口气""卸下了肩头的重担""永远地秋叶回落大地"。

我们用"早逝"这个词来形容过早死亡。这个词意味着，死亡在人尚未完全发育之前发生，仿佛这个人错过了人生的关键阶段。但没有早亡时，人们则会抱怨："变老这件事百害而无一利。"两种情况都不对，所以究竟为什么会这样？为什么这种现象会延续下来？

想想那些常见的对老年人的侮辱性描述有多少：唠叨的老大妈、无聊的老家伙、油尽灯枯的老不死、傻老头子、老古怪、老牛吃嫩草、干瘪的丑老太婆、老顽固、老色鬼、过气的老东西、小老太太、恶老婆子、招人嫌的傻老太、老妖婆、保守的老头子、老古板、老一辈的家伙、老家伙、走下坡路的人。这些语言诋毁、嘲笑和贬低老年人，抬高那些还没老的人，拉大了不同年龄层之间的代沟。他们把老人称作"另"一类人，仿佛他们低普通人一等，不招人待见，不能算正常人。苏珊·桑塔格在她 1972 年的论文《衰老的双重标准》（*The Double Standard of Aging*）中解释说，随着美国社会变成一个工业化的世俗社会，青春成了幸福的隐喻，因为与之关联的是精力和欲望。经济和权力结构需要消费才能持续繁荣，还有什么比崇尚新事物更能刺激消费呢？当"求新"成为幸福的必要前提[122]时，那些怀揣美国梦的人不得不抛弃旧的，追求新的。

青春仍然是美国文化中占据主导地位的隐喻，但它所暗示的内涵在数字时代已经发生了变化。随着技术和科学取代工业和宗教成为基本的信仰结构，即使在许多否认科学、信仰上帝的人中，幸福也要给成功让位。青春的代名词是速度、美丽和生产力，这已经成为定义成就、名望和成功的特征。我们不仅要求设备更快、流畅度更高，而且希望人类也如此。我们崇尚青春，哪怕这实际上意味着所有人大部分的人生都将在失败中度过。

《纽约时报》给说唱歌手Jay-Z的专辑《4:44》的一则评论是："老派嘻哈在嘻哈界仍有一席之地，因为它向祖先、风格和历史致意。'老'就不一样了。'老'意味着你已经过了全盛时期[123]，再也没什么新东西可讲了，即便有，又有谁想听呢？'老'表明你可能明白什么是'新'，但你仍想用自己一贯的方式行事，所以'老'也意味着拘泥成例、不思进取、停滞不前。"

这段话也揭示出一种普遍存在的双重标准。如果让这位《纽约时报》评论员写一篇类似的文章来分析"女性"和"黑人"是什么意思，那么恐怕这篇评论都不会刊发，甚至有可能第二天就叫他丢了饭碗。

1978年，苏珊·桑塔格将"疾病的隐喻"[124]定义为"就（生病）这种状态捏造出的惩罚性或感伤性幻想：它不是真实的地理坐标，而是民族文化的刻板印象"。虽然现在下结论可能为时过早，但我怀疑年老就是这个世纪视为"疾病"的隐喻。它让人联想到，衰老的人体就像一台坏掉的机器或一款过时的软件，而这些仅仅是开始。其他关于增龄和衰老的比喻包括：一段旅程、一个周期、人生四季中的一季、我们不可避免的命运；问题、负担、疾病或诅咒；一场注定失败的战斗，或是一座终将停摆的时钟；颤巍巍爬梯子的过程或者已经步入下坡的状态；夕阳红、银色年华，或者华发岁月。这些确实不无惩罚性和感伤性色彩。

语言和隐喻可以突显区别和地位，也可以剥夺它们。我们需要收回那些不受欢迎的描述老年的表达，让它们回归本来的含义。"老年"是人生的第三幕，正如"青春"是人生的第一幕。老年所指示的，绝非只有丧失和被剥夺的阶段。不仅如此，如果我们能在人们到达那个阶段时，仍不否认他们作为人的属性，就更好了，也就没有必要因为描述老年的语言和隐喻而哀叹了。

顿悟时刻

在进入住院医生培训的最后一年之前，我所在的门诊已经满是老年患者。在不明白应当如何照护他们时，我就向人求助。但是，即使是杰出的导师，他们对我的高龄患者的特殊需求也知之甚少。我决定第三年培训的总结讨论以痴呆症为题，尽管我们时时看到这样的病例，尤其是在医院里，但是这个话题在当时很少受到关注。讨论进行得很顺利，后来我才意识到，本来只是为了完成住院医生的培训要求，最后却变成了我那几年间所做的一次演讲。

这些大型小组讨论的第一场也是最令人生怯的一场，是在美国医师协会（ACP）的年会上举行的。我因为自己选择的话题受到了邀请。那时，我已经读过了关于痴呆症的所有大型研究报告和无数的小型研究结果，对于这项常见却恼人的疾病，形成了一套连贯的想法和管理方法，可以称得上半个专家，至少在美国内科医学界是这样。但对比内科医生和其他初级保健临床医生所治疗的最常见的疾病领域，情况就不是这样了。在那些领域，出席会议的都是真真正正的专家，看履历就知道他们有多年的临床照护和研究经验。这让我感觉自己像个冒牌专家，直到观众们开始向我提问。我所面对的观众已经意识到，他们对痴呆症优质照护需要了解的知识知之甚少。那时业内对于痴呆症的了解程度更低，许多人仍然认为老糊涂是衰老的正常现象，但业内普遍认同我们的医学培训缺乏有效办法，来让医学生准备好在未来应对这种常见的疾病。

当时我甚至还没有通过医学委员会的考试，但我突然间成了专家。显而易见，对于衰老方面的信息和专业知识的需求太大了。

在完成住院医生的培训之后，我在加州大学旧金山分校又多接受了一年培训。我参加了一个新设立的全科医学研究员项目，这个项目旨在培养未来出任教职的年轻医生。项目主任让我选一个学科进行深造，他给我的建议有皮肤科、妇科、风湿科或骨科，但我提出打算专注于老年医学。让我意外的是，他同意了。更意想不到的是，我的领导派我参加加州大学洛杉矶分校的老年医学年会，一切费用全包。尽管已经接受了 12 年高等教育和培训，但那时我的年收入只有 3.3 万美元，这简直是天大的好消息。但这还不是那场会议改变我人生轨迹的原因。在那场为期 5 天的年会之前，我还没有完全理解老年医学与其他医学专业到底有何不同，而且为什么随着人逐渐变老，这种不同会在他们的生活中变得至关重要。会议持续 5 天，但我所经历的是一场"顿悟"。

我来介绍一下那次会议的大致情况：会场在一个普通商务酒店里的一间大会议厅，塞满了桌椅，没有窗户，会议过程中几乎没有茶歇时间，茶点供应也基本指望不上。每到上下午的后半程，我就饿得肚子咕咕直叫，思绪也开始飘走，注意力难以集中。许多人偷偷逃走，去锻炼、购物、见住在附近的朋友。我没有。我好心的老板慷慨资助，我得"挣回票价"。这还不算，这家酒店在海边，而且那周洛杉矶的日平均气温才 20 摄氏度出头，温度较往常稍低。但我每场会议、每个讨论都参加，一场不落。我"唯二"呼吸到新鲜空气的机会，一个是早上会议换场的十分钟间歇，另一个就是晚上，等全天的会议结束之后。我从来没有像这样在短短数日之内，学到如此大量有意思而且与我密切相关的患者照护知识。

在这一周的中间，一如既往漫长的一天的中午时分，一位加州大学洛杉矶分校的教师走上讲台，他蓄着胡子，穿着白裤子。他是肯·布鲁梅尔–史密斯博士[125]。他要讲的话题在会议日程表中列着——"康复医学"。在此之前，我在医学院和住院医生培训中对于康复医学近乎一无所知，在加州大学旧金山分校，甚至都没有这个专业的培训项目。布鲁梅尔–史密斯博士首先讨论了老年患者需要康复介入的常见原因：脑卒中、心脏病、骨折、手术等。对于这些，我已经十分熟悉，我还知道这些情况会引起大脑、神经和肌肉骨骼系统的病理性变化。这些内容是大多数医学讲座讨论的焦点，但布鲁梅尔–史密斯博士把它们讲透了。然后，他叫我大开眼界。

布鲁梅尔–史密斯博士没有将治疗与病理联系起来——联系二者是我学医 7 年来所有专业老师教给我的唯一方法，而是侧重于查明患者需要实现什么功能才能重拾个人日常生活中的快乐和安全感。他解释说，患者需要什么样的康复治疗和一般护理，在很大程度上取决于他们就上述问题给出的答案。同样，与通常的医学教学不同，他告诉我们，即使不能完全恢复患者的躯体功能，也还是可以解决重要的问题，让其在能力受损的情况下，依然可以做到要做的事。有时，这需要改变他们惯常的行为方式，需要移动家具、使用设备，或者让他们使用不同的身体部位。患者关心的是，最终能恢复什么身体功能、做到什么事。而说到功能，有许多方法可以解决他们身体目前可实现的功能与目标功能之间的"不匹配"。增强体质固然重要，但这只是开始。要尽可能提高患者在生活中的能力，恢复他们的独立性。为此，我们还可以从其他方面着手，比如改善他们的环境、社交关系、社区、想象力和适应能力。如今这种观点听起来可能很荒谬，但我记得当时我坐在那间密不透风、温度又偏低的酒店会议厅里，止不住地想：这真是我听过的最激进、最明智、最颠覆范式的讲座！我都开始有些晕乎了。

也就是在那时，我意识到：医学培训不仅会侵蚀医生的同理心[126]，而且会对我们洗脑，拿走我们的常识。

老年医学的英文单词"geriatrics"出现在 1909 年，由一位出生于奥地利的纽约市主治医生伊格纳茨·纳舒尔创造。在一张广为流传的与纳舒尔相关的照片上，这位"美国老年医学之父"身材魁梧，面部饱满，肩膀宽大，发白的短发紧紧贴着毛发稀疏的头顶，从左耳上缘连起，形成一个半圆。他双眼炯炯有神，嘴唇厚实，有一个强壮的下巴。他身着黑色西服，搭配条纹领带，白色的衬衣笔挺，看起来像是一位商界人物。

他以另一个按照年龄划分的医学学科——儿科学的英文单词"pediatrics"为参照，将希腊语中老年'geras'与内科（–iatrikos）结合起来[127]。通过将一个当时取得初步发展的学科与一个已经快速发展起来的学科结合起来，纳舒尔希望这两个领域能够协同发展。正如后来《长寿与再青春》（*Longevity and Rejuvenescence*）所表述的那样，他认为需要一个词和一个学科"强调将衰老及其相关的疾病与成年期分开讨论，分开是指与成年阶段分开[128]"。纳舒尔用到了衰老（senility）这个词，并没有任何代表痴呆症的含义，只是传统的拉丁语用法，表示衰老的状态[129]。纳舒尔同时认为疾病的病理有别于老年患者在正常情况下的身体衰老。除此之外，他还区分了那些在老年阶段能产生并发症的疾病，那些不会随着年龄改变而变化的疾病，以及那些只有老年人才得的疾病。

自古典时期开始，老年患者需要专门的研究和照护的理念就已存在。但正如欧洲老年历史学家帕特·塞恩所指出的那样，其倡导者"一直都算不上众多或强大"[130]。1627年，法国医生兼教授弗朗索瓦·郎尚在《医学手册》一书中写的那些话，即便是如今的老年医学家也会认同。

我们的前辈甚至当代很多作者都会忽略对老年人的照顾与对其疾病的治疗。[131]对老年人的照顾和针对老年阶段疾病的治疗，书中的记载如此糟糕并且毫无裨益，以至于我们的印象不只是医学中最光辉的一个篇章没有得到充分发挥，而是它被直接压制和焚毁了。

　　和如今的老年病专家类似，郎尚描述了老年人群中普通疾病的表现形式，衰老本身带来的影响和老年人特有的功能性紊乱。当时的老年患者和现在差不多，对少数关注老年问题的老年科医生一无所知，也从未接触过。"在绝大多数有记录的时间内，"赛恩报告称，"无论是哲学还是医学对老年的评论（只是所有医学论文中的一小部分）都没能触及绝大多数老年人的真实生活。"

　　在 18 世纪中期的欧洲，情况开始发生变化。随着病理学和微生物学的进步，特别是在法国和意大利，老年医学（gérocomie）[132]已经成为一个定义明确的医学分支。在 19 世纪中期，巴黎所有的医学教育都包含专门针对老年人的内容。老年医学研究和照护的动力主要来自为穷人和精神疾病患者设立的济贫院和社区机构，这些地方的老年人常常因为太虚弱而无法继续工作，从而需要搬出去度过人生的最后几年。起初，那些明显的、与年龄相关的特定器官的病理得到了最多的关注，但当时病理学的进步无法催生新的治疗手段。医疗对于常见的困扰老年人或者是致死率高的疾病（如肺炎、癌症和神经疾病）几乎束手无策，但是随着对衰弱的患者群体的关注提升，一些长久以来使用的医疗手段的危害性逐渐显现，其中包括放血和催吐。19 世纪晚期医疗手段的进步，带来了骨折外科手术、白内障摘除术和治疗心脏病的洋地黄。

　　在 19 世纪初的法国，一度被专属管辖的济贫院成了和我们现在的公立医院类似的集照护、教育和研究为一体的医疗机构。老年人并非其中仅有的居民，只不过人数众多。内科医生关注到很多成人和老年患者呼吁关注老年，将这一阶段当作一个独特的生命阶段，并呼吁在医学院成立单独的专门学科。尽管当时设立了很多新的医学学科，老年医学在一个世纪以后的法国才正式成为一个学科。

在很多国家，即使老年医学的学科地位被正式承认，它也无法与儿科和其他成人医学相提并论。在 20 世纪早期的美国，纳舒尔感叹在医学院缺少针对老年患者的课程[133]，2019 年，所有的医学院都有了相关课程，但只有很小一部分医学院有在老年科轮岗的要求。哈佛医学院长期以来都是美国顶级的医学院，1942 年关于老年医学的讲座第一次出现在校园[134]，但 2015 年该校启动的最新课程安排要求学生在儿科、产科和外科轮岗，尽管绝大部分医生在上完学后都不会去照顾小孩、管理孕妇或者做外科手术。课程安排中没有包括老年医学，但是大多数医生将来会照顾上了年纪的患者，而且很多人会经常做这件事。接下来一年，加州大学旧金山分校的新课表中老年医学的课程总量增加了六倍。除了在过去 4 年里每时每刻都有人以成年人的标准来定义"正常"和病理，然后把老年医学永远放在临床医学院选修课的课表里，这听起来是一个质的改变。现在有太多方法来传播这样的观点，即人类内部的某群体相对而言没有那么重要。

1940 年，纳舒尔将老年医学列在了一个问卷调查表上，当时有人告诉他这个学科没有得到正式的承认。今天，当我在网站的下拉栏里寻找老年医学时，它通常并不是其中的一个选项。这一窘况和很多老年求职者输入自己年龄时遇到的问题很相似，输入年龄却发现可选年份都在你的出生年月之后。简而言之，老年医学之于医学，就像老年人之于社会。这一窘境给老年医学家带来的困惑比你想象的少，或许是因为老年医学从业者深深知道自己站在道德高地。正如英国老年科医生特雷弗·豪厄尔所说的那样，老年医学是"和类似这样的观点反着干的[135]，即患者过了 60 岁，就不再能引起医生的兴趣，治疗也只会打水漂"。

我在洛杉矶顿悟的 25 年后，医疗培训和照护过程中引入了越来越多我在那次大会上学到的那些方法，但还不够多。这已经形成了一个恶性循环，其中老年科医生关注那些年纪最大、体格最弱和最容易忽略的老年人，这一方法使得老年医学同儿科或者成人医学比起来显得范围较小，此外自我施加的限制反过来让老年医学变得更加可有可无。其结果是，很少有医生了解衰老，针对老年人的医护所导致的致伤致死率[136]，很有可能比我们报道的要高很多。毕竟，听到生病的老人去世时，很少有人会惊讶。

实然与应然的距离

周二凌晨 3 点，我收到一封紧急电子邮件，来自一个已经几十年没有联系的高中同学艾伦。艾伦 81 岁的母亲最近住了院，他父亲的身体也垮了。艾伦的父母仍然在旧金山，但他很早就搬到了洛杉矶，并在那里扎了根，有一份压力不算小的工作，和妻子育有两个孩子。艾伦的两个妹妹则生活在美国西部。尽管有斯坦福大学的教育背景和成功的事业，但在互联网上搜索并且给他父母的主治医生打了电话后，艾伦无法接受父母的生存现状目前毫无意义的事实。艾伦母亲的医疗安排不尽如人意，父亲的身体也肯定出了问题。

通常，以下电子邮件经常在我们的群聊里出现："有没有人在埃尔帕索、博伊西、艾奥瓦州、雅典城、斯克内克塔迪、圣罗莎认识老年科医生……"这些问题通常来自朋友、亲戚、萍水相逢的人或者通过网络搜索找到我们的人，或者是其他医学学科的同事。在聚会上、会议中、学校里或者在健身房，人们碰到我们时通常说："我能向你咨询关于我母亲（以及其他亲人或自己）的一些事情吗？"这些问题来自任何人、任何地方，因为绝大多数人都会变老，没人能够轻松且放心地为他们年老的父母、伴侣、配偶或者朋友找到其所需要的帮助和关照。

艾伦的境遇非常典型。在发展出一个较轻或者可治疗的新问题后，艾伦的母亲得到了医生开出的符合中年女性剂量要求的药物。药物的副作用让她住进了医院，很快其他不良事件也随之发生：输液针孔感染，夜间摔倒，胳膊骨折。在艾伦母亲住院的同时，艾伦的父亲确诊痴呆症，虽然之前几年也有频繁的治疗但一直未确诊。艾伦的母亲一直存有补偿心理。如果一切照常，她的丈夫就不会有大问题，而且她并不想打扰繁忙的孩子或者让他们担心。

艾伦发现自己的父亲卡尔没有以前那么反应敏锐了，但他觉得这是人衰老的正常表现。他觉得如果真有问题，医生就会给出诊断，这和他母亲的想法类似——如果需要治疗，医生会给她丈夫一个正式的诊断。他俩都不了解的一点是，许多医生认为只有药物、手术、治疗方案和康复方案才算治疗。这种狭隘的治疗理念让人们无法获得有用的，有时甚至是关键的治疗——从食物和运动疗法到症状管理和训练有素的看护人。当前的痴呆症药物，最多能在一些患者身上短暂地阻止病情恶化，然而其他所谓的非医疗类照护能够使每个人都得到帮助。如果没有诊断，艾伦的父母就无法获得能够使卡尔的自立、有安全感和人生乐趣最大化的方法和资源。卡尔也会错失做那些原本能做的事情的机会，比如和自己的孙子们完成期待已久的阿拉斯加之旅，重新评估自己的经济和居住环境，确保其医疗开支不会影响到自己妻子的健康，以免当她年纪不断变大的时候无法获得所需的帮助。这也意味着他们的家庭无法在目前这样的危机发生之前未雨绸缪。

在接下来的几天，艾伦频繁通过电子邮件与我沟通。我告诉他如何向医院员工询问他母亲的情况以及哪些生活设备能够满足他父母的需要。我给艾伦发送关于老年病、跌倒、看护和资产计划方面的资源的链接。我还将他的父母带进了我们的老年医学实践基地。

他们很快就搬了进来，新的社区既为他们提供了实际需要的，也提供了一种他们享受其中的积极的社交生活。尽管他们更愿意待在自己家里，但是整个家庭看到两位老人的生活环境更加安全，治疗方式也更加科学时，都松了一口气。但大部分人不仅不认识一位老年科医生，而且承担不起高昂的看护费用。对老年人和他们的家庭设置财富及人际关系的门槛，实属不该。

约兰达有三个女儿——辛纳蒙、查丹娜、坎迪。我见过辛纳蒙一次；我与身在他州的查丹娜有过电话互动；我从来没有联系过老三坎迪，她住在几小时车程外的一个城市，尽管查丹娜确认了她和坎迪之间经常联系。很快，我发现姐妹三人正在做一件对于忙碌的医生来说帮助非常大的事：在家庭和医疗团队之间找一个中间人方便联系。

一周之前，一位将约兰达委托给我们家庭拜访诊所的访视护士打电话提出，是否可以让约兰达在等待名单上提前一些。在第一次访视后，这位护士将约兰达的情况向成年人保护服务中心上报，但很显然，因为"有一个女儿在身边"，约兰达被认为没有任何问题。鉴于成年人保护中心与儿童保护服务中心不同，在加利福尼亚州，该机构无法采取违背成年人意愿的行动。这件事情就不了了之了。"我知道他们工作繁忙。"这位护士告诉我，"但你可能会想，对方究竟有没有努力去争取。"

我跟着导航来到一个公共住房社区，从小孩的追逐和遛狗的方式就可以轻易分辨。这个社区离公园很近，旁边有艺术与文化中心、空旷的土地和后现代的房屋。我按了门铃，没人回应。我又按了一次，没有动静，所以我敲了敲门。辛纳蒙开了门。她皮肤光滑，眼袋很深。辛纳蒙既没有打招呼也没介绍自己，她指向一条窄窄的走廊，手腕一弯，指向角落。

在门廊前，我已经闻到了臭味。室内，味道更糟。我无须知道患者在哪里，只需要跟随我的鼻子就行。

辛纳蒙几乎没有移动身子，我需要从她旁边绕过。右手边有个极小的厨房，厨房前方有个大一点的房间，放着沙发、电视，窗户上挂着紫色的衣服。

我在幽暗发紫的客厅摸索着前进，快速搜索对临床诊断有用的信息，并不想被别人看出来，但隐约感到辛纳蒙在观察我。我走进第二条走廊，路过浴室。不错，我想，与卧室的距离不远。

约兰达的房间四四方方，刷了白墙，非常敞亮。我进入房间，看到里面有两张单人床，窗户边上放着药品，一位年老的女性侧卧在床，笑容灿烂地跟我打招呼。

我们握了手。她为自己无法起身感到抱歉。我注意到她的床单很脏，布满污点，她的头发凌乱打结，很明显还有一些地方她试图收拾过，但很不成功。我还注意到了治疗伤口的药品、药瓶、快餐包装纸和脏脏的空水杯，既没有药箱来收纳药物，也没有粉色的预先指示标识贴在墙上。她被确诊为大面积转移的癌症，所以，知道她的偏好至关重要。因为要不了多久，当身体挺不住的时候，她将无法自己表达这些。后来，我注意到辛纳蒙斜靠在卧室门外的墙上。

我假装什么都没看到。我向约兰达解释我是一位访视医生，必须完成常规的文书工作，所以需要问一些日常问题。我没有说我平时访视新患者时说的那些话，为的是让对方知道我的治疗不仅仅局限在疾病上。我们的对话很无聊也很模式化，直到我听见辛纳蒙从正门离开。

那天晚点时候，查丹娜打来了电话，她说辛纳蒙把她们母亲的社保钱拿走了，用来买烟和毒品。查丹娜说自己非常担心母亲，但自己远在他州，有全职工作，还要带三个孩子，而丈夫被派去海外。坎迪离得近一些，但她丈夫也快不行了，目前也非常无助。她们俩都无法脱身，而她们的姐妹不值得信任。

当我感觉到辛纳蒙出门后，我问约兰达什么让她最为苦恼，她说："纸尿布。"

我顿了顿，从屋里的气味中得知为什么这件事成了问题。吸取过深刻的教训，我已不去臆想。不同的人对成年纸尿布的忍耐程度也不同，人们对此的抱怨既有纯粹身体上的，也有存在层面的。

"这些纸尿布应该在身上坚持很久，但并没有。"她说道。

我向她要了一片，同时朝我的右边望去，看见窗户边上摞着一些盒子。没有纸尿布。约兰达把她身上的被子掀开，露出一片褐黄已经浸满污渍的纸尿布。床单也湿了，污迹斑斑。看起来，她已经穿了两天了。

"辛纳蒙回来时或许会带一些新的。"她说。

"她为了这事出门？"

她摇了摇头："我让她去买，但通常她会买烟回来。"

我内心在斗争，不确定是要表现出震惊、惊恐或者同情，还是为了减少约兰达的羞耻感并且让她继续保护自己的女儿而不动声色。我想她一定更看重自己作为母亲的身份，身体情况都得往后靠。

有时在访视过程中，整个病史询问和体检都能相对轻松地完成。而其他时候，有些情况则要优先处理——呼吸不畅、脑卒中、骨折、伤口感染、高烧或者血压过高、过低。有时，我觉得发现了紧急情况，然后意识到这只是其中一个。在后一种情况下，如果参考我的专业对该术语狭义且传统的定义，那么问题只有一部分能用"医疗"解决。

在和约兰达交流的一个小时中，虽然她的治疗问题不少，包括转移性乳腺癌、肿瘤从皮肤中长出来后切除留下的开胸伤口、超高血压、长期卧床导致的压力型尾骨和臀部褥疮、大小便失禁（因为身体太虚弱，无法自主上厕所）、明显的体重下降，但她总是微笑或大笑着。就算可以，这些医疗问题也很难完全脱离他们的社会、政治、经济和文化环境。

约兰达是我们所说的"双符合"——美国公费医疗补助制度（Medicaid）及老年人医疗保险制度（Medicare）。她需要这些社会支持，因为在过去近50年里，她几乎每周工作6~7天，但还是很穷。她虽然有高中文凭，但在老家亚拉巴马州没有受过太多教育。在20世纪中期的美国，能提供给黑人女性的工作工资很低，而且没有社保。新的保障不能解决她的问题，但确实能为她提供治疗、药品和医疗器材。她有医疗补助，但很少有医生愿意为她提供治疗。美国的保险体系为化疗划拨了大量的资金，却不关注与患者交流他们的想法、目标和临终看护阶段的愿望，也不去思考如何获得纸尿布以及为癌症晚期患者设计的洗脸台，以助其解决棘手的居家治疗问题。约兰达在当地医生那里做了常规的化疗，但很显然没有效果，更不用说用来改善她生命最后几周或者几个月生活境况的其他措施。

我告诉约兰达医疗补助能够支付纸尿布费用，我会安排派送。她看着我，好像我在说着她完全不懂的事情，或者觉着这或许是个玩笑。"真的吗？"她低声问道。"真的。"我回答道。然后她满怀惊喜地笑了起来。

我们顺利完成了身体检查的其他步骤，来到患者主诉的环节。主诉是个官方医疗定义，是患者需要和医生讨论的问题。她的伤势很严重，一天处理两次伤口，但辛纳蒙看起来指望不上。约兰达需要另一种治疗方式，访视护士一周可以为她处理几次的那种。

离开之前，我告诉约兰达，我和访视护士将会一起照顾她，一开始我们会一周多来几次，保证她的伤口得到治疗。

约兰达并没有非常积极地迎接死亡，但在这一阶段什么事都可能发生。我想知道如果情况变得更糟，她是想去医院还是住在家里，她是否知道临终关怀医院提供何种服务，以及她是否已经做好准备。

鉴于她所处的环境，还有一个问题：随着她身体越来越虚弱，病情加重，她是愿意住在家里，还是去其他地方寻求专业照护或者临终护理。我不愿意在那天见到她时让她做决定——当时她躺在冰冷、潮湿的纸尿布上，这一悲惨的处境或许也影响到了我的决定。我希望约兰达能够在身体允许的情况下通过考虑不同的选择，做出自己的选择。

她握着我的手。"感谢你，亲爱的，"她说，"你随时都可以来。"

当天下午，在我回到办公室后，协调专员告诉我约兰达的女儿曾打来电话。我很惊讶，然后拨通查丹娜电话，很显然是她的工作电话。

"这比我想象的糟糕。"在听我说完这次访视的情况后查丹娜说道。但她还是讲了她母亲临终前想要什么，不想要什么。鉴于情况很难转变，她看待问题的方式似乎恰如其分。

"你和她沟通过这些吗？"我问。在我还是学生的时候，我可能会祈祷好运。

"不多。"

糟糕。"你想和她沟通吗？"我试图屏住呼吸。

"当然，没问题。不管怎么样，我来试试……"

我们讨论了她母亲的治疗方案。"如果你想见她——"我说了这句想要结束对话的话。

再次，我们想到了一起。查丹娜说道："我在想……或许我应该找个朋友帮我照看孩子，然后在母亲那里陪她几天。我会留一条信息看看是否可行。我们也有一点积蓄，不多。但我和丈夫沟通过，如果能帮到我母亲，我可以打过去。你告诉我打到哪里就行。"

当有人问我如何安度晚年时，我通常会列出好基因、好运气、充足的金钱、孝顺的子女（通常是一个女儿）。

在一场由哈斯廷斯生物伦理研究中心举办的主题为"快快乐乐

活着，安安稳稳离开"的会议上，乔安·林恩，一位顶尖的老年医学研究员和老年社会政策的积极倡议者，有过类似的发言："在我们当前的系统中……除非你有三个女儿或者女婿，否则你就应该是一个住在养老院的老年人[137]。"为什么目前整个美国社会表现如此不佳，林恩给出了她的解释："我们系统建立的时候是50年前，那时生老病死都是一句话的事，几天或者几周内生命就结束了。"现在事情发生了变化。今天，人们在因长期疾病失去自立能力平均2~4年后才会离世，并且没有任何可靠的医疗救助系统。

圣人与罪人

当我告诉别人我的职业时，对方的反应通常有两种：要么给出一副闻到什么怪味的表情，要么立即赞美我对这份重要事业的无私奉献精神。前者常常会快速转移话题，后者（大多数人）则会直接或隐晦地用夸张的语气对我表示赞扬或钦佩，把我说成一个圣人。这两种看似截然不同的反应本质上是一样的，都在暗示我所从事的不是正常人会选择的职业。

事实上，医生职业满意度[138]调查研究显示，老年科医生的满意度位列行业第一。让这些医生的职业生活更充实、更快乐的原因有很多。如果某一职业可以同时拥有声望、权力、尊敬和收入，但你选择了其中最"清贫"的那个岗位，那么很有可能是因为它能为你的人生赋予意义：乐趣、动力、信仰和快乐。换句话说，选择这份职业是出于爱。

人们听到我的职业或听到老年医学时的反应体现了某种社会价值观。医学虽然自诩一门科学，却一直在根据这些价值观做决策，几乎毫无例外地将重心置于"可修复或值得修复"的问题。

老年医学领域最棒的很多变革，比如安宁疗护、治疗场景转换

（从家到医院到养老院等）、高发病率、家庭医疗照护、老年人友好型医院[139]，已经成为主流医学文化的一部分。为了实现普及，这些变革大多刻意与其"发源地"老年医学切断联系，因为只有与"老年"保持距离，它们才能被大众接受。有时这么做是为了惠及其他患者群体，有时则仅仅是为了迎合年龄歧视的价值观。不过，近来情况貌似有所好转。一篇文章引用了谢丽尔·桑德伯格在《向前一步》这本书中的观点，将关注重点由"老年科医生（和老年人）的局限性"转变为"他们的特性"[140]。这一观点令我印象深刻，不仅是因为它有很高的市场价值，而且因为这也是所有民权运动的根本主张，即不再讨论"某类人群不能做什么"，而是讨论"他们正在做什么以及他们得到机会和支持后可能会做什么"。

很长时间以来，老年医学都仿佛是一个小小的宗教团体："入教"的我们热情高涨，却被其他人看作无足轻重的边缘群体；我们认为自己掌握了真相，其他人却不以为然。在教授医学生医患沟通技巧时，我告诉他们，如果大多数人都没有听懂你的意思，那么或许问题并不在听众，而在谈话的人及谈话内容。如果随着美国人的年龄增长——"婴儿潮一代"正以每天1万人的速度进入法律意义上的"老年"，而致力于老年健康的医疗领域仍然维持在如此小的规模，那么老年医学出问题也就不足为奇了。更值得思考的是，我们应该如何改变现有的医学策略，以维持来自不同背景和各个年龄段的老人的健康，并在他们需要时提供优质的医疗服务。

著名儿科医生亚伯拉罕·雅各比在介绍1914年的纳歇尔老年医学理论时说："为什么很多得到关注的新兴医学科研和实践手段没有同样延伸到[141]老年医学领域呢？"几个世纪以来，关注老年患者的特殊需求的那一小部分医生也一直在问类似的问题。雅各比自己给出了一种答案："忽略老年医学的原因[142]必须从大众对老年群体的心理态度中寻找。"

纳歇尔解释得更为具体："在老年医学获得与其重要性相匹配的关注度之前，在我们对身体衰退期的代谢情况了解得足够多之前，我们都只能依靠经验主义来治疗老年疾病。[143]"换句话说，由于不研究老年人，我们无法了解他们独特的生理构造，缺乏必要的老年医学知识，因而无法为老年患者提供与年轻患者同等质量的针对性治疗。其结果是，对老年患者的治疗只能基于粗略的观察而非严谨的研究，医生对各种策略一知半解，因此不明白为什么有些策略有效，有些则无效。

纳歇尔还阐释了人们对老年人产生这种心理态度的来源，他的表达完美刻画了当今许多人（包括医生）的内心写照：

> 人们意识到，从实用主义的角度来看，老年生活是无用的，对老年人自己、家人甚至整个社区来说都是一种负担。他们的容貌不再美丽，言谈举止也令人反感，给那些出于人道主义精神和职业精神而照顾他们的人带来压力……人们天生就有一种……抵触心理……不愿意做没有经济价值的事[144]；即使有可能中途获得短暂的成功，也不愿意在已成定局的事上力挽狂澜；更不愿意在毫无用处的地方投入时间和精力，因为时间和精力本可以用于更"有利可图"的其他医学领域。

和如今很多观点一样，纳歇尔在阐述时也混淆了两个概念——极其高龄的老年时期和漫长的整个老年阶段，并一味强调小部分老人的负面特征，却没有提及大多数老人身上显而易见的积极特征。可以说，纳歇尔的观点源于一种至今仍然普遍存在的信念，即"医生的终极职业目标就是延长生命"。但现代老年医学的重要特点之一，是认为医学的目标是改善健康、提高幸福感。这一目标的内涵因人而异，有时它意味着延长生命，有时则意味着其他医疗目的。

人们吐槽老年人总是抱怨太多，但所有人其实都乐于谈论自己的生活。家里刚生宝宝的人总是在聊宝宝，有孩子的总是聊孩子，有工作的则总在聊工作。见识更多的人谈论的内容更丰富，见识更少的人谈论的话题则更有限，主要是生活琐事。但是，更有限的生活就是没有意义的生活吗？就像没有捕捉人类世界中宏大画面的静物艺术，就不能算是艺术了吗？

老年人越来越喜欢谈论身体情况的部分原因是，他们衰老的身体现在能做什么，之后不能做什么，在抗议或坚持什么，在他们生活中占据更重要的位置。大多数人在年轻时对自己的健康和各项机能习以为常，但在老年时期，我们必须意识到这些都可能消逝，需要被关注和照顾。人和身体之间的关系会随着年龄增长而变化。

某些生理活动渐渐无法实现并不仅仅是生物学上的原因，还源于我们生活在一个为年轻人和中年人设计的世界。老年人通常需要借助其他工具才能在这个世界生活，因为设计之初并没有考虑老年人的需求。所有人都能意识到年龄增长带来的身体变化，尽管无法完全解释其中缘由，但起码能理解这是人类基因、个人选择、运气和重复使用共同作用的结果。那么，年轻时"明目张胆"地争取利益，为什么在老年时期就退出舞台了呢？我们是否客观、全面地思考过背后的原因？我们是否曾考虑到，除了躯体功能衰退、个人选择和性格原因，老年人频繁抱怨身体情况的另一大原因是不论出于好心还是恶意，我们已经从系统和结构中剥夺了老年人与更开阔的世界关联的权利？

在讨论医学的本质和目的是什么，服务对象是老年人还是年轻人时，我更喜欢古老的希波克拉底誓言：偶尔治愈，常常帮助，总是关怀。不过，我和纳歇尔在某一点上达成了共识，即照顾老人是充满乐趣和成就感的事业。当人们认为人生某一阶段是艰难的，且处于这一阶段的人正在被忽略、贬低和侮辱时，那势必存在无数可以减轻他们痛苦、改善他们生活的机会。这就好比只要给一位脱水的老人进行静脉输液，他就能逃离鬼门关，回到正常生活。同样，一次温暖的问候和真诚的交谈也会给大多数老年人的生活带来重大改变，但我们要做的远不止这些。

由于老年患者大都临近生命终点，所以大多数医疗决策或其他领域的决策都涉及生命之谜、生与死等重大问题。老年医学几乎无法将治疗局限于解决某一疾病或器官问题，因为大多数老年疾病都会引发生命危险，或许这也是一些人最无法接受的一点。在这个遇到感染就用抗生素，碰到坏死组织就用手术切除的医学世界，老年医学中无数宏大而无解的问题对某些人来说意味着激情和好奇，对某些人则意味着沮丧和绝望。

从某个层面来说，医生的职业选择取决于他们对模糊性和复杂性问题的接受程度，以及是否对哲学、心理学、社会学抱有与科学和统计学相当的兴趣。在某些科室，最重要和最耗时的工作其实是在没有患者的情况下进行的，医生往往在患者不在场或昏迷时查看他们的病理组织和图像。如果有人享受这样的工作，那么也很好，但我不想把时间花在这些工作上。我更喜欢和患者交流，以及与患者、患者家属及护工在一起工作的时光。很多老年患者患有多种疾病，身体功能和社会活动均受限，在不可避免地涉及人生意义、目标和身份等问题时，谈话内容的丰富性和多样性都会增加。在我看来，这样的谈话对每个患者来说都是独一无二的，很有趣，很有意义，但并非所有人都这么认为。最近的一项研究调查了医学生对老年患者的看法，一位大四的学生说："医生们假设只要一位老人走进诊疗室，就带来无数问题[145]，而要逐一解决这些问题是一件痛苦的事。"但这个学生没说的是，让解决这些问题变得痛苦的原因是医疗系统根本没有为此做好准备。

　　所有医疗过程中最困难的部分就是如何处理对人类来说最艰难的问题。但大多数人心中最艰难的体验也恰恰是最重要、最具挑战性、最有价值的人生经历，比如抚养孩子、至爱离世。因此，艰难本身并不是一件糟糕的事，糟糕之处在于我们因为逃避、偏见和所谓的惯例或无视而未能尽最大努力解决这些终将直接或间接影响我们绝大多数人的问题。如果有一天，在这个社会上，我们悉心照料一位92岁老人的原因是"我们关心所有人类，而这位老人也是人类大家庭的一分子"，那么我们的生活将会变得美好和充实。

　　与那位大四医学生将老年患者视作"痛苦"的观点形成鲜明对比的是马乔丽·沃伦在即将结束医学学习之际的表现。当时沃伦面对的是一整个病区卧床不起的老年患者，但她既没有感到绝望，也没有选择逃避，相反，她看到实际需求和不平等后开始质疑医疗系统并进行创新及变革。如今，沃伦对医学界的影响依然无处不在，但当时的不平等和偏见也仍未见消除。

　　在了解每一位患者的过程中，我不仅会看到他们的悲伤和沮丧，而且最终会看到他们强大的人性，这种人性有时表现为勇气或幽默，有时则表现为生气甚至愤怒。这种愤怒可能长期存在，与当前的环境无关，也可能恰恰是对生活遭遇新变化的回应。在为不同的老年人——无论是想减少工作量但仍想继续工作并尝试早年不敢尝试之事的68岁老人，还是视力、听力和行动能力均受损的百岁老人构建社会环境时，我们手中都有无数机会可以打造无须惧怕的老年生活。

　　很长时间以来，当人们问起我为什么会成为一名老年科医生时，我的回答会有好几个版本：可能是"我也没想到"，或者是"我把事业搞砸了"，抑或是"我喜欢和老年患者打交道"。

每一个版本的回答都没错，但即使把所有回答都加起来，也无法阐释真实完整的故事。其实，我成为老年科医生有很多充分的理由，但我不知该从何说起。有很多人认为，与年轻患者相比，和老年患者打交道更困难、更痛苦，成就感更低，为了回应这些观点，我常常会分享一个发生在周六夜里的故事（更准确地说是周日凌晨）。当时我是一名全科医生，那段时间是我值班，因此我必须整日整夜甚至在周末都随身携带工作传呼机待命。我接到的电话的内容非常庞杂，包括药物补充以及呼叫救护车并将病情严重的患者转交给急诊科医生。

那天凌晨两点左右，传呼机响了。睡得很沉的我听到声音后打开床头灯，揉揉脸让自己清醒起来，然后打电话给传呼中心。工作人员提供了患者的详细信息，显然这是一个健康的 22 岁年轻人，他说自己在外面跳舞时觉得肩膀疼。于是我拨通工作人员提供的电话号码并告知对方我是值班医生。

"噢，你好啊医生。"他说，"最近怎么样？"

"我很好，谢谢。"我回答道。对方轻松愉快的语气让我感到困惑，不知这是否代表疼痛情况不算严重，或者仅仅表明他是个冷静而有礼貌的年轻人。"我听说你弄伤了手臂，能告诉我具体情况吗？"

"我不知道是不是弄伤了手臂，但它确实很疼。"

我等他说下去。

"当时我正在外面跳舞——周六晚上，你懂的。"

电话这头的我积极地给予回应，希望他觉得我可能跟他是一类人，也会在深夜出门跳舞，而不是比他年长 10 岁、每晚都盼着能早点上床睡觉的中年女人。

"那里的音乐很猛，每当我想用左臂做些幅度比较大的动作时，肩膀就一阵剧痛。"

我开始询问一些问题，想确定他的疼痛症状是何时开始的，以便弄明白受伤的原因、受伤程度以及后续所需的诊断和治疗步骤。在深夜接到这类患者的电话时，我最担心的就是患者的肩膀是否存在脱臼或骨折，因为这两种情况下都需要立即送去急诊室治疗。如果不存在这些情况，那么我需要教患者一些缓解疼痛的措施，让他等到周一诊所开门后再去就医。

"我没有摔倒，也没有受什么伤。"他说，"我也不确定是什么时候开始感到疼痛的，可能是一个月前？"

我无奈地眨了眨眼："那今晚有没有发生什么让疼痛加剧的事情呢？"

"嗯……应该没有。只是跳舞的时候，我明显感觉到疼，你应该能理解吧？"

所以说，整整一个月以来，他说的疼痛问题都没对日常生活产生任何影响，也没有变严重，他甚至还能出去跳舞。他在深夜把我叫醒，就是为了问这个小问题？难道他觉得医生应该整夜不合眼等着接他的电话吗？

为了确保我没有误会他，我又多问了几个问题。他说："好吧，其实是我跟我兄弟说了肩膀的事情，他建议我做个检查，所以我就给你们打电话了。"

我回答说没办法在电话里对他进行诊断，但他兄弟说得没错，他确实应该去医院里好好检查一下，以免变成慢性疾病。我还告诉他医院在非工作时间的热线电话是为了应对紧急情况，像他这种情况应该在周一早上再来电预约就诊时间，我也会事先跟主治医生说明他的病情。

挂掉电话后，我过了好一会儿才睡着。

我是一个习惯早起的人，所以当天早上我像往常一样早起读周日早报。这时候传呼机又响了，当时是早上 6 点 58 分。呼叫者是一位八旬老人，她在凌晨醒来后发现自己的左侧身体动不了了。我立即给她回电。

"早上好，医生。"她有些急促地说，"希望我没有吵醒你。我特意等到 7 点钟才给你打电话。我知道这个情况很严重，所以只能一早就联系你。"

我询问了她的症状，确认她是否安全，并让接线员立刻派一辆救护车去她家，并告知医院急诊科几小时后将送来一位刚刚经历脑卒中的患者。接着我握着手里的咖啡杯，思考自己对那位年轻患者多么不上心，而对这位生命垂危的老年患者又多么体贴周到。尽管我诊疗时曾遇到各个年龄段的优秀的成年人，但在很多方面，这两位患者都能够代表他们的同龄人，而我非常确定自己更喜欢哪一个群体。

其实这位老年患者应该早点打电话来，因为这类紧急病情正是医生值班待命的缘由。但她令我印象深刻的地方在于，尽管她并不认识我，而且情况如此紧急，她依然友善地为我考虑。如果一个人不把你当作实现医疗目的的工具，而把你看作一个活生生的人，并且对你充满善意和关怀，那么你一定乐于与其相处。对不同年龄群体的测试表明，老年人在情商和智慧等特质上得分更高。

不过，医患关系不能等同于友谊：医生有义务关怀患者，但患者没有义务关怀医生（除非在理想世界中）。实际上，医生也是人，只是我们有时假装自己刀枪不入。对我来说，医患关系是我最开始选择进入医学领域的原因之一，因为我很愿意和一群关心我且同样关心医患关系质量的患者在一起工作；但对患者而言，他们要面对的不仅是医患关系，还有一道横亘在"对医生的期待"与"残酷现实"之间的鸿沟。如果某一类患者被忽视、被轻视，甚至被漠视，那么他们面前的这道鸿沟将更加难以逾越。

居家还是住院？

2011年12月，就在圣诞节前几天，我停好车后匆忙赶往目的地，那是一家破旧的小诊所，位于一个半街区之外的山脚下，它所在的医院不久前重新装修过。每当我的右脚踩上人行道，我就会想起自己为什么要在本就很紧张的日程里再安排一个足病门诊。快到诊所门口时，我被它颓败的宏伟吸引：半圆锥形的墙壁从两侧的移动玻璃门里伸出"欢迎的手臂"，诊所里半月形状的人行道一直延伸到安静的街道。

这时我注意到一个女人正站在路边眯着眼睛看街上的来车，旁边的助行器上放着她的拐杖。当时大约是下午4点半，为了尽量晚点下班，我特意预约了当天最后一个门诊号。这个女人应该80多岁了，举止自信得体，穿衣打扮颇为考究，看得出家境优渥。她一手握着手机，好像是在等车。

5点后我离开诊所，天已经黑了，要不是她身上的棕色大衣和鲜艳的围巾引人注目，我差点儿没看到她。她依然靠墙站在那儿，手里握着手机，不过此刻的她耷拉着肩膀，头发也被越来越冷的夜风吹得很凌乱。

我有些迟疑要不要帮助她，因为此刻我母亲正在旧金山的另一边等着我帮她解决电脑问题，我的狗也在家等着我带它出门散步，家里的晚饭还没做，还有过去几小时的病例和工作邮件要处理。

不过最后我还是上前问她："还好吗？"她说："我很好。"我没有接话，等着她继续往下说。她看着马路，抿起嘴唇摇了摇头："事实上不太好。我的车一直没来。我在一个手机软件上叫了出租车，但是好像把地址弄错了，出租车直接开去我家了。我不知道怎么更改地址，也联系不上我的朋友。"

她给我看她的手机，已经关机了。于是我帮她叫了一辆出租车，搀她从诊所门口走到路口。她看起来又累又冷，一下子显得很憔悴。

等车时我们聊了一会儿。她叫伊娃，在市中心有一家小公司（或者说曾经有一家），最近正打算退休。过去几个月，她由于生病不能再做太多的工作。去年她住进医院两次，虽然不是什么大病，但第二次住院对她的生活影响很大，至今一切都没有恢复正常。

作为医生，我能察觉出伊娃的听力有些障碍，视力情况好像更差，手指患有关节炎，为了缓解身体疼痛，她走路时总是歪向右边。但她思维非常敏捷，而且极其幽默。

出租车终于来了，司机看着我一路搀着伊娃走过来。我们走得很慢很笨拙，因为她的关节都冻僵了，而且还有助行器和行李要拿。我正要打开车门时，司机竟然一溜烟开车跑了，把伊娃留在原地。我目瞪口呆地盯着车子远去，立即拿出手机给出租车公司打投诉电话。伊娃看起来却平静多了。

她说："我经常碰到这样的事。"就在这时，另一家公司的一辆出租车从路口拐进来。司机看到我们要打车便放慢了车速，但看到伊娃后立即呼啸离去，消失在夜色中。

"该死。"伊娃小声抱怨。

根本不需要聪明的科学家或老年科医生站出来解释，我们都知道为什么出租车司机会拒载伊娃。无论是医疗机构、社区中心、餐馆，还是其他行业的人都会说出同一个理由：因为老年人行动太慢，会降低工作效率，而且他们常常会把事情搞复杂。

"我送你吧。"我说。等到现在才说出这句话，有一部分原因是我担心卷入"美国式麻烦"：万一发生了什么意外，她的家人告我怎么办？

她听到我想送她时神情大变："不用不用，那我太不好意思了。"

把她搀进副驾驶的时间几乎和开车到城市另一头的时间差不多。

经她指路，我们开到了一座旧金山地标式山坡上的公寓楼。两排高楼被茂密的灌木和乔木隔开，这些长在斜坡上的植物让整个山坡看起来像是一块梯田，地上是许多层陡峭且昏暗的台阶。伊娃家在山顶。在我们开始爬坡前，她递给我一串钥匙，指了指旁边的车库，说她需要先把外出助行器换成放在车库里的居家拐杖，并希望我顺便帮她取出邮箱里的信件。

我给母亲打电话推迟去她家的时间，然后给家里打电话说我要晚点回去。走这些台阶需要花很长时间，我们一路都在聊天。原来伊娃当天下午去那个诊所也是看足病，她每隔几个月就会去一次，因为她再也无法给自己剪脚指甲。我也向她介绍了自己的职业。

于是伊娃告诉我她看过很多医生，她和大多数人一样问我这些医生里有没有我认识的。我们发现，除了足病，她的其他疾病都是在我们医院治疗的，而且我认识她的主治医生和一些专科医生。

我打算次日早上给同事写邮件说明伊娃的情况，告诉他伊娃从车里出来，爬完49层台阶走到家门口"几乎花了一整个小时。因为行动能力严重受损，她整个人都很虚弱。几乎所有重要关节都有关节炎，走动时能听到异常的声响；左臀部频繁发生痉挛；右脚活动范围极其有限，左脚则完全抬不起来，而我几乎只能抬着她走"。我完全无法想象伊娃独自一人时怎么爬上这些台阶。

爬坡时，我们时不时停下来休息，好让伊娃喘口气并缓解一下身体疼痛。每休息一次，我就多了解一些她的生活。她有过好几段感情经历，但没有孩子。由于大多数朋友都年老多病，所以她不常见到他们。自20世纪70年代初，她就一直住在这里，她很喜欢这个房子，根本不想住在其他地方。伊娃患有血液方面的癌症（她希望现在已经得到了控制）、哮喘、某种心脏疾病、青光眼和黄斑变性。不久前因肺炎住院后，她曾被送去当地的护理院。她说自己宁愿死在家里也不想再去那个地方，不过她当然还想再活久一些。自己不能再工作这一点让她很难受，她完全无法理解为什么会有人期待退休。

和伊娃一起爬台阶很有趣，但也很折磨人。每隔几分钟，我就会陷入一种"什么时候才能到头"的情绪。这种漫无尽头又令人沮丧的感觉对我来说很熟悉，对所有医生和护士甚至对大多数人来说也很熟悉。每当这种感受漫上心头，我就提醒自己：你在认识一个新朋友，你在做正确的事。但实际上，每次我都是一边享受这样的时光，一边忍不住想"可怜的伊娃，可怜的我"。

在医疗照护中，这种情况很常见，尽管并非只有老年患者会给人带来这些情绪，但他们确实行动缓慢，也往往有更多需要被关注的问题。因此，老年人真正需要的是现代社会非常紧缺的一样东西：时间。嘀嗒流逝的时间令人焦虑，而对抗此焦虑的最佳方式就是摆脱拖累你步伐和速度的事情，提醒自己它们的缓慢并不是由你造成的，而且在降低你履责的能力。正是这种心理使得医生在等待十几秒后就将不同年龄的患者拒之门外，使得司机拒载在寒夜中等车的老人，使得人们对马路上缓慢行走、超市结账处缓慢掏出信用卡的老人翻白眼。在这些场景中，人们总是轻易忘记"效率"一词最适用于机构和系统运作，而不适用于人与人之间的交流。

爬了40多分钟后，我们终于到达伊娃的公寓。她有一间堆满书籍、杂志和邮件的客厅，还有一间杂乱的小厨房。室内闻起来有一股霉味，仿佛她好几年都没有开窗通风了。

"快关门！"她突然喊道，但还是晚了一步。一团深色的毛擦过我的腿，是伊娃的猫，它从房里逃了出去，跑下台阶消失在夜色中。

我们一起叫猫的名字，没有回应。我走下台阶四处找寻，也没有发现踪影。找了10分钟后一无所获，唯一的收获是知道了那只猫的名字叫希斯克里夫。伊娃说这不是它第一次逃出家门了。"家养猫逃出去后，你永远也不知道它是否还会回来。"说这话时，她的表情里已没有我们刚才聊天时的神采。伊娃靠在大门结实的把手上。由于她和朋友都身体虚弱，彼此间曾经的社交活动让她可望而不可即，希斯克里夫显然已经成为她最重要的同伴。

我应该继续帮她找猫的，但我还是回家了。

走之前，伊娃同意我查看她的电子病历，联系她的主治医生以提出一些可以改善她的躯体功能和健康状况的治疗建议。在她的病历上，我看到了几乎全美国的老年人都在经历的医疗体验。

病历显示，去年伊娃在我们医院共有30次门诊预约：9次眼科，5次放射科，4次肺科，4次失禁科，3次癌症科，2次精神科，还有心脏科、肿瘤科、内科各1次。这份清单还不包含她没有如约就诊的预约记录，病历上至少有两处"出租车没来接我"的备注。她还经常打电话给医生办公室，至少有5位医生给她开过药物，目前共服用17种药。如果用一些词来描述伊娃这类患者，应该是"复杂""多重病症""老年疾病"，而如果要描述医疗体系，则应该是"四分五裂""混乱""价格高昂"。

从病历中的注释可以看出，治疗伊娃的医生和护士都在各自的专科领域为她提供了全面、循证的诊断和治疗。他们了解伊娃的情况，看起来也很关心她，在治疗伊娃时不遗余力地发挥专业能力。可惜，他们的专业技能中没有任何一项能够解决伊娃生活中最紧迫的问题。

有几条记录隐约描述了我眼中的伊娃和她爬台阶时的痛苦，上面写着严重的关节疼痛，活动能力严重受损以及长期出行困难。尽管这些描述注意到了伊娃最严重的病症和重大的生活挑战，但没有一位医生检查她的关节和步态，也没有人为其进行功能评估，缓解她的疼痛，或为她介绍社工、理疗师、老年科医生以及其他也许能解决这些问题的医生。

还有同样重要但无人提及的一点，那就是伊娃看过的医生的数量和就诊次数，这两个数据都能明显反映出治疗方案分裂，缺乏统筹协调。也没有医生谈论伊娃的一长串药物清单，这种服药情况被称为"多重用药"，往往会带来副作用和不良药效，引发跌倒、住院，甚至死亡。更没有人解决伊娃的社交孤立、居住环境问题，以及影响她基本生活的残障问题。她现在已经无法自己修剪脚指甲或做饭。另外，对于这样一位 80 多岁、患有多种疾病、没有直系亲属的患者来说，病历上最大的问题就是没有写出她的生活需求和治疗目标，也没有和她讨论日后她无法独立做决定时，应该由谁来替她做医疗决策。

病历中与上述重要问题最接近的部分是她住院时的信息记录，住院部医生遵循政府要求向她确认，如果心脏停搏，是否要进行心肺复苏。很多人都曾描述过这类谈话的无效性，因为它们常发生在陌生人间匆忙的对话场景中，而且患者做决策前往往无法获得足够的背景信息。虽然伊娃当时选择了"全力抢救"，但这个选择背后涵盖了很多信息，比如基于她的年龄和各种健康状况，心肺复苏成功的可能性很低。就算抢救成功，她也很可能留下神经系统受损和残障情况加重的后遗症，并在护理院里度过余生。

导致这类谈话无效的还有另一个鲜少被提及但同样重要的原因：这些对话本应涵盖关于患者健康及生命需求等更多维度、更复杂的话题，但它们只截取了这些话题的最后一小部分"结果"。事实上，有些患者无论如何都愿意活着；有些患者能接受住院治疗但无法接受重症监护；其他患者则只接受居家治疗。医疗体系中的治疗方案五花八门，从安装呼吸管到住院，从抗生素到人为帮助，然而医生从未问过伊娃真正的生存需求，只问她是否接受心肺复苏。

和伊娃的主治医生通过电子邮件里沟通了几次后，我打电话给伊娃，告诉她今后可能会采取的治疗方案，但她并不像我一样担心这些医疗措施。伊娃说她喜欢这些医生，而且她和很多人一样理所应当地认为不同的身体器官就应该找不同的专科医生治疗。显然，对她来说，去医院就诊已经变成一项重要的社交活动。当我建议她让足病医生上门帮她修剪脚趾，这样她就不用每隔两个月都去一趟医院时，她说："我已经成了那里的常客，那里的工作人员都对我很好！"

　　接着我尽量调整到轻松交谈的语气，问她是否考虑过搬家，搬去地势更平坦、没有楼梯、离商业区更近的房子，这样可以提高她的生活独立性。如果经济情况允许的话，她也可以搬进辅助生活社区，那里不仅拥有这些便捷，而且提供洗衣做饭服务和社区社交。

　　她回答说："除非我死了，否则我永远不会离开这里。"

　　伊娃的执着使她的生活变得更加艰难，但她的确已经在这栋公寓住了几十年，而且现在任何地方的房价都要比这栋建造于20世纪70年代、受租金管制的私人公寓贵上好几倍。和大多数老人一样，伊娃最希望的是最大限度地提高自己的能动性并改善现有的居住环境，以便继续住在自己为自己创造的家中。

　　挂电话前，我问伊娃是否可以将她加入我们的老年医疗服务候补名单。我解释说，如果她同意的话，将会有一名老年科医生用不同的治疗方法来帮助她。这位医生会和之前的医生一样控制她的疾病，同时会了解伊娃的生活和健康需求，解决她的躯体功能问题和出行困难，查看她的药物清单和就诊记录，以确认是否存在非必要治疗。如果哪天生病了但不想住院，那么她也可以随时给医生打电话咨询或让医生上门诊疗。

　　电话那头，伊娃沉默了片刻，然后说："这也太完美了，简直让人不敢相信！"

过去治疗伊娃的医生都很善良，能干且尽责，她的病情的确被控制得很好，但总体健康状况仍在下降。她开始错过预约时间，并且越来越难照顾自己和打理住处。有些医生注意到了这一点，但没有人采取任何措施。这种"无为"是他们接受的医学培训造成的，也是只关注眼前疾病而忽视甚至损害整体健康的医疗系统所造成的。

在聚焦器官、组织和疾病的医学文化里，医生会自然而然地局限于他们的"专业领域"，而这会导致他们无法理解这些器官、疾病及其治疗措施与患者的其他身体部位[146]和整体健康情况之间的联系。在美国当前的医疗系统中，医生很难为患者提供个性化[147]、协调性医疗服务的现象屡见不鲜。对患者来说，相比于寻求其他可以改善生活[148]、降低医疗需求的社会服务，去医院看医生要方便得多。如果医学界将医生为患者做决策看作唯一的医疗方式，那么有些时候它必然无法提供"对于患者的健康、福利、躯体功能和自我保护需求而言必要"的医疗服务。

如果那些尽责尽职的医生着手解决伊娃的整体健康问题或试图提高她的生活质量，那么他们必定会因为处理这类复杂问题而受到医疗系统的惩罚，比如工作效率得分下降、服务治疗评分降低、工作时间延长、门诊收入减少。游戏是有规则的。

现实的情况是这样的：老年人的五大死因包括脑卒中和摔倒，即使这两种情况不危及生命，往往也会导致身体受伤、残疾、生活质量和自理能力降低。医院里设有卒中中心之类的部门，也有脑卒中专家，但没有设立治疗摔倒的专科。老人脑卒中的原因是脑部产生血块或瘀血，人脑、血液和血块问题都是经过医学培训的医生能娴熟处理的。与此形成鲜明对比的是，导致摔倒的原因各种各样[149]：疾病、物理环境、对摔倒的恐惧心理（这会大大增加摔倒风险）、平衡能力、四肢力量、协调能力（这是物理理疗师的领域，不是医生的领域）、服用药物等。此外，医疗计费系统中与脑卒中相关的计费代码有数十个，但与摔倒相关的只有一个不计入医疗效益的辅助性代码，而且还是几年前刚刚新增的。电子病历系统中也没有预留记录医疗协调内容的位置以实现这类复杂患者（包括摔倒的患者）所需的高质量照护。

伊娃曾经不断向各个医生提出自己的行走问题，但是没有人对此采取措施，因此她越来越少提起这个问题。当某些问题没有得到回应时，人们想当然地认为无计可施；而当某些问题被定义为非医学问题时，患者也不再开口寻求帮助，直到问题越来越严重，或许早期奏效的方法如今也无济于事。

老年人对身体问题缄口不言的另一个原因是惧怕医疗系统。自从上一次住院经历对她造成重大伤害后，伊娃开始有意躲开某些医生，以免搬进养老院的噩梦沦为现实。伊娃这种情况遍及全世界。我的婆婆在呼吸困难的情况下依然坚信受英国政府管辖的当地医院会杀害她，因此拒绝在现场没有家人陪伴时接受治疗。挪威作家卡尔·奥韦·克瑙斯高在《我的奋斗》（My Struggle）第一部中描述了他祖父逝世前最后几周的生活：

> 他自己肯定察觉到了什么问题，但不愿意去看医生。后来他倒在浴室地板上奄奄一息，尽管被及时发现送去医院并成功抢救，但他变得无比虚弱，渐渐油尽灯枯，最终离开人世。

这背后反映出三个层面的问题："医学问题"定义的局限性；人们认为医生提供的医疗服务比营养师、理疗师和社会工作者提供的服务更重要，尽管在某些情况下后者对患者的健康才是至关重要的；有些人无比惧怕护理院，甚至不愿承认自己需要被他人照顾。

这个星球上的人们都说老年患者是"特殊"且"昂贵"的一类

患者，因而将其忽略，把医疗系统打造成适合年轻患者和中年患者的系统。"严苛"的医疗系统一边在舍弃或限制本可以改善老年人健康情况的医疗服务，一边指责老年人的健康每况愈下。

在我们相识 11 个月后，伊娃终于成功加入家庭医疗项目。老年科医生第一次去伊娃家时就确认了她的健康和生存需求，并记录了她的健康代理人姓名和联系信息。由于伊娃将关节炎和身体疼痛视为最大的困难，医生在她疼痛感最强的两个关节中注射了类固醇药物，并给她开具了对老年人来说安全的止疼药。正如其他医生在门诊病历中指出的那样，她最近血压很高，原来是因为她无法走去药房，所以自行停了一些药物。在她目前服用的药物中，有一种药会加重尿失禁，另一种药则只适用于中年人，对 80 岁以上的老人无效，还有几种药可有可无。因此，医生给伊娃调整了药物和服药时间，让她每天的服药流程变得更加简单，并给她安排了送药上门服务。

老年科医生还注意到，在伊娃完全无法爬楼梯的时候，她去医院就诊的交通费极其高昂。她需要雇人背她上下台阶，每一级台阶 3 美元，按级收费。她家门前共有 49 级台阶，也就是说，不包含打车费用，光来回"爬楼"就要花费近 300 美元。幸运的是，在接受家庭医疗照护服务后，伊娃不需要再像以前一样频繁出入医院。上门诊疗的医生可以解决她的尿失禁、长期肺病和其他慢性疾病，并监测癌症复发情况。团队的其他成员（护士、理疗师、社工）则可以帮助伊娃提高自理能力、活动能力，并根据她的需求优化居住环境。如今，伊娃需要去医院就诊的科室只剩下眼科，这帮她省下了一大笔交通费，而省下的这笔开销可以用于更多家庭医疗照护项目。

帮老人找到一位家庭照护员，认真计划工作内容，提供非传统医疗服务并保障服务质量，这些服务不一定非要医生来完成，但它们是保障老年人健康和安全的重要干预措施。老年科医生可以精准掌握伊娃的需求，并愿意为患者的健康和幸福提供额外的、无偿的非医学性服务，比如替她取药（这样伊娃就不必支付送药上门的费用）、帮她做饭、带她做锻炼、给她打扫卫生。同时，医生也满足了伊娃的社交需求和足部护理需求。

差不多三年后，伊娃即将迎来她的 90 岁生日。如今的她比我刚认识她那会儿更加虚弱，却变成了一个会辞退家庭照护员的"难伺候"的患者，不再锻炼身体，有时甚至拒绝接受她在过去身体情况良好时很喜欢的照护服务。但无论如何，她都没有再住过院，也没有住进养老院，依然住在心爱的公寓里，和希斯克里夫待在一起（万幸，这只猫最终还是回家了）。

生物学上的老年

16 世纪，莎士比亚在《皆大欢喜》中将人生分为 7 个阶段[150]。他写道，人到中年时，"所有男人和女人"都会拥有一些智慧，但同时也会拥有"小肚子"。到了老年，人们的"鼻子上架起老花镜""小腿萎缩""人生的最后一幕结束了这光怪陆离的一生"，极高龄的老人去世时已经"失去牙齿、失去眼睛、失去味觉、失去一切"。正是这悲惨的命运使衰老声名狼藉。

随着年龄增长，人体细胞和分子结构会发生变化并自我分解，从而失去自我调节[151]和修复损伤的能力，这在解剖学和生理学层面都对器官功能有着一定的影响。有些变化是特定系统和组织独有的，比如免疫系统中的树突细胞抵抗威胁的能力越来越差；有些变化则会波及众多系统，由于人体中的酶会在皮肤、软骨和骨骼中形成交联，这些组织的弹性和韧性都会变差。最终，所有身体部位都会发生变化，不过不同部位的变化速度和程度不同，比如当皮肤日益变薄、失去弹性时，皱纹就会凸显；当毛细胞中不再产生所谓的"黑色素细胞"时，头发颜色会变白。但其他身体变化没有如此明显，往往要等到病变时才会被察觉，比如血管膜增厚和内钙化引起的动脉硬化，或由矿物质流失引起的骨质疏松。衰老过程中躯体功能的衰退有时表现为各部位的"减少"，比如大脑萎缩、肌肉量减少、椎间盘变薄、双眼凹陷、肾脏变小；有时则表现为"增加"，比如心脏变大变厚、耳朵继续增长、眼球晶状体变厚。

大多数人都认为这些变化完全是负面的，甚至是丑陋的，但安吉拉·莫拉莱斯提供了一种截然不同的观点。她在《露丝的九天》（*Nine Days of Ruth*）中描述了祖母的死亡："她的皮肤摸起来就像蘑菇（很可能还是水陆两栖的），不知道这些细胞是否已经开始分解了……自溶[152]是'自我消解'的过程……所以，祖母的身体已经开始回收了。人体真是太美了，就连从有到无的过程也如此美丽！"我看着老人死去时也曾有过类似的想法，这是自然在起作用，而自然的总是美丽的。这种美和年轻肉体的运动之美不同，它更安静、更低调，但无论垂死者多么高龄，这在观看者眼里都很残忍。然而，见证这样的身体变化时，我们所有的感官都会被调动起来，并感受到一种"对称美"和"终结美"。看来，人类从出生到死亡的过程被称为生命周期不无道理。

只有部分生物会经历衰老，而且衰老的方式各不相同。没有迹象表明缺乏染色体、细胞核和其他膜结合细胞器的生物体（比如细菌或蓝藻）会衰老。而有充分证据表明，在真核细胞中，单细胞种群是永生的[153]，只有经历过体细胞（非生殖细胞）分化的多细胞生物体（比如动植物）才会衰老。不同生物的衰老速度也截然不同：苍蝇在发育成熟后会突然死亡；太平洋鲑鱼在排卵繁殖不久后就会死亡；人类和其他胎盘哺乳动物一旦发育成熟，则会经历漫长的衰老过程[154];然而树木和爬行动物死亡时没有明显的衰老迹象。

尽管科学家们对人体随着年龄衰老[155]的研究已取得一定进展,但仍然很难确定导致这种变化的原因和机理。目前有数十种流行的衰老理论,但都没有被普遍接受。因为无论是进化论、社会心理学理论还是生理学理论,都只讨论了单一层面的问题,或许只有将这些理论结合起来才能形成一个最准确、最全面的解释。

进化论[156]包含两种理论:一种认为自然选择不会影响人类基因,因为人类繁殖过程结束后,基因就会立即起作用;另一种认为人类的成功繁殖必须基于一份"生物特征套餐",这份套餐不仅含有对人体有利的特征,同时含有对人体有害的"衰老"特征。社会心理学理论从行为角度阐释了衰老,并将其归结为三个过程:人体自然成熟过程,人体面临生物性变化时的应对过程,人类对自己过去的观点态度、人际关系和社会活动的动态的认可及拒绝过程。这三个过程并不相互排斥,与生物学理论在细胞层面的分析也不矛盾。但生物学理论有时会提出一些有争议的观点,比如衰老是由外界辐射和化学物质引发的遗传性损伤,在这一过程中,基因和蛋白质受到的破坏逐渐积累,重要细胞或细胞组织被消耗。在这一过程中也许会同时发生各种类型的人体变化。从生理学上分析,衰老既可能是免疫力下降和慢性炎症产生的过程,也可能是人体长期暴露在可能导致疾病的外部环境中的结果,同时可能是进程缓慢的病变对人体不断造成伤害的过程。当然,遗传因素也会在其中起作用。

衰老的速度和程度有很大的异质性,在同一个人的各个身体部位间也是如此。衰老的生物学现象可以映射出一个人过去的生命经历,因为细胞的变化受到个体内外诸多因素的影响。和疾病一样,衰老也会扰乱人体结构和各项功能,降低人体对疾病和伤害的抵抗力。或许,对衰老现象最准确的理解就是"生命的生物表现"。

几年前，在十月里凉爽的一天，我去见我的染发师。她只比我小几岁，但是由于皮肤光滑、发色黝黑，看起来比我年轻很多。她看到我的头发后尴尬地笑了，当时我已经任由头上的白发长了三个月，这已经是我的极限了。就在那一年的夏天，我刚刚做好心理建设，提醒自己要坦然拥抱衰老。我可真是虚伪啊，一边支持拥护衰老，一边在掩盖身上的一些衰老迹象。所以，这一次我下定决心不染色，让自己的头发自然生长，看看会变成什么样。

我的头发在我 30 多岁时就变白了，我所有家庭成员里都没有这样的先例，因此我将其归咎于医学培训的压力。在 34 岁那一年，依然单身的我让理发师把我的头发染回原来的深棕色。在接下来的近 20 年里，我一直都拒绝挑染或是用其他发色装饰，声称自己不想显得年轻，只想看起来符合真实年龄。等到了 50 岁，我就再也不对染发师说这些话了，因为无论是否通过染发掩盖，绝大多数步入 50 岁的人都会长出白发。

"那么我们来看一看……"染发师站在我身后，而我们面前是一面长长的镜子，我们都凝视着镜子里的头发。为了对这次染发表示尊重，我没有用心爱的染发棒掩盖发际线周围和其他部分的白发。

我承认，每当看到染发棒魔术般遮盖住白发与黑发的分界线时，我都会松一口气。

"看来你不喜欢。"染发师笑吟吟地说。

我解释说自己很确定（也许不是完全确定），内心抵触的是染色的头发和自然生长的新头发之间那条明显的分界线，而不是白发本身——在我看来，那条分界线既邋遢又丑陋。特别是，我的工作环境中大多数女人都会染发，所以我担心自己看起来太苍老或显得不够专业。最重要的是，我对自己的这种担忧感到恐惧。

听完我的描述，染发师建议做一些挑染来掩盖那条分界线。我同意了。

生物学只是衰老的一个原因。如果将衰老视为"先天"存在的复杂过程，那么"后天"因素也扮演了极其重要的角色。人们衰老的时间、方式和体验，还取决于环境、应对机制、健康情况、行为表现、财富、性别、地理位置和运气。人类都属于同一物种，拥有相同的生物学寿命，但这些后天因素对真实寿命影响极大。在富有的摩纳哥，人们的平均寿命将近 90 岁[157]。也就是说，当地人会经历近半个世纪的老年时期和数十年的高龄时期。而在贫穷的乍得，人们的平均寿命低于 50 岁，衰老时间更早，老年时期更短。即使在美国境内，寿命差异也很明显：马萨诸塞州的亚裔美国人平均寿命为 89 岁，而南达科他州的印第安裔美国人平均寿命则短得多，基本活不到 70 岁。在衰老过程中，生物学确实是重要的因素，但绝不是唯一的因素。

在 21 世纪的头一个 10 年，我和一位同事曾在当地一所监狱提供老年病咨询服务，咨询对象为 50 岁及以上的犯人。如果一位 50 多岁或 60 多岁的犯人是第一次入狱而且入狱没几年，我们的健康评估流程就会很快，一般他不会有任何老年疾病，评估出的生理年龄处于中年；但如果一位同年龄段的犯人一生都在贫困中度过，曾多次入狱或已服刑数十年，抑或患有严重心理或身体疾病，那么他的生理年龄基本等同于 70 多岁或 80 多岁的老人。

所有健康出生的婴儿在成长发育的过程中，各个器官的功能都会比身体所需的基本功能更加强大，这种现象存在于人体所有器官中，在生物学上被称为"冗余"。例如，我们大多数人都拥有两个眼睛、两只耳朵、两个肾、两片肺、两个卵巢或两个睾丸，但事实上如果只拥有其中一个（哪怕是带有缺陷的一个），我们也能维持正常生活。由于单个器官还具备"储备能力"，因此在正常情况下，如果某个器官功能有所下降，它仍可以继续运作，发挥作用。但要注意，这里的"正常情况"是必要前提，因为衰老过程是体内平衡丧失的过程，步入衰老期后，人体在面对威胁时的自我调节能力和维稳能力都有所下降。所以，在你真正跌倒之前并不会感受到老年骨质疏松的威胁，年轻时骨骼更强壮，就算跌倒也并无大碍，但老年时期的摔倒则可能导致骨折。随着年龄增长，心脏会变厚、变硬，起搏效率降低。当你安静地坐在椅子上，或在公寓平地上行走时，你或许感受不到这些变化；但在某些情况下，比如爬楼梯时或生病时，身体对心脏的需求增加，心脏功能下降的迹象就会变得很明显。

加利福尼亚大学伯克利分校教授盖伊·米寇在纸巾上的涂鸦画似乎可以精准反映出衰老的生物学现象，他描绘了一条随着年龄增长而不断下降的生物轨迹。如果研究人体内任一组织或器官的解剖或生理组成部分，比如感觉神经或快缩肌肉纤维的数量、肾脏血流量、循环性激素量、唾液量、肺活量，那么我们会发现在整个生命周期中，这些数据呈稳定下降态势：神经元和纤维量下降，血液和唾液量减少，激素水平和肺活量也在下降。这些事实让人不得不赞同菲利普·罗思的观点："老年不是一场战斗，而是一场屠杀[158]。"

我们正是在这一层面受到了医疗带来的伤害，如果仅从器官这一单一视角来看待问题，那么我们只是管中窥豹。大多数人更关注的其实并非身体的某一具体部位，而是如何从整体上改善自己的健康。值得一提的是，一个人完成某一行为的能力（与一个细胞或一个器官不同）不仅仅取决于生物学能力，而是涉及方方面面。

有些躯体功能会下降，但还不足以令人察觉。生活中的一些决策和行为会使躯体功能的衰退速度放缓，但这些行为对一些人来说更容易实现，对其他人则未必如此。和生活中的大多数情况一样，幸运的人总是拥有更多医疗资源和医疗知识，因此他们也往往能做出更好的医疗决策，某些人居住的社区甚至都比其他社区提供了更多的医疗支持[159]。

而从社会政策角度来看，最重要的一点是，影响一个人身体功能的因素常常与生物学无关。假设我们要将一位 20 多岁的年轻人、50 多岁的中年人和 80 多岁的老年人的听力情况绘制成曲线图，那么得到的结果一定是一条下滑曲线。但事实上，听力下降是否对其生活造成实质性影响，并不单纯地取决于他们目前的听力水平，还取决于他们的生活环境。在家中或是在职场中，这三个人的听力也许都没有什么问题，但如果把他们放在一个喧闹的餐厅或会议室，那位 80 多岁的老人或许就只能听到环境噪声了。在这个例子中，人耳的功能没有发生任何改变，耳蜗神经元和毛细胞数量显然没有降低，变化的是环境本身。如果环境噪声再大一些，那么平常并没有发现自己的听力与 30 年前有任何差异的那位中年人，或许就会遇到听力障碍。如果噪声足够大，它甚至还会影响那位听力最好的 20 多岁的年轻人。更糟糕的是，在这些环境中，原本健康的听力也许会受损，从而增加将来失聪的风险。因此，在人生各个阶段，生物学变化给生活带来的影响程度还取决于我们身处的环境。

尽管染发师对我的头发进行了挑染，但随着新头发自然生长，它渐渐变成了一种难以形容的难看的颜色，没有花白的效果，也没有和年龄匹配的洋气的感觉。而这背后绝不仅仅是审美问题。

对 40 岁以上职员的歧视在各个领域都很明显。对很多人来说，一头白发就代表老，而老就意味着过时、被淘汰、出局。我只想看起来"正常"，但在我身处的社会阶层中，除非年纪很大，否则正常女人是不会有一头白发的。有时，甚至高龄的女人也不该有白发，除非她的白发非常靓丽。世俗的要求我们"永远不老"，而许多人为了躲在人群中，都选择顺应世俗要求，他们不敢脱颖而出，因为一旦脱颖而出，他们将面对众多关于外表、能力、价值的偏见和刻板印象。

格洛丽亚·斯泰纳姆在 1974 年就曾总结过这一现象，她描述了自己 40 岁生日聚会上的一次谈话："一位记者好心地告诉我'你看起来可一点都不像 40 岁的人'。我当时的第一反应就是——'这就是 40 岁该有的样子。[160]（关于年龄和外貌的话题）我们隐瞒得太久了，如果再不说出实情，有谁会知道呢？'"

刚过完感恩节，我就给理发店打电话预约了下一次染发时间。到店后，染发师露出了同情的笑容，她猜到了我会来。尽管《圣经》上说"白发是荣耀的冠冕"，但时代已经变了。

两年后我再次尝试留白发，还有其他人也在做这样的尝试。对许多人来说，突然间，头发似乎变成了政治和社会行为的重要表征。生物学规律表明，55 岁的外表应该与 40 岁截然不同。我想生活在一个不为幻想投入如此多时间、金钱和精力的世界，并把所有宝贵的资源都用于展示和享受自己真实的人生阶段。但每一天我都陷入自我怀疑，这样做到底是勇敢还是愚蠢？

"麻烦的家属"

四周前我父亲进行了 4 次冠脉搭桥手术和瓣膜修复手术；三周前他经历了膀胱感染、咽部受伤、心力衰竭、夜间意识混乱（谵妄），并装上了起搏器和饲管；两周前他出院回家。而此刻，在我扶他上厕所时，75 岁的父亲血压骤降，双腿一软倒在地上。

我把他扶起来，大声喊母亲来帮忙。像其他医生一样，我用手检查父亲的脉搏，脉搏正常：没有停顿，也没有加速或减速。

我母亲已经 71 岁了，幸运的是她一直都很健康。父亲摔倒时，母亲正在做晚饭，听到我的喊叫声后立马放下手里的沙拉碗，一步两级地快速爬上楼。她说自己当时被我的语气吓坏了。

把父亲平放在浴室地板上之后，我一边让母亲不停地和父亲说话，嘱咐她一旦父亲没有反应就立即告诉我，一边拨打了急救电话。

在急诊室进行输液后，父亲感觉好多了。母亲一直握着他的手，我们聊起这家新医院和过去几周父亲住的那家医院的差别。医生走进来，告诉我们心电图和实验室检测报告没有明显异常，但血液稀释剂反应值高于正常水平。他推测是脱水导致的问题，说保险起见还是多观察一会儿。

由于房间很小，除了母亲陪在父亲身边，我们其他人一直在到处走动。突然我父亲的血压又下降了，我告诉了护士并给她让道。护士走进房间后关掉警报，增加输液量，然后重新检查血压，数据有所回升。但不到半小时，读取血压值的监测器显示数字由三位数变为两位数，而且在不断变化，刚刚被护士静音的警报器没有任何反应。我按下呼叫按钮，护士过来检查时，我让她去叫医生，但医生迟迟不来。于是我走到护士站，向正在开会的医生和护士反映父亲的情况。他们表现得很礼貌，但举手投足间都在暗示我：他们的工作很辛苦，并不是只有我父亲这一个患者要处理，而且他们已经给不同病例的紧急程度合理排序。我问自己，过去曾多少次像这些医生一样，在患者和患者家属面前做出承诺，最终却让他们得到这样的回复。

在父亲生病的数周内，我一直尽心照护，对我来说，现在只尽一个女儿的义务，把医学工作交给其他医生会轻松很多。可在理智之外，我心中一直有个想法挥之不去，我不想只扮演患者女儿的角色。同时，我不想成为让医生和护士抱怨的那一类家属，但既然我现在已经给他们制造了麻烦，似乎也没有必要再压制我的心声了：从父亲的病史和现在极低的血液浓度来看，我推测他有内出血情况。

我把手搭在父亲的手臂上，让他听到我在说话："爸爸，如果我给您做个直肠检查，您会很介意吗？"

医生会做很多在其他人看来无法接受的事情，因为我们接受的专业训练不仅教我们如何做这些事，而且教我们如何在正常人都会感到不适的情况下做到不介意、不在意。给自己的父亲做直肠检查和给其他人检查的流程没什么不同，但从某种角度来说又完全不同。幸运的是，我父亲也是一名医生，所以在听到我这个疯狂的想法时，他微笑着说："孩子，大胆做你必须做的事。"

于是我找来一副手套和润滑油，让父亲背过身去。检查完后，我举着带血的手套走到门外的走廊上，以此证实我的推测。

我知道从专业角度来看，举着血淋淋的直肠检查手套走去护士站并不是最佳策略，但它的确奏效了。一位护士跟着我走进父亲的病房，看到我母亲惊慌失措地抱着一个装满鲜血和血块的便盆寻求帮助。短短几秒钟内病房里就挤满了医护人员，几分钟后重症监护室团队也出现了。看到他们后，我退到一边，重新回归患者女儿的角色。

现在回想起来，最耐人寻味的是，相比于给父亲做身体接触密切的直肠检查，为了让医护人员照看父亲而努力博得他们的关注才是让我感到更加不适的。之前两个多小时，我一直在遵守医疗礼仪的潜规则，强忍内心的煎熬，站在医生和护士的立场考虑他们对"麻烦家属"的感受，一心扮演积极配合的"三好家庭"成员，却没有扮演好一个理智的医生女儿这一角色。

或许很多医生都会做出和我不同的选择，但我的行为背后的原动力是当下医疗文化的一大特点，即当我们声称某些患者或某些患者家属"好"，或说他们"不麻烦"时，其实是在主张他们保持沉默顺从。所谓的"好"，往往代表你不质疑我，不麻烦我，让我全权负责医疗措施和治疗计划。这种"好"的定义与我们所理解的应该包含多方协作的真正意义上的"好医疗"背道而驰。无论是疾病的诊断，还是以照护和治愈为核心的治疗，要想获得最佳效果，都有赖于患者和患者家属的积极参与。

大多数被视为难伺候、难应付或是兼而有之的患者和患者家属，通常只是想努力治好自己或家人的疾病。我们有时会因为这些人的主张而感到困扰甚至恼怒，也恰恰证明了现行医疗文化仍有改进空间。如果医生和护士能够换位思考，将这些一直在发声的患者看作积极参与治疗的患者，将他们的主张视为患者最紧迫、含有潜在重要信息但尚未被满足的医疗需求，那么我们将受益匪浅。但这一点目前很难实现，除非医疗系统开始重视和奖励医生与患者及患者家属的交流工作。

多年以后，在我心中最鲜活的画面既不是父亲在四面贴满冰冷瓷砖的浴室中摔倒，也不是医院里装有鲜血的芥末色便盆，而是如果我不在现场，可能会发生的更糟糕的情况：我的父母昏昏欲睡，依偎在病床上，紧闭着双眼，母亲把她的头靠在父亲的胸口，神情放松。这时父亲的血压从平常的 130 降到 80，紧接着降到 70，血压监测器或许已经被人关掉，或许根本没人注意上面的数据。房间里灯光昏暗，小睡片刻也许会让他们舒服些，也许醒来后他们就要回家了。

养老还是囚禁？

我回去见妮塔的时候，已经来不及了。

两周前我跟妮塔告别时，她正在住院，因为摔倒而髋部骨折，刚刚做完手术。几天后，她就出院并搬去了一家专业照护机构（是我不会选择的那一类）。那里的工作人员用镇静药治疗妮塔的谵妄症，她几乎已经不再进食，也没有接受任何物理治疗。现在的她卧床不起，身上有一个巨大的褥疮，而且营养不良，伤口还感染了。眼下，唯一的选择只有对妮塔进行临终关怀。

我开始怀念妮塔摔倒前的时光，那时我去她家进行家庭医疗照护时，总听她说起自己会如何老去："你刚来的时候我 92 岁，后来我慢慢变老，变成 95 岁、97 岁……等我到 100 岁的时候，你就不用再来了。"我喜欢听她叫我"亲爱的"或"宝贝"，有时就算她不记得我的名字，也仍然会记得她喜欢我。我曾经那么喜欢听她讲笑话。

"为什么警察要逮捕皮带？"在我准备抽血工具时，她笑着问我，"因为皮带绑架了裤子！"

妮塔的儿子和女儿和她住在同一个街区，尽管都到了退休年龄但仍然在工作，因为他们想赚足够的钱为母亲提供 24 小时不间断的居家照护服务。听说妮塔时日无多后，他们伤心欲绝。妮塔的儿子在电话里问我："怎么可能呢？我以为只有医院和手术才会让她有生命危险。"

我完全可以回答他的问题，因为几乎在妮塔患病的每一个阶段，她接受的都是主流治疗，而不是她最需要的治疗，也不是对衰弱的老人最有益的治疗。

现在越来越多的医院为髋部骨折的老年患者提供骨科和老年病科的协同治疗。外科医生负责修复髋关节；老年科的医生负责手术之外的其他问题，包括控制其他各类病症和满足患者的生存需求。通过这种协同治疗，患者可以更快速地进行手术，避免一些不必要的检查，降低患上谵妄症的风险，更早出院，而且在出院一年后更有可能恢复行走能力，不让骨折影响他们的生活质量[161]。

医院并不是唯一会造成问题的因素。我一直提醒自己要忍住，别在妮塔的儿子面前说"我早就提醒过你"。妮塔的儿子在休假前曾告诉我，他们正在考虑让妮塔搬进她现在住的这家照护机构，因为离家很近。

"这样我们上下班的路上就能去看她。"

我没有直接告诉他这家机构的风评有多差，而是极力推荐了另外两家更好的机构。现在我后悔了，当时应该再强调一下选错护理院的后果，并告诉他不论妮塔住进哪一家照护机构，他们都不能妄想当甩手掌柜，并天真地以为照护机构会完美地处理所有问题，事实上后者甚至都无法有效处理这些问题。我也应该把自己照顾父亲的经历告诉他，当时我虽然努力想为做完手术的父亲找一家市内最好的护理院，但我们一家人依然轮流陪在他身边寸步不离。后来情况恶化后，我们才雇人在晚间帮忙照看父亲。我在医院和护理院都待了很长时间，我太了解这两个地方了，所以我很清楚如果家人不陪在老人身边，那么情况很可能会变得糟糕透顶。

妮塔的家人以为医院的医生和负责出院安排的工作人员都有能力提供妮塔所需的出院指导。事实上，如果和大多数医疗专家进行面对面的交谈，你就会发现他们似乎都很清楚大多数护理院只会缩短老人的寿命。但由于医院的治疗质量和医疗资源的最优分配都与患者的出院情况密切相关，所以医院不断给医护人员施压，要求他们在患者完成计划时间内的诊疗后尽快安排患者出院。而这些负责出院工作的医生往往缺乏门诊医疗、老年医学、医疗运输和家庭医疗照护方面的专业知识，因此对他们来说，向尚未准备好回家休养的患者推荐护理院就是最佳且最简便的方法。但问题在于，他们对护理院的情况也并不了解。

2017 年，一篇发表在医学杂志上的文章调查了医院的医生将患者推荐到护理院[162]的过程。文章提到，医院施加的压力加快了患者的出院速度，进而将专业疗养机构看作一张"安全牌"。文章还提到了医院内部缺乏出院决策机制，也没有匹配患者需求和疗养机构特点，对当地疗养机构的质量和患者入住结果也知之甚少。这一普遍现象解释了为什么在我的劝说之下，一心想为妮塔提供最优照护的家人最终仍把她送去了一家服务质量很差的疗养机构。

法国作家安妮·埃尔诺在《一个女人的故事》(*A Woman's Story*)一书中描述了她母亲人生中重要的转变，而这些转变几乎每天都会在老年人身上发生。在一个温暖的日子里，埃尔诺的母亲突然晕倒，被送至"养老院的医疗部门"（美国没有这样的部门），并在那儿补液和进食。几天后埃尔诺的母亲觉得自己已经恢复正常了，但她当时没有意识到她所谓的"正常"也并不如从前。埃尔诺写道："母亲坚持要离开养老院，还威胁说'否则就从窗户跳下去'。"[163]但是医生说她已经无法独自生活了，建议我把她留在养老院。"不过，最终埃尔诺还是把母亲带回了家，接下来发生的故事都浓缩在书中的这句话里："回家之后，她的人生故事就暂停了，因为社会上已不再有她的一席之地。"[164]

其实故事没有真正暂停，随后埃尔诺描述了母亲的意识混乱、自己的车祸、母女俩的愤怒，还有母亲的健忘、幻觉以及奇怪的饮食习惯和住院经历，在医院里"护士不得不把她绑在椅子上，因为她不停地试图从病房里逃出去"。[165]在那之后，埃尔诺把母亲送进一家护理院，那是一栋位于医院背后的现代大楼，听起来很不错，管理也很智能。有一天晚上，埃尔诺去护理院看望母亲。"当时是下午6点半，但母亲已经睡着了，她穿着一条衬裙，睡在皱巴巴的床单上，抬着膝盖露出自己的私密部位。病房里的温度很高……住进护理院的短短几周内，她就失去了自尊。"[166]

她可能吃了药，也可能是感到很无聊。这些住在护理院的老人从不把自己视为"住客"或"患者"，而往往自称"犯人"。走在大多数护理院的走廊里，你都会看到"停"在四处的老人，有的在睡觉，有的在凝视某处，有的则在尖叫。这里的气味和家里完全不同，食物也是如此。工作人员都穿着统一的制服而不是自己的衣服，他们的工资很低。有些人选择这份职业是因为喜欢和老年人相处，但更多人只是想要这份薪水。对他们来说，这份工作是可选范围内的最佳选择。很多时候，住在这儿的老人和在这儿上班的工作人员都不想待在这个地方。被社会抛弃后，老人被送进护理院，还经常被贴上"老顽固"或"难相处"的标签。他们的这些行为——拒绝自己不喜欢的照护或试图逃离像监狱一样把自己囚禁起来的地方，都不能算作理性的自我保护。

妮塔最后住进了那种地方，本质上来讲是一个让她失去生命的地方。那里的环境和气味就像一家劣等医院，和家庭环境没有任何相似之处。在那里，老人被绑起来，大声喊叫，但无人问津——这种现象虽不普遍，但时常发生，问题是到底多久发生一次才能算作不正常现象呢？如果你很爱一个人，或者内心认为需要帮助的人类都应该得到友善的对待，那么你的回答极有可能是"一次都不应该发生"。

人们常常认为是现代社会的老人变得和过去不同了：过去的老人都是留在家里由家人照顾的。但事实上，为老人提供基层医疗保健的养老机构已经有数千年的历史，从某种程度来说，过去对养老机构的需求甚至比现代社会更大。因为在人类历史的大部分时间里，高龄老人活着时，孩子通常已不在人世。值得一提的是，尽管随着时代变迁养老机构的运作方式有所变化，但从古到今它们几乎都是以两大阵营存在的：同情派和厌恶派。

退休制度和退休金直到19世纪末和20世纪才分别在欧洲和美国出现。在此之前，所有不富裕的人，也就是大多数人，或是没有家人和朋友照顾的人，为了自给自足都不得不继续工作。当疾病和年龄迫使他们无法再从事任何工作时，他们就会陷入贫困和无家可归的生活状态。在某些时代，人们步入这一人生阶段后会饱受折磨继而死去；而在某些时代，这些人则会被送去济贫院或贫民区，和罪犯以及精神患者住在一起。当时，无论多少岁，没有工作能力都被视为一种不良的品格。因此，有关部门常常会把这些人从大街上赶走，将他们塞进寒冷、肮脏，只提供极少食物的社会机构，而这样的生活条件连流浪汉都不愿接受。不过，也有宗教组织或政府出于对老年人的同情，为他们建造满足生活需求的机构设施。在各个时期的各个国家，这两类"养老"模式反复出现。

在罗马帝国时期（以社会高效著称的时代），由君士坦丁堡率先[167]建立并发展了一种叫作"gerocomeia"的养老院体系。建造这些房屋的初衷并不是让老年人离开大众视线，恰恰相反，罗马皇帝每年都会特地拜访住在那儿的老年人，以肯定这个群体中潜在的政治力量。在基督教发展早期，修道院经常会为年老体弱的人提供食物、住处和照料，这些热情友好的服务就是现代医院和医疗机构的起源及雏形，不过它们更侧重于日常照料而非医学治疗，所以功能上更接近现代护理院。基于这些当地机构对老年人的帮助，拜占庭的统治者、教堂和慈善家开始在全国各地的修道院周边建立护理院，以此确保当人们生病、衰老或残疾时，无论住在哪里，他们都能在附近找到护理院获得帮助。

尽管老年人总是需要帮助，但在宗教统治的年代，他们具有精神层面的价值，因为他们被认为更接近上帝。而当权力由教会移交给国家时，老年人的精神价值不复存在，他们转而变为一种社会问题。将羸弱的老年人与社会隔离并以此作为控制或惩罚他们的手段，往往只是权宜之计。将需求类似的人集中在一起，有助于集中相关社会资源，尽管这会导致社会系统性的隔离和人性丧失。国家管理人民，是为了教化人民，维护社会秩序，以及彰显一个国家解决各阶层人民问题的能力。如果大街小巷都是又脏又饿的穷人或老人，这就代表这个国家的治理很失败。

对比几个世纪以来英国和法国的历史，就能看出政府对老年人生活的影响。英国以教堂为核心的养老制度一直都运作良好，直到新政府上台，以完全与老人无关的原因改变了一切。在宗教改革时期，国王亨利八世为了让新教统治天主教，彻底废除了修道院，与此同时被废除的还有当时的养老院。直到几个世纪后，《伊丽莎白济贫法》[168]的出台才使英国政府重新开始支持教区照顾当地贫困年老的居民。

法国一直都没有建立服务型机构或收容所，直到 17 世纪中叶才颁布相关法令，而当时英国的养老情况已经开始走下坡路。这一时期的收容所并不等同于现代医院——现代医院的雏形直到 1789 年法国大革命后才出现，而是同时作为监狱、精神病院和老弱病残庇护所的多功能机构。把老年人与罪犯、精神病患者和残疾人安置在一起，这显然能说明一些问题。尽管如今这些不同群体的生活已分隔开来（当然，有些人同时符合多个群体的特征），但多年以来人们对这些人的基本态度几乎没有太大改变，每一类都被贴上"开销巨大、拖累他人、没有社会价值"的标签。从一开始，照顾这些弱势群体的方式就引起了诸多怀疑，比如将他们隔离在社会之外是为了给他们提供所需的关心、帮助和治疗，还是为了实现其他社会目的。许多人声称将罪犯隔离可以保护大众安全，将精神病患者和残疾人隔离，是将监护和治疗患者的责任移交给政府，分担他们家人的压力。如果这么做是为了实现对大众的保护，这就意味着把健康正常人的生活建立在弱势群体完全不存在的基础上。人们自在地过着自己的日子，生活里看不到"不健全"或"拖累他人"的人，并想当然地认为自己一辈子都不可能陷入这样的困境。于是，各个国家都有越来越多的家庭放弃他们应该背负的赡养义务。

有时，那些身患重病的人不想拖累家人，拒绝住在家里或接受治疗，最终只能流落街头。历史长河滚滚，但养老情况变化甚微。20 世纪 70 年代，美国精神病院虐待患者、无视患者的恶行被披露后，去机构化成为行业标准。但走在今日的旧金山或任何一个美国城市的街头，你仍然能看到蜷缩在商铺门口、天桥下、路边帐篷里和交通安全岛上的流浪汉。尽管跨越了几个世纪的发展，我们依然没有找到令人满意的解决方案，这不得不让人怀疑我们采取的策略是否存在重大缺陷。

随着 20 世纪医学诊断和治疗技术的巨大进步，老年话题已经成为医学话题，人们开始从医学角度看待老年人这一"问题"。一夜之间，护理院的目标对象不再只是穷人，而是所有身体需要他人持续照料的人。这些机构是为被社会淘汰的人群设计的，仍秉承着济贫院时代对待老人的态度。没有人愿意投资或真正关心老人的生活，就像一位九旬老人曾对我说的那样，他们这些人"已经过期了"。

后来护理院的类型再次改变，背后的部分原因是出于好意，部分则是为了利益。几十年前的护理院由公共机构转为私营机构，并涌现出大批与护理院功能相当的机构设施，从小型寄宿式家庭到有点像大学宿舍或游轮的高端生活辅助中心。这些机构的出现不仅使护理院的人气持续走低，还带来了新的挑战。越来越多掌握着优渥资源和选择权的虚弱老人在生活辅助中心度过生命最后几个月或几年的时光，尽管建造这些中心的初衷并不是服务老年人。而经济状况不佳的老人最终则会陷入危险的生存状况[169]，没有足够的食物、社交或生活费，无法获得帮助，除非他们能熬到领医疗补助的那一天。但只有少部分地方愿意接受领医疗补助的老人，一旦去了这些地方，他们所有的个人经验都将不复存在[170]，只会被贴上"老年"这一标签并遭受辱骂。

虽然这些机构里经常发生恐怖故事，但事实上，和家人住在一起的老人境遇也是如此。在这两种情况下，弱势群体都被关在门内，和比他们更有力、更强大的人待在一起。除了衰老带来的身体变化，这些可见的命运也是晚年生活令人感到恐惧的原因。任何人都可能经历最糟糕的结局，事实确实如此：老年人被忽视和虐待的案例比比皆是，无论其处于哪个社会阶层，拥有什么教育背景或在哪个国家。如今，在哪里度过晚年的选择确实比以往任何时候都多，但真正让人满意的选择仍然很少。更糟的是，无论是个人还是集体，我们都紧闭双眼假装看不到，躲避变得苍老脆弱的朋友和爱人，直到某一天我们突然发现自己口中的"他们"变成了"我们"，然而到那时，一切为时已晚。

有时我会在课堂上展示一张护理院走廊的照片：一群老年妇女坐在轮椅上，阖着双眼，双手撑着耷拉的头。难道不仅是年轻人对"老年"本身或"应对某种老年情况"的方法不感兴趣，连羸弱的老年人自己也不感兴趣吗？

纳舍尔指出："如果老人被分配做一些轻松的工作，他们就不会精神崩溃，而且衰老的速度和程度也远低于那些终日无所事事、只能坐在长凳上发呆[171]的老人。"玛乔丽·沃伦也提出了类似的观点，她在西米德塞克斯遇到过众多精神错乱、几近崩溃的老年患者。她坚持认为，只要处于一个更加积极愉悦的环境中，任何人的生命状况都能有所改善，而且探索任何残疾人的康复潜力都是极富价值的过程。后来，沃伦的患者中有很大一部分都回到了自己的家，即使是那些病情改善不明显的患者，也都过上了更加舒适、更加充实的生活[172]。

1950年，也就是沃伦改造老年病房的15年后，英国卫生部宣布："'济贫院时代'已成历史。地方政府都在规划建造让老年人生活舒适、保有尊严的小型养老院。过去'主人和囚犯'的关系[173]已一去不返，取而代之的是更接近'酒店经理和客人'的关系。"但历史的浪潮日新月异，不同年代的政府都只是从有限的"武器库"中选择"武器"。2016年，在旧金山湾区超级碗大赛前，市长要求流浪汉搬迁，把他们赶去偏僻的地方并且只提供帐篷。同一年，地方报纸刊登了关于无家可归的老龄化人口[174]的文章。

"护理院肩负着超乎寻常的重任——照顾失败者。"[175] 这是电台主持人罗宾·杨在《此时此刻》(*Here and Now*) 这档节目中的评论。虽然我们一直在使用护理院，纷纷把"至爱"送去那儿，但我们内心都希望自己的晚年生活不会沦落至此，而护理院也从未获得充足的社会资金。如今，"我们把她接回家了"或"他现在住在家里"听起来要比"我们把她送回护理院了，她会在那里度过无聊又无趣的晚年生活"或"他现在住在护理院，因为我们无法抽身去照顾他"这些话好得多。当然，将如此复杂、多元甚至某种程度上具有结构性的问题归咎于个人是最简单的解决方法，但起码最后那句话还应该再加上："鉴于我们的社会在赡养老人方面给予的支持微乎其微"。

治疗的狂热

有时我讨厌自己的同事。

胡安患上癌症时已经 86 岁，同时患有心脏病、关节炎、糖尿病以及脑卒中导致的身体一侧无力和轻度痴呆。确诊患癌后，肿瘤医生们给他安排了永久性化疗和放疗（放射性治疗），这使胡安变得极度虚弱。而在胡安接受治疗 10 个月后，医生告诉他这种病无法治愈，还说他们也无能为力。

某一天，一位叫作德博拉的患者刚开始接受临终关怀，却由于护理院的工作人员忘记确认她的档案而被误送进医院急诊科。德博拉的家人心急如焚，立即给那位将德博拉转入急诊科的医生打电话，向他解释情况并要求将德博拉送回家。回家后，负责临终关怀和基层医疗保健的医疗团队会接手后续治疗。但急诊科医生说要给德博拉做一次CT检查，因为他们怀疑她可能是脑卒中，需要注射强力血液稀释剂。这位医生不明白的是，做这些检查没有意义，完全不会给德博拉的生命状况带来任何改变，同时他也没有意识到，尊重患者垂死前的治疗意愿不仅是合法的，也是合乎道德、具有善意的医学决策。他说："我们不能坐视不管，不提供任何治疗手段。"对他而言，只有某些医疗活动（扫描检查、药物服用）和医疗场所（医院、急诊科）才能算真正的医疗。

还有我的患者阿尔伯特，他已经94岁了，由于耳聋，他已经与过去的朋友们疏远，就算戴上助听器也听不到什么声音。走路对阿尔伯特来说越来越困难，他在大多数时间里都是独处，也越来越容易生病。一次阿尔伯特在房间外摔倒撞到了头，一个路人看到后叫来照护人员。照护人员想送他去医院，但阿尔伯特拒绝了，因为他身上没有什么伤口。照护人员坚持说他可能有脑出血，自己也是一名医生的阿尔伯特反问道："那又怎么样呢？"鉴于他生活的现状和可预见的未来，相比于去医院治疗脑出血，阿尔伯特更希望能陷入昏迷，在自己的床上死去。当天晚上，阿尔伯特用微波炉加热了速冻晚餐，看了一会儿电视后上床睡觉，但他没有如愿死去。

阿尔伯特只是个例，大多数人在临近死亡时都不知道自己想要什么或期望什么，只是遵从他人的指示，听从所谓的医学知识，相信为自己治疗的医生既善良又客观。但医生也是有缺陷的普通人，也会犯错，也只是其所属的文化和历史的产物。就像发明"安宁疗护"一词的加拿大医生巴尔福德·芒特在几年前写的一样："医疗界的我们不配获得什么赞美，因为我们正在忽视真实的情况，正在让无法开口的患者遭受折磨，而这些痛苦死去的患者已无法再为自己曾遭遇的医学过失发声……我们从未意识到，自诩善良、称职并一直朝这个方向努力的医生或许根本不善良，也不称职……而患者是不敢质疑或烦扰我们的，因为他们不敢得罪治疗他们的人。[176]"

自衰老和死亡这两个问题在20世纪被医学化以来，医学已经将自身视为对抗死亡而非缓解死亡这一必然过程的手段。直到21世纪的头一个10年，医学院才开始将如何与患者进行艰难重要的对话、如何通知病情噩耗、如何评估患者的治疗需求、如何在患者临死前将处理病症纳入标准教学大纲，但在很多专科领域，这些知识技能仍被忽视，没有得到充分运用。因此，以这些技能为基础的老年医学和安宁疗护领域开始登上医学舞台，但事实上这两者受到的关注都很少。虽然医学界正在不断进行改革，但与透析、化疗和程序医疗相关的医疗文化和经济回报仍在，即使这些医疗手段对患者来说毫无益处。[177]

　　同时，死亡也从其他医疗过程中剥离出来，被外包给安宁疗护，仿佛死亡是什么不寻常的事情。

第九章　举步维艰

人生阶段

在古代和中世纪，老年都被定义为一个独立的人生阶段。关于应该把人生分为几个阶段，有各种说法，最常见的理论有"三阶段、四阶段、六阶段和十二阶段"[178]。每一个阶段都被认为具有独特的行为以及健康属性，但横亘在不同阶段的过渡地带非常模糊。亚里士多德认为人生分为三个阶段：生长、稳定和衰落。[179] 其中，后两个阶段在某种程度上分别对应着后来兴起的两个概念，即"健康的长者"与"羸弱的长者"。或许是因为数字 7 在古代有神秘含义，《诗篇九十》（The Ninetieth Psalm）将人类寿命定为 70 岁，并划分为 7 个不同的年龄阶段[180]。这一理论在西方世界持续存在到 18 世纪。

工业时代提倡人类在成年阶段具备专业的工作能力和社会属性，认为童年是一个更为独特的阶段，而将老年定义为一个蕴涵着"自然退休"与"百无一用"等内涵的短暂阶段。"中年"这一概念后来才被提出，最开始是为了区分"有能力的、处于中等年龄的成年人"与"更为年老的成年人"这两个群体，同时填补了人类寿命延长后在年轻阶段与年老阶段之间的空白。在新的人生阶段被诠释后，新的社会机制与术语应运而生。社会历史学家塔玛拉·哈雷文认为：

> "发现"一个新的人生阶段本身就包含着复杂的过程。首先，部分个体意识到了在目前划分的人生阶段中，有一个区间具备特殊属性和独特状态。这一发现被传播到社会上，引起广泛关注。假使恰好与某一重大社会问题相关，它就会引起社会福利部门的关注。最后，政府出台法律法规，设立相关部门[181]来解决与其相关的问题和需求。

通过这样的机制，社会在支持着公民，同时在限制着公民。

现代社会，许多人都曾针对老年的概念提出自己的观点。心理学家 G. 斯坦利·霍尔将"老年"类比为"人生晚期的青春"，他认为"这个世界上只有岁月才能沉淀出对人类、事物、因果乃至人生的成熟看法，只有变老的过程才能孕育出真正的智慧"[182]。1974 年，即将迈入耳顺之年的心理学家伯尼斯·诺嘉顿[183]将老年划分为青老年与真老年，前者指 55~75 岁的人，后者为年龄达到 75 岁及以上的人。10 年后，为研究"超过 85 岁的老人"这一日益壮大的群体[184]的特点，理查德·苏斯曼与马蒂尔达·怀特·赖利在诺嘉顿的理论基础上加入了"极老年"这一概念。在公众领域，这个三段理论也很常见，比如那个博人眼球甚至有些刺耳的"退休生活理论"，即退休后会经历活跃期、减速期、停滞期[185]。

老年科医生也将老年人分类，最常见的是基于疾病情况和生理功能将其分为健康者、慢性病患者、羸弱者、濒临死亡者这四类[186]。马克·弗兰克尔医生提出了更为贴切的五类老年人理论，即将老年人分为自给自足型、互助型（偶尔需要帮助）、依赖型（需要长期照护）、危机型（需要专业医疗介入）和死亡型。

不同老年阶段的划分十分复杂，因为不同于其他时期，处于这一阶段的人可能会在衰老进程中来回逡巡。比如，老年人经历了一场意外、一次心脏手术，或是一次化疗，就会突然比几个月之前苍老许多，甚至会跳过一两个自然衰老的过程，突然拄起拐杖，坐上轮椅，生活不能自理。但经过几个月的康复和治疗，他们可能又会"重返年轻"，显得没那么苍老。同样，如果一个老年人开始锻炼身体，拥有了新的事业或是坠入爱河，他可能就会一下子年轻好几岁，仿佛翻开了人生新篇章。相比于童年阶段与成年阶段，老年阶段是更动态的阶段，可能会突然前进或是倒退，但总体来说，相比于其他阶段，这个阶段仍具备明显的衰老特征。

★ ★ ★

人生轨迹是不可逆的。的确，年迈者通常会变得像婴儿和儿童一样弱小，依赖别人。人生的起点和终点确有一些相似之处，但它们仍是截然不同的两个阶段。这不仅是因为小时候的我们不谙世事，未来一片光明，而年老的我们已经千帆过尽，离死亡更近。伊格纳兹·纳舍尔就用生物理论驳斥了"老年是第二次童年"这一观点：

> 通过比对儿童与老人的生物体可以发现，两者之间没有任何一种相同的器官、组织、生理或心理机能。他们的生命力、新陈代谢甚至本能反应都大相径庭。衰老的过程是渐进的，不可逆的[187]，没有任何一个生理组织在衰老过程中显示出回归年轻状态的迹象。

无论是从生理角度还是心理角度来看，维多利亚时代的观点都很正确：人生是一场奔赴，而不是一个轮回。

纳舍尔还认为，我们在儿童医学领域的治疗手段为老年医学领域提供了理想化模型。儿童的精神、心智、器官、组织尚未发育完全，我们不能将其看作成年人的倒退状态，因为一些在儿童群体中常见的现象，比如大头婴儿、四肢弱小、独特的肌肉力量与脉搏、外貌特征及行为特征，如果放在成人群体中，会被视为是不正常的、病态的。纳舍尔建议："我们必须像分析儿童群体一样分析老年群体。"[188]

100多年后，在1930年，美国心理学家莉莲·J.马丁在《挽救老年》(Salvaging Old Age) 一书中提出，美国的老龄化问题是意识形态问题，而不是生理问题。马丁写道："当我们将老年看成人生的一个阶段，而不是一种身体状态[189]，我们就应该像对待其他人生阶段（婴儿时期、儿童时期、青少年时期）一样。在这一阶段进行明智而谨慎的研究，承认这一阶段具备其特有的人生挣扎、理想抱负与成就。"

渐渐地，我开始这样理解人生：童年、成年、老年是人生的三原色，其他阶段都由这三个阶段衍生而来，就像这世上所有的色彩都来源于红色、黄色、蓝色。

老年阶段的意义

弗兰克所在的护理院打来电话时，才下午两点，我正在办公室处理文件。电话那头的人很焦急。

"什么！"我接到电话后吓得立马从椅子上跳起来，去拿我的出诊包，"告诉他们，我20分钟后到。"

这是个建筑景观如英式庄园般壮丽的护理院，几乎可以作为城市地标。当我到那儿时，弗兰克躺椅旁的那把餐刀已经被收走了。躺椅边上放着女儿苏珊送给他的糖果罐。弗兰克总觉得嘴里发干，很爱吃糖果。出于对父亲的爱，苏珊总是把罐子里的柠檬糖装得满满当当。伤口在他的手背上，大概指关节往下一英寸的位置。

伤口流血了，不过出血量不大，完全不足以达到他自杀的目的。伤口也很浅，不需要缝针。那把抹黄油用的餐刀是他唯一能拿到的工具。餐刀本身就很钝，经过长年累月的使用，刀口已经磨损得非常平滑。

见到我时，弗兰克试图挤出一丝笑容。和往常一样，他衣着得体，穿着一件有图案的褐红色衬衫，外面套一件柔软的灰色毛衣。头发也梳得一丝不苟。

"我连这都做不到，"他说，"连自杀都做不到。"

我紧紧握住弗兰克的手，没有立刻开口说话。因为我不想骗他说这个问题可以交给我解决，我不想伤他的自尊心。

触碰到弗兰克柔软又温暖的皮肤时，我努力表现出关心，也强忍着不在患者面前流泪。这个可爱的老头 92 岁，一心求死，却在无休止的日复一日间，痛苦地发现自己仍然活着。

三年前，我开车来到弗兰克的家。那是一栋浅绿色的房子，门前栽种着一排排天竺葵，花朵的颜色与窗框的白色相得益彰。我的副驾驶上放着两份患者资料：这是一对将近 90 岁的夫妻，他们在这栋简朴的房子里生活了 60 年。房子所在的街道不长，在屋里可以俯瞰高速公路，这条公路穿过一个正在快速发展的高档社区，而它过去只是个普通的工人阶级社区。

我不是来给这对夫妻看病的，只是提供咨询服务，因为他们已经有一名满意的基层医疗保健医生，还有一个专科医生团队：丈夫有固定的心脏科医生、神经科医生、足病医生和肺科医生，妻子也有固定的神经科医生与皮肤科医生。但他们的女儿认为他们并没有获得最需要的帮助，尽管她也说不清具体是怎样的帮助，所以她希望能有一位老年医疗照护领域的专家介入，告诉她到底该如何提高父母的生活质量。因为她明显感受到父母只是在得过且过，而这根本不符合他们的性格，尽管大多数人会把这看作老年人的正常状态。

弗兰克试图自杀的时候，妻子已经离他而去。他住在护理院的一间单人公寓里，虽然空间很大，设施很好，但这里只是护理院。就算是摆上了他自己的家具和相片，这里仍然不是他的家。护理院里有聚餐和娱乐活动，但弗兰克在这儿的第二年，味觉和听力渐渐变差，戴着昂贵的助听器也无济于事。他不再去参加纸牌游戏，因为总是在牌局上出错，也不再去观看音乐家们在护理院举办的慰问演出。他已无法正常行走。尽管他的家人们定期探望，但他们都忙于自己的工作、学业和旅行，所以大多数时间，他只能一个人待在房里。

工作人员会来房里帮他穿衣、洗漱、用餐。他们帮他切好盘里的食物，准备好弗兰克要吃的药片，交代他几点该起床、穿衣、吃饭、洗澡、睡觉。当试图从椅子上挪到轮椅上，或是从轮椅上挪到厕所时，他总是会摔跤。弗兰克坚持自己做这些，一方面是想独立完成这些最基本的动作；另一方面，有时工作人员无法及时赶来，而他会憋不住。为了防止类似情况的发生，弗兰克的护工坚持让他穿纸尿片，最终他妥协了。

弗兰克告诉我他真希望自己已经死了。他曾经服用过抗抑郁药，但没有任何效果。尽管我们期待这些药物能缓解他的抑郁情绪，但其实我们心底都深知药物无法解决他的根本问题。

最近的研究表明，人类身上有 6 种症状比死亡更可怕[190]，而弗兰克就有其中 3 个症状：大小便失禁、无法起床（他可以起身，但是至少需要一个人或是提升设备帮他从床上转移到轮椅上），以及需要全天候照护。

在另外三种可怕的症状中，有两种是不会发生在弗兰克身上的：需要喂食和需要呼吸机。但随着他越来越接近生命终点，最后一种症状可能会越来越明显，那就是"脑子不清醒"。关于这一点，我、弗兰克或是任何人，都无能为力。

显然，这种无助的状态，是人们对老年感到畏惧的一部分原因。这不仅意味着躯体功能的丧失，或快乐的逝去，而且意味着一个人失去了对自己的身体、处境和人生的控制权。如果一个人足够长寿，运势平衡，这样的人生结局似乎在生理上都是注定的。从某种程度上说，看似幸运的长寿和靠药物缓解各种病症的老年生活，似乎无法真正给人带来满足，甚至让人失去很多。因为令人痛苦的事情会接踵而至，生活不会有一丝好转的迹象。幸运的话，这种状态会持续几天、几个星期；反之，可能会持续很多年。

虽然弗兰克不算富裕，但和很多人相比，他享受着更多的优势和资源，比如爱他的家人们——不仅常常来看望他，接到护理院电话后总是及时出现，而且始终在寻找各种各样的方法让他过得更舒适，但他仍然活得很痛苦。事实上，对弗兰克以及我们每个人来说，这些老年症状在我们40多岁或50多岁的时候就已经有迹象了，只是当时它们并没有主宰我们的生活，而更像是在正常健康的生活中蹿出的小火光。

我们自嘲着日益磨损的膝关节、渐渐后移的发际线，有时话到嘴边突然想不起来怎么说，不得不找其他字词代替。尽管我们用开玩笑的口吻谈论着这些，但它们是真真切切发生在我们身上的变化，而对于几十年后真正的老年生活来说，这些糟糕的变化仅仅是个开始。人们会步入老龄，接着是高龄。到了一定的年纪，我们的身体会衰退，甚至背叛我们：皮肤日益松弛，长出皱纹，失去弹性；动作不再敏捷，失去平衡能力。曾经很轻松就能完成的任务，现在只能纸上谈兵，永远变成了过去时。有时随着躯体功能的下降，大脑也开始迟钝，表达能力、逻辑能力、洞察力、记忆力渐渐远去。我们变得虚弱，越来越容易生病，也病得越来越严重。那些最基本的动作——吃饭、洗澡、走路，变得如此艰难、危险、耗时，甚至遥不可及。生活中不再有目标，不再有任务，只有沮丧、无聊和不安支撑起我们的日日夜夜。最终，我们的价值只能被"曾经的自己"定义，而非"此时此刻的自己"。我们不断抵抗死亡，我们也不断接近死亡。

初次见到弗兰克的那一天，我跟着她女儿苏珊走了一段很长的楼梯，走进一个生机盎然的客厅，这对夫妻正坐在那儿等我们。弗兰克借助椅子扶手站起来，站稳后伸出双臂与我握手。他身形瘦削，留着全白的胡须，鼻子大而扁，双手有力。尽管他彬彬有礼，我仍可以看出邀请我来是他女儿的主意。

他的妻子也站起来，不过动作更迟缓，苏珊帮了她一把。妻子那一头浓密蓬松的白发不禁让我联想起蒲公英，她说话很轻，吐字含糊，是帕金森病中期患者的表现。我必须集中精力才能听清她的话。她的真名叫卡罗尔，她却让我叫她甜心。

她瘦小的手在我手中止不住地颤抖，但她脸上挂着灿烂的微笑。

虽然身材矮小，但弗兰克年轻时是个技术娴熟的工人，后来成了工头；自己没有读过大学，却把家里的孩子们都送进了大学。家里几乎没什么东西是弗兰克不会修理的，小到洗碗机、收音机，大到家里的露台和屋顶。直到他中风后不久，他再也修不动了，而那几年甜心的身体也开始衰弱。在我认识弗兰克的前一年，他第一次试图自杀。这件事情是我在询问他的住院史时才得知的。当听说他曾自杀未遂，还把自己关在精神科病房时，我感到非常震惊，因为在此之前，弗兰克和我的交流谈话都是那么真诚坦率，他还会时不时地露出愉快和放松的微笑。弗兰克没有任何精神疾病，意识很清醒，只是不愿依靠别人生活，不愿拥有残疾的身体。他想和年轻时一样，以他自己的方式控制人生。

家人们都不愿意提起他自杀这件事，苏珊把手搭在弗兰克的手臂上，眼含泪光。弗兰克轻声说着话，一会儿看着我，一会儿盯着他的腿。他说他不喜欢自己在脑卒中后被安排进的那个病房，不喜欢医生们对待他的方式，也非常讨厌那个精神科病房。我不知道在他说的这些中，哪一点对他的打击最大，但我能确定他感到无力、悲伤和羞耻。那一天，在他们家，弗兰克承认自己时常感到失落和无助，但始终否认自己的自杀倾向，他说自己没再有过自杀的念头。说这话时，他先看了一眼苏珊，又看了看甜心，眼神出卖了他，显然他心口不一。

一直以来，弗兰克和甜心就是很般配的一对夫妻。甜心负责打扫、做饭、料理家务，弗兰克则负责挣钱养家。甜心不仅比弗兰克看起来更瘦小，性格也更敏感和胆怯。也有可能是在我认识他们之后，她才变成这样的。我猜测她的这部分性格一直存在，只是随着其他特质的式微而越发明显。这种现象在老年阶段时常出现，人们的某些性格会愈演愈烈，不论好坏。这很像我们的耳朵和鼻子在几十年间发育的过程：这两个器官的软组织发育时间很长，贯穿了我们一生，当骨头、肌肉和脂肪都停止生长时，它们仍在生长；随着周围皮肤和组织的衰退，耳朵和鼻子的存在显得更加明显。我拜访弗兰克家的次数越来越多，对他们的故事也越来越了解。显然，这一家的厨房和餐桌是甜心的阵地。

弗兰克和甜心已经结婚 65 年。大约在我认识他们的 10 年前，有一次他们的儿子带上弗兰克和自己的儿子们，进行了一场男孩子的探险旅行。他们离开家，乘飞机去了另一个州，在离家万里的荒野中搭起帐篷。夕阳西下时，弗兰克对儿子说："我不知道今晚能否睡着，除了二战的时候，我每晚都和你母亲待在一起。"

他们的儿子对我说起这个故事时，大声笑了起来，笑声中带着几分怀疑和几分好奇。

弗兰克成功地熬过了野营的那几晚，但甜心去世之后的日子才更难熬。因为他变成了这对幸福夫妻中唯一活着的"代表"。甜心的离去不仅意味着另一半的消失，对弗兰克来说，很大一部分的自己也随着甜心一起消失了。

★ ★ ★

在弗兰克和甜心成为我们上门就诊的患者不久前，他们的孩子就开始安排他们搬去护理院生活。帕金森病使甜心身体僵硬、行动缓慢，而之前的脑卒中让弗兰克变得更加虚弱，活动更加迟缓。他们的房子屋内屋外都有楼梯，就连洗澡或是做饭这样最基本的家务活对他们来说都异常艰难。苏珊说，他们曾经申请钟点工上门，有一阵子确实有效解决了问题，可以替女儿和儿媳为两位老人准备饭菜。但后来她发现，仅靠钟点工不能解决实质问题，因为有时候甜心无法起床，他们俩也无法加热做好的饭菜并把它们端上餐桌。尽管公寓里的主要房间都在一楼，但横在公寓和街道的那几层台阶成了他们外出的障碍。他们陷在这个困局中，无法自救。由于无法承担全天候保姆的费用，在我认识他们不久后，他们就搬去了护理院。

我调整了他们的药物方案，好让弗兰克不再晕倒，也让他们俩都能更舒适地活动，减轻疼痛感。同时我安排了物理治疗与作业治疗，前者锻炼他们的力量和行走能力，后者设计方法让他们能够独立完成一些最基本的起居活动。每一项老年医学干预都有效果，但远不及在一年前或几年前进行干预的效果，也无法解决他们最大的难题。一方面是客观原因，尽管这些康复设施看起来很棒，但这类场所的运作模式一般都像生产羸弱老人的流水线；另一方面是主观原因，无论是弗兰克、甜心，还是陪伴他们的治疗师，似乎都不相信虚弱的老年人真的可以大幅恢复躯体功能。没有人竭尽所能，因为他们可能不知道，或是根本不相信那些科学调查的结果：如果锻炼方法正确，锻炼量合理[191]，就算是高龄老人的躯体功能也能发生很大的改变。还有一个原因是，我提供的治疗方案有局限性。尽管和其他药物治疗相比，我的方案涉猎领域更广泛，但仍仅限于老年疾病和残障医疗。作为医生，我的任务是控制好他们的病情和老年症状，但那其实并不是他们最需要的。尤其是当一个人失去了健康的身体时，他就需要获得其他形式的健康，比如人生目标、人生意义等[192]。要获得这些，不仅需要一个不把老年人物化为"衰老的身体"的社会，还需要一个认为健康与疾病同等重要的医疗体系。

想到悲哀的老年生活时，人们很可能会想到弗兰克和甜心的情形，而医学生、医生和其他医疗专业人士在思考老年医学时，也是如此。

这源于人们缺乏对事物之间差异性的理解，比如"修正"与"帮助"，"抑郁"与"悲伤"，"大多数人享受的轻松舒适一刻"与"对我们人生有重大意义的时刻"。同样缺乏的是对"人类生理命运"与"老年人社会建构所造成的影响"之间的关联性理解，就像在建造住宅房屋时，人们从未考虑过有 60 多岁或 70 多岁的老年人会住在里面，比如那些套着医院的外壳，实则如监狱一般，用最薄的家居木板建造起来的制度化"仓库"。

我只是说了故事的某一面，即老年生活里最恐怖的那一面；我们完全可以创作出类似的童年或成年生活恐怖故事。大多数人看到高龄老人在公共场所中的状态时，似乎都会觉得很合理，直到有一天，当那位被孤立、被忽视、被塞进"仓库"的老人变成了父母、朋友或是自己，我们才会意识到那些看似合理、简单、经济、出于好意的个人或社会决定，那些试图让老年人处于安全状态的社会决策，事实上只达到了一个效果：让每个人都惧怕成为高龄老人。

话说回来，在叙述弗兰克的故事时，我也和大多数人一样，花很多笔墨描述他人生中糟糕的那部分，对于美好的那部分却一笔带过。事实上，当一个人活到 90 岁时，他人生的三分之一都是老年生活，但这个数字不能代表痛苦生活的比例。弗兰克前 80 多年的人生都很幸福，大约有几年的生活不那么幸福，而只有最后一到两年的生活可以被描述为"不幸"。不幸的那一部分值得关注，我们确实要设法改善这一部分，但这并不等于说他所有的人生，或者所有的老年生活都是不幸的。这种论断失之偏颇。

弗兰克和甜心住进了护理院里那间采光很好的双人卧室，不到一年，甜心得了肺炎。我们控制住了肺部感染，但她从未痊愈。她开始卧床不起，吃不下去，还生了褥疮。我们把甜心的家人召集在一起，开了家庭会议，决定开始对甜心进行临终关怀。

在甜心去世前的几个星期，弗兰克一到晚上就躺在她旁边，不让自己睡着，仔细听甜心的动静，听她是否发出什么不舒服的声音。他们的婚床被搬走了。现在这间小卧室里，放着两张床，一张是给弗兰克新买的单人床，对面则是甜心的病床。弗兰克曾试图拒绝让他们夫妻俩分床睡的要求，但就像他之前的大多数抗争一样，这一次也以失败告终。根据医疗要求和政府规定，无论是对甜心自己还是对她的照护者而言，这张有医疗设备的病床都是很有必要的。

听到甜心在床上呻吟时，弗兰克会马上起身照顾她。有好几次，在试图跨过两张床之间那段很短的距离时，他都摔倒了。有时他能自己站起来，有时他不得不爬到呼救按钮那儿，按下按钮等人来帮他。弗兰克对我说："他们总是不紧不慢地赶来。"

在那段照料甜心的日子里，弗兰克看起来憔悴极了，眼袋几乎要挂到他的胡须上。整整 70 年啊，我不断地在脑海中想着这个数字，他们一起度过了将近 70 年的婚姻生活，而当时的我还不满 50 岁。

甜心刚去世的那阵子，弗兰克的状态良好，这是大家没有想到的，每个人都感到很欣慰。之前他总是记挂着甜心，没有去参加什么护理院活动。现在他开始去海边旅行，也会去那间精心装潢的房间里观看音乐剧，每周打两次牌，结交了一些新朋友，也会和"男孩子们"一起聚餐。他很享受观看孩子们的慰问表演和去儿子家里吃晚餐的时光。这并不是他人生中最美好的一年，但起码是他可以接受的生活状态。

后来弗兰克的听力渐渐变差，耳科医生或是助听器都没有让情况好转，他开始表现出更多的心脏病症状，还经历了一次小脑卒中。他的思维慢慢衰退，变得迟钝。自此之后，他的生活每况愈下。我每次去看他时，只要我们俩单独待在一起，他就会告诉我他多么希望可以结束自己的生命。

有几次，我特意让苏珊或是其他家人陪我一起去见弗兰克，家人在场的时候，他就会从我们俩单独谈话的语境中抽离出来，不承认自己有任何自杀的念头。他总是向家人们表达自己的爱，承诺会更努力地生活，告诉他们情况没有那么糟糕。

尽管现在的弗兰克无法像以前一样照料家庭，但他依然是一名很好的父亲，总是把孩子们的安危放在第一位。虽然他的生活渐渐失控，发生了一系列他不想看到的改变，但他依然对我们这些帮助他的人非常耐心，尽管我们并不能提供他最需要的帮助。

当人们思考老年问题时，像弗兰克这样的命运是最先跳入脑海的。对很多人来说，这是他们最惧怕的老年状态，远比死亡更可怕。在老年医学中，死亡前的最后一个人生阶段被命名为"第四阶段"[193]。在这个阶段，老年人"失去了所有人生目标、人际关系，社会交往的可能性……进入了一种超现实的状态……而这种状态……不会出现任何改观"。

在甜心去世一年半后，弗兰克越来越痛苦。显然，没有任何办法能改善他的听力、行走能力或是自制力，而更重要的是，他无法再感受到任何生活目标。和之前的很多患者一样，当弗兰克问我能不能帮帮他的时候，我解释说，我不能结束他的生命，但可以减少他的医学治疗，不再进行"以疾病为中心的照护"，而是采取"以患者感受为中心的照护"，或许这样可以让他死去的速度更快一些。那天，我们停止了他的心脏治疗。对他的家人来说，这样的决定放在几个月前根本无法想象。我们也达成了共识：如果他之后再患病，我们将开始临终关怀和吗啡治疗，不会把他送去医院。

这之后，弗兰克依然没有死。连续几周甚至是几个月，情况没有任何改变。我经常看到类似的案例。这个老人似乎根本不需要之前的那些医疗救助，但他的确是在缓慢地死去，变得越来越糊涂，悲惨地奄奄一息。

是什么赋予生命意义？我们的答案都一样吗？我们如何主宰别人的人生意义？当人生意义无可挽回地丧失时，我们应该做什么，又能够做什么呢？关于这些问题，人们的答案各不相同。有人会说把它交给上帝决定，有人建议出台与协助死亡相关的法律。抱有这些想法的人类从未放弃"插手"别人的人生。但在现实生活中，对于那些垂死的人，比如弗兰克这样的高龄老人来说，很多协助死亡法律只有极小的可行性，甚至根本无法执行。因为那些法律要求当事人患有致死疾病，提供6个月预后报告，拥有良好的精神状况，可以不借助他人的帮助独自服用致死药物。而弗兰克根本无法独自服药，思维也越来越混乱，甚至他最终的死亡都不会有明确的病因。

弗兰克最终还是去世了，对他的家人、对我而言，他的生命直到最后都意义非凡。但如果这样评价他的一生，那就和我们在最后那几年对待他的方式别无二致。说到底，我们一切的努力并非真正为了弗兰克，而是为了自己，为了我们这些年轻人、中年人和刚步入老年的人。难道弗兰克不应该和我们一样，拥有表达需求的权利吗？其实对他来说，生命最后那几年毫无意义，因为他当时已经失去了对他来说最珍贵的东西。

如果随机采访任何一个 50 多岁、60 多岁或是 70 多岁的人，他们的爱人中一定有一位是像弗兰克一样死去的。可悲的是，虽然绝大多数人都终将老去，但这个号称"现代、发达"的社会无法坦诚地谈论老年这个话题。我们目前的信仰和体制给弗兰克带来的结局，令人感到恐惧，是时候改变它们了。看待老年人的眼光，必须是富有同情、富有创造力的，我们要从头到尾重新塑造和改善老年生活——从初入老年时尚且健全的阶段，到生命最后的那几年。这些改变虽已无法惠及弗兰克，但可以帮助还活着的每个人。如果弗兰克知道，让他感到无比绝望的那几年竟然正在影响和改变这个世界，那么他一定会很高兴。

医疗界的势利

和真实社会一样，在医疗界，偏见决定着哪些人、哪些事更重要。相比于医治普通成人的医生，照料儿童、精神病患者、穷人和老人的医护人员，往往工资更低，甚至社会地位更低。医疗界的权力金字塔顶端，是专注于手术、器官、医疗程序、医药科技和器械的人，而在底层的往往是处理精神疾病、整体治疗、复杂生理系统的人，也就是处理所谓"社会问题"的医生。基本上，你从事的医疗领域越细分，和患者打交道的时间就越短，而越是能接触高级医疗科技和医疗程序，你在医学群体里的地位就会更高。

如果将医生的年收入与职业地位 [194] 挂钩，那么你会看到系统性的收入不平等（如下所示）：

- 世界上所有极为健全的医疗系统都靠专业的基层医疗保健

来保障人们的健康。世界卫生组织将美国的医疗系统排在世界第 37 位[195]，因为美国的基层医疗保健医生很难招募。一方面，这个职业的确需要承担很大的责任；另一方面，他们的年收入要比内科医生少十几万美元。

• 成人医生的工资比儿科医生高，整形外科医生的工资比风湿病医生高，神经外科医生的工资比精神病科医生高。

• 在内科和儿科部门，照护医生待在医院的时间与住院医生一样长，但平均年收入比住院医生低 3 万~5 万美元。而当你问住院医生是否愿意做基层医疗保健工作时，你得到的回答会是："绝不可能。工作时间太长，太累，压力太大，太难了。"

• 大多数收入高的医生都是处理医疗程序的医生，并且大部分是男性[196]；而收入低的医生大多是女性；泌尿科医生的工资比妇科医生高。

• 老年医学与姑息治疗，作为遍布美国、拥有几十年发展历史的专业领域，已具备先进的职业训练和健全的医师认证机制，但这两个领域的工作人员，至今没有被认可为"专业医生"。

收入排行榜背后的含义很明显：高科技医疗是最好的医疗，住院患者比门诊患者重要，成人患者比儿童患者重要，救治比照护重要，男性的专业能力比女性更强的传统成见依然存在，以及手握权力、身体健全的人群比弱势群体重要。

医疗界的这套价值排序不仅与社会的真实需求背道而驰，而且在伤害患者的权益。要知道，虽然长期患病的是我们之中的一些人，但所有人都会有患病的那一天。医疗资源和医生资源分配不平衡，限制了患者的选择和机会，进而无法满足患者最大的需求。

如果有什么理由能够合理化医生之间权利、回报和名望的不平等，那也许是他们的职业培训时间和工作难度互不相同。这有一定的道理。

如果有人要给我做开颅手术，那么我确实希望那个医生接受过足够的训练，技术足够高超。但这并不代表治疗精神分裂症的医生不需要拥有同等水平的能力。神经外科的训练时间比精神病学更长，也许这是外科医生工资更高的理由，但我并不认为移除脑部肿块和癫痫病灶比治疗轻度抑郁症和精神病更值得尊敬。

同样，大家认为分析一张两岁儿童的X光片或磁共振成像，真的要比找出他的病因、解释给家属听、进行一系列检查和治疗，多花费2~3倍的时间吗？也许有人是这样想的，毕竟放射科医生的工资是儿科医生的两倍甚至三倍之高，而后者不仅要记录X光片分析结论，为患者进行身体检查，还要和焦急的家长以及保险公司商量治疗方案。他在给其他患者看病或是给自己两岁的孩子喂饭时，还有义务接听患病儿童的家长匆忙打来的电话。接起这通电话时，距离上次给这个孩子提供"付费服务"，可能已经过去很长时间。

这些事实反映出现代医学界的"反智化"现象：有的医生忙于与患者交流、协商、分析病情，统筹治疗方案，破除患者的认知障碍，每天与鲜活的身体和生命打交道，处理各类社会问题（包括患者的牢骚、病症，甚至医疗保险等琐事），而他们的收入竟然比那些根本不用面对患者、心无旁骛地处理身上某一部分器官的医生低，而且差距悬殊。

你可以解释说，医疗系统的现状是历史发展的自然结果。问诊和身体检查这两项医疗手段已经有约1 000年的历史，而20世纪最伟大的医学变革则是医疗科技和医疗程序。就像大多数新兴事物受到的待遇一样，在这里，更新的医疗手段总被认为更宝贵，值得拥有更高的地位。但请别忽视这一点：科学研究表明，男性更重视左脑技能，即与技术、程序相关的技能；而女性更重视右脑技能，即与沟通技巧、关系构建相关的技能。在医疗界，和其他领域一样，文化观念和生理构造会发生冲突。当女性刚开始成为医生时，她们总是被鼓励加入精神病科或儿科，但现在越来越多的女医生进入外科[197]、放射科和急诊科。根据医院的反馈，由女医生负责的患者治疗效果不仅不比男医生的差，甚至还要更好。尽管这样，但是除了皮肤科，其他科室收入最高的医生几乎都是"左脑型"男性，而大多数收入最低的医生是更擅长处理关系和认知的"右脑型"女性。

2016 年进行的一项随机对照实验，将一些完全相同的应聘简历发给科学院，简历上仅修改了应聘者姓名：一半改为男性姓名，另一半改为女性姓名[198]，应聘的岗位是实验室管理员。实验结果显示，无论筛选简历的人是男性还是女性，他们普遍认为男性应聘者更有能力，也更有资格胜任这个岗位，给男性开出的薪资也更高。尽管我们不愿承认，或是努力与之保持距离，我们都是这种文化当中的一员，都遭受着同样的偏见。甚至在谈论这些偏见时，我们还认为谈论这件事情本身是对另一部分人的偏见，而那一部分人恰恰就是常常从我们最根深蒂固、最喜欢的偏见中受益的人。

收入更高的人显然会有更多财产，那些靠卖药、卖医疗设备和医药技术赚钱的公司资产雄厚。同时，收入更高也意味着更有权力和能力谋取私利，比如医生群体中收入最高的放射科医生，总是卖力地推销乳房 X 光检查。而事实上，对特定年龄层的患者来说，做这样的检查弊大于利，相比之下其他的医疗技术和方法更有效。一些放射科医生之所以这样做，只是因为做更多的检查意味着更多的收益。反观儿科医生，他们从不会推销自己，而是努力为孩子们争取更好的学校、更好的食物和机会，这就是为什么长久以来他们的收入都处于金字塔的底层。毕竟，孩子们没有话语权，没有社会权力，人们总认为照顾孩子是女人的事情，因此他们在医疗市场上的价值微不足道。

在讨论薪酬时，医生或是薪酬委员会很少会提到民众需求。事实上，直到最近，医学界才开始关注所谓的"人口健康"。从很多角度来说，关注社会需求都是很"反美国文化"的事情。因为在美国文化中，个人主义盛行，自主决策权被放在首位。医生当然有权选择去放射科、骨科、皮肤科、麻醉科，也有权拒绝去基层保健科。但基层医疗保健才是这个社会迫切需要的医疗服务，它可以更有效地预防疾病、降低医疗成本。然而，医生并非凭空做出他们的职业选择的。

和其他普通人一样，医学生也渴望得到尊敬、名望、金钱和权力。他们知道在医学界甚至整个社会中，谁更为重要。而且令人惊讶的是，他们在医院实习时，接受的训练大多是介入性医疗或是针对部分器官和疾病的医疗，因此他们在这些科室工作时更为自信。另一个原因是，美国大多数医学生在医学院读书时背负着高额的债务，毕业时欠了数十万美元，这个数字在过去的 20 年中急剧增长。对于这群想要买房成家的年轻人来说，收入更高的职业能减轻还债压力。相比之下，社会背景更"小众"的学生更需要经济援助，毕业时也会欠下更高昂的债务，但他们做出了和同龄人不同的选择，去较贫困的社区工作，帮助最需要帮助的人。

现实的情况是，我们的医疗体系正在激励医生们选择已经饱和的医疗领域，阻碍他们选择去那些民众需求最迫切的领域。针对"背景回避"入学政策，有一个深刻的驳斥论点表示，那些来自传统概念中"小众背景"的学生更有可能承担风险和背负高昂债务，但他们才恰恰是最有可能为人口健康做出贡献的人。是他们在改善我们的社会，而我们不仅毫无回馈，甚至为此惩罚他们。

领导们的决定

莱拉住在她女儿的房子里，房子坐落在一条倾斜的街道上，位于公共住房综合体和快速发展的购物区中间。我第一次上门拜访时，她的家庭照护员把我带到一间明亮的前厅，一群小猎犬兴奋好奇地围住我的脚，凑上来闻我的出诊包。莱拉 10 年前被诊断为痴呆症，此刻她僵硬地坐在沙发上。我打招呼时，她看了我一眼，然后移开了视线。我向莱拉解释了我是谁，并告诉她我需要问她一些问题，但她一直凝视着窗外。在接下来的一小时里，莱拉从未微笑，也没有提供超过一个字的答复，幸好她女儿保存了很多近期的医疗记录。在确定莱拉不会回答我的任何问题后，家庭照护员把我带进了厨房，给我看她每天负责管理的药物。把门关上后，她告诉我这份工作很辛苦，说莱拉有时候脾气很坏。"你要小心。"说这话时，她撩起袖子给我看她手臂上的抓痕。

我回到客厅时，莱拉保持着她的"完美"坐姿，一动不动。她的身体小而瘦弱，脸上的表情融合着坚毅、悲伤又模糊的情绪。我想给她做个身体检查，但不想吓到她。我把听诊器放在她应该能看到的地方，试图告诉她，我的触碰只是想帮助她，没有任何恶意。我刚把手放在她的肩膀上，她就开始尖叫。

每个人都最害怕这样的事情发生在以后的自己和家人身上，哪怕是经常面对这些的医生和护士。有时为了医治痴呆症患者，他们不得不采取一些会加重患者痛苦的措施。如果患者情况相对乐观，可以表达医治需求，能够与法定代理决策者交流，或者患者因有效治疗而感到舒适，抑或是在他们熟悉的环境……那么从人道主义上来说，这些措施尚且可以接受。但现实生活中，基本不可能遇到这些情况。出于对老龄、失去自理能力和对死亡的恐惧，人们并不会指定一名代理决策者[199]并与其交流他们最想要和最不想要的治疗，这严重导致他们在后期的治疗过程中几乎不可能得到真正需要的东西。在缺乏任何指导介入的情况下，美国医疗系统的自然医疗风格就是"采取一切措施"，而这里的"一切"其实并不是真正意义上的一切[200]，因为它很少包含与患者必要的交流，比如：交流患者未来的生活，交流如何最小化患者的痛苦和最大化患者的舒适程度，交流患者的预期寿命，以及是否有可能在他熟悉的环境中进行治疗。这些交流方法已经被充分研究，并被临床证实为既经济又有效，也是很多患者和家属的优先选择，但是在如今这个崇拜科技、唯利是图的医疗系统中几乎没有一席之地。

当莱拉开始尖叫时，小狗们纷纷逃出客厅，我和家庭照护员都向后退。我缓缓地放下听诊器，试图用一种安抚、平静的口吻开口说话，然而无济于事。当我正在纠结该做什么的时候，尖叫声突然停了，就和它的开始一样猝不及防。莱拉又恢复了之前的坐姿，脸上依然挂着坚毅、悲伤、模糊的表情。

痴呆症并不一定会让人变得愤怒、忧郁、有攻击性或是不可接近，但在长期的痴呆症病程中，许多患者有时会表现出其中一种或多种症状，症状可能会持续多年。有时，这些症状的原因是痴呆症本身，比如阿尔茨海默病早期因记忆缺失而导致的悲伤情绪，血管性痴呆引起脑卒中而导致的愤怒，路易体痴呆的物理治疗或是长期波动的紧张感、思维紊乱、大脑幻觉而导致的沮丧，以及额颞叶痴呆导致的性格变化。

有时，这些症状则是由情景触发的。请想象一下以下情景：一个陌生人突然脱下你的衣服；你觉得冷，但无法找到一件取暖的毛衣；你想上厕所，却无法脱下你的裤子，或是你搬到了一个新的地方而找不到这儿的厕所；你不再认识镜子里的自己；你正坐在家里想着自己的事儿，突然闯入一个陌生人声称自己是医生，问了许多你根本答不上来的问题，接着还想触碰你身上的私密部位。在这些情景下，你会做何反应？

对莱拉来说，可能是听诊器和我的动作引起的疼痛和不解最终让她失控。在莱拉找到我们之前，她经常往返于各个医院。由于患有糖尿病和痴呆症，她的双脚几乎没有知觉，她又常常忘记拿拐杖，因此总是摔倒，伤口经常感染，也经常做出一些让家人不知所措的举动。每次遇到问题，她的家人就会报警，当医务人员到达现场，看到一个患有多种严重疾病的痛苦老人时，他们会毫不犹豫地把她送往医院，而医院也会毫不犹豫地接受她。没错，她是个老人，也是个患者。难道医院不该是她最该去的地方吗？

莱拉成为我们的上门就诊患者后，她的家人在遇到这种情况时开始给我们打电话。通过面对面或电话沟通的方式，我们帮他们在家照护莱拉，避免了频繁去医院给她造成的心理创伤，她也不用再承受被一群陌生人围绕的混乱，不用住进陌生的房间，不用接受身体攻击甚至侵犯。我们并没有治好她的痴呆症，也没有彻底解决其他问题，但找出了她尖叫背后的人为原因和医疗原因。通过家庭教育和家庭医疗，以及我们团队出色的家庭护士们共同的努力，我们渐渐解决了问题，改善了莱拉的生活质量，同时改善了她身边所有人的生活。来自莱拉和她家人的尖叫声越来越少，他们不像以前那样焦虑，开始享受更多快乐的家庭时光，也拥有了更好的睡眠。

照护莱拉时是跨入 21 世纪的早些时候，当时对于那些成本很低、效果很好的电话照护服务，我们都没有收取任何费用。如果你觉得在医疗界，收费可以体现价值，那么有一件事情是你需要知道的，那就是直到 2015 年美国的医疗系统才推出照护协调账单代码，并将患者和看护者囊括进整个医疗系统中。还有一件事值得关注：针对莱拉这类患者的医疗服务在医疗系统中是一个盲点。尽管她的居家照护节省了数万至数十万美元的医疗保健费用，但是这些照护费从未出现在联邦和地方医疗中心的官方账单上。

大多数医院成功与否主要取决于医院的拥挤程度，即有多少个患者、占据了多少张床位。尽管美国致力于削减高收费、低价值医疗体系中的成本，并且自2012年出台《减少医院再入院计划》后，政府也开始针对患者过度再入院问题进行处罚，但鉴于这项计划仅涵盖6种常见情况（心脏病、心力衰竭、肺炎、慢性肺病、髋关节和膝关节置换以及冠状动脉搭桥术），因此除非医疗中心确认患者的病情达到住院要求，否则就没有动力帮助患者预估问题、解决问题，提供普遍的、货真价实的优质照护。身体健康意味着医院生意惨淡。

莱拉去世前的那几年，我们的家庭医疗团队，我和我的同事们总是在必要时冲去她家：为她诊断和治疗肺炎、肠出血、多发性思维混乱恶化和中风。我们和莱拉的女儿、女婿深入讨论那些深夜危机，与家庭保健护士和社工合作，一起为莱拉提供她所需要的居家照护。这段日子对每个人来说仍然很艰难，但也确实比过去好多了。

与此同时，我们的医疗中心变成了一个可靠的照护组织，作为纽带联系各个照护站点的医院和机构，（理论上）可以为患者和民众提供具有合作性、协调性的照护服务。但这并不意味着医院认可莱拉在医院之外获得医疗服务的行为，因为在大多数医疗体系中，门诊系统和住院系统仍然互不关联。不过医疗中心确实开始支持上门就诊项目，最终为我们提供了一名社工、一名护工协调员以及行政帮助。在这之前的20多年，"居家照护"一直都依赖患者的善意和患者家属的捐款勉强维系生存。

这些重大的制度飞跃为后来医疗中心"停止家庭保健项目"的决定做了铺垫。在家庭保健项目里，一个由护士、物理和职业治疗师、社工和营养师组成的团队为住院后、生病后、手术后回家进行短期休养的患者和由于严重身体或精神疾病而需要永久居家的患者提供照护。家庭保健治疗能够帮助患者更早出院，继续对他们进行照护，并像职业医生和护士的"耳目"一样时刻关注患者情况。关闭家庭保健项目的原因就和关闭其他学术医疗机构一样：项目在赔钱。在一个碎片化的体系中，直接关闭"为患者提供必要服务"的项目，要比重组体系、重新计算和认可这些项目的内在价值容易多了。

我的两位同事，是我认识的老年科医生中能力最强、最有热情的医生，在项目被叫停几星期前听到了风声，于是各自向行政部门投递了一封内容翔实的信件，信上解释了为什么家庭保健机构和其他医疗中心（我们为自己的医疗中心感到自豪）的意义并不相同。我们都怀有同一个目标：提供最好的、最先进的照护服务。因为在当前的医疗体系中，临床医生为患者提供他们所需的照护服务时，既不会被奖励（比如让服务计费），也不会被惩罚（比如遵循管理式医疗政策）。其中一封信解释了为什么我们需要自己的机构，它和其他地区的机构有什么不同，以及它如何弥补现有医疗体系的漏洞，进而为各个年龄层的患者提供他们最需要的服务。信上还提到了许多关于写信者，也就是其中一位医生的故事。这位医生会在他的患者去世之后，写下关于患者的人生和死亡的故事，并发给曾经在患者门诊或住院的那些年里照料过他的人。住院医生和学生都很敬畏他。因此，在结束一整天辛苦的工作之后，他还能为了患者熬夜写这样一封礼貌而翔实的信，我一点都不感到惊讶。让我感到惊讶的是，这样一位在医疗中心里最模范的"医生职员"，竟然没有得到政府部门的回应。

另一封信的作者同样是位了不起的人物。以下是她众多观点中的一部分：

> 我听说家庭保健项目上一年度财政赤字。我可能听错了，但我很想知道你们是如何定义"投入"和"产出"的，因为我知道要找到专业分析师和专业的分析方法来评估一

个项目的产出成果有多难……同时，我想确认，你们是否把家庭保健为医疗体系带来的下游储蓄（我怀疑在计算项目资金流失时，你们并未考虑到这笔金额）考虑在内，而不仅仅是计算项目运行成本和保险赔偿金额。我完全同意项目的运行模式还有很大的改善空间……

我们机构的许许多多项目都很"烧钱"，但仍然获得了支持，因为它们的目的是帮助患者和门诊医生，以减少对下游高成本医疗系统的不必要使用。而家庭保健项目和这些项目并没有什么两样……

在保障家庭保健机构可以继续提供独特服务的前提下，她富有创意地提出了4种削减成本和提高运行效率的协同性和系统性方法。

这封信的收件人，也就是位于医疗机制食物链顶端的人，在收到信后没有任何回复。他的一位下属出面感谢了我这两个同事的深思熟虑，认可了当下的困难，并向他们保证上级领导正在想方设法帮助那些情况复杂的老年患者。之后的一个月，医疗中心首席执行官给所有员工发出一封邮件，正式宣布停止家庭保健项目。

没有讨论，没有运用所有数据进行核算，也没有任何"其他可选项"。

邮件里提到了财务困难和许多其他本地家庭保健项目，还声称患者仍然可以享受家庭保健，因此项目叫停并没有剥夺他们的基本医疗服务，而这与事实证据、患者的描述和我同事的叙述完全不一致，也无法解释几周后护士们在医院外进行的抗议活动。

这个通知已成定局。对我们大多数人来说，这只是又一个不透明、不合作、自上而下的决定，对患者和临床医生均造成了伤害。他们似乎不追求最优质的医疗照护，而只是在给一项项工作打钩；也不在乎那些努力工作的基层医疗保健医生或是广大患者的心声。

在这样的医疗中心或医疗体系中工作非常困难，因为所有决定都基于不真实的证据或不完整的数据；因为某些医疗手段、患者和医生群体总是被优先考虑；因为领导们做出的决定总是伤害着门外的患者，这扇门有时是有形的，有时则是无形的。

职业耗竭

我时常想象最后一根稻草压死骆驼的场景：它的身体应该已经弯曲，双腿蜷缩在最底部，被压垮的庞大身躯砰的一声，重重倒在地上。

但当这件事发生在我身上的时候，和我想的并不一样。实际上，整个过程非常安静。

我结束了一个会议，独自站在 6 楼的会议室里用手机查看邮件。作为一位医生和医学院教授，我这一整年、一整个月的生活都很棒，那一天也是如此。当天下午我的患者没有出现重症症状或是垂死迹象。前不久，我获得了一笔重要的国家拨款，还得到了两项享有声望的职称，刚刚和其中一个项目团队召开的会议也进行得十分顺利。

手机来电时我差点就不想接了，但电话那头的人并不是我可以拒接的，所以我还是接起了电话。

我汇报了目前的进展以及我手中正在进行的项目的情况，得到了对方满意和感激的回应。他说了一些在我们这行非常普通的话，可以说是一些无足轻重的话，像一根稻草一样轻。

那一刻我听到啪的一声，似乎是我的后背，又或者是我体内作为医生的那部分，断裂了。

我记得当时自己盯着手表，脑子里想着"天哪，糟了"，但仍然用友好且专业的口吻结束了那通电话。

挂完电话后，我听到来自周围办公室的各种声音：敲击键盘的声音、紧闭的门后传来的声音和复印机工作时呼呼作响的声音。这些声音在工作日的下午都是再平常不过的，但是对我来说，这一切似乎都和往常不一样了。我生活了超过 25 年的现实世界开始破裂，这种破裂并不像摔碎后还可以粘回去的花瓶，更像是被撞的汽车挡风玻璃，虽然表面仍保持完好，内里却嵌着无数细小的、无法弥补的裂痕。

这些都是我不知所云的比喻，但是当一个人崩溃的时候，各种看似无关的想法和情绪都会在脑中乱作一团。当天下午接完那通命运般的电话，在崩溃的过程中，我并没有意识到自己正被赋予一种看待人生和世界的崭新眼光，仅仅意识到自己正在经历超过一半的美国医生都在经历的"职业耗竭"。如此普遍而巨大的痛苦是史无前例的，对于患者和医生自己来说都很不幸。

给我打那通电话的人完全是出于好意，只是想对我的工作表示支持。那些最后一根稻草般的句子不过是对我之后的工作成绩表示期待，而这也是我对自己的期待。只是突然间，我感觉自己做不到了，这让我感到恐惧。我一直都知道自己不快乐、不健康，而且身心疲惫，因为我的诊疗时间几乎都是在电脑上度过的，大多数学术项目虽然对职业生涯有裨益，却对我自己的人生没有任何帮助。但我没有料到自己竟然脆弱到能被一句"再接再厉"轻易击溃。医学界的规则就是：忽视一切不适或痛苦的感受并继续前行，无论是生理上的、心理上的、情感上的还是精神上的。这就是我连续几个月甚至连续好几年的状态。

职业耗竭有三个症状，第一个是情绪耗竭。在这种情形下，人觉得自己每天都被消耗殆尽，就算休息了也无法恢复体力。显然，我很符合这种症状。从 2015 年早期开始，我就放弃了夜间阅读的习惯，每晚都傻坐在电视机前。如果没有旁人的督促，我根本做不了任何有意义或是能恢复体力的事情。我并不感到抑郁，我仍然享受着和患者、家人以及朋友共度的时光，仍然喜欢美食和其他美好的事物。但哪怕只是一点点意外的声响，也能让我跳起来；明明只是一些不易察觉的危险迹象，明明小狗像平日一样听话，我却在遛狗时突然非常粗暴地把狗拉到对街。那时的我，离"崩溃"那一刻越来越近。在工作时长达 10 小时甚至 12 小时的工作日，我吃得很少，体内疲惫饥饿的细胞代替我嘶吼，它们的吼声变成了我日常生活的背景音。声音越来越强烈、越来越紧迫，最后隐隐变成一封压在我身上的控诉书。工作日的晚上或是周末，在结束了饥肠辘辘的工作时光后，我总是暴饮暴食，试图以此填满内心的空虚，安抚自己的痛苦。我甚至因此维持了体重，还以为自己实现了一种工作与生活间的新型平衡。

不过我的爱人会说出故事的另一个版本：我变得很可怕。鸡毛蒜皮的小事都能让我一反常态，我不再是那个在患者或同事面前平静开朗的人，而是一个被愤怒裹挟的疯子。似乎每个人、每件事都在逼我抓狂，比如：我急着赶路，前面"那个笨蛋"却在黄灯刚亮起时突然刹车；这台破电脑永远做不出我想要的文档格式；住在我们小区的女人总是不拴住她那只粗鲁的狗；以及所有的人都没按照我的预期完成工作。万幸的是，我后来获得了帮助，情况有所改善，我和我的爱人仍然幸福地生活在一起。

我的医生不相信我会得抑郁症，她一边查看电子病历，一边给了我一份抑郁症筛查测试。我快速完成了测试。

她看完我的测试结果后说："噢，好吧，你说过你不觉得抑郁。"我们相视一笑，接着开始谈论我的视力、关节炎、疲劳和咳嗽问题。

就在我起身离开前，她说："等一等。我们再做一份这个测试吧。"那是一份焦虑测试表，我也快速做完了。

我们一起核对打钩的选项，分数渐渐积累，对应的结论由无焦虑症状、轻度焦虑、中度焦虑、严重焦虑一直升到极度焦虑。看样子我属于最后那一类。

在医学上，我们用"糜烂"这个词形容人体表皮组织，比如牙釉质、皮肤或其他起保护作用的表面结构由于化学或物理行为产生伤口，被逐渐破坏。如果你病重到无法翻身，那么你身体的自重会磨损尾椎骨、臀部或关节周边的皮肤，甚至生出溃疡。当正常的口腔细菌将糖转变成破坏牙釉质的酸性菌斑时，牙齿会形成蛀牙。值得注意的是，医学上的"糜烂"概念仅针对人体的物理变化，而不针对其他更抽象的人体概念，比如人的能动性、希望、心智、灵魂和自我意识。

医生和患者的面对面诊疗可能需要花费一小时，而他们却要花2~3小时完成电子病历。晚上，他们还要穿着睡衣在家写完白天因为太忙而没有完成的电子笔记。很多医生都对此颇有微词，却很少谈论这个已成为行业规范的技术应用正在如何破坏诊疗的效率甚至是医患关系。或者说，为什么我们要从商家手里购买与临床医生、患者的需求完全不匹配的电子记录系统？为什么明明已经看到了这个系统对临床医生造成的危害，还是有越来越多的医疗中心跟风购买？我们不讨论这些问题，却只谈论医生生病、吸毒、离婚、离开医学行业的比例越来越高，数字越来越惊人，谈论医生群体比其他群体更高的自杀率。我们推出各类健康和保健项目，却从未改变这个不平衡的体系中最关键的问题，正是这些问题导致我们不得不依赖这些项目。我们什么都不做，只是责备受害者。

作为医生，我用的电子病历系统里存有大多数美国人的健康信息。它的设计初衷是方便收费，而不是方便诊疗。它最大的好处是帮助会计部门迅速锁定信息，代入公式，计算费用。为了使他们的工作更轻松，我们这些门诊医生不得不在无数相互关联的系统窗口中找到特定位置，输入所需数据，这个过程无异于在错综复杂的游乐园里游走，那一扇扇互通的"系统之门"和"系统之镜"实在令人困惑。我们还被强烈建议使用标准化的文字，就好像我的视力障碍、癌症手术或炎症性关节炎和某个患者的情况一样；或是一位医生对特定患者的治疗和另一位医生相同。这个系统需要我们用特定语言输入海量信息，这其实是在变相鼓励我们把旧笔记上的内容复制粘贴成新笔记，大家开始追求完成任务而不再是记录最关键的信息。如今的医疗笔记中充斥着杂音和术语，让人经常无法搞清楚在某个医疗情境下到底发生了什么事情。有天晚上我在值班，实验室传来一位我不认识的癌症患者极度危险的异常检测结果。我反复阅读她的诊疗笔记，却无法判断她图表上的三项癌症诊断中哪一项才是活跃的（这种情况极为常见）。同时，患者的病情故事和医生对这些特殊经历的分析在这个系统中都不另外收费，因此这两部分信息经常缺失。

电子病历不是导致医生产生职业耗竭的唯一因素，但它是医疗保健系统背后有害价值的技术体现。那家最大的电子病历公司显然无视了来自患者、医生和护士的投诉，我们的顾虑无足轻重。我曾从多种消息来源听说这是因为我们不是他们的客户，而不断购买相关产品的医疗中心和卫生系统才是他们的客户。为了捍卫采购决定，医疗界领导人宣称这个系统不仅可靠，而且便捷，支持随时随地访问，还能有效提高研究和医疗质量。这些真是了不起的"好处"。还有一些没被提及的，比如系统中冗余过时的再生信息，还有频繁且严重的系统性信息误差对患者造成的伤害，甚至是致死性伤害。这些产品漏洞对大多数企业和消费者来说都是无法容忍的，任何一个从事数据工作的人都明白：输入垃圾意味着输出垃圾。

我不是在缅怀过去那难以辨认、难以找寻，有时不够安全甚至几乎无法共享的手写诊疗笔记。令我感到遗憾的是，在它被如今的电子记录平台取代的过程中，的确有一些最重要的东西丢失了。网络数据搜集方法莽撞且毫无必要地亵渎了医患关系最宝贵、最有意义的那一环，即人与人之间直接而亲密的联系。这种联系充满微妙之处，意义重大，它蕴涵对个体独特感受和需求的尊敬。在这个勇敢的新世界里，有些事情被赋予的价值微乎其微，比如：利用门诊时间和患者深入探讨这份最新诊断会给她的健康和生活带来什么样的影响；建立一种足以和患者讨论"为什么他不能减掉身上那些引发糖尿病和高血压的多余体重"的医患关系。我最渴望从医生那里获得、最想给予患者的东西，比如专心聆听、共同决策和个性化治疗，如今都不再重要了。在这个系统中，我会因为电子病历系统和医疗中心追溯我的患者没有进行结肠镜检查而受到惩罚，却无法找到一个合适的地方来记录我与那位患者以及她的女儿进行的长达半小时的谈话。在谈话中，我向她们解释了鉴于目前患者的多重疾病和较短的预期寿命，接受这项筛检试验不仅无法带来任何好处，反而会让她遭受各种风险和不便。

患者们抱怨医生不听他们说话，或是对他们毫无了解的原因之一是，医生的工作全部围绕着电脑屏幕。这也是为什么当今81%的医生都说他们的工作量已达到极限或超负荷，以及为什么50%的医生都不推荐选择这一职业。如今人们对医生职业感到史无前例的失望，我们不能说电子诊疗笔记是背后的唯一原因，但一定是个重要原因。

伤口糜烂后被侵蚀的皮肤就像是雕塑作品中的负空间。当我想要学习如何更好地利用这个电子病历系统时，单位派我去参加一场系统培训。主讲人是一个年轻的小伙子，他对我和在座的很多医生说，他本人尚未接受系统中"临床医生界面"的培训。

几个月后，我向主治医师寻求帮助。我发现基于系统的记录对我来说毫无价值，因为我现在不仅要填满系统选项，输入机械化的文字，还要完成出诊时重要情况的记叙性笔记。她的沉默和表现让我觉得，说出这些顾虑的我在她心中是一个不懂技术、只会啰唆抱怨的人，同时还有不可修复的认知缺陷和令人讨厌的性格缺陷。

职业耗竭的第二个症状是人格解体，表现为玩世不恭或对工作职责的消极态度。当那一声"啪"响起时，我的耗竭情况正式"达标"。我对自己的处境感到绝望。在城镇的各个角落，医疗系统的广告和广告牌随处可见，广播里的医疗宣传每天循环播放无数次。但是各个年纪的成人患者打电话寻求医疗帮助时，往往要等一个多小时才能打通电话，接通后还会被告知目前无法预约基层医疗保健服务。电话服务中心的经理告诉我，管理层已经意识到这个问题，但在他们的工作优先级排序中，安排更多电话接听员、尊重潜在患者的时间和医疗需求这两项工作排序靠后。在没有任何营销的情况下，预约老年居家照护的等待时间为 9 个月，有些患者往往在等到照护服务前就去世了。

通过已知信息，哪怕只是部分信息，人脑都可以顺利构造故事。当一位医疗中心首席执行官的收入高达数百万美元并被当地报刊报道时，在同一个月，医疗中心的门卫薪水却被砍掉一半，而他原本的薪水也只够勉强维持生存。于是，一个故事浮出水面。当医学院的老师强调"黑人的命也是命"，却潦草地带过健康的结构性和社会性决定因素时，另一个故事正在被讲述。当医疗机构声称它们的首要任务是进行以医疗价值为核心的病患照护，却在制定效益衡量指标时，将就诊者的数量排在患者的需求是否被满足之前，当他们采用破坏医患关系的电子病历系统时，当医生们正在经历史无前例的职业耗竭和职业不满，但没人采取任何措施来改善医院和诊所的核心结构时，一个奥威尔式的故事正在患者和医生的想象中展开。

另一个引起我职业耗竭的原因在官方症状中没有描述，但也造成了一些压力，那就是我觉得我就职的单位并没有和我共享职业价值观和职业目标。领导们使用着诸如"健康、基层医疗保健、以患者为中心"的措辞，实际上却把他们的决策、经历和资金花在了其他地方，从而系统地破坏了医疗大厦中那些代表着"优质医疗"的重要支柱。在美国，地方和全国范围内拥有最多权力和资源的人正在如此搭建医疗体系，他们制定着塑造公民健康和医疗保健的政策和议程，控制着我的工作情况。我不禁得出这样的结论：也许我永远无法得到那份最开始吸引我的医疗工作了。美国的医生都在遭受着类似的道德困扰，它影响了工作、生活以及健康，并最终导致他们离开。

职业耗竭的第三个症状是成就感降低，作为医生我怀疑自己正在做的事情是否真的有价值。被最后一根稻草压垮后，我渐渐意识到，给患者看病、帮新开的医学院设计课程或是主持获得美国国家资助的创新项目，都变得没有意义。在我看来，所有这些事情似乎都变得与"把椅子搬上泰坦尼克号的顶层甲板"一样无用。

去性化的老年

电视机就像一面玫瑰色的镜子，映射着全社会的痴迷、自负和幻想。而老年话题正越来越多地出现在电视屏幕上。

在电视剧《同妻俱乐部》中，格蕾丝·汉森和弗朗娅·伯格斯坦的片段里有很多关于一个人听力衰退和记忆丧失的玩笑。而她们各自的前夫，罗伯特·汉森和索尔·伯格斯坦在隐瞒多年后，终于向家人和朋友坦白，并成为伴侣。老年把他们从过去几十年遵循的传统里解脱了出来，男人们终于夺回了真实的性取向和身份认同。

与大多数电视剧选角不同，这部电视剧里的男性角色比女性角色年轻。但是在好莱坞，荧幕情侣配置通常是男人和比他们小 10~30 岁的女人。显然，这个游戏规则不适用于老年世界。在传统好莱坞式故事中，人生各个阶段的异性恋情大多是这样的：青少年爱上青少年，年轻人爱上年轻人；到了中年，剧情发生改变，男人开始喜欢更年轻的女人，而女人则变为"母亲"和"老板"（这两个角色都不带任何性感色彩或浪漫色彩）；老年时，性别市场回归平等，也许女性比男性还多享有一点小优势。但其实不仅女性形象被误读，男性形象与男子气概之间的联系也是如此紧密，导致老年男性被置于进退两难的境地：大家要么以各种说法暗示他们丧失性功能，要么用一些字眼形容他们的性能力，比如"令人惊讶的、不合理的、不应当的或是令人作呕的"。电影《实习生》中罗伯特·德尼罗的那句台词——"看爷爷我的！"和其他电影中塑造老年形象的玩笑话，赞扬的都是从 12 岁开始以至整个成年阶段非常正常的想法和行为。

尽管是部出色的电视剧，《同妻俱乐部》依然传递出一些复杂的信息。所有主角形象都富有魅力，尽管几十年前的两位女主角算不上同龄人中的"美人"（老了就是老了……）。剧中，没有一个角色顶着满头银发或是白发。鉴于老年群体中普遍有脱发情况，这让人忍不住怀疑选出这两位并未秃顶的男演员，就是为了体现他们的活力。将性别魅力与年轻挂钩[201]，并不是从我们这一代开始的，女性社会评分的下滑，总是要比男性早上几年甚至几十年。

我有一位朋友 70 多岁了，是个丧偶的老人，她看起来比实际年龄年轻许多。她头脑聪慧，为人幽默，打扮得体，生活充实，但是男人们不再对她感兴趣，这点让她很讨厌。我上一次见她的时候，她跟我聊起最近在网上约会的故事，她的结论是："我可不想当一个保姆或是一个妈妈，而只有当男人在找这两种类型的女人时，才会关注到我。"那些可能会吸引她的男人们，都喜欢年纪更小的女人，而不是同龄人。

其他异性恋女性则对老年生活中性别概念的消失感到满意，倒不是因为她们对性失去了兴趣，而是因为她们终于卸下了一种压力。过去她们总觉得要修饰打扮自己，如表演一般去证明自己在异性眼中的魅力，从而不断证明自己的价值。这些女人依然花心思打扮自己，不再担心自己是否有吸引力，同时有更多的时间追求其他人生目标，在世界上拥有了更多安全感，并享受自己的外在和内在实现了更加真实而纯粹的统一。

有些人认为，由于男同性恋文化追求年轻、强壮、漂亮的性魅力[202]，因此对男同性恋者来说，步入老年可能尤为困难，特别是那些已经与家人疏远、在早年因为艾滋病失去了许多同伴的人。其中一些观点只是假设，因为关于老年性少数群体的性吸引力与性活动的研究屈指可数。在针对这个主题进行相关文献搜索后，找到的文章主要是关于老年群体的性认同和与健康相关的性挑战。至于老年人中的女同性恋者、跨性别者或性向流动人士，我们了解得更少。我们只知道他们是更加被边缘化的人群，健康状况更差，而这两种生存状况通常无法与性吸引力挂钩。

不论性别认同如何，人们通常说男人有更多选择。尽管这好像是事实，但他们看似浪漫的晚年也有令人失望之处。当男人发现自己过去引人注目的魅力现在不再有人注意，甚至被看作"可爱"或"荒唐"时，他们感到很惊讶。他们想要的东西从未改变。体育专栏作家兼散文家罗杰·安杰尔在他 90 岁时这样写道[203]：

> 更多的性欲，更多的爱，更多的亲密，更多的性生活和浪漫，把所有这些东西都还给我们吧，无论我们年纪有

多大。波伏娃、爱丽丝·门罗和劳伦斯·奥利维尔以及众多再婚或再次陷入恋情的老年人都已经证实过我们这炽热的心声。你问我劳伦斯·奥利维尔？我仍记得他曾在一次采访中说过的话："在我们心底，我们始终是拥有烈焰红唇的 17 岁少年。"

并不是所有男人都这样觉得，有些人已经不再想这些事儿了。他们不再打理自己的胡子，换衣服也没有以前勤快，开玩笑说这是他们一直想要的生活方式，只是从前碍于社会规则，想看起来更有魅力些。有些人则在努力统一着性别身份和外在面貌。一个护士曾两次跟我说起一个男同性恋者的故事：他自 20 世纪 70 年代起就经常去一家男同性恋剧院，他说自己喜欢那儿，但也总是开玩笑说除了自己和少数人，去那儿的观众大都是些糟老头子。近来，将近 70 岁的他才感觉自己开始真正融入那个环境。

老年心理学文献证明这一切反应很正常。当一个人从有性征的个体"降级"成被误认为没有性欲的老年人，他的反应将取决于对"性"的在意程度、对恋爱生活的愿景和预期，以及当下"性"生活中性扮演的角色。

一提到和老年人相关的事物，人们的反应就各不相同。年轻人的反应也传达出一些信息。如果一对 90 多岁或是 100 多岁的老人举办婚礼，那一定会变成全国性新闻，仿佛这个年纪的人就不该再渴望浪漫、陪伴、感情和交流。当唐纳德·霍尔发现他的睾酮水平达到最低点时，他就写不出诗歌了。戴安娜·阿特希尔说："在我 70 多岁的时候，我不再把自己看作一个有性欲的人，经过短暂的震惊后，我迎来了非常平静的时光。能够喜欢甚至爱上一个男人，却并不想跟他上床，原来也是一种新的自由啊。[204]"

我曾经照顾过一对姐妹，其中一个接近 90 岁，另一个刚过 90

岁。有一次，妹妹告诉我她的姐姐和姐夫至今仍在过性生活，坚持让我找她谈一谈。当姐姐走进来时，她躲闪的眼神告诉我，已经有人给她上过"礼节课"了。经过几轮问答后，我知道她和她丈夫都很享受性生活。我告诉她没有任何医学理由或其他理由能要求他们不再过性生活，她听完后露出了灿烂的笑容。

而体面的反面有时却没那么容易被发现。我第一次意识到自己不再受人关注，是在我家附近的公园。当时我的狗正在一个年轻女人的脚旁闻着灌木丛里的湿叶子。那个女人正在打电话："没有。我旁边没有人。"她说这话时，我就站在离她只有几英尺远的地方。

"跟我说！别老对着我女儿说话！"[205]一个八旬老人大声要求道。因为即使看到了她女儿在不断向她寻求答案，这个售货员仍然不停地朝她50多岁的女儿问问题。

在附近一家新开张的时髦餐厅的大礼堂里，马上要举办一场活动。我妈妈开始谈论起坐在我们身边的情侣。"妈妈！"我给了她一个眼神，厉声告诉她不是所有人都有听力障碍。她对着那些人的着装打扮和行为举止评头论足，可他们此刻就坐在我们旁边呢。"哎呀，别担心，"她回我说，"没人会注意我。"

有人说，对于异性恋白人男性来说，被当作老人看待和对待，让他们第一次真正感受到自己成为社会偏见和社会歧视的受害者。在晚年，他们失去了从前被认为代表体面的社会权力和社会地位。他们口中"不再受人关注的社会体验"，与有色人种及女性的社会体验极其相似。罗杰·安杰尔讲述了他和一群比他年纪小的朋友聚餐的故事：

在聚餐过程中突然安静下来的时候，我插了几句话。其他人礼貌地看向我，接着说回了他们刚刚正在进行的话题。嗯？这是什么意思？我刚刚不是说了几句话吗？我是不在这个房间里吗？……而当我把这个现象告诉身边的同龄人时，他们都会回以点头和微笑（我身边超过 50 岁的女性朋友，说她们都会遇到这样的情况）。没错，我们变成了隐形人。人们尊敬、爱戴甚至真心爱我们，只是我们不再值得他们聆听。

安吉尔的朋友们也不算年轻了，应该更能体会他的心情。他们都 60 多岁，通常这些刚刚步入老年阶段的人会竭尽全力和"老人"保持距离。他们模仿着年轻人和自己划清界限的样子，在自己与年纪更大的人之间划清界限，这让人觉得既悲伤又讽刺。

唐纳德·霍尔也讲述过类似的故事："我孙子的大学舍友，在我们第一次见面时搬了一张椅子背对我坐下，把我和家人完全分隔开来，就好像我根本不存在。"霍尔和安吉尔都在发行量很高的杂志里向大家分享了这些故事，后来这些故事被编纂入有名的书籍。暂且不谈他们在生活中显然被粗鲁和残酷地对待了，他们的书可以证明这两位老人在这些故事发生时，不仅精神健全，而且机智又有见地（我发现这两种特质相当性感）。在老年阶段，即使是那些杰出、有名、身心健全的老年人也会被人们忽视。可想而知，那些确实不体面、不引人注目、因听力下降或痴呆症而无法参与正常对话的老年人，正在经历多么可怕的生活啊！

"性感"在医疗界也很重要，因为那些"高种姓"的疾病、患者、问题和措施被无形地贴上了"性感"的标签，比如：心脏病很"性感"，癌症也很"性感"，所有医疗程序都很"性感"；相反，衰老不"性感"。当然，心脏病或肿瘤都不是吸引人或让人向往的事情，所以这里说的性感不是美学层面，而是指医学和社会价值。

很多"不性感"的疾病都会发生在老年人身上。失禁、摔倒、关节炎、便秘、失眠、视力和听力障碍通常会让老人放弃工作，放弃参加重要的社会活动。他们渐渐失去自信、失去舒适的生活，最后失去朋友。有些人会沦为不良商家推销未被证实其有效性的疗法的牺牲品。这个恶性循环不仅影响着那些痛苦的老年人，也在社会意义和经济意义上直接或间接地影响着我们所有人。恐惧和羞耻导致老年人的生活停摆和社交圈缩小，而这两点极有可能导致他们的健康状况变差，进而需要价格高昂的医疗服务。

现在我们来想象一下失禁的感觉：你的内裤又湿又冷，周围的皮肤开始发痒；你担心自己身上有臭味；你的衣服渐渐被浸湿，你总是担心这种意外事件的发生；你开始不再参加耗时太久的活动，不再去没有简易卫浴设施的场所；直到某一刻，一段让你无比尴尬和羞愧的经历迫使你不再外出。1 300 万美国人都有失禁问题，[206] 65 岁以上不在医疗机构中的人中有 50% 说他们有漏尿情况。失禁是阻碍人们外出，导致人们住进医疗机构的最常见原因之一，对健康和生活质量都造成了破坏。在通常情况下，医生和护士不会像询问其他症状一样询问患者的失禁情况，[207] 患者也不太主动提及，因为许多人觉得这个问题无法解决。事实上，无法解决的原因是，一些医生和护士就像普通大众一样，都缺乏有关"如何改善失禁"的专业知识学习。

所有老年疾病都有多种有效的治疗方法，但是只有少数方法可以达到像白内障去除手术一样干净利落的效果。因此，在老年医疗领域，像白内障手术这样的方法被认为是更"性感"的。然而，那些不够性感的治疗方法反而更能改善患者的生活。想象一下：如果这些疾病及其治疗方法能得到与高血压或运动损伤这类疾病同等程度的重视，是否会带来一些新的可能性？就像种姓制度使得低种姓人群陷入贫困和劳役的恶性循环，医疗界的"性感"等级制度也剥夺了数以万计美国人更健康、更充实的生活。

某一年，我决定不再穿比基尼；次年，我不再穿运动短裤。
我第一次察觉到，和我同龄或是比我年长的大多数女性也在做出同样的选择。一年或两年后，我不再穿吊带背心。我把这些衣服都捐给了慈善机构。有的朋友说这完全是我的意识问题，因为我的身材还很匀称健美。我想起了一位 60 多岁（可能更老一些）的同事，她总是穿着很时髦的衣服。那些衣服穿在年轻的医学生身上也许会很可爱，但是穿在她身上，总让我觉得不太协调，甚至有些尴尬。我把这些改变归因为我在 33 岁的时候也不再穿 30 岁时穿的衣服了，所以现在有些衣服不再适合我这个年纪，也说得通。

衣服也是一种自我表达，因此随着年纪渐长，一个人的穿衣风格渐渐发生改变，这件事情就像他的身体和他整个人也都在发生改变一样顺理成章。到了 50 岁，即使是最帅气的男人也会有双下巴；绝经之后，再苗条的女人也会长出小肚子。到了 80 岁或是更老一些，大多数人的身体开始萎缩，变得弯腰驼背。几年前爱不释手的衣服，现在穿在身上突然不合身，或者毫无魅力可言。清教徒对老年人的服装有严格的规定：如果老年男性穿得像同性恋者或年轻男孩，或是老年女性穿得像年轻女孩，他们就会受到训斥和蔑视。言下之意，也许 20 多岁的时尚和 60 多岁或是 80 多岁的时尚完全不同。

就算在这样一个性感与不受关注碰撞、时尚与功能相碰撞的世界，我们依然可以看到社会文化和生物学之间擦出的火花。在《女性与权力》一书中，古典学者玛丽·比尔德提出了令人信服的论据，证明了我们目前的两性话语和权力观念[208]起源于古希腊。同样，当谈到老年和适当性时，我脑海中的观念（那些在我看来务实而合理的论点），似乎也能追溯到美国清教主义文化。意识到这一点后，我想提出一个问题：既然伴随年龄的身体变化是自然而普遍的现象，为什么衣服不能在不同的年龄市场被设计成不同类型的时尚和性感呢？我想这是可以做到的，当然也应该做到。这不仅关乎公正或是善良，更是在当前服装与时尚行业被忽视的市场，它背后蕴藏着无限的商机。

一位年轻朋友和我喝咖啡，他就职于一家我熟悉的大型科技公司，说他们公司正在进军老年市场，因为那里有钱、有机会。换句话说，至少在那些关注着人口结构变化和商业底线的高管眼里，老年市场正变得越来越"有吸引力"。但在食物链底端的公司职员并没有同样的热情。对他们来说，老年项目是最糟糕的项目，接手老年项目意味着失落、差劲、拖累、倒霉和惩罚。

这位朋友向我吐露心声，他负责的项目只能说是成功站到了老年市场的门口，但走进老年群体，实际跟他们交流时（他以前从未尝试过），他便意识到两个问题。第一，听到"年纪更大的成年人"这样的称谓时，不仅是老年人本身，照料他的爱人、伴侣或是朋友也会被吓一跳。尽管在我这位朋友看来，他们是"货真价实的老年人"。第二，他无法让那些中年同事像对待其他项目一样冷静客观地对待老年项目。他们总是忍不住谈论自己的父亲或是祖母，聊起那些悲伤绝望的故事。在公司的头脑风暴会上，通常都应该是基于事实互相讨论，但一涉及老年项目，这些同事就会忽视他提供的调研报告，转而聊起那些关于失去和脆弱的往事。他也无法说服他们那些悲伤的老年经历并不具代表性，事实上可以像对待其他话题一样，怀有开放的心态和严谨的智慧对待老年。

人们听到老年医学的反应，与这家公司的人如出一辙。一位美国极知名、极具影响力的医生曾经用"困难、无趣、局限"[209]来形容我从事的领域。显然我收到了偏见，这样一个致力于一生中长达 30 多年间各类疾病治疗的领域，怎么能被描述为是局限的呢？同样值得思考的是，为什么人们总说外科手术困难，却从来不说这个领域无趣呢？对我而言，外科手术里的切割和重组是重复而枯燥的，我不能想象自己日复一日地做这样的工作，但同时绝不会抹杀它对于患者和世界的价值。

在医学界，有些领域处于顶层，而有些领域处于底层。这里有一个症结：如果我们认为某一类人群更无趣、更没有价值，那么我们贬低了这类人的人性，也剥夺了自己内心某一部分的人性。

幻灭

在经历职业耗竭前的几个月，我遇到两个问题，一个是生理上的，一个是精神上的。现在回想起来，这两者紧密关联。在生理上，我要很努力才能完成一些最基本的事情，比如看清并完成电脑上的工作内容或是开车。我走路时总感到疼痛，任何运动都无法缓解部分躯体功能丧失和沮丧感带来的压力。针对这个问题，我和我领导采取的措施无一奏效。作为一位好医生，我咬牙坚持；作为一位典型的医生，除了镜子里的自己，我也没有咨询其他任何医生。

在崩溃前，我曾经表达过工作上的困难。当时我接手了一个大型检测器和其他工作站的修正工作，分别要花费 50 多个小时和几个月才能找到现存问题并解决，因此允许我生病的时间很有限。幸运的是，积极主动的管理员出于理解和善意帮我订购了自适应设备。相反，那些忙碌甚至过劳的领导除了发出些许同情的声音，并没有给我的身体问题提供任何帮助。在医学文化中，一位医生生病意味着另一位医生要更辛苦。深知这个道理的我本应该更坦率地表达我的需求，并更加同情和理解他们的需求。

但当时我的状态并不好，我没有任何处理这种情况的经验，没有储备任何明智且大气的解决方法。相反，我只是顺其自然或是默默反抗。如果我再次提出无法看清电脑小屏幕上的字，无法完成电子病历系统安排的制图任务时再次被忽视，那么我想放弃挣扎才是最明智的选择。但对于想成为一位出色医生或是优秀同事的人来说，这并不是最明智的策略。

我们都知道"职业耗竭"这一术语被广泛使用的起源：20世纪70年代早期，德裔美国心理学家赫伯特·J.弗罗伊登贝格尔用它来描述他在医生群体中发现的与工作相关的压力。弗罗伊登贝格尔观察到医学工作使一些医生从充满激情的理想主义者变成了沮丧的犬儒主义者，他们开始对患者冷漠无情。进一步调查后，弗罗伊登贝格尔发现那些理想幻灭的医生都具有某些特质：强烈的职业道德、了不起的职业成就以及将工作看作个人身份中不可或缺的部分。产生职业耗竭后，他们也表现出一些普遍的症状，比如夜寐不安、情绪波动、注意力不集中。长期压力伤害身心，导致他们始终处于精神高度集中的状态，仿佛不断面临着致命威胁。高度的工作投入与持续的压力联手，导致他们陷入自我疏忽、价值观修正、行为改变、人际关系紧张、退缩和内心空虚的恶性循环。

我发现自己越来越容易被惊吓，总是想不起一些简单的词语和数据。凌晨2点至4点，我总是醒着，听着自己的心跳声胡思乱想。我担心我的患者：S的女儿会出现吗？我为H做的事是否正确？M会再次跌倒吗？我还会在脑中核对未完成事项，想起所有让生活变得不愉快的人，想起那些我可能说过的话、可能做过的事。最后，我会找到一些看似可行的解决方法，比如一只无法打字的断掉的手，一种可以让我请长期病假却不致死的癌症，或是一次需要我全程在场解决的家庭危机。接着，我会陷入一次精疲力竭的睡眠，直到闹钟声响起，又是新的一天：收件箱的邮件已满，日程安排紧张得让我抽不出任何时间去记录有意义的事情，无数重复的工作和职责在等着我，我完全没有足够的时间去完成与病患照护相关的工作，或是任何有意义的工作。

到处都在发生着我经历的事情，医生们开始讲述和写下这些故事。在奥马哈，一位叫拜耳·邦德·肖恩的移植外科医生发现自己焦虑到无法走出办公室[210]，更别说拿起一把手术刀，于是他决定辞掉这份工作。在波士顿，内科医生黛安娜·香农离开医学界的原因是，她追求的"富有同情心、安全、可靠、互相联结、充满人道主义"的医学世界与将其他利益置于首位的现实医学世界间有不可调和的矛盾[211]。美国国家公共电台曾援引过一位匿名住院医生的话："如果我坚持当年入行的初心，花时间和患者进行真正的沟通，那么我势必会在医生队伍里掉队[212]，并且每晚回家都要花好几个小时来完成数据输入工作。"我的一位门诊部同事在他的工作中发现了与上述故事不同但相关的压力："就算他在回家前完成了笔记工作，每天白天或晚上还是要花 2~3 小时来处理电话和邮箱（来自患者、护士和药剂师的邮件和电话）。这项无偿的、被轻视的工作不仅是我们的日常工作，还侵占了下班时间和周末。无论是门诊日还是非门诊日，这项工作都在持续，根本无法逃避，也无法从中解脱"[213]。医生的兴趣和选择指向患者和照护那一边，而医疗系统则指向另一边，指向必须完成的电脑操作和工作任务（这些额外的任务甚至都被写进我们医生的工作日程）。

美国医学协会和梅奥诊所于 2015 年进行的一项研究发现，美国超过 50% 的医生正在经历职业耗竭[214]。近年来，这一比例逐年增加，远超普通人群甚至是受过类似教育、工作时长相近[215]的人群。自弗罗伊登贝格尔发现职业耗竭现象以来，这个数字打破了医生群体耗竭比例的现有纪录。该研究作者解释说："这一流行病应该引起全美人民的密切关注，因为职业耗竭不仅会造成对医生的个体性伤害和导致自杀率上升，而且会影响医疗服务质量和医生流失率[216]，进而对整个医疗服务体系的质量造成重大影响。"这对患者来说无疑是坏消息，而我们每个人都是患者或者说都是潜在的患者。对美国医疗保健来说，这也是噩耗，因为越来越多的医生在减少工作时长，放弃医学职业，申请提早退休。美国卫生与公共服务部预计，到2025年，美国将面临4.5万~9万名医生的紧缺[217]。

如果我的患者因为某种药物或治疗产生了严重的副作用，除非没有其他选择，且患者和我都认为治疗效果值得以这样的痛苦为代价，否则作为医生的我会更换该药物或治疗方法。然而，负责美国健康医疗系统的领导似乎对当前系统中许多严重的副作用都不以为然，比如职业耗竭以及医生和患者正在遭受的伤害。就像政府参议员和代表剥夺了选民的基本医疗保障，却继续给自己提供国会人员特殊医疗服务。他们的行为仿佛在说，人们得到了应得的东西。在谈论如何应对职业耗竭时，我们被鼓励提高抗逆力和自我保护能力等个人品质和技巧，这些字眼暗示问题出在医生身上，是医生没有合理使用身体能量，不够坚强，不知道该如何照顾自己。在各个领域、各个地区普遍出现的职业耗竭现象表明，医生的痛苦不仅应该引起医疗系统的警觉，还具有潜在的致命危险。当关键动脉阻塞时，人会在心脏病发作期间遭受手臂疼痛；同样，职业耗竭给医生带来的痛苦也意味着整个医疗系统需要一次关键治疗。

有越来越多的文章在谈论职业耗竭[218]，读完这些令人心酸的文章，你会发现大多数医生的心声和我一样（即使是在我状态最差的时候），例如我依然想做一名医生，这对我来说不只是一份工作，更像是一项使命。但是医疗系统结构和要求让我无法提供我认为患者所需要的照护和救治，这一点是我无法忍受的。

最好的时代，最坏的时代

在崩溃后的几个月，我预约了很多门诊。在一周内我就有两次门诊经历，一次是普通医学门诊，另一次是骨科门诊，在同一家业内排名很高的医疗机构。

由于间隔时间很短，这些就诊体验在我脑海中的印象渐渐从个人的看病经历转变为美国医疗界现状的隐喻。

我最先见的是我的内科医生，她的医院在旧金山的老城区。有时我能在路边找到停车位，省去患者停车区的高额停车费（尽管我的支付能力比大多数人要高一些，付得起这个钱，但毕竟停车费没有被纳入医疗保险）。那家医院的办公室很干净，不过看起来有些单调。门诊服务很高效，前台区分了就诊和出诊的不同排队区域。我到后不久，一个友好的医生助理就叫我去做生命体征检查并查看我的服药清单。

10分钟后，我被安排进一间狭小的检查室。13分钟后，我的内科医生来了。她看起来很疲惫，却表现出一贯的热情和关切。她为迟到而道歉，我告诉她没关系。实际上我没有告诉她的是，我常常会为自己20分钟的看病时间预留出90分钟，并且随身携带着工作。当我在回答她的问题时，我们俩其实在互相观察对方。在她询问我相关健康问题时，我发现她的身体表现出一丝紧张。每一个问题都需要她进行决策、检查和转诊。鉴于拥有广泛的技能和基层医疗保健专业背景，她必须挨个处理，一个都不能跳过。我们都知道，因为我，她可能赶不上今天的日程了。

刚开始她全神贯注地跟我说话，不久，她开始一边说话一边打字，视线也从我身上移向电脑屏幕[219]。我知道她正在把我的情况输进电子病历记录的模板，那个模板里有许多小菜单，还有无数涉及收费但与诊疗无关的勾选框，以及与实际诊疗谈话顺序完全不一致的记录小节[220]。同时，由于我的老年医学工作经历，我清楚地知道她的门诊收件箱里正在收到越来越多的任务清单[221]。完成这些需要耗费好几个小时，而她在门诊当天根本无法挤出时间处理。

当然，这位内科医生遇到的困难并不是基层医疗保健领域独有的，有些医疗领域采取了两种解决策略来提高工作效率：聘请中级职业医师[222]和打字员[223]。没过几天，我就在骨科医生办公室见识到了这些策略的应用。

虽然同属一家医院，但我的骨科医生所在的科室坐落在一栋崭新的玻璃墙建筑中，位于快速振兴的城区。这里没有街边停车位，取而代之的是一家建在底楼的咖啡馆，卖农场新鲜沙拉和有机手冲咖啡。我去找她不是因为自己要看病，而是有一个问题需要她的解答。之前我试图通过医院的患者门户网站来联系她，但失败了。

倒不是从未得到网站的回复，只是从未得到她本人的回复。我重复发了好几次相同的问题，有不同的医生在网站上回复我，但他们都无法解答我的困惑，可能是因为没有仔细看我发的图表，或是缺乏足够的专业知识，又或者仅仅因为我不是他们的患者，所以他们选择不回答我的问题。

做好登记后，前台工作人员让我坐在X光检查室门外，说一会儿会有人让我进去做检查。

我说我不需要做X光检查。

他说每个人都要做。

我以尽可能礼貌而愉快的口吻问道："在患者还没有看到医生，没有确认是否需要做检查之前，就要先做这个检查吗？"

我告诉他自己已经在这家医院做过X光检查了，当时也是来找这个医生，看的病也和今天一样，病情没有任何改变。于是他打电话给领导，询问患者如果拒绝做X光检查，是否可以正常就诊。

所幸那位领导同意了。我坐下后不久，一个医生助理叫了我的名字，把我带到一个阳光明媚的大房间。他把我的主诉输入电脑，并告诉我坐在什么位置，脱下哪些衣物。

在我做准备工作时，医生走了进来，后面跟着一个扛着电脑的年轻女孩儿。我们相互寒暄了几句，她把我介绍给这位打字员。打字员谨慎地坐在一边，手指小声地敲击键盘，全程没有说一句话。

在整个诊疗过程中，她都全神贯注地为我诊疗，与我进行眼神交流，时不时微笑，对我进行有针对性的身体检查，也回答了我的问题。为了让这次见面更有意义，除了最开始的那个问题，我还临时问了一些其他的问题。不过所有问题都只与她关注的身体部位有关。她似乎不在乎我刚才没做的那个X光检查，也对我身上的其他问题不感兴趣。那些问题虽然和骨科无关，但也有可能会影响我的治疗选择和恢复情况。在我的旁敲侧击下（我特意说了一些像"物理疗法"和"运动"之类的词），她给我提供了一些我想要的治疗方法，而不是医疗中心每天在广播、电视和广告牌上鼓吹的高科技手术治疗手段。那些被宣传的手段根本无法帮我解决最紧要的问题。

在我们制订好治疗方案后，她离开房间，让我等她的助理过来，助理会为我交代出院须知。在整个诊疗过程中，她除了给我看病没有做任何事，最终她顺利地结束诊疗并离开，同时完成了医疗笔记，这简直是个奇迹！这样的结果让我们双方都感到满意和轻松。

我的内科医生和骨科医生都是训练有素、技能娴熟且努力工作的医生。虽然我不知道她们的具体工资，但美国医学组织协会在2013—2017年进行的年度调查显示，内科医生的平均工资为193 776~259 765美元，而骨科医生的平均工资是其2~3倍之多，达525 000~759 086美元。如此悬殊的工资差异大大超过了他们培训时间的差异，也完全掩盖了相比之下我那位内科医生更丰富的专业经验[224]。

显然，这些数据只是更庞大、更复杂的财务系统的缩影。这个系统鼓励以程序和医院为中心的医疗，奖励专科医疗，轻视与患者真正建立联系的门诊医疗。

我们很难断言医生之间的工资差异是美国医疗系统中最严重的不平衡现象，但这确实揭露出低效、价格高昂，有时甚至毫无意义的医疗[225]背后的偏见。这个偏见不仅伤害了患者的利益，也阻碍了医疗事业完成它的最高使命。

通常，我们在讨论医疗差异时，都会聚焦患者群体。事实上，我的内科医生和骨科医生享有完全不同的工作设施和职业服务[226]，这其中就存在着差异。它反映出遍布美国的一种系统性偏见：我们赋予各类医疗服务与医疗类型的价值和回报截然不同。这种对某类医生、某种医疗类型、某些医疗方法的偏爱，是20世纪伟大的医学成就带来的副作用。当年，由于科技发展在人类健康领域的空前进步，人类的寿命得以延长。我们就认为新兴的、快速发展的、高科技的、专科的医疗才是最好的医疗，于是构建出一个偏爱、奖励这些医疗方式的系统。我们将偶尔发生的医学奇迹和日常必需的医疗混为一谈，忽视了系统偏爱造成的经济和健康损害，以一种越来越商业化的手段经营医疗行业，却没有认识到人类和"商品"之间永远不能画等号。

医疗系统的偏见不仅影响着医生的薪酬，还影响着医疗机构、教育和科研的公平性，当然也会影响医学文化。在近期哈佛医学院校友会的一次会议上，一名大一学生被问及负债情况，他回答说"债台高筑"。他摇了摇头，补充还有学费负债。"那你打算怎么办？"校友会主席问他。那位学生笑了："哦，我一点都不担心。我以后会去矫形外科。"

一项又一项研究显示基层医疗保健可以预防疾病[227]，降低死亡率，降低医疗成本，并拥有更高的患者满意度。还有越来越多的文献表明，高科技的、激进的、以专科为导向的医疗带来了普遍的医疗资源过度使用和浪费[228]，并造成其他严重危害。在全球范围内，拥有最健全的基层医疗保健制度的国家和地区也拥有最好的健康表现。然而，在美国，基础医疗始终是"二等公民"。

在大多数诊所，预约安排"一刀切"地把患者分为新患者和老患者，而不区分基本健康的患者和病情复杂的患者。这些预约机制误认为门诊医生最重要的工作就是"诊断、开处方和执行医疗程序"，这阻碍了医生进行其他可以将治疗与患者实际情况和个人意向相匹配，提高患者遵循治疗方案的能力与意愿，提高治疗方案有效性的诊疗工作。这些关键的诊疗工作包括：有技巧地聆听患者，不仅听其言语表达，还有非言语表达和肢体语言；给患者足够的时间消化复杂的信息和可怕的诊断结果，让他们表达自己的担忧并提出与他们的实际生活密切相关的问题；确认双方信息的一致性；如果是初次就诊的患者，对于上次就诊过后住过院、看过其他医生的患者，还需要阅读他们的医疗记录；建立真正的知情同意，扫除沟通中的语言、认知和医疗知识障碍；以及价值观阐释、激励性访谈、患者教育和患者咨询。

"结构性暴力"和"结构性不平等"这两个术语恰好适用于医学界。正如医生兼人类学家保罗·法默解释的那样："这些概念描述了一种将个人与集体置于危害之下的社会分配方式。这种分配方式是结构性的，因为它嵌入了社会政治与经济组织[229]。"在这个语境下，它嵌入的是美国医疗界[230]的政治和经济组织。一项针对11个发达国家医疗保健支出的研究发现，2013—2016年，美国的医疗支出远超其他国家。[231]但其他国家的健康表现反而更好，它们的婴儿死亡率更低，肥胖率更低，预期寿命更长。这一结果的罪魁祸首是什么呢？价格。价格反映医疗系统中的价值和结构，尤其是行政成本（一个不健全的系统[232]所需的文书工作、谈判协商，以及一位社论作家指出的"部分决策者造成的根本垄断")和包括药物(特别是品牌药物)、劳动力(没错,部分劳动力的工资比其他劳动力要高,但究其根本都是被过高的离群值驱动)在内的"商品"成本。高昂的医疗程序也被一份评论加入了罪魁祸首名单,比如关节置换和不必要的医疗影像(CT、MRI)。

如果追踪医学界的资金去向和炒作方向,那么你会发现,在美国,人们更倾向于治疗疾病,而不是预防疾病。相比于儿童与老人,骨骼的地位更重要。患者利益也不是决定医疗方案和医疗程序的先决条件。美国人似乎认为,药物比运动更有用,医生面对的是电脑而不是患者,用对治疗方法可以避免死亡,生病后的最佳去处就是医院。相比于听力、咀嚼食物的能力、行走的能力,我们更在乎的是身上的皱纹和疣。

这些情形让我想起了狄更斯的文字,这是美国医学最好的时代,也是美国医学最坏的时代。这是科技的时代,也是不平等的时代,是创新的时代,也是职业耗竭的时代,是"黑人的命也是命"的时代,是医疗中心营销预算无比庞大的时代。在 21 世纪,我们能为人类做的事情有很多,从快速治愈伤口到更换受损的关节和器官,但我们忽视了对患者帮助最大的照护[233]。这使得提供照护的医生[234]离成功越来越远。

同理心

那通命运般的电话不经意间将我从职业耗竭的湖底拉出水面。在那之后的第一周,我没有去工作。一方面,我觉得自己无法工作;另一方面,我也深知自己不该去工作。第二周的周一,我重新回到工作岗位,不过仅仅是处理假期前的交接工作和任务委派。我迎来了一个意外的却也是长期计划中的假期。到第二周快结束的时候,我知道自己必须休假。我需要遵循自己常给患者提出的建议：把自己的健康和幸福排在工作之前。

我是否尽我所能地向同事们讲述了自己的经历呢？事实上我没有。我回避了一些人的询问，在其他人面前也只提及自己的身体问题。我微笑着，努力让自己在公众场合看起来正常、健康。

最近，《新英格兰医学杂志》发表了一篇极具个人情感、文笔极佳的文章，一位叫迈克尔·S.温斯坦的创伤外科医生描述了自己的职业耗竭经历。他说他的同事们试图伸出援手，却发现他拒绝接受所有的帮助[235]。他在手术室和医院里做的工作是别人看得到的，相反，我做的工作——去患者家里提供医疗服务，在办公室里处理补助资金和项目，则是别人看不到的。尽管如此，我仍然记得自己曾经拒绝过一些善意的询问。更多的是那些善良的眼神里传达的无声关切——之前提到的两位领导、医院的后勤人员、两位年轻医生，还有我的学生们，是他们把我从那些无法继续的工作中解救出来的。

我曾希望可以停止愤怒和绝望。我拥有一份意义非凡的职业，工作稳定，薪水不错，家庭生活幸福。是我自己忽视了身体、健康和快乐，毫无疑问，我该为此负全责。然而，做医生的这些年，我自己并没有发生什么改变，反而是医疗系统、日常工作和医生的职业要求发生了巨大的改变。

休假的那几周，每天最痛苦的就是治疗时间：这次是我自己接受治疗，而不是为别人提供治疗。我有高价的医疗保险，这是医院给我提供的最大福利。我给自己的基层医疗保健医生打电话，被告知她最早可以在6周后为我诊治，或者我选择看别的医生，但别的医生都不认识我，也不了解我的病情。于是我退而求其次，给这位医生发邮件询问病情。只要是医生，你就有这样的特权，当然这个特权很不公平，因为所有患者的医疗需求都应该被满足。她帮我解决了大部分问题，但我们都认为应该找一位专科医生对我进行存在心理治疗。我的高端保险涵盖心理健康，于是我上网查询心理医生，根据主界面的指引进入下一个界面，又链接到另一个界面——整个过程既缓慢又耗时，充斥着数字化的路障、误区和死胡同。他们似乎只是在履行合同上的文字，而非其精神。

满足搜索条件的医生有几百个。当我确定医生办公室的地理位置（我现在无法开车），或是查看他能提供的服务，以及他是否能接待新患者时，我都需要在另一个二级窗口中重新查询。很快，我就学会了先查看是否有预约名额，因为大多数医生的预约名额都已经满了。

当一个人陷于危机中时，就算是一点点小事也会变得很艰难。所以面对这些迷宫一样的网站，我气得抓狂。连一个懂得如何操作系统、英语流利、拥有高端医疗保险的医生都无法得到帮助，何况是其他人呢？

神经科医生总是说要找到病灶，要发现能够解释患者病情症状的生理结构变化。那么，是什么病灶导致了我的职业耗竭呢？如果有很多病灶，那么哪一个起决定性作用呢？这两个问题都是我想问心理专家的，当然还有一些其他问题，比如自己是否还想继续做一名医生。如果答案是否定的，那么还有什么职业能给我带来收入，同时给两位有"预存疾病"的中年人提供医疗保险呢？

我的身体疾病比心理疾病更容易治疗。尽管躯体功能渐渐恢复，但我知道自己的精神状况并没有改善。不是因为它本身没有发生显著改变，而是因为我在内心建立了一个能量储蓄站，可以创造出"一切都很好"的假象。

休假几个月后，我重新开始上班。这次，我坚决避开那些触发身体危机的工作，我仿佛顿悟了。这个医疗系统是由人创造的，而对于其中的一些人，我感到非常愤怒。他们难道看不出整个美国社会的医疗有多么浪费、低效，充满偏见和恶意吗？还是他们明明看到了，却无动于衷？我想，也许职业耗竭并不像研究和报道里解释的那样，也许它真的只是关乎共情。

更确切地说，也许职业耗竭是医疗系统、系统领导人缺乏同理心导致的。对于医学界普遍的职业耗竭现象，或是我个人的痛苦遭遇，我从未感受到任何来自官方的同情。这让我觉得自己很失败、很脆弱、有缺陷，可以被任意支配，让我觉得自己的担忧和需求都不合理。

在谈论职业耗竭问题时，有一点常被忽视，那就是别人对受害者的回应所产生的影响。在医学界，有一些再平常不过的事情总是缺位，比如真诚（不是机械化、形式化的真诚），以及对他人精神痛苦的理解。不要采取那些聪明、身陷痛苦的人曾尝试过的简单方法，因为它们都失败了，可能是因为无用，也可能是因为违背了他们内心最重要的价值观和利益诉求。采取那些可以缓解痛苦、传递善意的方法；尊重人的灵活性和差异性，无论他们是医生、患者、护士还是家人。

如果得到恰当的支持，经历职业耗竭的医生也许会继续从业；反之，他们则会离开，不再给患者看病，甚至自杀。在2017年和2018年，几乎每周美国都会有关于职业耗竭的新报道和医生能从事的非临床工作清单。这些努力都是朝着正确的方向迈进的一步步，但我们必须扭转我们的领导和整个医疗系统对待职业耗竭危机的态度。当你在沮丧的时候被打击时，当你得到的是侮辱和不尊重而非同情和援助时，当你鼓足最后的勇气向你尊敬信任的同事诉说你的不幸时，他们却一边微笑一边在你的伤口上撒盐，你会感到受伤和失望。信任，就像二战后的德累斯顿，或是卡特里娜飓风过后的新奥尔良，被破坏后可以重建，但再也无法恢复原貌。

第十章　老之将至

年龄的概念

1960 年，法国殖民地水果应用研究学院一位戴眼镜的保皇派无政府主义领导在巴黎发表了一项与香蕉、木瓜、菠萝蜜等水果无关的激进宣言。菲力浦·阿利埃斯在他的著作《儿童的世纪：旧制度下的儿童与家庭生活》中写道："在中世纪社会，根本就不存在童年这个概念。"[236]

在通常情况下，法国人都比美国人更能接受这类信息。这本书在美国的出版时间比法国晚了两年，"对童年的发现"在美国社会引发了同样强烈的兴奋和批评。为此，翻译难辞其咎：在法语原作中，阿利埃斯用的是情感（sentiment）这个词，既暗示了一种概念，也暗示了一种情绪；而在英文译本中，这个词变成了想法（idea），[237]从而牺牲了原文的完整内涵。阿利埃斯并不是说 17 世纪以前的社会没有孩子，而是说社会、政治和经济的发展开创了一个新时代（在这个新时代，童年被认为是一个独特而有价值的人生阶段），但他并不赞成这种改变。[238]这一信息在翻译中也没有体现。

阿利埃斯的主张和研究方法仍然存在争议，但他的研究使家庭制度这一话题引起了学术界的关注，并普及了各种历史事实，进而让越来越多的人意识到人类在不同人生阶段的体验取决于其身处的时代和环境背景。历史研究和科学研究一样，讲究所见即所得。传统的历史数据（比如出生、死亡、税收记录、库存、财产交易等）展示的是一个故事；而信件、报纸、艺术品、文学和教科书展示的则是另一个故事。尽管阿利埃斯显然偏爱其中一类数据，但事实上，这两个故事似乎都能反映真相的一部分。

以年龄为例，如今我们每个人都知道自己多少岁，但在 18 世纪以前的西方社会，并不是所有人都知道自己的生日和年龄——除了希腊或罗马作家等人清楚自己的确切年龄，大部分人都并不清楚。人们被称为"青年"或"老人"，是基于长相和行为，而不是基于实际年龄。所以，这两个称谓可能会同时用来形容一个实际年龄为 40 岁的人。

无须跨越几个世纪那么长的时间，我们就能发现有关人生阶段的观念变化。20 世纪 50 年代初期，我母亲只有 20 岁出头，外祖父很担心她会变成一个老姑娘。眼看着周围的朋友都结婚了，我母亲却还在和一个又一个完全可以接受的结婚对象约会然后分手，所以我的外祖父母越发焦虑。直到我的母亲在 24 岁那年与我的父亲订婚，他们才松了一口气。到我这一代，身边 20 多岁就结婚的朋友寥寥无几，大多数同龄人都在 30 多岁才结婚。其实，几十年间，我的家庭社会状况并没有改变，改变的是所谓的"正常"。

拉长时间跨度则会看到更加戏剧化的观念改变。如果我和我母亲出生于中世纪后期或是文艺复兴初期的欧洲，我们可能在 12 岁就要结婚了。在那个时代，初潮就意味着女性成熟，青春期的概念根本不存在，更不用说女性成年后的高等教育、职业发展和不以结婚为目的的亲密关系了；如果有幸活到 30 多岁，女性就一定会变成祖母，而不可能像我母亲当年一样在 30 多岁时只生养了两个孩子，或是像我一样 30 多岁时还是个未婚的女医生。正常的标准不仅取决于时代背景，而且取决于你在那个时代中的身份和地位。

人脑会自动进行分类。[239]中国、伊朗和希腊的作家都曾写过男孩、男人和老年人的事。近几年人类的年龄分布变化太快，而关于 50 岁、60 岁以上人群的社会语言和机制还未形成。人们也尚未认识到这个群体的个体多样性，没有在这块新放大的人类潜力画布上使他们的个体和社会潜力最大化。

法国人似乎天生就有辨别不同人生阶段的能力。早在 20 世纪 70 年代，他们就设计了针对退休人士的教育和社会活动项目，并称作"第三阶段大学"或"老年大学"。这两个概念很早就传到了英格兰，在这之后历史学家彼得·拉斯利特普及了"第三阶段"这个词，他认为这个词"填补了人们想要找到一个词描述老年群体的长期需求，而且该词尚未被曲解"。[240]拉斯利特还提出了一个他本人认为"激进"的观点：第三阶段是人生的最高点。拉斯利特解释说，人生阶段是按照顺序而不是按照年龄划分的。一个人有可能同时处于人生第一、第二、第三阶段，比如一边工作养家，一边达到人生最高点的年轻人（例如女体操运动员）。拉斯利特强调，第三阶段不可能与第四阶段发生重叠。[241]拉斯利特的理论在这里出现了漏洞：他根据与年龄相关的行为来定义人生前两个阶段；根据个人成就来定义第三个阶段，认为第三阶段的行为意义应超越年龄层面；并且根据生物学来定义第四阶段。这种用不同的衡量标准来定义不同年龄人群的方式，失去了明确性、公正性和公平性。

第三阶段和第四阶段的年龄差异确实存在，分别为较年轻的老人和高龄老人，但是他们的主要区别应该在于健康、社会活动及消费者角色。第三阶段意味着"顺利地衰老"，而第四阶段则意味着虚弱和依赖。拉斯利特将工作之后和童年之后的人生阶段称为"人生的皇冠时期"[242]与"自我实现和满足的时期"。他认为第三阶段是最近才被加进人生阶段的概念，所以应该用来"建立、塑造、维持和拓展"社会职责和功能。拉斯利特还定义了第三阶段带来的 5 个挑战：认识变化的人口结构，支持大量的非就业人口，培养面对错误刻板印象的社会态度和社会道德，发展给予这一新阶段目标的相应社会前景、机制和组织，以及应对第四阶段的各类问题。尽管拉斯利特没有透彻地探讨一个人的经济和社会状况对其第三阶段体验的影响，但他的确认识到第四阶段可能会遭受各种偏见，而这些偏见正被普遍强加于 60 岁以上人群。拉斯利特认为，划分第三、第四阶段的最终目的是最大限度地利用和享受这两段时光。

有人说相比于第四阶段，人们给予了第三阶段过多的关注，[243]然而老年医学界的现状截然不同：无论结果好坏，这个领域从始至今都对第四阶段给予更多关注。

第三阶段人群是社会上活跃的大众消费群体。虽然许多人都几近或完全退休，他们仍然具有能动性——事实上，他们的自主能力是这个群体的两个关键特点之一。这个阶段最幸运的老人都在购买抗衰老产品，加入健身房和社交俱乐部，到处旅行，参加志愿活动。他们的行为、态度和生活方式更符合消费主义文化及社会历史时期中产阶级和富裕阶层的生活方式。[244]这仿佛是 20 世纪 60 年代社会文化的"成人版本"：重视青春、美丽、个人选择和自我表达，体现出他们努力远离"老人"标签的不懈努力。

然而，并不是每个跨越中年的人都能进入第三阶段，有很多人虽然具有主观能动性，但他们的行为并不属于第三阶段的范畴。这个概念之所以看似普遍，是因为它包含了最有可能撰写、表达、创造艺术和市场的人群，而正是这些人在定义"第三阶段"。

拉斯利特认为第四阶段是由生物学决定的，是一种永恒的概念。只要在人类历史中活得足够久，你就会自动进入这一阶段，并经历不可避免的衰落和耻辱[245]。克里斯·吉拉德和保罗·希格斯认为，第四阶段是"普遍的自我管理失败与通过制度化照护来稳固这种失败[246]的结合产物"，其结果就是"从最有价值的社会、文化资本[247]中被剥离"。他们断言，"第四阶段的出现是 20 世纪健康和社会政策的发展结果[248]"，也是在第三阶段努力经营有魅力、有用、有社会参与度的老年人设带来的"苦果"。

拉斯利特的目标是抵制对老年人充满恶意和贬低的评价，这种评价否定了他们的社会地位[249]和自尊心。这个目标当然是有价值的，但仅限于"帮助所有更年老的老年人获得社会地位和自尊"。如果它允许相对更年轻、更健康的老年人以"更老、更不健康的老年人"的利益为代价而轻松获得这个目标，那么所有努力将适得其反。

1858 年 6 月 16 日，亚伯拉罕·林肯在他的演讲中说"一幢分裂成两半的房子是无法站立的"，耶稣在《圣经·马太福音》12: 25 中也说"每一个自我分裂的国家最终都将被毁灭"。同样，在这半个世纪，将老年阶段分割为第三阶段和第四阶段，除了确实给第三阶段的老人提供一些虚假的帮助，进而恶化他们在第四阶段的遭遇，几乎没有什么好处。偏见和分裂滋养倒退。当认为某些生命比其他生命更有价值时，我们也是将自己置于险境。道德应该作为观念的底线：我们是否将所有人一视同仁？是否轻视了部分人？所谓"无法达到绝对公平"，决不是无情贬低任何个体或群体的借口。

高龄总是让人产生消极的联想：对身体衰老的抗拒，对丧失躯体功能的恐惧，贫穷的生活和卑微的社会地位，以及与具有主观能动性的真实人类群体的脱离感。在这种境遇之下，他们无法以任何方式来定义或维护自己。有的老人也许可以表达自己的喜好，有的老人却丧失了表达能力，显然他们无法实现内心想做的大多数事情。在那些频繁发生的糟糕场景中，他们能做的一切就是尖叫和哭泣，或是躺在床上消磨时间、乱踢或乱咬东西。鉴于上述情形，人们会说他们"恶劣"或是"难以相处"。他们被惩罚、被遗弃、被制度绑架、被忽视、被真的绑起来甚至被注射镇静剂。即使事先为这些做好准备，他们也不能确保最终自己的意愿会被尊重。事实上，他们如何被看待、如何被对待，以及生活中的方方面面，都被其他人控制了。唯一的解脱就是死亡。

我用"他们"来指代第四阶段的人，在某种程度上是比较准确的。因为我目前还没有成为"他们"之一，而我们将在未来的一段时间内变成"他们"，可能是几天、几周、几个月或者几年，除非我们以一种创新的、前所未有的方式来思考和应对第四阶段，并让它常态化、制度化、结构化和普遍化。我们以为可以找到这种方式，如果是从生物学上操控衰老，那么我们也许确实可以做到。但万一做不到呢？为什么不把这些努力转变为对这个人生阶段的关注、资助和创造性投入呢？即使第四阶段真的是吉拉德和希格斯描述的那个黑洞，只能通过它对其他事物的影响来加以描述，至少我们可以让它的影响变得更积极，并让这种描述更加准确。

我母亲说她宁愿死亡，也不要过身患痴呆症或者残疾的高龄生活。如果她的生活出现了这样的迹象，那么无论身体出现什么问题，她都不会再想治疗。她的用词不是"就算这个病杀了我"，而是不想治疗，希望这个病能杀了她。她也担心活到那一天却没生什么病，只是在跟她相似但完全不像她的肉体里苟延残喘。她也许不太清楚这些状况之间的差异，但她认为这样的未来非常恐怖，不仅是对她自己而言，甚至是对我们——她的家人而言。她觉得这些照护费不如花在觉得"物有所值"的人身上。我想着，快乐的失智者是有的；但我更会想到，更多人的处境可以说是"苟延残喘"于一种没有任何明显好处的生活中。大多数人表达着痛苦，更有甚者看上去备受折磨。但有些家庭并不如此认为，且有些宗教主张，无论何种情况下生命都神圣不可侵犯，这就导致决策难产，即使对于这个生命阶段的讨论至关重要，也是如此。

我父亲曾说过，如果自己患上痴呆症，他就不想活下去了。但真的患上痴呆症后，他仍然很高兴自己还活着。"我的人生很幸福。"说这话时，他感到既骄傲又满意，坐在医院的病床上滔滔不绝，成为全场的焦点。此时的他如往常一样和蔼，忘记了所有的不愉快。"不过我不介意更幸福一点"。他同意接受各种医疗程序和手术，但当他真的步入当年自己不愿意接受的生活状态——那个他很确定不会感到快乐的状态时，他已经再也无法表达自己的感受，也无法再讨论任何抽象概念，比如"人生的意义""人可能会在哪一刻失去最重要的东西"。我母亲在说那些话时，很有可能也想到了我父亲生命中糟糕的最后几年，以及在那之前的几年，想到了对其他家庭成员的影响。的确，照护患病的父亲在很多方面都很困难，但同时非常重要，因为它定义了"家庭"的意义。如果让我选择，我会再次毫不犹豫、心甘情愿地照料父亲。母亲深知这一点，她也知道我愿意为她做同样的事情。尽管如此，她仍然热切地希望不会有这么一天。

老年学

2013 年春天，我应邀在一场由医生和医学人文学者组织的会议上发表演讲。全天的议程就是讨论一切事物——从破坏性技术到讲故事的方式，以及它们会如何在未来几十年间改变医学界。在餐前招待会上，一个头发灰白的瘦高个男人走向我，进行自我介绍，并与我握手问好。他的名字听起来很耳熟，但经过一整天的疲惫，外加几口红酒下肚，我已经想不起来在哪儿见过这个名字。

我们的对话变得很尴尬。他提醒我他是谁——一个关注衰老话题的文化历史学家、当地一个出色的医学人文项目的负责人，还是我办公室书架上至少一本书的编辑。可惜我没怎么听过或读过他的作品，顶多读过他写的一篇文章或者导读。在我极其有限的空余时间里，我实在不想读什么卖弄博学的社会科学文献，而是渴望阅读优美的文学作品。

最后，对话由尴尬变得令人不适。显然，我虽然听说过他的名字，但从未看过他的作品。他察觉到了这一点并对此感到惊讶和失望。几分钟的寒暄过后，我们结束了对话，各自去找别人聊天。

几周后，我在办公室收到两本书。如果我和自己内心描绘及塑造的个人形象相符，那么我没有理由没读过他写的书。我给他写了一封措辞优雅且充满真诚的感谢信。尽管我感到内疚，但这两本书还是被束之高阁了。

我们对衰老的了解取决于我们向谁寻求信息。研究衰老的方法涉及医学方法、发展性方法（生物心理学）、制度化方法（社会经济学）和文化方法（刻板印象和观念）。社会学家卡罗尔·埃斯蒂斯对美国衰老问题的医疗化现象[250]进行了研究，这个现象源于19世纪，并延续至今。在19世纪前，衰老被看作自然的过程，而高龄被认为是一种人生成就[251]。随着医疗化过程的发展，医学有权定义正常和病态，人类的行为、躯体功能和生理状态都被重新诠释。过去观念里的自然和文化现象都变得易于诊断、管理和治疗。流行杂志不再谈论长寿话题，而是发表关于衰老及其医学症状的文章。各行各业的人都将老年定义为社会问题，并将关注重点转移到"病理学"：身体和精神的局限性，贫穷和依赖性。

尽管医疗化以某些方式在老年领域创造了机会，通过刻画药物的权威性创造治疗该"疾病"的工作岗位，并使衰老问题合法化，但它同时限制了个体及社会对此问题做出的反应，这就是问题所在。一味追求更多的医学治疗，而不关注患者需求的情况屡见不鲜。

在那些认为理当如此的人眼中，老年问题的医疗化是正常的，而他们大多都不算老（不管生理年龄如何，他们并不把自己看作老人）。其他人则善意地认为应该避免老年问题医疗化带来的病理化结果，声称老年群体应该遵循不同的处理标准。老年人的皮肤比年轻人更薄，更容易被撕裂、擦伤和破损，这是老年群体中很正常的现象。但问题在于，这些正常现象（比如在黑暗中视力下降，不容易听到尖锐的声音），是否就不能算作医学挑战或病理现象呢？绝大多数80岁以上的老年男性都有前列腺肥大问题，这是否属于正常情况呢？大部分人的回答是否定的：每个人都想耳聪目明，都想排泄通畅，做不到这些就代表不正常，就是病理问题。

在令人惊叹的美国老年群体文化历史著作《人生之旅》（*The Journey of Life*）中，见解深刻的托马斯·科尔将这称为"常态和病态的典型对立"。[252]

我现在了解并能引用这一观点，是因为我终于读了他寄给我的作品，也可以提出更有意义的问题了。

几千年来，科学家和哲学家都注意到了老年人"常态"与"病态"之间模糊的界限。早在公元前约161年，在泰伦斯的剧本《福尔米欧》中就有这样的对话：

戴米福："你怎么在那儿（医院）待了这么久？"

科尔曼："因为我生病了。"

戴米福："什么情况？是什么病？"

科尔曼："什么病？老年本身就是种病。"[253]

如果老年本身算是一种疾病，那么自然需要医疗手段介入。

如果老年和疾病这两个概念不能被清晰地区分，那么到底是老年的问题，还是背后存在着更深层的问题？比如社会分类体系，以及我们总是以各种形式将自己和他人区别开来的习惯。在这种情况下，所谓正常和不正常的对立模型还适用吗？

老年，在某种程度上确实意味着疾病，但它同时是人生中自然、正常的一部分。可是我们如果要进一步了解老年的"学问"，就必须把目光从狭窄的医学领域移开，看得更远、更广，将人类的思想与经验全部囊括其中。

交流的必要性

我赶到急诊室时，乔治已经在那儿待了好几个小时，傍晚的急诊室一如既往被忙碌席卷。我扫描监视器找到乔治的名字，看到旁边一行小字：留院观察。

乔治被安排在一间较小的房间里，为了给接诊团队腾出空间，他的妻子贝茜挪到门外等候。在我和贝茜打招呼时，医生们站在乔治的病床旁对他进行询问。我们静静听乔治解释他是如何跌倒入院的。

"他总是喜欢有人听他说话。"贝茜小声地说。

病房里一位穿着医学生白色短外套的年轻女孩问道："您就是在那时候觉得头晕的吗？"

"没错。"乔治回答道，"我就是去那儿检查做工。尽管我不是木工，但我一直对木工活儿很感兴趣。想当年，我的手艺也不赖。"说这话时，乔治环顾四周寻找妻子。贝茜向他点了点头，他回以微笑："我从没做过教堂长椅、祭坛之类的东西，所以很感兴趣，想仔细看看。"

"不好意思，"医生团队里一位娇小的女士打断他，显然她是团队领导，"能请您仔细描述一下晕倒前的感觉吗？"

贝茜听到后看了我一眼，脸上浮现无声的困惑，但我迟疑着没有走进病房。和刚才工作人员在电话里描述的状况相比，乔治看起来比我预想的好多了。幸好接到电话时我恰好在隔壁那栋楼里开会。

从门外看，他似乎没有受到什么严重的伤害，反而因为自己成为这么多年轻人的焦点而感到惊喜。

"好的好的，没问题。"乔治接着说，"所以我就想凑近一点，看得更清楚些。结果，下一秒我就发现自己躺在地上了。"

他煞有介事地说自己当时突然陷入一片黑暗，一边说一边摆起手臂示意，还和每一位医生进行眼神交流。

贝茜说："这跟他和之前那拨医生讲的故事完全不同。"她指着急诊室里的医生问我："他们应该知道乔治是在瞎编吧？"

我摇了摇头。房间里的实习医生和医学生们正在认真记笔记，住院医生也全神贯注地听着乔治的"故事"。这就是我第一时间赶来急诊室的主要原因——乔治的痴呆症类型和病情阶段导致他虽然不记得自己摔倒的真实过程，却可以编出一个极其完美、令人信服的假故事。

住院医生问他："你觉得胸口疼吗？"

"哦，那倒没有，完全不觉得疼。"

"那有没有觉得心脏跳得很快或者不规律？"

乔治神情专注地眯起眼睛："好像有一点。"他双手交叉放在胸前，担忧地看着医生们："没错，确实有这种感觉，我差点给忘了！不过这种感觉有点奇妙……"他笑了起来，准备回答下一个问题。

痴呆症患者无法回忆起真实情况，所以可能会编造一个貌似合理的非现实故事。从乔治若有所思的停顿和描述细节来看，我相当确定他相信自己编造的故事就是真的。

这一小拨医生都挤在病房内，其中那名实习生离房门口最近，于是我拍了拍他的肩，问他能否到走廊里借一步说话。

当我跟他解释说乔治是在编故事时，他发出一声："噢！"贝茜补充道，他没有晕倒，只是被绊倒了。当时他们像往常一样去外面散步，在一座教堂门口停下来。贝茜想去洗手间，于是让乔治坐在门厅的长凳上等她。几分钟后，贝茜从洗手间回来，就看到乔治躺在祭坛旁的地上，头上流着血。一位教区居民看到了乔治跌倒的全过程，她告诉贝茜，乔治是被教堂长椅边上凸起的木板绊倒了。摔倒时，他的拐杖被落在门厅长凳上，这不是他第一次忘记自己需要挂拐杖了。

值得称赞的是，医疗团队迅速根据贝茜提供的真实信息进行调整，重新制订了照护方案，而没有被乔治描述的那个危险故事误导。这为乔治规避了巨大的风险，现在他不用住院或接受一系列针对他根本没有的问题的评估与治疗。

如果医生真的给乔治安排导致晕厥的心脏病检查，那他将遭受那些检查和治疗带来的一切毫无必要的风险。那些检查是为了获得一些阳性指标结果，鉴于他的年龄，也许确实能查出一些异常指标，但它们并不需要管理或治疗，因为他没有显示什么症状，而且他的预期寿命也不长了。另外在住院期间，他很可能和往常一样出现精神错乱，而这也会带来巨大隐患。同样危险的是，如果他摔倒的真实原因没有被查清，他有可能受到更多伤害。好在真实的故事版本让乔治当晚顺利住回了家，这也是他和贝茜都更想要的结果。

听到乔治的遭遇时，人们理所当然地认为他的痴呆症被忽略是因为那些医生还在实习阶段，或是因为医生们还没来得及在他那一长串疾病记录中发现阿尔茨海默病。事实上，每隔几年就有研究表明，训练有素的医生也经常在诊疗过程中漏掉痴呆症或误诊其病情阶段和严重程度，而这些医生却很少误诊其他人体器官相关的常见疾病，比如心脏病或是肾衰竭。这些病都和痴呆症一样由各种病因诱发，各自都有不止一份疾病严重程度量表。量表显示患者在疾病初期没有任何感觉，但它们最终都会演变成致命疾病。这些疾病随着年龄的增长都变得越发普遍，但是只有痴呆症的治疗过程频频出错。

　　一个男人说自己有肾脏问题，但他的病历会写明是"糖尿病肾硬化"和"慢性肾病Ⅲ期"。一个女人跟朋友说自己得了乳腺癌，但她的医生会很清楚癌细胞类型、受体状态、等级和阶段。痴呆症患者的病历却通常笼统，缺少细节。因为在医学界，不同信息具有不同价值。大多数痴呆症诊断都基于患者的症状和行为，人们认为这种诊断方式不如病理组织活检有效和明确。但事实上，如果遇到技能娴熟的临床医生，痴呆症的评估标准也可以变得非常准确，只是这个过程需要花费时间，毕竟除了时间，也没有其他更有效的工具了。当然，活检也需要花费时间，不过花费的是别人的时间。另外，活检收费很高，这种既不耗时又能获益的诊断方式自然备受医疗系统欢迎，至于它导致的患者出血、感染、受伤等风险，则完全可以忽略。反之，临床评估需要建立医患关系，要深入了解患者生活中与健康相关的关键问题。因此患者常常只是被告知患上"痴呆症"，却无法得到更具体的诊断结果，患者和家属也无法获得任何有关治疗进展或病情变化的有效建议。

　　在治疗老年综合征，比如痴呆症时，医生会采取很多在其他慢性病领域被认为草率或无法接受的措施。我们在职业培训中学会了如何与小朋友沟通让他们配合耳朵检查，如何用翻译器和不会讲英语的患者交流，如何让女性在接受骨盆检查前感到舒适，却很少有人接受过如何与痴呆症患者进行有效沟通的训练。这导致了病情发展、身体检查和医患关系方面的各种问题。有些医生选择将痴呆症患者"婴儿化"，忽视他们的存在，直接和家属或照护人员交流。除非患者处于病情晚期阶段，否则他们能够感受到自己正在被忽略、被羞辱和被婴儿化。

　　由于众多医学专家都不知道与痴呆症患者沟通的技巧，患者家属认为这种沟通技巧根本不存在。托尔斯泰所说的"不幸的家庭各有各的不幸"衍生成另一个绝望的版本：几百万名痴呆症患者孤立无援，独自挣扎，忍受着多年的痛苦和亲人的误解。幸运的是，许多民间组织为痴呆症家庭提供了线上信息分享和线下面对面培训，填补了医疗系统的漏洞。但还有许多深受医学文化影响的家庭认为，如果一种治疗方式足够有效，那么它早晚会被医生采用，变成医生开出的药方或其他医疗措施。

至少乔治的治疗团队开始和他交流了。他们之前的失误是由于没有尽早评估其认知能力，进而判断他是否能为医生提供有效信息。其实他们只是在遵循培训时的要求，按照"历史悠久"的入院诊断程序依次执行。这套程序认为，认知能力评估不是必要环节，属于补充项目，所以把它安排在最后的医生访谈阶段。这种"一刀切"的方法只适用于完全符合系统预判的患者。

老年的快乐

萨迪·德拉尼在她 100 岁的时候，这样向别人形容她和妹妹贝茜的生活（她妹妹也是一位百岁老人）："要知道，活到我们这个岁数，你不知道第二天早上是否能醒来，但我和贝茜都不担心死亡。[254] 我们的内心无比平和。"她还说："我们埋葬了许多至爱之人，这就是活到这个年纪的难处。我们认识的大多数人都已经化为尘土。"罗杰·安杰尔表示赞同："在人生的第十个十年，我发现老年生活的不堪在于它装满了腐朽的往事。"[255]

但话又说回来，老年故事总是不止一面，还有第二面、第三面、第四面……就像安吉尔说的："大多数 75 岁以上的老年人都会惊喜地发现自己很快乐，我也是其中一个。"这个观点与医生兼作家奥利弗·萨克斯在 80 岁生日时在纽约时报发表的题为《老年的欢乐（不是自嘲）》相呼应。这个标题体现了文章的精髓，文中还有这样一段话："我的父亲活到了94岁，他常说80~90岁的那10年是他人生中最享受的10年。他觉得自己的精神世界和视野不仅没有缩小，反而变得更开阔，而我也渐渐开始有同样的感受。一个足够长寿的人，会有丰富的人生经历，这个经历不仅来自自己的人生，而且来自他人的人生。[256]"

这些作家关于老年的言论与我的患者的描述相吻合，无论他们是否接受过教育、财富多少、是移民还是土生土长的美国人。比起衰老本身，真正的问题在于，老年人受到侮辱，被隔绝在人际交流、社会建筑、社会活动之外，遭受制度化的威胁，失去自主权和人权。原本只是有些困难的正常生活转化为绝望与苦难，而我们总是将这两点归结于衰老本身。

让我们来看一看日常生活中所谓的"微侵略"[257]是如何贬低老人的："您竟然还能这样起身四处逛！""您哪里老啦！""您真的没事吧？"或是"那个老太太好可爱！""今天我们能为他做什么？""您好啊，年轻的女士！""我知道这个问题不太礼貌，但是您多少岁了？"再来想一想，还有许多针对老人的非言语性微侵略：轻视、无视、傲慢、居高临下的态度；未经询问的"帮助"；大街上的推搡；没有扶手的楼梯；没有把手的椅子；不合身的衣服；为年轻人的手指、视力、听力、喜好量身打造的科技；他人的嘲笑；白眼；提高音量；目不直视；像对待孩子一样和他们说话。

我们如果不喜欢衰老，当然也就不想变老，不想和意味着"老"的晚年生活有关联。我们在青壮年时期惧怕衰老，在老年时期痛惜失去的躯体功能、同事和朋友，感慨自己被职场淘汰、被社会轻视和边缘化，最终我们真正感受到与老年相伴的"孤独感"。我们并不想无休止地争论或争辩，因为这些都是徒劳。但同样，我们也不想依赖他人，变得无助、绝望，以及被制度化，但我们大多数人最终都会经历这样的命运。

不过，如果我们只看到老年生活中糟糕的那部分，那么这无异于只看到父母照顾身体不适、不断啼哭的婴儿而夜不能寐，只看到父母担心处于青春期的孩子越来越叛逆和疏远而失眠到凌晨。这些情况确实是事实，但只是冰山一角。

稍微浏览一些有关人类寿命的卡通片或是名言警句，你很有可能产生两个错觉：首先，人生将近一半的时间都在从婴儿期过渡到成年期；其次，人生在步入中年前都很有趣，但在那之后就变得令人沮丧、严肃沉重、困惑迷茫，一直是下坡路。这些关于中年时期的评价与描述相当精准，但完全不适用于美国人的老年生活。令大多数人惊讶的是，美国一项大型研究表明，中年是男人和女人幸福指数最低[258]、焦虑指数最高、生活满意度最低的时期，直到步入60岁情况才开始好转。这个现象并不是人为努力的结果。盖洛普世界民意调查研究了全球各种类型的国家——大国、小国，贫国、富国，农业国家、工业国家，结果表明，富裕国家人民的生活满意度随着年龄增长均呈U形[259]，而其他国家的情况则各不相同。其中美国和西欧的数据证实，大多数人在60岁左右的幸福指数要比20多岁时高[260]，并在此后继续攀升。

老年生活幸福指数上升似乎是负面因素减少和积极因素增加的共同结果。近来的一项研究表明，人们的焦虑情绪自青少年时期开始稳步攀升[261]，在35~59岁达到峰值，60岁时开始下降，65岁时继续下降，随后达到人生焦虑指数的最低值。与20~59岁的人相比，60~64岁的人更快乐，对生活更满意，但幸福程度不及65岁及65岁以上的人。即使是超过90岁的老人，也比中年人更幸福。正如诗人玛丽·鲁夫勒所说："不要畏惧衰老，因为你尚未品尝衰老带来的绝对自由，那是令人震撼的、神魂颠倒的自由。你不再关心别人的想法。一旦变成'隐形人'——通常这种情况更早发生在女人身上，你就会迎来令人震撼的自由。生活中所有的权威人士都消失了。你的父母相继去世，没错，这确实令人心碎，但也是一种美妙的解脱。[262]"总而言之，基于不同的衡量标准，70 岁上下的老年人在各方面都优于年轻人，他们经历着更少的压力、沮丧、担忧和愤怒，享受着更多的快乐、幸福和满足。各种类似的研究都表明，人生幸福指数在 65~79 岁达到峰值，其次是 80 多岁时，最后是 18~21 岁。

这些研究发现具有如此高的普遍性，并与社会常识如此不同，引人注目。具有讽刺意味的是，那些被认为拥有最大社会权力和影响力的人，通常也是最不幸福、最不满足的人。这也许并不是巧合，毕竟这些人也是传播关于老年的不实信息的罪魁祸首。

人类的老年生活千差万别。对大多数人来说，并不是衰老本身带来了痛苦，而恰恰是一系列社会行为造成了威胁和伤害，比如人生目标的缺失、贫困、被排斥以及被孤立。如何创造更好的老年生活？这一问题的答案在于填补硬数据与根深蒂固的社会偏见之间的鸿沟。在柏拉图《理想国》的开篇，老年克法洛斯向苏格拉底描述他的同龄人：

> 有些朋友唉声叹气，抱怨衰老带来的不幸。但在我看来，他们并没有找出核心问题。如果衰老是问题的根源，那么我和其他老人都应该陷入同样的痛苦。但事实上，我认识的很多老人都对老年生活拥有完全不同的感受[263]。

这对老年人来说是个好消息。人类的四肢、皮肤、心脏、大脑都会随着年龄增长发生变化，古希腊人也一定经历着同样的变化，这是无法扭转的事实。但我们可以扭转信念、情绪、行动和政策，可以支持和庆祝各种情形下的老年生活。

我的价值观

划开另一个人的身体，移除或是重组人体器官，这项工作需要我不具备的自信。而主持危机事件管理，向其他训练有素的人发号施令，让他们听从一个人基于复杂情况的瞬时反应，需要那个人足够自大、足够敏捷，并且在精神上、情感上、认知上都相信自己对情况非常了解，甚至可以说是充分了解。而我也不具备这些能力，更准确地说，我在这些方面的能力不足以让我渴望从事危机管理工作。

在上幼儿园时，我有一次和朋友们玩四格传球游戏。突然，球滚到了这所公立小学的大型沥青操场中央，那儿挤满了其他孩子。由于我是最小的孩子，通常我都等别人把球捡回来，但这一次他们都看向我。于是我一路小跑，扎进那个由大孩子聚集的人群旋涡。当时，我手里也许拿着球，也许没拿到球（我记不清了），蹲下身子，把外套拉到头上，以保护自己不被身边快速经过的身体和腿撞击。其实那些大孩子根本不想攻击我，只是游戏中的他们要在操场上跑来跑去，所以压根儿没考虑到我的存在，但我当时觉得自己无比脆弱，无法逃脱他们的威胁。好在最后有一个比我大的女孩救了我。

作为一个女孩，爬树这件事令我既害怕又兴奋。问题在于，我不知道怎么爬下来。当我困在树上时，朋友们总是在下面喊"跳下来"或"滑下来"，这都是他们迅速下树的策略。但我学不会，也做不到。这两种方法看起来都太快、太危险、太可怕了。我听说急诊科医生是最有可能从飞机上跳伞成功的，但这件事儿对我来说毫无吸引力。我对此毫无兴致，只有恐惧和疑惑：他们为什么要跳伞？

参加高考预考时，监考老师说时间到，可我的卷子才做了一半。在那些日子里（直到现在），当别人说一本书读起来很快时，我都会把他们几小时的阅读时间换算成几天，再根据书的厚度和难度乘以2、乘以3甚至更多。当我说自己阅读速度很慢时，有人会回答说："我也很慢，但这本书真的很快就读完了。"好吧，我可不行。

大学的时候，我尝试加入新的女子橄榄球队，却发现自己无法在运动场上用尽全力奔向另一个女生。我总觉得只有在一个人要袭击她或者她要自杀的时候我才会这么做，而我没有任何机会碰到这些场景。这并不是说我从未有过暴力冲动。小时候，我总是想对妹妹动手；长大后，一旦有人伤害我的家人、患者、朋友或者是弱势的陌生人，或是有人轻视我，我内心的暴力冲动就会转化为对他的谴责和报复。但是除了小时候打过妹妹，我长大后从未和任何成年人发生过暴力冲突，除非你觉得医生的某些行为也属于"暴力"的范畴。

有些事情会令我感到害怕。哪怕是一个微小的失误，也会在我心里被放大到极限，从而影响我的情绪。尽管我有时反应很快，但在协调工作时总是踟蹰不前，无法快速做决策。如果患者奄奄一息，需要医生仔细考虑各种操作流程，分析具体情况，将患者体内各个部分移动到特定位置并进行相应操作，这一切工作都要同步完成，那么我不是最好的医生。当然，和所有训练有素的医生一样，我也做过类似的工作，但这并不是我的长处或激情所在。我更喜欢花足够的时间仔细厘清复杂的情况。在一些紧急情况下，有些人可以持续几小时肾上腺素飙升，但我无法专心做手头的工作，因为无论工作完成得多么出色，我的职业道德感都会让我忍不住回想刚刚那一步做得怎么样，有没有可能做得更好，以及它给患者的生命和家属带来了什么样的后果。

不过，一些让别人感到害怕的事情却完全不会让我退却。多年以来，我曾背上行囊去大多数美国人不敢独自去或是不敢和年轻同龄女性一起去的地方。我曾去过泰国和柬埔寨边境，去过印度尼西亚、塞内加尔、马里、危地马拉和尼加拉瓜的偏远地区，曾乘火车和公共汽车穿越中国到达巴基斯坦边境。我曾搭便车游览苏格兰，和同伴一起甩掉一群跟踪我们的醉汉，他们从一家酒吧一路跟踪我们到当地农民的田地里，在那儿我们就算喊破喉咙也没人能听到。在伯利兹海岸的一个小岛上，我问了一个年轻人他的家庭情况和未来的计划，并告诉他我的情况，所以他把我和我朋友视为同类。那一天，他抢劫了船上的每一位旅客，唯独没有伤害我们。

同样，多年以来我都在做家庭保健项目。在患者的屋檐下工作时，我丝毫不怀念一位医生在医院或诊所里所拥有的话语权和控制权。因为这些并不是我所需要的，也许这就是为什么我从成为住院医生至今都没有一件自己的白大褂。在患者家里，就算有医生来访，他们的身份也首先是主人，其次才是患者，这是我喜欢的氛围。由于医生的身份，我走进很多从前陌生的社区和住宅区，我会和陪我值班的居民开玩笑："我们如果看到一杆枪，就一直往前开。"相比于出院记录和给患者做的身体检查，我能在患者的实际生活中学到更多临床知识。我宁愿花费几周、几个月甚至几年的时间和另一个活生生的人创造性地讨论生活中各种复杂情况，而不是学习使用新的手术工具或调试机器的刻度盘。和大多数人一样，我选择了最能体现我的个人兴趣、价值和能力的工作。

也许这并不是所有老年科医生的职业故事，但这份工作是我生命中重要的一部分。我知道有时这种想法会让情况变得更糟，但我通常更愿意认为它让情况变得更好了。

经历崩溃和职业耗竭后的第六个月，我（算是）重新开始工作。我没有回到家庭保健诊所的负责人岗位，不过我仍然从同事那里听说从前那些患者的近况。我很想念他们，对自己从他们生活中不告而别感到内疚，但我确实尚未准备好再次为他人的人生负责。因为我还没有厘清自己的人生头绪，仍在接受治疗，试图确认我是否还可以做一位医生，是否可以重拾身心健康。

在那一年的剩余时间里，我没有回到导致自己身体不适和职业耗竭的工作场所和工作模式，而是兼职处理拨款和项目业务。从前用于门诊和行政工作的时间现在被我用于各种教学工作以及这本书的写作。几个月之后，除了想到那些引起我职业耗竭的医疗人士和医疗系统，其余时间我的状态都越来越好。2010年后，临床实践似乎要求我做了太多不喜欢、不相信的事情，很少让我做自己喜欢的事情。我甚至开始怀疑是否也要像其他许多医生一样彻底告别临床工作，在医学界或其他领域找一份完全不同的工作。

然而生活会在不同的年纪和不同人生阶段发生改变。短暂的一年半后，在2017年的春天，我觉得自己状态已经非常好了，一位同事告诉我有一家新开的面向老年患者的医院要招聘医生。这份工作似乎可以完美解决门诊医疗给我带来的职业困扰和道德困扰——它能让我继续照顾患者，不过这些患者都住在医院，也就是医疗系统最喜欢的治疗场所。这虽然不是一个理想的选择，但起码为我提供了一种可能性，即可以在不影响护理质量和个人价值观的前提下照料患者。他们告诉我招聘流程会在秋天开始。能够重新施展"临床肌肉"的念头让我感到紧张，也让我特别兴奋。

老后的世界

如今，我们的寿命比历史上大多数时期的人类寿命都要长。而且，与前几代老年人相比，最近几十年老年人的生活质量正在提高，贫困人数变_____[4] 没有肥胖症或严重慢性疾病的老年人身患残疾的年限也变短了。[265] 1750年，只有五分之一的美国人能活到70岁，而现在这个比例超过五分之四。更长的寿命和急剧下跌的出生率，使得老年人口在总人口中的比例不断增加。1800 年，在美国，这一比例为 2%；1970 年升至 10%；而到 2017 年，这一数字已攀升至 15%。随着老年人口的增加，[266] 社会对于少数族裔和弱势群体的敌意增加，这是这两类人群经常会遭遇的问题。另外，尽管我们之中几乎有六分之一的老年人，衰老仍被当作戏谑、恐惧、歧视和抗拒的话题。

这些问题可以部分归因于人类对变化的自然反应，同时还有纷繁复杂的信息带来的合理担忧。当一个人突然想不起一个词，或是找不到想要的信息时，总是会被称为"老糊涂"。但我们极少听人提起老年人拥有深刻的洞察力，以及具备做出明智决定的高情商，除非这种情况随处可见以至于不能被忽视。相反，如果年轻人突然想不起一个词，无法完整表达自己的观点，那么没有人会怪罪他。斯坦福大学经济学家约翰·肖文提出这样的观点："目前我们在社会习惯和法律上都将自出生算起的年限作为衡量年龄的指标，而不是用其他指标反映人生重要的行为阶段，[267] 比如退休、储蓄和对他人的依赖性。"尚文认为，如果我们用老年群体中每年死亡的数据来定义老年人，那么老年概念只会"越来越老"。尽管医学和药物的发展被大肆宣传，但是没有任何证据表明，我们已经不用再以减少发病率[268]，缩短患病、残障年限为目标。

肖文建议根据次年死亡概率来定义是否年老：如果一个人次年死亡概率达 2% 甚至更高，那他就是在变老；如果达 4% 或更高，那就是很老或高龄。[269] 根据这个标准，1920 年，男女分别在 50 岁中期和晚期变老；而现在，男女变老的平均年龄为 65 岁和 73 岁。通常来说，白人最晚衰老，黑人最早衰老，黄种人介于两者之间。肖文的研究意义重大。所以我们在 40 岁退休，拥有 30~40 年的退休生活，这一制度是否合理呢？可以说很不合理，因为我们退休时其实并不"老"，而且目标感、社会参与度和金钱是生活幸福的关键因素。延长工作年限，或者让老年人从事不同种类的工作，比年轻人的工作时间短一些，都极有可能增加老年人的生活满意度，同时降低慢性病的患病率和残障率。相比于药物治疗，这些措施才是有效的社会干预和公共卫生干预，它们可能让我们接近真正意义上的降低发病率，并让老年人更加长寿、更加健康[270]。

我们总说"银色海啸"，仿佛老年人口和比例的持续性增长是史无前例、毫无征兆的，仿佛它预示着社会要被破坏和毁灭。但发达国家人民对老龄化问题的担忧其实已经持续了一个世纪。美国人对老龄化的担忧始于20世纪30年代和20世纪40年代，并在20世纪60~70年代再次出现，其间产生了各种老龄化广告、书籍和电影，到处都在焦虑人口老龄化将如何毁灭美国乃至世界（和当今情况类似）。50年前，除了抵制歧视妇女与非裔美国人的运动，还有灰豹党等学者和公民团体，致力于促进大众意识觉醒，让他们更加了解"衰老神话"，并塑造更加正面的老年形象。他们呼吁满足老年人的需求，保障老年人的权利。和今天的许多团体一样，当时他们既得到了支持，也遭遇了反对。有时，质疑声是很有必要的，比如当激进分子声称除了年龄不同，老人和年轻人没有区别时，这显然是错误的引导。另外，"第三阶段"的概念之所以兴起，在某种程度上是为了体现人类寿命变长的潜力，但最重要的目的是将躯体功能健全的老年人与残障的老年人区分开来。这些团体可能在运行细节和策略上有所不同，但它们的基本观点和主要意图别无二致，都是由贯穿人类历史的根本观念演变而来的。

所有社会都有老年人，甚至是80岁、90岁、100岁的高龄老人。过去一些国家人口中高龄老年人的占比就已经很大，虽然没有达到如今的15%~20%，但也占大约10%[271]。即使是过去科技、资本和资源都不如现代的社会，也曾拥有数量庞大的老龄人口。唯一和过去不同的是如今老龄人口的数量和比例。20世纪后期，老龄化已成为发达国家的常态。1900年，美国人均寿命为46岁；到2016年，平均年龄已达到79岁；如果你活到80岁，就极有可能继续活到90岁甚至更高龄。不过，虽然有越来越多的"世纪老人"，但是人类寿命达到120岁仍然非常罕见。人类学证据表明，至少在过去一万年间，人类这一物种的寿命并没有改变[272]。

不过在很早以前，大多数活着的人都很年轻。如果画一张人口数量图表，你可能会画出一个金字塔形状：许多年轻人位于金字塔最宽的底部，随着年龄增长，越往上变得越来越窄，这表明年纪越大，人口越少。但近年来，这张金字塔图表开始呈现矩形的趋势，大多数年龄段的人口数量都越来越接近。

人类寿命的跨越式增长发生在20世纪，大多数人认为这是医学进步的结果，但更准确地说，这主要归功于全球财富和公共卫生条件的提高：卫生环境更好、营养摄入更好和免疫接种更普遍。现在这些因素仍在影响着世界长寿地图。在拥有上述条件的地区，人们的寿命普遍更长，这一现象早在伟大的医学进步前就已存在。它也存在于美国的亚种群中：尽管大多数最贫困的公民可以通过医疗补助来获得在阿富汗或撒哈拉以南的非洲地区无法获得的现代医疗资源，他们仍然更早患病、寿命更短，因为他们处于更恶劣的环境中，遭受更多社会压力，很少摄入健康食品，生活中也缺少希望和机会。

当今世界排在前几位的长寿地区分别是日本冲绳、意大利撒丁岛和美国加利福尼亚州的罗马琳达，即所谓的"蓝色地带"[273]。冲绳人拥有健康、低热量的饮食习惯，维持较轻的正常体重，BMI（身体质量指数）只有20左右。而遗世独立的撒丁岛上的人似乎有着先天遗传优势，无论男女都有可能成为百岁老人，而且成年后去外地生活的撒丁岛人仍然很长寿。在罗马琳达，并不是每个人都很长寿。

只有大量基督复临安息日会教友比他们的邻居长寿5~10年。这些人戒酒、戒烟、戒毒品，是素食主义者，都拥有富足的精神生活和亲密的社区关系，压力激素水平较低。和其他宗教信徒一样，他们的寿命比无宗教信仰的人更长。[274]

在美国，有很多关于"婴儿潮"的议论，那一代人在人口金字塔中的移动仿佛一只老鼠在蛇腹中穿行，所到之处都会产生异常的隆起。在可预见的未来，老年人口比例将会更高。一幅更准确的人口趋势图显示，被认为多余的"婴儿潮一代"会成为塑造人类寿命新形态的中坚力量，他们将决定未来人类这一物种的寿命有多长，以及哪些人将更长寿。

当代老年人必须参与未来计划的制订，但他们不能成为唯一的参考指南。现在，美国的大多数老人都是白人，受教育程度也比"婴儿潮一代"低。但这两件事都在发生变化：自1985年以来，拥有大学学历的美国老人占比翻了三倍，大约占60~74岁老年人口的三分之一。在医学界，老年人也在改变。目前最老的一代人，即"最伟大的那一代"倾向于将疼痛的感受最小化。有时，为了让他们承认疼痛，医生不得不用更委婉的说法，比如"不适感"或"轻微痛感"，而且许多人拒绝服用强效止痛药。这一点与"婴儿潮一代"完全不同，大多数出生于"婴儿潮"的人都毫不犹豫地表达自己的感受和需求。药物也不会吓到他们，因为20世纪60年代他们还很年轻。由于我照料的主要是最老、最虚弱的患者，所以很多年来我都没有机会询问他们是否要用各种麻醉药。我希望在不久的将来，情况会有所改变。

为应对前所未有的人口变化，社会生活的每一个组织、每一项优先顺序都发生了转变。即便已有明显需求，颠覆既有观念和社会制度的关键性改变也依然进展缓慢。

与逐年变化的预期寿命不同，历史上的人类寿命（寿命极限）

似乎没有发生变化。尽管有人声称俄罗斯格鲁吉亚人或玻利维亚登山者的寿命特别长，但尚无可靠记录表明人类寿命能超过 122 岁。[275]① 如今，由年龄引起的自然死亡时间已从发育成熟时期上升至高龄时期，但人类依然要面对死亡，无一幸免。

有一批科学家和智囊团正在努力应对这一挑战，但关于他们是否能成功，以及延长人类寿命极限是否能带来进步，尚无定论。在这一点上，就目前而言，我更同意喜剧演员萨拉·西尔弗曼的评论，这条评论针对的是杰夫·贝佐斯的公司推出的新科技。它宣称一项新科技将取代美国所有收银员的工作。当天，贝佐斯收入为 28 亿美元，而所有收银员相加的总收入约为 2.1 亿美元，不及其 1%。这项新技术的报告没有提及它会对生活于贫困之中、如今还有可能丢掉工作的人造成怎样的影响。西尔弗曼发推文说："您的科学家如此执迷于证明他们能做什么，却从不停下来思考他们该做什么。"[276]

同样的情况每天都在科学界和医学界发生。拯救生命的技术进步听起来是一件好事，绝对值得资金支持。乍一看，好像确实是这样。但在这背后，是不被支持的下游医疗，它导致的困难才是患者日常生活中的困难，也是老年科医生每天都在试图解决的问题。

关于药瓶的一件"小事"

在电影《露丝和亚历克斯》[277] 中，一对老年夫妇决定卖掉他们位于布鲁克林的无电梯公寓。摩根·弗里曼扮演的角色试图打开一个药瓶，他使劲推拉、扭转和摇动，白色瓶盖纹丝不动。

当弗里曼发现自己似乎没法吃到药片，好缓解陌生人四处参观自己心爱的公寓所带来的压力时，一个孩子注意到了他的痛苦。这

---

① 最新记录显示，吉尼斯最长寿者是一位法国人，为 122 岁 164 天。——编者注

个孩子满足 10 岁上下，扎着小辫子，戴着在好莱坞电影里象征超凡智慧的眼镜。

她迅速明白老人要做什么，从老人手里拿走瓶子并轻松打开了。

"防儿童瓶盖。"她打趣道，把瓶子还给了老人。老人摇了摇头。

这个幽默的场景揭露出美国医药界一个巨大的、极其严肃的问题，那就是我们对药物安全的监管。在通常情况下，当法律法规为了解决少数人的利益而采取广泛措施时，势必会在好心保护少数人的同时伤害其他人的利益。毫无疑问，这里的少数人（也就是孩子）值得被保护，但是人们往往只研究了这些干预措施对儿童这一小部分人群的影响，却忽略了对其余大部分人群，即成年人的影响。

身边有孩子的人都知道，孩子们喜欢触摸所有东西，喜欢把身体嵌入所有尺寸合适的地方，也喜欢把一切够得到的东西塞进嘴巴。这就是为什么我们在家里装上各种儿童安全装置：插头要插进电源插座；楼梯口装上小门；栏杆间装上挡板，只留下极小的缝隙，无论多小的头都挤不进去。20 世纪 60 年代，儿科医生统计了因药物致死的儿童数量，[278] 数字惊人。不仅是幼儿，年纪较大的孩子也会在家里玩耍时发现五颜六色的药片和药丸，然后把它们塞进嘴里，可能他们以为这些是糖果，也可能只是出于好奇。1970 年《防毒包装法案》[279] 正式立法，保护儿童免于意外服用过量药物。于是制药公司开始使用"防儿童"药瓶，尽管从未有人证实这种设计能完全保障儿童安全，但结果显示，5 岁以下因中毒致死的儿童数量减少了将近一半。[280]

防儿童药瓶投入使用了近 50 年，如今已变成行业标准药瓶。遗憾的是，这种设计对于大一点的孩子来说毫无威慑力，甚至有些两三岁的孩子也能轻松打开大多数药瓶，说明这项政策的早期效果已经消失。背后的关键问题是药物保护包装。这种防儿童包装让真正需要服药的人（生病的人、残疾人、老年人）很难甚至几乎无法打开药瓶，所以他们只能一直让瓶盖开着，导致所有人都可以轻易拿到。

美国消费品安全委员会已通过各种方式解决了这些问题。1995年的修订政策要求消费品安全测试不仅要面向42~51个月大的儿童[281]，而且要面向50~70岁的老人。这确实是一个改进，他们将中老年人纳入了测试对象范围，但高龄老人仍被排除在外。

没错，相比于更加健康、更加年轻的老人，那些真正受困于防儿童设计的老人更难被纳入研究范围，但正是这项设计使他们根本无法打开药瓶，从而提高他们参与研究的个人成本。打开防儿童瓶盖不仅需要攥紧瓶身，还要用力推动、挤压和扭转。这些动作对于小朋友来说可能很有趣，但对手部受伤或无力的人来说极其痛苦和困难，几乎不可能完成。如果那个接受测试的人和许多老年人一样患有关节炎，四肢无力或行动不便，那么操作这个设计本身便要花费更多体力，并且导致极度不适。

更具包容性的人群测试并不是消费品保护的唯一出路。我们可以让工厂重新开始制造易于打开的商品并在标签上写明"针对没有小孩的家庭"，也可以让药房根据开药人员或患者的需求，提供没有防儿童包装的药品。可是，在20年后的今天，许多人，无论是医生还是患者，似乎都并不了解这些解决措施，消费品的默认包装仍然是不针对成人的防儿童设计。显然，这些努力并不够，而一部描述七旬老人无法打开药瓶的电影也并不能引人发笑。

为了大致了解受影响的人数，我们以一种常见疾病为例。美国疾病控制与预防中心的数据显示，2012年，有5 250万成年人（约占美国人口的23%）被医生告知患有某种关节炎[282]；65岁以上人群中有一半确诊为关节炎。虽然并不是所有关节炎都会影响手部，但是许多症状都会影响整体力量以及手部敏捷度。对于一些美国人而言，打不开药瓶并不仅仅意味着不便，还可能意味着危及生命。

尼娜是一位独居的丧偶老人，她刚刚经历了心脏病发作，出院后我去她家进行家访，发现所有出院后应服用的药物瓶盖都没打开。这些药物非常重要，医院甚至要评估给心脏病患者发放此药的比例，但它们此刻被困在既防儿童也完全防尼娜的药瓶里。

爱德华和卡门见到我时，告诉我他们的儿子每个月都从城外赶来看望他们，并帮忙把防儿童药瓶里的药片全倒进碗里，这样他们俩就不用应付烦人的药瓶了。这个方法一直都很管用，直到爱德华患上痴呆症，吃错了药片。

这并不只是老年人的问题。如果在互联网上搜索相关话题，那么你可以找到数十个网站教人们如何将防儿童药瓶改装成"易打开"药瓶[283]。可惜我的患者不是这些网站的目标用户。

为了挽救生命，采取公共健康措施势在必行，但"广泛停用防儿童药瓶"与"越来越多的几代同堂家庭"两者之间的矛盾迫切需要更好的公共安全策略，即考虑所有年龄段患者的安全和健康问题的策略。关键问题是，能否在保障成年人轻松获取药物的前提下减少儿童药物中毒现象。

新的政策不应只聚焦于药瓶装置，而应该关注药物进入人体的整条运动轨迹，并充分利用20世纪70年代以来人类生活和世界的进步。可能采取的方法有：设计出有针对性而不是普遍使用的健康瓶盖，以及运用指纹识别、人脸识别和语音识别技术的药物分配系统，这些技术都已应用于智能手机。同样重要的是，我们要从那些错误的观念中吸取教训，那些观念不仅使防儿童包装政策的有效性降低，还造成了很多危害。最初的立法规定，商品包装应"便于普通成年人打开"，这一说法却恰恰排除了最需要服药的成年人[284]。

颁布《防毒包装法案》几十年后的今天，药物包装测试仍未面向最年老的美国人，即人均药品消费量最大的群体。也许更令人震惊的是，我们完全不知道药物安全瓶盖正在伤害多少人，伤害哪个年龄层的人。我们从未像研究儿童中毒事件一样认真研究这些数据。

重塑想象空间

许多将近 50 岁或 50 岁以上的美国人都记得他们第一次收到美国退休人员协会邀请函的心情，它与人生第一次性接触、第一桶金或是拥有第一个孩子的心情都不一样，更像是人生新幕布被徐徐拉开。

我的美国退休人员协会会员邀请出现在一堆基本没用的垃圾信件里：不需要的商品目录，期刊续订通知，电子账单……一个红色、白色、蓝色线条组成的标志引起了我的注意，接着我在那封信上看到了自己的名字。

我在这个白色信封上写下"天哪"两个字，然后把它放在前厅的置物柜上，好让我爱人看到它。当时，我们俩只有 48 岁，老实说，这个年纪只有在硅谷或好莱坞的年龄标准里才会被看作"老年"。此外，美国退休人员协会一直致力于为"第三阶段老人"和像我们一样即将迈入"第三阶段"的人发声。

还有一个不可否认的事实：收到这封信的那一刻也是世界在提醒我——"你也会变老"。我的第一反应不仅是震惊，还有强烈的抵触和否认。

波伏娃在《老年将至》（*The Coming of Age*）一书中表达了这一立场："当看到老年人对我们的未来的描述时，我们给予否认。内心深处有一个荒谬的声音在窃窃私语——'这不可能发生在我身上，因为当它发生时，那个人已经不再是真实的我了'。"这种当下自我与未来自我的割裂使我们远离了老年人会经历的生理衰落和社会反面的贬低。这是人之常情，几乎每个人都会产生共鸣。我们极力靠近与自己相似的人，靠近我们心中最完美、最强大的自己。

对"老年"标签抵触最强烈的是处于 60 多岁、70 多岁和 80 多岁的人群，他们拒绝接受（也许是尚未接受）与这个标签背后的刻板印象产生任何联系。他们的观点是："我们还很有活力，对未来充满期待，在我们身上贴'老年'标签，让我们感到极度不适。"虽然生理年龄偏高，但他们认为自己没有生病，没有残疾，没有沮丧，没有依赖别人，所以并不老。"老人"的通俗定义是 60 岁或 70 岁的成年人，但我们的社会似乎塑造了一个非常糟糕的老年标签，以致拄着拐杖的八旬老人都坚决宣称自己还不老。显然，问题不是人类生命周期，而是强烈的社会偏见剥夺了老年群体的尊严和社会价值，导致他们不得不据理力争。

他们甚至会对未来的自己施暴。在照护社区经常会发生下面这样的事情：一对夫妇搬入社区，刚开始很健康是活跃，很快就结交了朋友，参加各种社会活动。后来其中一位患病，可能是脑卒中、痴呆症、癌症或是心力衰竭，于是这位老人突然变老。此时，他们会面临用餐问题，因为他们不能在往常的那张餐桌上共同用餐了。这不是出于对患者身体状况的考虑，而是社区政策规定只有健康的老人才能在"独立生活食堂"用餐。因此，夫妇中健康的那一位不得不陪伴侣在"无法独立生活食堂"用餐，否则他们就要独自在不同的地方用餐。实际上，通过这种方式，社区政策的管理者——目前比较健康的人也在将"当下健康的自己"与"未来可能患病的自己"割裂开来，进而使他们在晚年时期不被接受、不被善待的可能性最大化。

如果一个 40 岁或 50 岁的人说"我不喜欢把自己看作成年人，我还是个孩子，只在这世上活了没几年"，抑或一家儿童医院不使用"儿童"这个词，因为它暗示着不成熟，并把自己宣传为一家服务于"身材矮小的无业人群"的医院，那么这简直太荒唐了。

很多时候，世界对年轻人未来的成就赋予厚望，却从不过问老年人未来能做什么，曾经做过什么。很多时候，我们想当然地认为老年人没有能力，百无一用。每一个步入中年的人都会面对这种"双输"的局面，不仅损害了他们的个人生活，而且损害了我们的集体社会潜能。"双输"层面忽视了各种老年状态的差异性，贬低了本让人羡慕的老年生活，也创造了一个对所有高龄老人充满敌意的世界。

当代人正在改变 60 多岁、70 多岁、80 多岁、90 多岁甚至 100 多岁的人生定义，我们是时候让老年阶段像童年阶段、成年阶段一起，拥有它应得的地位。人生三幕，每一幕都含有诸多场景。我们既然可以将婴儿时期和青春期囊括进童年阶段，那也应该把中老年时期、老年时期和相关过渡时期都囊括于老年阶段。习惯使用老年这个词，用它代表这一段漫长、充满变化的人生阶段，是我们向前迈出的一小步，也是意义重大的一步，它预示着人类开始真正理解和优化整条人生轨迹。

一个包含依赖期和独立期的修订版人类生命周期，可能如下图所示：

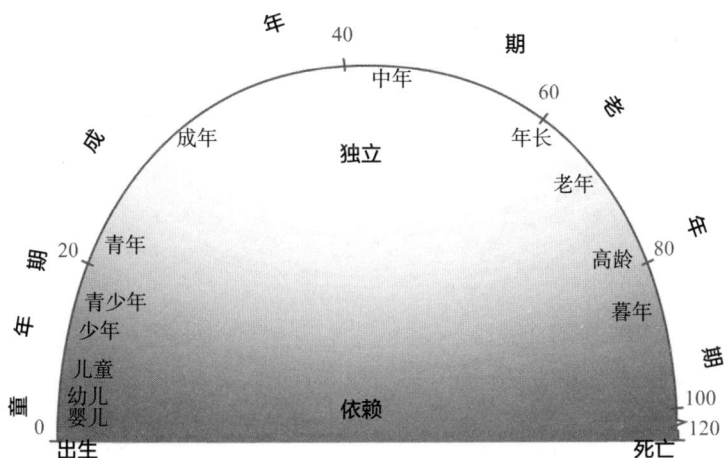

21世纪的老年时代充满了变化和机会，所有开启人生第三幕的人，和所有希望避免过早死亡的年轻人，都应该开始努力向民权、妇女和性少数群体运动学习。因为这些运动重塑、重造、改变了一些字眼的内涵，重新定义了一类人以及他们在社会上的地位：黑人被重塑为美丽的人；主席大人被重塑为主持者；空中小姐变成空中乘务员，同性恋也为更多人所接受，而年轻人们正在不断扩充它的含义。尽管部分社会领域对这些变更持反对态度，但这些被重塑的字眼给我带来了希望。大约10年之后，我也会成为一名老人，我希望自己的老年阶段可以像人生前两幕一样漫长、多变、努力、快乐、合法，并被人认可。

- 老年 -

披上新华裳的老年阶段，和青春阶段一样充满机遇[285]。

——亨利·沃兹沃思·朗费罗

第十一章　新的契机

成功地变老

我母亲 81 岁那年，在我把她送去机场后不久，她就在那儿和一位国土安全部的工作人员起了争执。当时，她把外套和提包都放上安检传送带并站在队伍里等待全身安检，突然一位安检人员把她从队伍里拉出来。

"夫人，"安检人员厉声斥责，"您必须脱鞋！"

"我不用脱鞋。"母亲微笑着回应。

那位安检人员坚持要求她遵守安检要求，说脱鞋是必要的安检流程，没人享有特殊待遇。

母亲争辩说："但我是老年人。"

"女士，只有 75 岁及以上的老年人才能穿着鞋过安检。"

于是母亲说出了自己的真实年龄。

安检人员盯着母亲喃喃自语"这真是难以置信"，接着给她放行，允许她穿着鞋子去全身安检处。

这位国土安全部的安检人员想当然地认为老年人都是很虚弱的，无一例外。可能在遇到我母亲之前，他看到的所有老人的形象都与这一观点相符。当天他没有要求母亲出示证件，也许是因为他觉得没有人喜欢"老人"这个身份，所以没有人会谎报比真实年龄更老的年龄。如果 25 岁或 30 岁的年轻人看起来很小，那去买酒时会被要求出示身份证，但老年人几乎不会被要求查证件。所以 60 岁的老年人可以声称自己 62 岁并大大方方地进电影院，他们笃定没有人会怀疑。毕竟，有哪个头脑清醒的人愿意假装自己很老呢？

★ ★ ★

晚年生活中的健康、外貌、躯体功能要比人生其他时期都多变。衰老本身不是问题，问题在于它带来的容貌、行为、经验和期望。

"成功地变老"运动赞扬无比坚韧、成就卓越的真实老年故事，这场运动传达的信息很准确、很有益，有时候却会起反作用。

客观地说，"成功地变老"这个概念源于此岸，却止于彼岸。

1997 年，一份具有里程碑意义的麦克阿瑟基金会调查报告研究了"成功的衰老"这一话题，[286] 在报告中医生研究人员约翰·罗威和罗伯特·L. 卡恩发现了提高老年生活品质的三个关键要素。自我感觉和躯体功能最好（健康角度）的老人患病率更低，社会活动参与度更高，生理及心理功能健全的时间比普通人更长。

如果描述老年人精力充沛、社交活跃、卓有成就、富有魅力的方式仅限于"他们的外貌或行为与年纪不符"或"这是成功的、特殊的衰老"，那么这其实是在暗示"老年"本身的定义与这些积极的词汇毫无关联——显然这是错误的。

成功地变老这一概念历史悠久。在西方文化中，它也许可以追溯到伊甸园的堕落。人们认为衰老是人类道德失败的原因之一，继而导致其被驱逐出神的花园。基督教认为，上帝创造的人类是完美的、不朽的，直到人类堕落后才迎来了疾病与死亡。这一观点暗示着生命由上帝主宰，人类无法篡改，只有耶稣的救赎才可能带来健康、延长生命。

在《修辞学》中，亚里士多德用"eugeria"[287]一词形容"好的老年"——eu代表良好的态度，geria代表对待老年的方式。亚里士多德所说的"好的老年"也许既包含罗威和卡恩提出的"成功的老年"，也包含并未拥有成功三要素，却受到关爱，感到舒适的老年生活。

★ ★ ★

从任何角度来说，英国伊丽莎白女王都是一位"特殊的老人"。在她90岁生日时，英国王室宣布她在过去一年内共参加341次公务活动，创下王室君主公务出席次数纪录，这项纪录使她成为英国王室的"佼佼者"。但作为一名"特殊的老人"，她的杰出远不止这项纪录，因为"特殊"代表的是健康、活跃、生活充实的老年人。

我的母亲也是一位特殊的老人。她每周坚持运动6~7天，在科学博物馆里担任志愿讲解员，每年都在大学终身学习项目开班时参加好几门课程，还要参加各种社交活动，比如聚餐、看电影、看喜剧、集体散步。和母亲比起来，我过的仿佛是隐居生活。她能够成为不一样的老人，靠的是她的意念、努力和运气。

早在各类书籍、视频、科学文献和政府公共服务开始宣传健康饮食前几十年，我母亲就开始吃大量蔬菜、水果、瘦肉蛋白和坚果。她很喜欢吃这些食物，坚信它们有益健康，但她在其他方面并没有先见之明。她到60岁才开始运动，因为她在短短几个月内发现自己突然打不开罐子了，参加家庭远足时也无法独自走到大峡谷公园。遇到这种情况时，有很多人会耸耸肩回答说："你还能指望我做什么呢？我已经不再年轻了。"但我母亲选择散步运动，成为一家健身房的会员，在那儿进行力量和平衡训练。

然而，与这些努力相比，更令人敬佩的是她对待自己越来越"不成功"这件事情的态度。给朋友举办80岁生日宴会时，她意识到自己行动不如以前敏捷，也更容易疲惫，所以把准备时间延长到一周，每天只完成一件事。第二年，为了适应将来不能开车的生活，她开始坐公交车、步行或者坐出租车去目的地。她告诉我，她的朋友们都说放弃开车的最大损失就是失去最便捷的交通方式。因此她提前练习乘坐公共交通，为迟早到来的那一天做准备。

我母亲的这些方法聪明又理智，令人拍案叫绝。我不如她坚韧，所以等我老了，我可能也无法像她一样，不过我会努力。

但愿努力会奏效。

这些小故事让我母亲的"成功衰老"听起来完全取决于她的意志力和一系列明智的决定。事实上，尽管这两点非常关键，也确实是她具备的能力，但还有其他方面的因素成就了我母亲和伊丽莎白女王的"成功变老"。比如在以下三个方面，她们都很幸运：

首先，她们先天享有一些特权：白人，来自发达国家，富裕（当然伊丽莎白女王要比我母亲富裕得多，但从全球角度来看，她们都可以算作富裕），受过良好教育。其次，几乎全世界的女人都比男人更加长寿，而且她们都有起码一位近亲活到了90岁甚至100岁，所以她们具备长寿的基因优势。最后，她们都没有经历过什么毁灭性打击，比如晚期癌症的折磨或是严重的车祸。

诚然，这些优势与性格品质无关。但事实上，意志力和明智的决策力通常都是幸福生活的副产品。

不同人口中的"成功变老"拥有不同的含义。对健康专家和研究人员来说，它代表着没有疾病，身体和认知机能健全，以及充分参与社会生活；对心理学家和社会学家而言，它意味着良好的生活满意度、社会功能性、心理适应能力；而当老年人自己提出这个概念时，他们通常指的是独立、灵性、舒适、适应力、积极的人际关系和对社会的贡献。第一类定义关注身体，第二类定义关注心理，第三类定义关注生活体验。任何年龄的优质生活都应同时包含这三类属性。

尽管个人选择会对某些衰老方式产生影响，但大部分衰老过程由遗传因素、社会状况和塑造日常生活的公共政策所决定。

当然，严格来说，每一位老人都已经成功地变老，无论其社会背景如何，都有可能成为一名"特殊的老人"。但如果后退一步、放大视角，把我们看作一个人口群体来分析，那么显而易见，尽管健康的习惯、个人努力和态度很重要，但许多特殊、成功的老人所享有的条件，似乎与特殊、成功的年轻人别无二致：生来被优待、在安全的社区环境中成长、摄入健康的食物、远离许多加速衰老的压力。

我明白"成功地变老""充满活力的、特殊的老人"这些概念十分吸引人，谁都希望自己和爱人在变老之后可以获得这些标签，但需要注意的是这些概念背后的含义。它们不仅迷惑了获得这些标签的老年人，也伤害和责备了没有获得标签的人。当今社会将残疾生活等同于不值得过的生活，将衰老等同于坏消息，但事实上，它们的存在并不一定会剥夺生活的幸福感。

几年前，一位103岁老人弹奏钢琴的视频风靡一时，有些人对这样非同寻常的老人极其惊叹："她都这么老了！""她还在弹琴呢！""她真是太棒了！"但同样值得关注的是这位老人——爱丽丝·赫兹-索梅尔的人生故事：她拥有幸福的童年，师从著名钢琴家弗朗兹·李斯特，拥有一段婚姻和一个儿子。在希特勒的暴政下，她的丈夫和双方家庭中大多数成员遇害。她儿子幸存下来，却在65岁时突然离世。所以她是家族唯一的幸存者，住在当年儿子安排她入住的乡村单间公寓里。住进这所公寓时，她已经很老了。端详她的表情，欣赏她的弹奏，你会发现她看起来很快乐、很放松。

不是所有人都能像爱丽丝一样承受这些失去和艰难，我们也无法理解为什么有些人在经历灾难后依然积极乐观，而有些人明明过着足以称为"幸福"的生活，面临着更少的生活压力，却感到挫败、痛苦不已。清教徒认为正确的人生态度会带来幸福、健康和财富，没有实现这些就代表罪恶，代表没有接近上帝。如今，许多人同样相信成功和幸福源于努力和性格，这可以说是"生来好命，却不自知"的心态。我们普及儿童早教，提供学校午餐，是因为人生的基础是在自己掌舵前就奠定的，而饥饿会影响学习。同样，态度也非常重要：百岁老人通常比我们更会处理压力，更有幽默感；相反，那些在老年问题上持宿命论的人则更容易患上疾病。不过，在复杂的现实情况中，态度只占据其中一小部分。

"人性"的未来

2016年，脸书首席执行官马克·扎克伯格和他的医生妻子普丽西拉·陈宣布了一项高达30亿美元的投资，"以治愈、预防和管理我们孩子一生中所有的疾病"。几个月后，他们的Biohub项目收到了第一笔资助。这对科研和医学界来说是个好消息，对美国人的健康和医疗保健而言却不一定。

扎克伯格在Biohub项目发布会上说，我们总是在生病后才应对疾病，没有采取足够的措施来预防疾病。他说得没错，但是他们的项目目标——在下个世纪消除人类疾病，并不是让医疗保健更注重疾病预防的最快方法，也许甚至不是最好的方法。

其实，我们现在已经拥有一些成熟且经济有效的策略，如果得到支持和广泛普及，就可以用它们预防疾病和伤害。然而，面对这些事实，Biohub公司却声称科学进步是帮助更多人过上健康生活的唯一最佳方式。的确，科学发展有时会促进健康，但有时也会导致现有问题被新问题替代，比如最近的科学发展就造成了普遍的慢性病现象。任何曾接受或提供医疗服务的人都可以告诉你，在复杂的人类健康问题中，科学技术只是冰山一角。

现在已知的可以预防疾病或改善疾病管理的策略就有很多，比如锻炼、教育、基础保健、反吸烟运动、食物获取，以及不在贫困社区旁建造工厂和有毒化学废物处理场，反对种族歧视，提高含糖饮料征税，家庭保健护理，减少添加盐，采取特定沟通方式，等等。尽管我很欣赏扎克伯格夫妇的慷慨和雄心，但仍质疑他们的观点，即完全认定科学技术是实现健康事业的最佳手段。治愈疾病无疑是一项意义非凡、鼓舞人心的目标，但如果我们减少对未知事物的关注，将更多精力放在更好地利用现有资源上，那么人类健康和医疗保健事业将取得突破性进展。而这就是盖茨基金会采取的策略，目前成果显著。

也许有人会说我断章取义，Biohub的目标是发展科学技术，但其他人仍可以致力于解决我上面提到的问题。没错，但是别忘了扎克伯格夫妇的终极倡议是"开发人类潜能和促进平等"。显然，忽略目前已被证实有效的策略，把人类下一代看得比我们这一代更重要，根本无法促进平等。

Biohub公司的第二个失策之处在于，他们认为消除疾病是一本万利的事业。如果只关注个体体验（假设你患上癌症或你父母患上心脏病），也许确实如此。但我们绝不能将消除疾病等同于消除痛苦。纵观历史，每当我们解决一个问题时，总会有其他问题随之凸显。同样，对于人类物种和地球来说，如果消除疾病代表延长所有人类的生命，那么无论他们多么健康，都势必需要建立一个巨大的项目，投入大量的资源和精力来探讨社会、国家、环境该如何容纳越来越多的人类。

如果从今往后人类寿命都达到极限 125 岁，该怎么办？如果说童年和养育子女的时间只占据人生的三分之一呢？如果地球上的人越来越多，而我们的寿命是历史上大多数人寿命的三倍有余呢？寿命翻倍并不意味着一切顺利。那些本就稀缺的事物，比如工作、食物、住房，抑或是本就饱和的战争、竞争、贪婪，会发生什么变化呢？难道医学不应该更多地考虑其努力的结果，而不是遵循单一策略，进行缺乏远见的投资吗？

人类若变为几乎不生病或完全不受疾病困扰的物种，会引发重大的哲学问题。消除疾病真的是可能实现或值得追求的目标吗？在疾病消失后，生命周期将如何发展，又如何结束呢？这个目标对人类这一物种，对其他物种，乃至对我们的星球又意味着什么呢？

对排列基因组和分析细胞图谱的实验室来说，这些理论和哲学话题都遥不可及，但如果我们继续忽视可以预防疾病、改善健康的已有策略，不予其资金支持，那么这将演变为一项关乎道德和政治的决策。历史上曾有太多只追求科技进步而忽略实际社会影响的例子，显然扎克伯格先生也对这些情况非常了解。

我不是反对科学技术，或者反对变革或进步，和许多人一样，我也常常借助科技取得进步和发展。但我希望人类可以在每一个领域都谋求发展，不仅关注我们能做什么，还考虑到每一项创新可能会给城市、国家、星球以及最重要的人民（不是少数人民，是所有人民）带来的后果。

我知道这不现实，但是我们如果不去尝试，就永远不可能创造出一个有道德感的、人性化的未来。

无论是现在还是未来，都有很多可以让世界变得更好的方法。在医学界，我不禁要问，最彻底的变革是否应该倚仗某位有勇气的领导、投资人或是机构，并以此应对导致医疗保健系统出问题的政策、偏见和结构性诱因？

新的职业生涯

2017 年 10 月，我开启了新的职业生涯：一家新医院老年病科的老年科医生。过去，我的职业生涯主要是作为门诊医生。在这 20 多年里，可以说我一直在医学界的另一条路上游走，而在二十五年零四个月后的今天，我终于跨过马路，径直走向那扇医学界的玻璃大门，一如当年入行时进门的心情，紧张而激动。

进门后的一切都显得熟悉而陌生。所有建筑构造几乎和从前一样：油毡地板、苍白的墙壁、刺眼的灯光，穿着手术服、白大褂和制服的医生；还有穿着便衣的普通人，他们神情严肃、害怕、呆滞而迷茫。

我到走廊尽头等电梯。我工作的楼层在顶楼，15 楼。我曾去过那儿两次：第一次是 50 多年前，当时 15 楼还是妇产科，母亲在那里生下了我。2015 年，妇产科搬进医疗中心最新、最现代、获得 LEED（能源与环境设计先锋，一个绿色建筑评价体系）金级认证的"未来式"医院综合大楼，该大楼所在的位置曾经是一片沼泽和潟湖。

第二次造访是上个月，我去那儿考察被医院和同事们称为"ACE 部门"的地方，ACE 代表医院服务的专业与成功，它是"老人紧急护理"（Acute Care for Elders）的首字母缩写。

ACE 部门的概念可以追溯到 20 世纪 90 年代，当时克利夫兰大学医院的一群医生决定做一项测试：既然现有的儿童医院被证实可以救治儿童、改善儿童生活，那么如果医院开设针对老年人独特需求的病房，[288] 是否也可以取得和儿童医院一样的效果（继而改善老年人的生活）呢？这个想法很有意义，而且行之有效。ACE 部门的确能够提高老人出院流程的功能性和独立性，降低住院率和再入院率，降低成本，并提升患者及患者家属的照护满意度。这个部门优先考虑老人最关心的问题，而这通常是医疗系统负责人最不关心的问题。自ACE概念问世以来的20多年间，各类研究都在不断证实其成效，美国已开设了数百个ACE部门。现在终于轮到我们医院了。[289]

就在几年前，我们医院医疗服务的负责人说开设ACE部门毫无意义，除非我们能做出具有独创性、可以发表的研究和成果，因为光凭"满足患者利益"这一点理由远远不够。现在高层的想法正在改变。我在这家医院待了25年，第一次看到"老年""衰老"这些词出现在医院的战略计划上。这并不是说我们医院很滞后，因为在美国共有5 000多家医院，其中大多数都没有开设ACE部门或其他老年医学部门。

老医院楼的病房情况和我当年做实习生时几乎一样。第15层是一个长矩形，矩形的三面都是靠墙设立的病房，中间区域是护士站、药房、简易厨房、住院医生工作室和办公室。走廊两侧都刷了新漆，还有沿着走廊新装的扶手。在较远的小角落里，设有一间放置软椅的多功能室，不过没有任何标识提示这里供患者和家属使用。无论从装潢还是环境角度来看，这里都看不到一点绿色，当然也看不到任何互动的、高科技的、有趣的设施（只有新医院楼里才有这些设施，并因此备受好评）。不同于新医院的病房，这里没有自然光线，在室内分不清白天和黑夜，长长的走廊上也没有供人休息的椅子。

具有讽刺意味的是，在这个体制化的"标配环境"里有一面布告栏，上面贴着各类"成功老人"的照片：一位百岁老人在跑步；还有一位高龄女性在劈叉，她把一条腿站在地上，另一条腿沿着街灯灯柱几乎劈成180度。我在8岁或18岁的时候就做不了这个动作，当然现在也绝不会尝试。

医疗人员围着电脑，护士站挤满了管理人员和护士，我站在对面努力摆出一种愉悦、期待的表情（我在医院里喜欢摆出这样的表情，这让我觉得患者和家属都能被善待），希望可以引起他们的注意，但没人抬头看我。于是我沿着走廊往里走，听到一个患者的咒骂声，另一个患者的呻吟声，还有很多机器的嘀嘀声。面对这些，我的反应和往常一样：我不相信有谁的病情能在这样恶劣的环境中好转。

ACE部门针对的是虚弱的老年人，即处于人生第四阶段而非第三阶段的老人。它可以提供基础服务或咨询服务（我们致力于后者），并且需要具备4个条件：对老年人友好的环境、锻炼独立能力的建筑设计、早期出院的计划，以及由多名专家构成的专业团队，以互相督促、减少并发症、降低住院率。

特殊设计的医院环境通常包括铺有地毯的地面和供患者用餐及家属探访的公共休息室。地毯防滑、防噪声，有助于更好的睡眠，同时更有居家的氛围，可以缓解患者的恐惧和担忧。人们在社交环境中用餐可以吃得更多、吃得更好，而且这样的用餐环境更有乐趣，减少孤立感，让用餐时间变得让人期待。我们医院没有这些设施，不过有其他锻炼老年人独立能力的设备，比如：新装的走廊扶手，可以保障老人安全行走；还有病房里显示日期的大标牌和写明当天治疗安排的白板；部分病房装有高架马桶座圈，方便患者独立如厕。

研究调查显示，出院计划应该即时启动，专业团队中的社会工作人员及项目经理负责确认待办流程，并帮助患者回家。但我上班第一天就发现项目经理并没有来参加ACE例会，而且他们的主要目标只是尽快将患者送出医院，至于离开医院后是回家还是去其他的医疗机构似乎无关紧要。

有效的 ACE 部门还有最后一个重要条件，即拥有一个由护士、医生、助手、营养师、社会工作者和康复理疗师共同组成的跨学科专业团队。这个团队应定期开会，讨论患者的医疗照护方案并减少可避免的并发症。我们确实开了类似的会议，但是康复人员没有资格参会，护士经常缺席，似乎没有人期待团队里的其他人员出席。我们总是在学术上强调循证医学，但医院显然认为在对待最高龄的患者时没必要遵循这一原则。

"这是新的领域，"同事们告诉我，"而且这是向前迈出的一大步，起码要 5 年的时间，要耐心一点。"我知道他们说得没错，但要知道，在为癌症患者、儿童或孕妇新开设的医院机构中，至今没有一家低于行业既定标准。我们不是唯一一家用这种方式照顾老人的医院，而且我们医院的治疗效果要比大多数医院好得多，但我怀疑我们是为数不多的，对设备不足、人员不足、实证不足、患者照护管理不足等现状感到如此满意和感激的机构。

上班第一天，感觉好极了。我喜欢我的患者，也喜欢与职业治疗师和物理治疗师合作。尽管他们无法参加团队会议，但他们都很敬业，对待老人很友好。一切都是崭新而令人兴奋的，一项紧迫而美好的事业拉开了帷幕。

第二天，我就意识到除了物理治疗师和职业治疗师，似乎没有人喜欢这项新增的 ACE 咨询服务。在我接触过的许多基层护士中，只有两位护士看起来对这项业务很感兴趣、很投入。项目经理总是不见踪影，我不明白为什么他们总是在和非团队成员谈话。几位被咨询的医生回复敷衍，而大多数医生完全不予回复。每个人都在向我清楚地传达一个信息：这项新业务虽然被人知晓，但它是在大家的反对声中投入运作的，所以大家对它的出现和入侵感到不满。他们没有意识到 ACE 部门要解决的问题，而仅仅认为这又是一个官僚主义的烂摊子，浪费了他们宝贵的时间。

第二天下午，一个护士问我能否去帮助一位明显感到不适的患者，她的医疗方案毫无效果。护士带我走向走廊，指给我看一位瘦小的、意识不清的女性。患者躺在床上，一边扭动身体一边呻吟，棕色的皮肤呈现浅黄色，就像毫无弹性的卫生纸一样披在她的身上。

从门口看去，我和护士的感受一样，乔治娅生命垂危。我在电脑系统上查询乔治娅的信息，她已经住院好几个月，主要在重症监护室。因为她要求"使用一切方法"，所以尽管她的器官在接二连三地衰竭，医院还是采用了这种治疗方法。她的家人有一段时间没来探望了，他们选择尊重乔治娅的治疗意愿。所以现在的她没有接受姑息治疗，而是插着粗大的静脉输液管，进行一轮又一轮的血液透析。我曾给住院医生打电话，对方说现在还不想放弃，想再试一试。我提出了另一种想法，但无济于事。每次经过乔治娅的病房时，她都在蠕动、呻吟。当天晚些时候，他们在她体内插入导管清洗血液。两天后，乔治娅的家人们来医院，说乔治娅绝不会想"这样"活着，意思是我们医院的"照护"让她痛苦。那天下午，乔治娅搬去临终关怀套房，没过多久她就安详地离世了。

第三天，我坐在一间无窗病房的电脑前，听到大厅对面一位年轻患者在痛苦地尖叫和咒骂，前一天我也听到了同样的声音。癌症正在吞噬他的器官。和昨天一样，我出门问有没有需要我帮忙的，但被告知一切都在掌控中。回到病房后，我戴上电脑专用眼镜，发现还是看不清电脑上的电子病历。为了更好地适应新岗位，我决定着手解决这个问题。我打电话给信息技术部，他们说没办法帮我；于是又打电话给设备公司，对方说我们医院可以申请一台新电脑，6个月内可以到货。我又打电话给故障联络人，他提出了替代方案，但我在电脑上尝试时发现并不奏效。那位患者依然在门外尖叫咒骂。透过病房的小窗，我看到了他房里的工作人员，看到他的长袍正被脱下，露出那些死黑的皮肤。后来这位患者好像觉得舒服些了，希望医生能想办法让他这个状态持续到早上。我回到电脑前，眯起眼睛，开始工作。

当天早上晚些时候，我进行了一次医疗咨询。拉斐尔将近90岁了，是个棒球迷。我们聊得很愉快，他说自己每天都会去家对面的公园散步。接着我对他进行身体检查，却发现他根本无法抬起右腿。我给基础医疗团队打电话，告诉住院医生这个情况，并提出愿意在后续要进行的一系列治疗工作中帮忙。"不用，"她干脆地回道，"我会处理的。"说完就挂了电话。10分钟后，我在拉斐尔病房外的走廊上遇到她，向她介绍我自己，她跟我握了下手就走开了。

在ACE部门工作的第四天，我感到很心痛，这个已经过时的词用在这里似乎很贴切。我通宵读完自己跟进的患者的报告，和同样了解情况的康复治疗师进行交谈。在我们的交谈过程中，住院医生们进进出出，几乎都无视我们。大厅对面的那个年轻患者依然在呻吟。我查阅了一些ACE研究论文，试图找到病例选择的标准，因为到目前为止我们医院还没有标准。我挑了几位当天上午要就诊的新患者，检查他们的病例，然后沿着走廊往前走，走去一间很暗的小房间。房里有一部电话，但房间被反锁了。由于ACE部门的负责人不在国内，我就给第二负责人打电话，告诉她我非常抱歉，但我无法在ACE部门继续工作，我真的做不到。

她很友善、很热心，但她越是友善，我越是感到崩溃。突然之间，我不明白自己为什么要做一名医生。我感受到满溢的创伤：自入行以来，我所见过的、做过的可怕的事，以及其他人承受过的痛苦，这些甚至发生在一个所有人都努力互助的地方。最近我以患者、患者女儿的身份去这些地方时，发现那些声音、景象、气味和情绪已经不像是疗愈他人的环境设计，而更像是"降低折磨程度"的设计。也许是我的职业耗竭还没有完全康复，也许是面对如此令人窒息的痛苦，人到中年的我再也无法抑制作为人类的正常反应了。

除了对医院环境产生不适感，我在道德和哲学层面上也备受煎熬。我们的医疗中心终于开始关注老年人，这是好事，而且我很高兴听到高层开始使用诸如"老年人友好医疗系统"[290]等术语。世界卫生组织将其定义为可以满足老年人需求的系统[291]：

> 随着年龄增长，人们的健康需求趋于复杂，整体趋势为躯体功能下降，患一种或多种慢性病概率增加。现有医疗系统通常致力于治愈急性疾病或急性症状，并倾向于采用分离式、分散式的治疗方案，缺乏包含照护人员、医疗环境和医疗时间的协调性合作。
>
> 医疗系统亟需被改造，以确保运用循证医学治疗手段，满足老年人需求并预防其晚年对护理保健的过度依赖。

尽管我很欣赏我们机构终于开始对老年人给予一定关注，但我担心ACE部门不受欢迎、业务过于狭窄的现状会加深人们对老年人和老年医学的偏见。而我们的咨询业务主要限于老年综合征，以及从其他来源获取数据，将其整理成对主要专家团队没有明显吸引力的方案。

然而我的这些感慨没有得到同事们的认同。他们不断告诉我，在其他对老年医学毫不关注的医疗机构工作的医生有多么羡慕我们。我完全同意他们所说的要对文化改变抱有耐心，但这话总让我忍不住想起另一个隐喻。一位受家暴的妇女说："现在情况已经好多了。他仍然打我，但今年还没有把我打昏过。"

我在ACE部门完成了第一周的工作，第二周就有另一位同事接替我。在学术医学中心，你总能找到其他职位和工作。在ACE的短暂经历不是我职业生涯或是整个人生的巅峰时刻，但事实证明，它就像是一场"中年危机",让我离愉快的老年阶段更近了一步。人在老年阶段才会看清自己是谁,自己在意什么。我是一名门诊医生,很难接受患者经历痛苦,在强调支持性、创新性和合作性的工作环境中表现最佳。起初我不知道会在哪里找到真实的自我,但我最终找到了,而且并没有找太久。我唯一要做的就是稍稍转变一下眼光,重新审视这个世界、医疗中心和医学界。

价值标签

我 80 岁的母亲正在切奶酪。她本来就身材矮小,经历了一次跌倒和椎体压缩性骨折后变得更加矮小了,因此她没有足够的身高和力量来切动这块硕大坚硬的三角形高达奶酪。我很担心她拿不稳刀,割伤自己。如果我来切的话,会更快、更轻松、更干脆,但我马上提醒自己无法常陪在母亲身边,大多数时间她都是独自待在厨房里,至今没有挨饿,也没有受伤。于是我深吸了一口气,平静下来。没有人急着吃这块奶酪,它只是家庭聚餐的午后小点心,也没人在意是否每片奶酪都大小一致、形状精致。其实一切都很好,问题反而出在我身上。的确,有时速度很重要,有些事情需要尽快完成,但这套理论不适用于这个场景。

现代生活过于强调时间和速度,追求同时处理很多件事,以致老年人常被称为"脱节"或"落伍"。然而数据显示,社交媒体焦虑越来越严重,人们在水疗和休闲软件上的开销越来越高。这些显然表明,是我们自己在催赶和逼迫自己,继而陷入痛苦和过早衰老。相比于年轻人,老年人的"解题速度"的确更慢,但无论是站在个人角度还是社会角度,我们都应认真辨别哪些情况亟待处理,哪些情况并不着急,哪些问题需要解决,哪些问题无须解决。

尽管老年群体财富不均,但他们大多没有收入来源,因此并不富裕。有些老人年轻时收入水平较高，存款充足，[292] 而其他收入更低的老人在退休后会变得更穷[293]。尽管是出于不同的原因，但这两类老人中选择继续工作的人都越来越多，所谓的"重返职场"现象也许会成为新常态。最近研究表明，60 多岁的男性退休后两年内[294] 的死亡风险在增加，而且，由于现在的老人比过去的同龄人身体更健康，有 40% 的老人选择留在职场[295]。由于科技产业越发占据主导地位，我们的社会将 30 岁等同于"老"，40 岁等同于"高龄"，但 70 多岁的老人恰恰是劳动人口[296] 中增长最快的群体。他们之中有人选择回到原来的工作岗位，有人开辟了新的工作领域。许多老年人的工作时长比中年时期短，这通常是个人选择，但有时也是受社会文化驱使。这种文化一方面感叹老人失业带来"社会负担"，[297] 另一方面却又阻止他们工作。大多数期待退休或接受退休这项"社会义务"的人，在真正退休后都会发现自己失去了人生目标、社会交际和必要的收入。

16 世纪的法国医生安德烈·迪·劳伦斯写道："没有什么比无所事事更能加速衰老。"安德烈认为，有意义的衰老必须超越生物学命运，拥有人生目标和社会活动。自安德烈提出这一观点的一个世纪以来，即使是老年医疗照护的倡导者也从未站在老年人特性和躯体功能角度对其提出反对意见。1627 年，医生弗朗索瓦·兰钦提出，医学界要更加关注老年人的健康和照护。他承认这很难实现，因为"不仅是医生，所有照顾过老人的人"，都"习惯于不断抱怨老年人脾气暴躁，难以相处"。因此，弗朗索瓦强调照料老人是"一项崇高而重要……严肃而困难……意义重大甚至必不可少[298] 的事业"。

作为 20 世纪 30 年代纽约农场殖民地的负责人，伊格纳兹·纳舍尔试图在依赖他人的老年群体中"激发工作热情，建立容貌自信，改善生活态度，建立了阅览室和游戏室，创办工人俱乐部，并促进私人俱乐部之间的竞争"。大约同一时间，旧金山的儿童心理学家莉莲·马丁意识到儿童产生异常行为通常是由于家里有一位老人郁郁寡欢；这种行为与生理不适或疾病无关，而是一种人生目标和自我价值的缺失。马丁建议，老年心理治疗工作应包含双重任务：一是打破普遍的社会误解，即老年只意味着衰老和痛苦；二是帮助那些内心接受此误解[299]及其带来的痛苦的老年人重塑性格。马丁的研究表明，数百年来困扰家属和医生的老年人的"坏脾气"，其实是社会期望的产物。这一社会期望剥夺了老年人的核心心理需求被满足的机会，而这些需求是贯穿人类生命始终的。

如今，有些词常被用于形容老年人：不重要、无用、累赘、丑陋、弱势。同样，这些词也被用于形容婴儿、残疾人、不同种族不同国籍的人——大多数人会在某些时刻和情境下被这样形容，而有些人从未摘下过这些标签。让我们逐个分析这些词语及其含义。

某件事是否具备"重要性"，取决于你是谁，以及你在意什么，每个人的情况都不一样：同一个人可能在某个领域中无关紧要，却在另一个领域很重要。那些认为自己的工作、生活、世界观比其他人更重要的人会提起"重要性"概念，这往往暗示了说话者本人的自负。在旧金山，年轻的技术宅总是四处兜售"重要性"，他们将人群一分为二，建立起"我们"与"他们"、"时尚"与"老土"的对立概念。也许90岁的普通老人确实没有设计出最新的科技，但是20岁、40岁或60岁的普通人也没有。尽管我们经常使用科技，但大多数人并不是科技专家。也就是说，如果遵循科技界的"重要性"原则，那么大多数人都无关紧要。（所以这些重要的科技到底是为谁设计的呢？）此外，硅谷正紧盯老年人市场这一蓬勃商机，《经济学人》将其描述为"银色经济"，说他们争相"从'银色经济'中获益"。无论是求职网站、打车软件、辅助机器人还是智能助听器，所有面向老年人的科技要想成功投入使用，都必须为老年人量身打造，经过真人用户测试并不断打磨，即要让老年人积极参与科技经济。

同样，"无用"标签也取决于重要性排序和一个人的价值观。如果"有用"被定义为通过劳动对社会做出贡献，那么大量人口都是无用的，例如儿童、家庭主妇、许多残疾人、大多数无家可归的人、失业人员。但是许多家庭都会满足起码前三类人的生活需求，我们接受这一点，甚至赞扬这一点。所以这样定义"有用"并不妥当。理论上说，如果任何一位家庭成员在特定时间有被照顾的需求，那么该需求都应得到满足。至于这个人是谁，在不同人的生活中各不相同。有人提出异议，说孩子是例外，因为我们是在为他们的将来投资。但每个孩子都会长大成人，而很多人长大后并没有满足家长的期待。很多年纪更大的人反而已经做出贡献。你可以说老人比孩子更值得"投资"，这样就可以回报他们为社会做出的贡献，并构建出一个激励机制，鼓励其他人在年轻时为了更好的老年生活而奋斗。但是在这种语境下，我们同样需要定义"贡献"，而那些没有满足定义要求的人，就岌岌可危了。

"累赘"也是描述老年人的常用词汇。任何曾做过别人的好朋友、配偶、伙伴、家长、已婚子女、职员的人，都明白累赘是所有重要关系中的必要组成部分。有时我们别无选择，只能挑起担子，因为我们需要某份工作，或是想要成为一个好人。有时候，一段关系整体都令人满意，而累赘只是其中的一小部分。如果抹去了一切可以被称为累赘的东西，那么人生也将所剩无几。

至于"丑陋"，一个人眼中的丑陋，可能是另一个人眼中的帅气、漂亮或可爱。有时候，丑陋是一个准确的形容词。有些人群因其容貌而闻名，比如埃塞俄比亚人、斯堪的纳维亚人、东南亚人。在所有人群、所有年龄段中，总有一些人长得更好看，而很多婴儿、少年却很丑。老年人很难拥有与美丽相关的属性，所以时常被称为丑陋。

"弱势"暗示了背后的等级制度,在任何等级制度中,都只有一个优势地位。如果纵观全人类,或分析一个国家的所有公民,我们很难判定出到底谁处于优势地位,更别说就此达成共识了。根据定义,我们大多数人,无论在哪一种情境下,都处于弱势地位。那么我们是否可以说,老年人作为一个整体,在创造收益和维持经济方面比中年人差呢?也许可以,只要你把收益等同于收入而非财富,或是忽略老年人过去这么多年创造的收益和对经济的贡献。难道我们真的可以对整整一代人的付出毫无感激吗?

根据效用和贡献来评价不同的人会造成一个"滑坡":孩子怎么办?懒惰、生产力更低、运气更差的人怎么办?患病、资质平平、没有野心的人怎么办?所谓的"弱势性别"和"劣等种族"怎么办?如果把人类所有的偏见汇集到一起,我们会发现位于偏见之外的只有极小部分,大多数人都毫无价值。而那一小部分人最终也将不可避免地走向毫无价值的境地。如果某种生产力成为价值的唯一标准,或成为是否值得被照顾、被同情的唯一标准,那么全人类都会陷入困境。

数字

在比尔·海耶斯写的《不眠之城》(*Insomniac City*)中,奥利弗·萨克斯说:"我对积极的病理学[300]更感兴趣。"这本书讲述的是三个人的爱情故事,海耶斯的第一任伴侣史蒂夫·伯恩与其共度16载,于43岁时在睡梦中突然逝世。海耶斯伤痛欲绝,搬到纽约重新开始。在那里,海耶斯与第二任伴侣萨克斯相遇,萨克斯于82岁逝世,当时海耶斯刚50多岁。这些逝去的情节可能让人觉得这本书很伤感,其实不然,这本书妙趣横生、引人入胜、光彩夺目。同样，对比史蒂夫与O（海耶斯对萨克斯的爱称）逝世时的不同年龄，人们可能觉得前者的死是更大的悲剧。因为史蒂夫错过了几十年的生活，而且对海耶斯来说，史蒂夫逝世时他刚刚开启充满希望的中年生活。然而，通过描述过去的回忆和O的个人形象，海耶斯笔下的这两位爱人截然不同，没有谁比谁更悲剧。

当O说起积极病理学时，海耶斯问他哪些属于积极病理学。我看到这里松了一口气，因为我也很好奇。萨克斯解释说比如身体多余的部分，像"肥大"或是"肿大"，而不是医学上被关注的生理性缺失或不足。这段话让我感到震撼，因为它精准地描述了海耶斯处理老年问题的方式。他提起O需要或寻求一些帮助，比如使用提高稳定性的导向臂、让他人帮忙脱下袜子、取夜间药片等，并没有将这些描述成问题、能力丧失或是不便，而只是一些简单的事实，是让萨克斯更加真实的个人属性。这些属性凸显了他迷人的特质，塑造了他的小怪癖。

海耶斯对老年人的看法与大众思维不同，通常老年都被看作各种损耗的积累。但海耶斯认为每个生命都是一件雕塑、一件艺术品，它由自己当下的状态和周围的负空间所塑造。而大众思维总把老年生活看作不值一提的那一小撮。海耶斯并没有直接描述这些与旁人不同的观点，而是通过故事和影像来表达：曾经拥有、如今失去的一切都在提醒我们关注当下，珍惜眼前。诚然，正如海耶斯所说，萨克斯度过了"过分充盈的一生"，他的晚年生活令人印象深刻。而同样令人赞叹的是，海耶斯这位老年科医生能够不矜不伐地将"真实"在读者眼前展开。

尽管海耶斯和萨克斯可能都预料到了萨克斯会先离世，毕竟他比海耶斯年长30岁，但是直到下达病危通知的前几周，萨克斯都觉得自己很健康、很强壮。所以这个消息让他们感到无比震惊和悲伤，在这个年纪收到这样的消息令人意外。并不是说他的年纪还小，而是萨克斯和医生达成了共识：他拥有的是长寿且优质的人生，不仅是人生长度，更是生活质量。萨克斯每天、每周、每个月都在继续做他最爱的事情，想在力所能及的范围内对生活抱有期待。作为一名 82 岁的老人，他不能再骑摩托车，不能再出诊，但这并不代表他的生活没有意义，了无生趣。

海耶斯在传达这一信息时最妙的处理在于，他没有做任何叙述、解释或阐明，而是让最基本、最普遍、最无关年龄的事实来说话：失去至爱，就是纯粹的失去至爱。至于 O 的年龄，它只是一个数字，并不重要。

理想的养老之地

"亚麻布料！"埃米尔和莉莉的女儿大喊道，"还有鲜花！这个地方太美了，我自己都想住在这儿！"

我深吸一口气，努力选择措辞。凯伦是个热心的女儿，我不想让她扫兴。她说得没错，这里的设施都很美，也很关注细节。我很了解这里，因为曾经照料过住在这里的患者。但我不想让自己的父母搬进来，所以不能真诚地推荐此地。

"为什么不呢？"凯伦反问道。

我解释说自己去过不少养老院，现在这种类型的养老院越来越普遍，但是我觉得它们过于关注环境的美感，却无法提供老人最需要的照护服务。

"你要在不同的时间段来这里逛逛，"我建议她，"不要在营销经理给你的时间段来。你要观察住在这里的老人和工作人员，他们是否互相交谈，用餐和参加活动时是否面露微笑，老人们在大厅相遇时，是否会停下来攀谈，聊一聊当天的安排。"

我停顿了一下，给凯伦一点时间来消化这些出现在正常生活中的画面。正常生活，对人们来说，只会出现在家里或是职场、咖啡店和大学校园等公共场所。我看得出凯伦不喜欢我的言外之意。因为，要给无法独居或无法与家人朋友生活在一起的老人寻找一处完美的生活地点既耗时又困难。凯伦本以为自己已经找到了合适的地点，但我劝她再考虑一下。

"好吧，"凯伦终于问我，"还有其他要注意的吗？"

我接着说："工作人员是否和被照顾的老人说话，还是只和其他员工说话，抑或只对着工作手机说话；还有老人们是怎么对待这些员工的，他们之间的交流是否像亲密的朋友。"总的来说，我希望凯伦确认这里的员工是否了解和喜欢自己照料的老人，还是只把他们当成一项项待完成的任务。在出色的护理院里，老人们平日里都叫护工的名字，聊他们的孩子，询问他们工作以外的生活，绝不会像使唤用人一样对护工发号施令，也不会将护工当成可有可无的次等人类。

我知道凯伦不希望父母住进这样的护理院：里面一半的老人觉得自己犯了"衰老罪"或"虚弱罪"，所以要住进这个监狱般的地方；另一半老人则仿佛只是在一条生产衰朽老人的流水线上打发时间。

和大多数人一样，埃米尔和莉莉更喜欢的环境是周围有一群志同道合的人，跟他们拥有相似的人生经历，并非要求所有人都来自同样的背景，只是起码有不少人可以轻易和他们亲近起来，当然，如果有人能够拓宽他们的人生体验，给他们带来乐趣，就更好了。凯伦刚刚挑的这个地方确实满足以上条件，但是住在这儿的人都太沮丧了，已经无法享受共同的价值观和兴趣爱好所带来的快乐。我说最起码要让她的父母不仅被善待，还能交到朋友。最近看望埃米尔时，他跟我说："我的朋友都离开了，我不知道如何才能结识新朋友。"

"那么，"凯伦问我，"有没有我们负担得起的哪家养老院能满足所有这些要求呢？"

这个问题很伤感，而我可以给出的回答更加令人不安。因为有太多号称照料老年人的机构其实根本无法让老年人过上有意义的、快乐的生活。而更好一些的护理院则每月收费极高，只有最富有的美国人才负担得起。虽然埃米尔和莉莉有一些存款，但他们并不富裕。

在一个点击量超过 1 100 万的 TED 演讲视频中，哈佛大学精神病学家罗伯特·瓦尔丁格引用史上耗时最长的人类幸福感研究[301]得出的数据来回答这个问题："在人生进程中，是什么让我们健康且幸福？"

哈佛成人发展研究项目启动于 1938 年，共搜集了 80 年的调查数据。瓦尔丁格最终得出的结论很简单：人际关系可以让人更快乐、更健康，但并不是所有的人际关系都可以。朋友的质量比朋友的数量更重要。我们之中最快乐的那些人都拥有一段或是几段亲密关系以及稳定的、令人满意的婚姻。

和所有年龄段的人一样，当老年人的基本生存需求（比如水、住房、食物）被满足时，他们就会将生活幸福感归结为另外两点，而这两点常常被大多数人忽视，包括运行养老院的人、社会决策制定者、家人以及我们的医疗保健系统。而所谓的这两点，指的就是社会参与（比如人际关系）和生活意义（比如人生目标）[302]。通常，两者之间彼此关联。而一家只追求设备完善的养老院是无法满足这两点需求的。

只有经济状况最幸运的人才负担得起赡养院、长期护理社区和有亚麻床单及鲜花的养老院。金钱虽然能够改善人生各个阶段的生活，但无法带来有意义的人际关系和每天起床的动力。即使身边有人相伴，人们也可能会感到孤独和孤立。对老年人来说，孤独不仅会导致忧愁[303]，还会导致生理机能衰退甚至死亡。即使生活在公共环境中，感到孤独或孤立的老人的思维、情绪、躯体功能、体力精力也会更差，而且更容易消沉。社交孤立对健康的危害相当于每天抽 15 支烟[304]。当其他医学因素都相同时，孤独感会使死亡率增加 26%。[305]

人类似乎有一种根深蒂固的倾向，即更喜欢和自己相似的人。但在通常情况下，老年人并非主动选择住进养老院与外界隔绝。他们只是别无选择，因为大多数房屋和社区的设计都没有考虑到老年人。有些老人则是为了子女和配偶而住进养老院。社会上有些群体会被迫住进与社会隔离的环境，比如罪犯、精神病患者、残疾人、年轻人。虽然这些地方通常都会复刻外界的生活，但它们与职场、社会组织和宗教组织的性质完全不同，因为前者是强制加入，而后者都是志愿加入。

和其他地方相比，养老院还有一些独特之处。正如埃米尔和莉莉搬进养老院后所说的那样："为什么搬进来之前，没有人提醒你在这里会见证如此多的死亡？"在大多数老人照护机构，几乎每个星期都会有老人住进医院或死于房内。这里常有人死去，有时每月一个，有时一周好几个。随着时间流逝，越来越多刚入住时健康的老人变得健忘，拄起拐杖或步行器。这些变化对人际关系有害，因为当一个人经历这些变化时，他可能会出于焦虑、无力或羞耻而孤立自己，而从前的朋友也许因为不想被看到和残疾人待在一起而远离他。如果说长期稳定、有意义的人际关系是人类幸福的关键，而你却住在一个身边的人不断发生变化、消失甚至死亡的地方，那你该怎么办呢？

有些幸运的老人在"外面的世界"仍有朋友，但那些在外面的同龄人也会渐渐消失——他们会从家里搬进医院，搬进养老院，搬进照护社区和其他养老机构，搬去其他城市，住得离子女更近，一步步迈入他们预料中的未来。他们靠近可以依赖的人以获得一些安全感，却牺牲了自己的社交、熟悉的环境和个人经历。在某些情形下，这些牺牲会由新的人生探险、新的环境、朋友和机会弥补，但在其他情形下，不断积累的个人损失和为了建立新社交而付出的努力会造成双重伤害。在所有年龄段，总有一些人比其他人更容易适应新的变化。但老年时期的痴呆症、听力视力下降、无法自信满满地独立行走或徒步到较远的地方，所有这些都使适应新环境的过程愈加艰难。

随着年龄增长，搬进养老院——无论条件多好的养老院，都是人们内心最大的恐惧之一。即使步入衰老，我们也仍想控制自己的生活和日程，享受自己家中熟悉的环境和生活节奏。养老机构代表着成年和自由的对立面，其蕴含的社会和个人信息大多是负面的。人们认为老人独自待在家中不再安全，也就是说安全成了最主要甚至往往是唯一的考虑因素，所以人们违背其个人意愿，把老人送进养老机构。在养老院，几乎每个人都觉得自己被社会淘汰了，而这项惩罚背后的原因只是他们做了所有人都在做的一件事：活着。

对于这种人生转变，人们表达厌恶的能力各不相同。一个 80 多岁的女人因行动不便坐在轮椅上，她的表姐搬出了她俩的共享公寓，要去南加州的儿子家中生活。她说只要让她留在自己的公寓里，她宁愿承担死在家中地板上的风险，承受躺在那儿几小时甚至是几天的痛苦。一个 90 多岁的孤寡老人拒绝看医生，因为医生会让她住进医院，或告诉她不能再独自生活在家里。当她的外孙终于说服她接受我的家庭医疗照护服务时，她否认了所有老年症状，但无论她多么努力地掩饰，有些症状依然很明显。直到我坐在地板上帮她修剪她过去一年都够不到的脚指甲时，她才说出了真心话：她宁愿死也不愿住进任何一家养老机构。事实上，在她探望了几位住在养老院里的朋友后，她觉得相比之下，死亡看起来并不可怕。

但也有这样的情况：一个原本瘦弱、蓬头垢面的女人在养老院一日三餐很规律，有人帮忙洗漱，找到同伴聊天后变得神采奕奕。还有我父亲的例子，他曾说过除非他死了，否则绝不会离开我小时候住的那栋房子。有一次，我们一起去参加朋友在某个护理院综合大楼里的乔迁派对时，他再次说起类似的话。然而，几年后，他搬进了同一所护理院，并在那里如鱼得水。

家总是比养老机构好，尽管并不是所有的家庭都互相扶持、亲密交流、彼此尊重、有爱友善。当然，也不是所有的养老院、医院、团体之家或养老机构都像狄更斯笔下的工厂一样恐怖。从结构上说，家比养老机构更有吸引力，因为大多数人都会把绝大部分的爱、慷慨和善意献给家人（虽然有些人对亲人并不友善）。而养老机构则是行政单位，本质上来讲没有个人色彩，在结构上侧重于成本和效率。这些优先选项会直接或间接地影响老人的生活，无论是通过机构程序，还是通过每天照料他们的护工。我们既要考虑现状，也要考虑背后缺失的东西。

养老机构还有最后一个关键的问题，那就是它剥夺了老人以及其他人进行跨代交流的机会，而这种交流是必不可少的人生体验，使我们在面对他人的现实生活时，不轻易做出判断，不用自己的信念和偏见填补空白信息。与来自各个年龄段的人生活在一起，我们可以建立起激发学习、愤怒、创新、不适、挫败、爱和创造力的人际关系——这才是人与人之间正常的关系。在那些人际纽带和摩擦中，我们想象未来，重温过去，并感受到共同的人性。

最后的平和

一个周日的午后，我们接到朋友平打来的电话，周二晚上凯茜就去世了。

平很焦虑，非常担心她的朋友们：这家人是平30多年的老邻居，如今凯茜病情很严重，她丈夫想尽心照料却毫无准备；他们最小的女儿怀孕了，肚子已经很大；两个儿子都住在东海岸。

"他们需要帮助，"平说，"但是护理院帮不了他们。"

虽然不是专业人士，但平曾经照料过病重的祖父母，所以她知道遇到这种情况的家庭需要什么帮助。

5年前，凯茜被确诊患上癌症。她经历了几轮治疗，当时效果不错，又在职场继续工作了好几年。第一次病情复发后，她辞去全职工作开始兼职，后来癌细胞扩散，她越来越虚弱，就彻底辞去了工作。这些都是一两年前的事情，几周前平给我们打电话时，凯茜已经被送去临终护理院。

由于凯茜无法再爬上台阶走到卧室，她丈夫把床搬到了宽敞明亮的厨房。而在这之前的一周，也就是平打来电话前一两天，凯茜还能和家人们交谈，被搀扶着在屋里走走，不过她当时已经吃不下什么东西了。

周五，凯茜的疼痛加剧，护理院的护士开始每天给她注射吗啡，她变得越来越虚弱，越来越嗜睡，不过好像也觉得更舒服了。护理院不知道该如何继续照料凯茜。

"那儿什么都没有，"平说，"我去药店买了尿布、口腔拭子和其他东西，教护理院里的人如何给她翻身，擦洗身体，但他们好像还需要其他帮助。"

从前的临终护理院会提供一切帮助，当情况迅速恶化时会快速响应——重新评估病况，提供必要物资，调整药物方案，教育和安抚家人，让他们做好心理准备。

在许多情形下，护理院依然能做这些事情，但由于这个行业渐渐转变为一个产业，你不能再指望旧金山任何一家护理院提供合适的服务。有些护理院只想着如何在这个新兴产业里赚钱，有些则为政策所迫，困在"提供患者所需服务"和"资金短缺"的夹缝中维持生存。

患者获得的服务质量似乎越来越取决于运气：被分配到哪位护士；住院期间护理院是否忙碌；遇到危机时是哪位医生在值班。我不清楚凯茜所在的护理院是什么情况，只知道它并不能满足凯茜及其家人的需求。

凯茜的疼痛越发加剧，对吗啡的需求量增加。那个周末，她的家人给护理院打了很多电话，凯茜剩下的日子不多了。

每次打电话时，他们都被告知不用担心，凯茜的指定护士周一会来拜访。她的家人从未照料过奄奄一息的患者，所以接受了护理院的建议。凯茜的尿布被弄湿时，他们不知道该怎么清理，怎么换尿布；她嘴唇皲裂，舌苔异常时，他们不知道这种情况是否严重，是否要告诉医生；甚至凯茜因为疼痛而在床上蠕动时，他们也束手无策。

打了很多通电话后，护理院回复下周一安排一位医生拜访。凯茜的家人觉得不应该再继续打电话骚扰他们了，因为他们已经得到了应有的帮助。那些护士和接电话的工作人员似乎都很忙碌，有太多患者需要照料，因此没有足够的耐心一一回复他们的问题，也无法给出他们想要的回应。护理院没有咨询长期给凯茜治疗癌症的医生，因为那名医生明确表示凯茜被送进护理院后就不会再跟进她的病情。凯茜的女儿不忍看到母亲如此痛苦，最后不得不向邻居平寻求帮助。

在多数家庭中，每个人都知道如何照顾孩子。尽管地球上有人出生就会有人死亡，且每个人都终将面临死亡，大多数家庭却不知道该如何照料临终的家人。历史上情况并非一直如此：几千年来，人们都是在家里去世[306]。直到第二次世界大战后，人类的衰老和死亡逐渐医疗化，情况才发生转变。到 20 世纪 80 年代，六分之五的人都在医院去世[307]。其间几代人在成长过程中从未见过或被提供过临终关怀。到 20 世纪 90 年代，情况又回溯到过去。1974 年，美国只有一家临终护理院，到 2013 年，这个数字增长至 5 800 家。如今三分之一的人在家中逝世，[308] 而美国临终护理院中超过 80%的患者为 65 岁以上的老人。

涉及死亡问题时，患者和家属通常都不知道会发生什么，他们没有上过医学院或护理学校，只能遵从医生和护士的指导。具有讽刺意味的是，尽管衰老问题正被医疗化，大多数医生接受过的临终关怀专业培训却非常有限。

在很大程度上，医学仍将死亡视为敌人，而没有将医学看作纾解这一人生必然结局的工具。直到 20 世纪的头一个 10 年，医学院才将"如何与患者及家属沟通艰难的医疗决定、不幸的消息和死亡"正式纳入教学内容。但在大多数专业和次级专业的住院培训中，这些教学内容都不是必修。

当我们到达凯茜家时，她显然已经进入"主动死亡"阶段。幸运的是，让她感到舒适并不难。只需要意识到她无法再吞咽食物，只能通过牙龈吸收液体药物；只需要意识到她已经不再需要药片和食物，给她服用这些只会引起哽噎和窒息；只需要将平坦的床单对折垫在她的身体底部，这样家人挪动她的身体时就不会弄疼她或弄伤自己；只需要知道给成年人换尿布时，要将她的身体从一侧翻向另一侧；只需要知道她并不口渴，只是嘴巴和嘴唇发干，只要用蘸有甘油的海绵或润唇膏擦拭就能让她舒服很多。

面对死亡时，我们需要的不是高级医学学位，而是丰富的经验和平和的心态。我们不迎合死亡，也不企盼死亡，只需将它看作人生重要的一段旅程，以合适的速度靠近它。

看护机器人

每次去多特家，我停留的时间都比预想的时间或家庭访问表上计划的时间更长。因为多特总是握住我的手，或是不停地反复对我说起一些往事：玛莎姨妈剪了她的头发，在学校里被其他同学唤作假小子；她父亲丢了工作，家里的灯熄灭了，孩子们在啼哭，她母亲点起松果开始跳舞，惹得所有人发笑。有时我无法离开的原因是多特要给我看一样东西，她颤巍巍地从椅子上站起来，拄着拐杖穿过凌乱的厨房和狭窄的走廊，最后在卧室幽暗的光线下拿到那样东西，而我总是出于担心躲在明亮的厨房里看着她，我知道她看不到我。

我确实可以为多特的诸多医学疾病开具处方，但是对于她面临的两个最严重的问题——孤独和残疾，我几乎无能为力。多特有一个善良的女儿，但她被困在遥远的城市脱不开身。看护每周会来家里两次，她还有一个朋友会定期来探望，"友谊热线"也会经常来电问候。

但这些远远不够。

多特和大多数老人、大多数成年人一样，不想被关在某一间屋子里。她需要的是，有人能一直陪在身边，帮她打理日常生活，做一些她无法独立完成的家务，能倾听她，握着她的手对她微笑。她需要的是一个看护机器人。

在理想世界中，每个人步入老年后都会拥有一位善良能干的看护人员，满足我们的身体、社会和情感需求；在理想世界中，庞大的待就业人群总是能与庞大的岗位缺口[309]相匹配，但大多数人并没有生活在理想世界中。在现实生活中，一个可靠的看护机器人要比一个不可靠的、粗鲁的人类看护员好得多，也比大多数人"孤立无援"的现状好得多。

看护是一项很艰苦的工作，它常常很乏味，会有令人尴尬的身体接触，让人身心疲惫，同时在情感上也是不小的挑战。有时这项工作也很危险，甚至令人作呕，几乎全年无休，无薪或低薪，还会给人造成严重的健康危害。这是妇女的职业，是移民的职业，是我们口中讨厌的困难工作，是许多人无法从事或拒绝选择的职业。

许多国家已经意识到这一现状，并开始投资机器人产业。在日本，机器人被认为是"医治""治愈"的代名词，日本厚生劳动省为解决劳动力短缺问题并减少照护人员受伤情况，推出辅助移动的护理机器人。这些机器人可以协助移动、搬运，还装有情感表达系统，不仅有礼貌，甚至还很有魅力。还有社交协助机器人，可以带领老人做运动，识别参加运动的人员，记住他们的名字并逐一问好。一个由欧洲8家公司和大学组成的团队联合开发了一款可用程序控制的、可触屏的人形"社交伴侣"机器人。它可以提醒和鼓励人类参加社交活动，摄入营养，以及锻炼身体。瑞典研究人员开发出一款外观像站立式穿衣镜和真空吸尘器的机器人，可用于监测血压和运动等健康指标，并支持虚拟医生就诊。

尽管美国的研究人员也在研发看护机器人原型，但进展较慢。而且媒体、专业杂志、大型会议以及我的一些医学同事对此都表现出怀疑、担心甚至震怒的态度。

正如圣安东尼奥市内科医生兼老年科医生杰拉德·温纳克所说，我们这一代精通电子产品的父母为了摆脱孩子，总是扔给他们一台平板电脑。难道我们将来需要被照顾和善待、需要被爱、需要证明人生有价值以及没有被人遗忘的时候，也希望被这样对待吗？

看护机器人的出现引发了一些关键问题的探讨：当代社会最重

要的人和事物是什么？社会优先权的概念是如何诞生、如何被强化的？社会进步是如何被定义的？尽管温纳克将电子产品形容为保姆，大量证据表明它们会危害[310]孩子的社会能力发展、情绪发展、智力发展和语言能力发展。同时，科技也会给成年人造成不良健康后果，提高失眠、视力下降、手部障碍、焦虑、自恋、注意力分散等方面的患病率，并对即时满足感产生依赖[311]。

一些美国健康专家对看护机器人如此警惕并不是因为美国医学界排斥机器人技术。事实上，美国已经有手术协助机器人和简易行走机器人。行走机器人用于传送药物和其他物资，通常没有人脸形象，除了在儿童医院的机器人会有一些装饰性仿人特征。一些长期保健设施在使用协助搬运和清洗的实验机器人，脑卒中及其他健康危机后的康复理疗也越来越倾向于使用机器人。

当然，一个在医院走廊搬运亚麻床单的机器人，在你陷入麻醉沉沉睡去时为你清洗动脉的机器人，把你从床上搬到轮椅上的机器人，和照顾你的朋友或照护员是完全不同的。对大多数人来说，机器人也许确实可以满足一些身体性和功能性需求，但它本质上仍是一台机器，是否能在我们的生活中扮演和人一样重要的角色呢？

我的第一反应是绝不可能，但其实这个问题的答案有待商榷，因为它似乎越来越趋于肯定了。打开优兔视频网站，你就能看到患有痴呆症的日本老人和外观像小海豹的机器人愉快地聊天，老人面带微笑，而机器人会对他的爱抚和倾诉给予回应。你还能看到可爱的彩色机器人给发育迟缓的儿童做治疗，它能搜集儿童的所有行为信息。

走在街上、坐在餐馆里或是走进任意一个工作场所，你必然会发现全神贯注地在手上或桌上玩电子产品的人比比皆是。诚然，有人通过电子产品和其他人交流，但这种交流的基础依然是人机交互。尽管有大量质疑声表示这样的交流并不能构成有意义、有情感的关系，但它们似乎为数十亿人带来了刺激和满足感。也许你也是其中一员，正在电子设备上阅读这段话。

有些人说机器人无法像人类一样提供安抚和关怀，但他们忽略了三个重要的事实。首先，并非所有人都能在照料家人时提供舒适、关爱、减压的环境，很多人的照料甚至会产生反作用，有时是好心办坏事，有时则是有意的疏忽或虐待。其次，看护机器人和人类看护者并不是水火不容的关系，我们并非偏要二选一，而是可以探索出一种同时使用看护机器人和人类看护者的方式，从而优化照护效果。机器人只能作为人类照护的辅助者，而不是替代者。最后，美国现在没有足够的照护人员来照料老人。当然，我们可以提高照护行业的工资，对其进行教育培训和奖励，提高这一职业的社会认同感，从而吸引几百万求职人员或目前从事其他职业的人员进入照护行业。但是人口的急剧老龄化和越来越低的出生率，需要我们采取更有创造性的解决方案来应对这一严重的劳动力危机。

在未来 10 年内，科学家将优化现有的机器人应用，将其身体辅助功能与社会支持功能相结合，以满足虚弱老人的一些复杂需求。卡内基梅隆生活质量技术中心主任詹姆斯·奥斯本表示，当前这项事业的困难之处不在于技术，而在于如何找到一个可行的商业模式。奥斯本补充道："我很希望退休后能拥有一个机器人，但我不希望为此花掉所有的退休存款。"

在那个未来世界，我的患者多特会拥有一个看护机器人，改善她孤独的老年生活。

看护机器人无须睡眠，随时待命，可以提供全天候服务，这非常适合多特。因为她总是读书读到深夜，睡到午后才醒来。机器人会随时做好处理危机的准备。在多特睡觉时，机器人可以打扫屋子，洗衣做饭，完成其他家务；当多特醒来时，机器人会以一种友善的拟人化声音微笑着和多特打招呼，轻松地把她从床上抱去浴室，没有任何一方会受伤。在多特洗完脸后，机器人会递上一条毛巾，擦干地板上的水渍以免她滑倒，并确保她每次如厕后都被清洗干净，确保她按正确的剂量服用正确的药物。早餐时，机器人可能会煮一桌热腾腾的饭菜，或在给新鲜饭菜加热时和多特聊起当天的天气和新闻，这些信息都可以由机器人体内的收音机提供。

多特视力下降，机器人可以把书念给她听，或者准备一台放大字体的电子阅读设备，调整到刚好适合她视力的光线。读书时，多特可能会问："榴梿是什么意思？"机器人会回答她这是一种南亚的水果，闻起来很臭，吃起来很香。

"怪不得她扮了个鬼脸。"多特对女主角的点评引得她和机器人都笑了起来。

过了一会儿，机器人也许会说："不如我们把书放一放，先穿衣服吧？你女儿今天要来，我们先准备一下。"

这些画面令人惴惴不安，因为它一方面暗示人类放弃了一部分社会责任，另一方面也描绘出比多特的现实世界更安全、更美好的生活。研发各类机器人的工程师大多来自最不可能从事照护工作的人群，这一事实或许不值得大惊小怪。而当我们越来越频繁地使用这些设备时，他们的财富就会越来越多，权力也越来越大，这类人社会地位上升，随之而来的是越发严重的收入不平等和社会冲突。当今医学界已迎来职业耗竭的时代，当患者对着医生的侧脸描述自己的痛苦和不适时，医生会对着电脑不停地打字，输入电子病历。我们忘了科技不一定与同情、公平和正义相互排斥，除非我们有意为之。

当人们生病或身体虚弱时，他们通常会更少出现在公共场合。也许他们大多是因为疾病、疲劳或乏力被困在家中；也许是他们主动选择留在家中；也许他们只需要一些帮助就能走出家门，但这种帮助迟迟没有出现；也许是路人常常投来奇怪的目光和鄙夷的眼神，因此他们不愿出门，以免他人感到不适，也避免自己感到羞耻和屈辱。我们办了一场聚会，却从不会邀请他们——请他们来太麻烦了，反正他们也来不了，他们目前的状态在公共场合只会显得窘迫。当某一天沦为那个被遗弃的人时，我们最终将意识到自己曾给他人造成不必要的伤害，但往往为时已晚。

照护科技化并不是让我们放弃照护责任的唯一风险，还有其他技术正在加剧家长式作风和剥夺老年自主权，其中有些技术已投入使用并成为"量化生活"运动[312]的一部分，更多技术则仍处于孵化阶段。有时，科技公司出于善意为照料虚弱或认知功能受损老人的子女解决问题，创造出一系列替家人和护工监测老人健康状况和活动情况的设备，但有时这些技术正以可怕的方式侵犯老人的生活。有些设备用于监测脉搏、血压、血糖和睡眠模式，有些甚至用于监视老人是否起床或是否打开了冰箱。

其中一些设备侵犯了老人的隐私和个人权利，如果它们被运用到中年人群中一定会激起群愤。不同年龄的人对隐私的定义不同，它会随时间的推移而发生改变，但是现在的老人，或是几十年后步入老年的人都会认为自己的身体和行为被远程监控是一种侵犯隐私权的行为。如果老人可以获得并理解电子设备信息——只要他们不是文盲，会用电子产品，没有痴呆症（大部分老人没有痴呆症），那么为什么要把个人健康这种私人信息告诉别人呢？

在对待无法完全照顾自己的老人时，我们必须区分"婴儿化对待"与"善意的帮助"。年轻人常常预设老人无法自理，直到事实证明他们可以，却从不会反过来预设。年轻人的做事方式也常常被认为是最好的或唯一的方式。另外，人们对"恰当"的不同理解也会造成误会，因为这些通常都是主观感受。可能一位母亲眼中的"恰当"是不到万不得已不吃药，但他儿子眼中的"恰当"是随时遵循医嘱。在这种情况下，我们就为老年生活设立了一种与年轻人不同的、更高的标准，有时这一标准很不公正。

"你的意思是说，"一位年轻时曾是护士的酗酒老人震惊而愤怒地喊道，"我64岁的时候可以想喝多少就喝多少，现在一夜之间全变了。只要不喜欢我的生活方式，你就可以直接叫成人保护服务，是吗？"

没错，我不得不说现实就是这样。背后的"善意"逻辑包括：老年人的身体和认知机能比年轻时脆弱，到了80岁这些机能受损的概率会大幅增加。

而所谓"65岁是个分水岭"这一说法也已经是过去时，对很多现代人都不适用。理智的人在处理不同问题时常常产生分歧，这很正常，因为一个人眼中明智的决定在另一个人眼中可能是糟糕的决定。我们不能因为不认可某些人的观点就认为他们完全错误，从而忽略了这当中巨大的"灰色地带"。伤害他人是坚决不能逾越的行为准则，那么伤害自己呢？成年后，我们有权选择酗酒、暴饮暴食、不洗衣服、住在脏乱的家里或是做冒险的决定。如果一个人一直保持着某种生活方式，却在过完65岁生日后，突然因为这一生活方式不被大众接受而遭到惩罚，那么这似乎太武断了。

特别是随着数字技术实现了远程控制居家功能以及将医疗和个人信息发送给家人、护工和健康专家，老人将面临丧失自主权和隐私权的风险。很多科技创新看似是为了减轻子女的焦虑，实则增加了老人的焦虑。研发人员极少考虑老人的实际需求，他们为年轻人设计的产品都涉及自我监测和自我跟踪功能，为老人设计的产品却通常涉及他人的参与，而且没有拒绝分享的功能，也没有引导用户在使用产品前进行家庭交流，以平衡不同家庭成员的需求和担忧。同时，这些产品总是针对老年生活的晚期，极少关注老年生活刚开始的那几十年，甚至从未认可社会上大量使用科技产品的老年用户。[313]

有些技术蕴含着巨大潜力。任何年纪的人都可能忘记按时吃药，特别是一天内需要服药好几次的人。服药提醒系统对老年患者很有用，不仅可以督促老人吃药，而且考虑到了老人患认识障碍的概率更高。锻炼和活动应用程序的激励作用也很明显，值得研究的是，如何让这些健身方案适用于各个年龄、各个阶段以及各种健身水平的人，如何设置奖励，使激励效果最大化。

当然，对某些人来说，远程监控设备虽然牺牲了一些隐私，但可以提高生活的安全性和独立性。如果一个人不能完全自理，而一台电子设备可以让他人进行远程帮助，从而使他独自待在家中并拥有更安全、更有效的居家生活，那将是很有吸引力的解决方案。

不同人对隐私性和安全性的重视程度不同。众所周知，子女们总是将安全性放在首位，但父母更愿意承担安全性风险，以换取留在家中或控制自己身体和生活的权利。我的一位患者抱怨说，他在家中摔倒后，他儿子要他在家戴上监视器，还要安装安全扶手。当他对儿子说骑摩托车很危险时，儿子却说："这是我自己的事儿。"

科技为老年人带来的帮助和其他人群一样前所未有，但同时造成了可怕的伤害。认清未来科技应用的道德底线，不试图以虚拟控制和远程操控取代护理院，将是用科技改善老年时期的第一步。

老年的盲点

泽克·伊曼纽尔是芝加哥市长拉姆·伊曼纽尔和好莱坞天才经纪人阿里·伊曼纽尔的兄弟［后者因电视剧《明星伙伴》（Entourage）而出名］，也是一名肿瘤学家、生物伦理学家，以及美国最著名的公共卫生医生之一。他在《大西洋月刊》上发表的一篇题为《我为什么希望在 75 岁时死去》（Why I Hope to Die at Seventy-Five）的文章中说，他将在 75 岁时停止大部分医疗工作[314]，戴上助听器，服用止痛药，但不会通过任何预防措施或"英勇"的药物治疗来延长寿命。

泽克·伊曼纽尔并不是想自杀，事实上过去几十年间他一直反对安乐死和有医生协助的自杀。他的主张是，曾经有用的医学治疗在生命到达某个阶段后将不再有效甚至适得其反。这些治疗只会延长人们不想要的生活状态，不太可能带来他们想要的生活。和许多医生一样，我也曾一次又一次地见证这一事实[315]。泽克·伊曼纽尔写道：

> 有一个似乎许多人都拒绝接受的简单事实，即活得太久也是一种损失。它使许多人身体衰弱，即使没残疾也会变得步履蹒跚，这种生命状态也许没有死亡那么糟糕，但也无异于行尸走肉。它剥夺了我们的创造力和对工作、社会、世界有所贡献的能力。它改变了别人对待我们、和我们建立联系以及记住我们的方式。我们在他人的记忆中不再有活力，而是脆弱、无能甚至可悲的。

这篇文章将老年生活的重要事实与一种非常独特的世界观绑定了，其中触及不少盲点。泽克·伊曼纽尔似乎认为"身体衰弱和残疾"不能与"对工作、社会、世界有所贡献"兼容。他过于关注自己的公共成就"遗产"，以致否认了与身体衰弱或身体变得衰弱的人之间建立有价值的人际关系的可能性，并贬低了大多数人的生命，因为这些生命与他笔下的"社会遗产"毫不相干。

在之后的一次关于此话题的访谈中，泽克·伊曼纽尔声称，如果和日本专家交流，你就会知道在日本一个步入 100 岁的老人也会得痴呆症[316]（尽管随着年龄的增长，大脑确实会像其他器官一样经历一些变化，但是除非日本人和美国人在生理上截然不同，否则这个结论肯定是错误的）。如果痴呆症令他感到如此恐惧（很多事情都令他恐惧，但基于他的内心排序，痴呆症应该是最糟糕的），那么他有权权衡利弊，在变老时改变治疗方向，以期寿终正寝。他的选择是合理的，但同时暗示了认知能力下降或身体衰弱的生活毫无价值。过去几十年间，我一直在照顾高龄、衰弱的老人，明白了三件事：首先，就算躯体功能严重下降或身患残疾，生活仍然可以有意义；其次，对于"想什么时候死"这个问题，人们的回答大相径庭；最后，由于医学界急功近利地追求"进步"，许多老人的医疗"照护"结果一旦超出正常、愿意接受的范围，就会被迫继续。

泽克·伊曼纽尔认为有意义的生活必须具备完成某种工作的能力，还要是自己一直以来从事并珍视的工作。对他个人而言，这个观点毫无问题。在采访中，泽克·伊曼纽尔说75岁以后，很少有人能保持工作上的生产力。这一评论并不完全准确，也没有充分考虑到人类寿命的延长已经改变了老人与工作之间的关系。同时，他贬低了那些无薪或低薪工作对社会和个体的价值，即所谓的"妇女工作"，尤其是各类照护和志愿工作（美国4 000万无薪照护人员中有四分之一超过75岁，且大多数是女性）。泽克·伊曼纽尔眼中"有意义的工作"意味着高薪和对世界产生影响，但他做的工作并不是大多数人在从事的工作。另外，他还借用了现代工业化的概念，即生产力是第一要素，这又引发了另一个问题：学习、艺术、人际关系构建是否能算作有生产力的社会活动呢？

泽克·伊曼纽尔还做出这样的价值评判："如果生活中最重要的事情变成娱乐或玩耍，比如玩填字游戏、读些书、每个月探望一次孙子或孙女……那么这根本称不上是有意义的生活。我不想要这样的生活，我想没有人会觉得这是充实的生活。"泽克·伊曼纽尔当然有权描绘自己的人生愿景，但最后一句话失之偏颇，因为他介入了别人的价值评判，剥夺了他人的权利，像他一样为自己的生活赋予价值的权利。同时，他也忽略了一些事实：大多数人，无论什么年纪，在经济和社会地位上都不如他幸运，而且有数百万人正在享受着他口中"无意义的生活"。从生命历程的角度来看，他说的这句话也令人感到不适："这种生活是否真的有意义，还是说他们用日常行为缩小了'有意义'的范畴，以适应身体、认知和其他方面的局限性。"如果这种适应不合理，那我们都该在40岁前自杀。

泽克·伊曼纽尔这样有影响力的权威人士发表这些观点时，如果没有意识到自身的文化优势、当下的社会不平等，以及使这些观点看似合理的失败的社会政策，那他就是在塑造、认可和建立他极力想避免的老年生活。这将不仅让他自己陷入困境，还会连累我们所有人，特别是那些没有资格去评判或影响数以亿计的同胞的生活的人。

泽克·伊曼纽尔在论文中对老年的态度就是整个美国医学界对老年的态度。与这种生物宿命论不同，哥伦比亚大学公共卫生学院老年医学科主任琳达·弗里德在泽克·伊曼纽尔的文章发表几个月前就在《大西洋月刊》上发表了如下观点：

> 我有很多患者承受着远远超过生理痛苦的精神痛苦，因为他们找不到起床的动力。很多老人都希望为改变世界做出一些贡献，但在社会上找不到容身之处，因为他们被社会认为是无用之人，甚至是隐形人。[317]

弗里德的观点与马乔里·沃伦相似，后者在20世纪中叶建立了西米德尔塞克斯医院老年病房并因此改变了医学界。弗里德正在从事类似的工作，她成立志愿者组织，领导其他社会和政策变革，充分利用老年人的经验和技能，为其创造有价值的工作机会。无论在什么年龄，生物学都只是人生体验中的一小部分。

适应能力通常能证明一个人的思想开放性、创造性和坚韧性。人类学家玛格丽特·克拉克将衰老重新定义为一个持续的适应过程——不仅适应身体的变化，也适应社会和文化境遇的变化。

克拉克采访居住在普通社区的健康老人和因老年精神疾病而被送往精神病医院的老人时，发现这两类人在"老年的个人目标"[318] 达成了共识：具备独立能力、社会适应能力，拥有足够的个人资源，能够应对外界的威胁和变化，维持重要且有价值的人生目标，能够应对自身变化。然而，这两类人在"如何实现成功的老年生活"上观点不一：健康的老人认为即使他们变得虚弱，仍然可以获得一些成功，比如拥有好的人缘，学会合理使用个人资源以及平和地接纳自我；住院的老人认为成功依赖外部因素，比如权力、地位和外界认可，如果失去这些就意味着失败。克拉克总结道，要成功地适应老年生活，必须放弃中年群体及社会文化中的主流观念，转而更好地适应晚年时期的个人能力、个人资源和个人角色。

医学人类学家莎伦·考夫曼的研究进一步阐明了这一转变："我研究的美国老人都不认可衰老本身的意义，他们只认可在变老后依然做自己的意义。"[319]

考夫曼解释道，人会不断重塑和建立自我认同感；我们的自我认知与年龄无关，当个人形象与内心的其他观念发生冲突时，自我认知就会陷入困境。她还讨论了如何才能维持稳定的自我价值感，并认为这需要不断重新构建自我认知，将过去的自我与眼前的自我统一起来。人们总说直到自己摔了一跤，或是住进医院，或是身边的好朋友相继离世时，才感觉到自己真的老了。对于这种心理变化，有的人会选择退缩或感到绝望，有的人则会重建自我。

我的两位患者在同一时间开始使用拐杖，她们对此都感到失落。

其中海伦娜选择不再出门，她不想被别人看成老年人（但是无论用不用拐杖，她看起来都已经是一位老人）。埃斯特则问我能否调整门诊时间，因为她要和朋友去看电影，由于现在走路速度很慢，她想预留出更长的时间。后来埃斯特跟我说为了放稳拐杖，她不得不坐在靠走廊的位子上看电影，她还强烈推荐我去看那部电影。身体衰老的确会影响一个人能做什么、不能做什么，但是自我认同和自我认识的不断调整与修正以及社会环境，同样可以决定一个人是否幸福。

我们在人生的各个阶段都会修正自己的行为、期望和自我形象。同样，老年阶段不应例外。

想象力

这是我第一次进行毕业演讲，它需要体现出智慧、幽默，当然还有独创性，于是我选择了大多数 21 世纪人类面对这种任务时都会采取的解决方案：打开搜索引擎和视频网站看别人都是怎么做的。

后来，我在演讲中承认这是一个错误的解决方案。因为最棒的毕业演讲都来自史蒂夫·乔布斯、J. K. 罗琳，艾伦·德杰尼勒斯这些人物。看完这些文化偶像幽默、动人、有见地的演讲后，我下意识地开始检查邮箱，打开社交媒体，接着看到我家的狗闭着眼睛，但谁都看得出它想出去散步。总之，我不大可能安心准备演讲稿了。

散步时，我幸运地获得了灵感，也许是因为运动激发创造力。我想也许可以谈一谈这些在不同领域卓有成就的名人的共同点，不仅是他们，还有大多数有成就的人之间的共同点：他们的成功不仅源自智慧和勤奋，还因为他们都以新颖有趣的方式看待世界。他们的成功来自想象力。

想到这里，我还面临一个困难。对于即将毕业并步入成年生活的年轻人来说，想象力是个不错的话题，它具有启发性、独特性和普遍性。但我担心这也许无法吸引我的目标听众：即将毕业的医学专业人士和医学院的教职工。

对于包括许多医生和科学家在内的人来说，想象力在医药界和科学界的需求显而易见，或许是因为这些人本身就具备强大的想象力。但对其他人来说，尤其是其他医生和科学家，这一点似乎值得怀疑。不是因为他们缺乏想象力或是工作中不需要想象力，也不是因为自从决定进入严肃的健康科学领域后，想象力就被搁置继而消失，而是因为想象力很难被看到、被测量或被检验。它越来越紧密地与人文艺术这些 21 世纪的"二等公民"[320] 绑定在一起，在医学和科学培训中却很少被讨论或作为一种能力培养。这种对想象力的狭隘偏见与事实相去甚远。

我所说的想象力不是幻想或虚构的能力，而是能够激发创造性、洞察力、创新和同理心的一种能力。那些坚决认为自己在生活和工作中不需要想象力的科学家和其他领域的人或许应该听一听爱因斯坦的智慧名言："想象力比知识更重要，因为知识是有限的，而想象力概括着世界的一切，推动着进步，并且是知识进化的源泉。"

如果一个人在工作时只使用知识，那么他的工作成效是非常有限的。但这个人如果能够运用他的想象力，那么一切皆有可能。想象力是所有假说、新思想、新视角的起源，它有助于整理信息，进而塑造我们对别人的看法和感受。想象力绝不仅仅是作家、艺术家、厨师、设计师和广告商的工具，而是一种能力或技巧，它让乔布斯对着当年由一堆丑陋的金属和塑料组装成的电脑发问："为什么电脑不可以是漂亮、有趣、轻巧的？为什么它不能装进我的牛仔裤口袋？"想象力让 20 世纪 40 年代的医生西德尼·法伯尝试将治疗营养性贫血时获得的经验用于治疗白血病，这是突破性的创举。如今，大多数患有白血病的孩子都可以被治愈。

灵活地使用想象力对于科学和医学的进步来说至关重要。但要追求健康、健康医疗以及幸福成功的人生，仅仅靠想象力并不够。

有时，想象力甚至不是最重要的。

我的表侄马克是一名大学生，他计划进入医学领域。2019年夏天，他一直都在医学中心实验室工作，有时会观摩医生诊疗。8月的某一天，在家人生日晚宴上，马克说他那天在急诊室里遇到了一件不可思议的事情。他看起来非常兴奋，于是我们都放下手里的餐具洗耳恭听。

当地监狱里的一位年轻人从监狱的双层床上摔了下来，被送到医院时他的双腿无法移动，也失去了知觉。

"他睡在下铺。"马克摇摇头说。

急诊科的医生们用大头针戳、扎、刺激他的腿，但他毫无反应，不停地说："我一点感觉都没有。"但他看起来非常痛苦。接着一个医生分散他的注意力，另一个医生走到他的身后，突然把一个尖锐的东西插在他的背上。他尖叫着跳起来，双腿也能走了。原来他一直在假装。医生和护士们纷纷大笑着跑出病房。

"整个过程还不到5分钟。"马克笑着说。

这个故事告诉我们很多道理，其中之一就是也许他们不该邀请我参加生日聚餐。我听完这个故事非常愤怒。我告诉马克，那些医生的行为不仅很不专业，而且很危险，如果那位患者双腿真的受伤了，这会对他造成多么严重的伤害。接着我让他想一想：如果这位年轻人换一个身份，比如是和他一样的大学生，而不是一个囚犯，那么医生会怎么对待他呢？他们是否会遵循标准诊疗流程，而不是武断地认为他在撒谎呢？我想他们会的。

最后，我让马克思考一位患者假装受伤的原因：也许他不小心惹了监狱里的黑帮成员，担心自己有生命危险；也许他患有某种精神疾病，脑中有一个声音让他从床上跳下去，之后也许会让他做出更危险的事；也许他的心灵被暂时蒙蔽了，如果有人能注意到他的古怪行为并给予帮助，他未来离开监狱后也许就能遵纪守法，知道如何重建人生。

又或许他只是一个骗子。我们永远也无法知道答案了，因为这些医生没有运用他们的临床想象力、共情想象力和道德想象力。

但他们不是唯一没有发挥想象力的人。听完马克的故事后，我的表现和这些医生一样，带着自己内心根深蒂固的偏见和追求，没有考虑在场其他人的需求，特别是那位讲故事的年轻人，他本以为我们都是他最信任的人。我也没有运用自己的想象力，我本该做得更好。

我似乎不是个做医生的苗子。在我人生最初的二十几年，我都在竭力避免学习数学和科学课程。高中时，我被批准多修一门课，所以尽管我的代数成绩很差（意料之中），但还是能和其他好学生得到同样多的"优秀"。

几年后，我在医学院上完第一天的课程就给父母打电话，说我只能听懂教授口中四分之一或五分之一的单词，而且大多数是冠词或连词。我甚至怀疑如果这些课程是用一种我完全不会说的语言教授的，比如中国的粤语，那么我的学习效果可能也差不多。

而且我很快发现自己的直觉都是错误的。在参加案例分析小组讨论时，其他同学总是能迅速、统一地提出相同的问题并采取下一步措施，比如这是如何发生的、应该采取什么机制、做什么检测，而我的反应则是应该怎么告诉他的家人，或是如何才能让她的名字出现在移植名单上。问题不在于他们和我的反应孰对孰错，而在于他们的回答才是课程主管和老师所希望的。

后来我变了，变得拥有和其他人相似的专业反应，起初是不知不觉的变化，很快就越来越明显。面对科学严谨的临床诊疗，我也学会问正确的问题，采取正确的医学措施。像科学家一样思考很有趣，不仅是因为我掌握了一项足以谋生的重要技能，而且我意识到自己一直以来忽视的一整个领域和思维方式。这种新的思维方式赋予我有价值的技能，我可以用它来改变他人的生活。

后来我成为一名医生，这个身份是我人生中最大的快乐之一，但同时给我带来最严重的挫败感。我发现在医学之外，有些事情是医生可以做而且应该感兴趣的，有些则是不能做也不应该感兴趣的。而我喜欢的很多事情都属于医生不可以做也不该感兴趣的范畴。

这让我很难过。于是在完成 10 年医学培训后，我立即开始投入喜欢的事情，比如在业余时间阅读文学小说。最终，我得到了创意写作硕士学位。你可能会和从前的我一样感到困惑，因为小说写作和医生职业毫无关联，但事实上它完全改变了我的职业生活。

写作技能不仅帮我拿到了项目资助，还让我学会了站在他人的角度思考问题，从而成为更好的临床医生。同时，我把它与个人兴趣和技能相结合，成功地在权威杂志上发表了文章，接触到数百万读者。一夜之间，我不再只是照料患者，也开始影响整个医学界。当看到自己在科学界以外的兴趣与想象力对职业生涯有帮助时，我就产生了写作的勇气，写那个不同于医院视角的我眼中的医学世界。

最终，我成了独一无二的自己，这让我非常快乐。

这些话都被放在了那篇毕业演讲中，解释专业术语时，我像一名优秀的科学家；讲述案例故事时，我则像是一名优秀的人类学家。演讲的最后，我告诉在座的毕业生，想象力（imagination）这个词来自拉丁语中的 imaginari，原意为"送给自己的画"。现在他们受过的教育已经变成一幅幅画，但正如爱因斯坦所说，这些画都局限于已知的世界。要改善人类健康，改变医学界，他们必须同时运用所学的知识和自己的想象力。

当天下午我飞回旧金山，突然发现医学和衰老之间的关联远不止显而易见的衰老医学化，也许美国医学界的问题和老年时期的挑战，都源于想象力的匮乏，源于我们看待自己、生活和工作的方式，源于我们明明可以做到却没有做到。

老后的身体

不是非得成为一名医生，你才能认识到身体随年龄产生的变化。也无须真正变老就能从个人经验中得知许多身体变化都不受欢迎。衰老带来的生理和心理变化起初都是不易察觉的，可能发生在30多岁或是40多岁，而到了60岁、70岁或者80岁，变化发生了转折，我们突然就迈入了生理、社会及法律意义上的老年门槛。这个转变中的消极部分，即那些损失，刚开始需要进行调整，然后加以限制，最终则可能需要放弃或是找到替代方案，但我们都不想借助拐杖或助行器，也不想让别人帮自己理财、开车或购物。在人生尽头，谁都不想变得绝望、无助或成为医疗制度的一部分，但在晚些时候的某一刻，大多数人心中的高龄老人形象常常会变为现实。你如果意识到不同于可怕的婴儿时期、痛苦的青春期、被挥霍的青年时期或是危机四伏的中年时期，衰老的下一个人生阶段是死亡，那么就会明白为什么人们对老年有如此评价。

健康、身体健全的人经常说他们不想遭遇严重的残疾。但大部分残疾人[321]在经历一段适应期后，都表示自己生活得不错，甚至还有不少人表示自己的生活非常好。当我告诉周围70多岁或80多岁的朋友晚年遭受的苦难有很大一部分是政策和社会态度造成的，他们总是努力做出好奇或感兴趣的表情，但从他们的眼神中，我看到了质疑和无声的反驳："她还是太年轻了。事实就是事实，生物学就是生物学，每个人都注定走上一条相似的下坡路，最终通往无名之地。"

他们的反应取决于他们在那一天、一周或是一整个月的生活。如果他们生病了，或感到疼痛，或是刚经历一位朋友的逝世，那眼前的一切都会变得灰暗。然而，随着年龄的增长，这些事情会越来越频繁地发生。承受慢性疾病带来的痛苦和不便的相对健康的人，终日担心未来的生活会怎么样，何时会发生变化。他们担心遭遇痛苦和死亡，担心失去至爱，担心孤独和离世；那些虚弱、病重、离这些不幸越来越近的人则担心无法在自己想结束生命的时候死亡；那些重病缠身，疾病名称和药物清单长得堪比卷筒纸的人则在为生存奋力挣扎，尽管他们生活中有越来越多时间被用于最基本的身体照护——保持身体卫生、进食和服药。

生活高度受限的人，比如我们家庭医疗照护项目中的患者，最悲伤的不是局限的生活空间，而是日日夜夜的孤立感。我们在世上穿过的空间被称为"生命空间"[322]。我目前的生命空间可以抵达其他大洲和城市，但这些老人则被局限于他们的家，一间房间或是一张床。他们当然想走出家门，像过去一样去其他地方，但这种渴望并不是他们最大的痛苦。他们最想念、最渴望的是社交，是触碰，是和他人的交流与关联，这些在马斯洛需求层次理论中是仅次于食物、住房和安全的人类基本需求，他们的遭遇一如当年的罗马尼亚孤儿，与外界完全失去接触与关联。孤独感以及从不或很少被触碰、交谈或爱护，这些虽然不是长年累月的感受，但对老人的影响极其深远。社交孤立和孤独感[323]会伤害身心健康，导致养老院介入和过早死亡。在英国，曾有一位年轻人进行孤独体验项目：他独自在公寓待了一周[324]，尽管开始时一切顺利，但他渐渐变得沮丧、无聊、抑郁，处理日常琐事时总是容易抓狂。后来他试图停止思考，打开电视或是上床睡觉度日，只因没有其他更好的选择。

我母亲在健身房大厅里和我视频，她把手机贴近脸，凑在耳朵和嘴巴中间的位置。因为这是公共场所，她不想大声说话，但其实在过去两年间，她一直都在咨询一位听力医生，想知道她的助听器什么时候能到货。上一次咨询时，他们承诺马上就会到货。视频另一头的我对着电脑，看到母亲一侧的脸颊、眼睛以及鼻子和嘴唇的一部分占据了整个电脑屏幕。如此近距离的观察似乎让我感受到她皮肤的柔软，那松弛、轻微下垂、拥有皱纹和质感的皮肤布满了微妙的色彩，仿佛是一幅涂有棕褐色、粉红色和灰白色的画布。画布上也有瑕疵，一些深色的斑点在化妆品的遮盖下若隐若现。她的嘴角看起来不太平整，出于"职业反应"我认为也许该做个诊断分析。看到她眼下苍白的小眼袋时，我笑了起来，因为我母亲讨厌她的眼袋，而我的外祖父在晚年同样讨厌自己的眼袋。我和母亲聊了 15 分钟，一边聊天一边在视频里观察着她的半张脸。对我来说，这个画面和我最近看的几部艺术电影一样有魅力，一样美丽。

我为什么能透过视频感受到母亲脸颊的柔软？是因为我曾亲吻过这个脸颊，感受过它在我嘴唇上的质感吗？是因为它是 50 年前我在世上亲吻的第一个脸颊，所以对它无比熟悉吗？还是因为我深知触碰这样的脸颊时，会感受到柔软、温暖，那种柔和的触感既迷人又舒适。更年轻的脸颊光滑紧致，更像蹦床的质感，你的触摸不会陷进年轻的皮肤而是会立刻反弹。当晚我爬进被子时突然意识到，对我来说，人的脸就像是冬天的床单，我最喜欢的必定是用了很多年，最旧、最柔软的那一条。每次换新床单时，我都会感到失望，虽然它看起来更美，但摸起来粗糙而冰冷。

我有一张自己 22 岁时的照片，照片上的我正在做跑前拉伸运动。我穿着当时最爱的那件橙色背心，还有现在看来很过时的镶着精致蓝边的白色短裤。我回忆着那个苗条、健康、年轻的身体，惊叹当年跑步前只需要活动活动筋骨，而不用担心下背部的不适、脚上的疼痛、尴尬的臀部、收缩的肌肉和一碰就作响的关节。我也不会在上坡时大口喘气，担心跑步速度不够快，进不了校队。但其实，当时穿着漂亮的橙色上衣和俗气的白色短裤的我，对自己的身体感到既自豪又不满。我想变得更苗条，跑得更快，看起来更优雅。无论在什么年纪，我们总是不断审视自己的身体，并感到自卑，人总是想要更多自己没有的东西。我常常看着别人笔直的头发感叹：拥有一头直发该多好啊！而其他人却总是对我说："我喜欢你的头发，真希望我也能有这样一头卷发。"但是，"渴望拥有你所没有的东西"和"你的身体渐渐变得不像自己，发生你无法掌控的变化，别人看待你时不再关注真实的你，而是把你归于某一类人并对你充满偏见"是截然不同的感受。

　　我曾参加过一个聚会，聚会上的人从 20 岁到 80 岁不等。一位白发稀疏，有明显皱纹的女士站上临时搭建的舞台，她的衬衫和毛衣上佩戴着 5 枚巨大的徽章，上面都印有照片。她解释说为了让大家更好地了解自己，她在这些徽章上印了自己在不同年纪的照片，每一张照片都是一段人生故事。相比于光从外表评价她，听完这 5 段故事后能够对她有更完整的了解。无论在什么年纪回顾过往，看看自己哪些地方发生变化，哪些地方毫无变化，都是很有趣的。而在聚会上，和过往有关的物件或一段故事也有助于开启和陌生人之间的对话。但无论如何，这些徽章都让我感到难过。这个女人显然是一位非常有趣的老人，她的身体很灵活，能在房子里四处移动，而且她的穿着打扮生动地诉说了她的性格全貌，但她依然坚信此时此刻的容貌无法体现真实的自己。当这一张脸成为唯一的自我介绍时，她觉得自己会被陌生人忽视，或是被错误地评价。只有这些徽章能证明她曾年轻过，它们仿佛在告诉别人："看！我过去也是个重要人物！"

老人的年龄组

许多大股东决定着医学界重要的人和事，比如疫苗政策就体现出我们对待健康和人生许多其他方面的态度。注射疫苗时，医生根据美国疾病控制与预防中心的建议决定何时给患者注射多少剂量，[325] 而美国疾病控制与预防中心的疫苗指南分为两个版本：儿童版本和成人版本，每一个版本都根据生物发育学及不同年龄段的主要社会行为进一步细分成多个年龄组。

2018 年该疫苗指南将 0~18 岁分为 17 个年龄组。这是合理的，因为 6 个月大的婴儿还来不及发育免疫力，体重也远比 8 岁儿童轻，接触的人和环境也与青少年截然不同。成人版疫苗指南将成人分为 5 个年龄组，所有 65 岁及以上的老人都被归为一组，仿佛暗示人在 65 岁之后的半个世纪里都不会发生什么重要改变。美国疾病控制与预防中心的这份指南就和医学界与全社会的态度一样，承认人生前两个阶段的多样性，却忽视人生第三阶段同样具备多样性。

区分六七十岁的老人与 90 多岁甚至 100 多岁的老人并不困难。相对年轻的老人和高龄老人[326]，这两类人不仅在外貌和生活方式上有差异，而且在生物学上也有所不同。

衰老会逐渐影响我们的细胞、组织和器官。随着时间流逝，先天和后天免疫功能逐渐下降，不仅导致各类疾病，而且导致人体抵抗感染和免疫反应的能力下降。所以，老年人更容易感染病毒，更容易因此生病住院，也更有可能死亡。

"一刀切"的疫苗政策忽视了部分免疫力低下和行为不符合大众偏见的老人，并给其他老人注射了对其帮助甚微或毫无帮助的疫苗。最有可能在老年阶段引起疾病和死亡的病毒感染[327]种类与年轻时期的那些完全不同，但目前只有流感疫苗、肺炎疫苗和带状疱疹疫苗考虑到了这种不同性。总体来说，老年人疫苗政策的针对性和全面性都远不及年轻人的疫苗政策。

鉴于随着年龄增长而减弱的人体免疫力（这种现象被称为"免疫衰老"）以及人类寿命的延长，一些研究人员正在探索预防感染的如下新型策略："刺激"年轻人的免疫系统，使免疫能力持续到老年阶段；针对老年人更容易感染的病毒研发疫苗；使用佐剂刺激老年人对现有疫苗的反应；以及从整体上改善老年人免疫系统，[328] 而非针对个别疾病进行疫苗预防。

最佳疫苗政策应认识到免疫策略与医疗决策不该单纯取决于年龄因素，还要考虑到健康和躯体功能情况。大多数健康的 80 岁老人比疾病缠身的 70 岁老人要更长寿，在很多人晚年的某一刻，一年一次的流感疫苗将不再起作用，因为我们的免疫系统无法做出回应，或是这一剂疫苗不再符合我们的临终需求。

人类多样性在老年时期达到巅峰，每个人从成年步入老年的时间都不相同，不同人衰老的速度和程度也大相径庭。就像老年科医生爱说的那句话："你看到的只是其中一位 80 岁老人。"

越来越多文献说明了年龄差异在免疫和医疗保健方面的重要性。衰老的身体对疫苗和治疗的反应不同，不同年龄阶段之间也存在病理生物学的不同。关于常见泌尿科疾病治疗方法的最新系列研究表明，所谓的次要程序，例如膀胱镜检查、膀胱活检和经尿道前列腺切除术虽然对较年轻健康的男性有效，但对年老体弱的男性不仅无效，还会导致男性躯体功能下降甚至死亡[329]。在淋巴瘤以及乳腺癌和肺癌[330]中，细胞变化和肿瘤行为通常随着年龄的增长而改变。研究表明，在急性髓细胞性白血病[331]中，老年患者的治疗效果明显更差（部分原因是该治疗方法针对的是年轻人患癌时的生物学特征）。此外，在老年阶段，人的肾脏、心脏、皮肤和其他器官的变化会不断提升老人体内的毒性风险并降低化疗和放疗的耐受能力。

生物学在其他方面也很重要。高龄老人比相对年轻的老人有更多的功能障碍。[332]因此，无论是疾病预防还是重症监护，那些针对年轻人设计的治疗都会对身体更衰弱、预期寿命更短[333]的老人造成直接伤害，而且他们根本无法撑到治疗效果出现的那一天[334]。尽管如今老年人在医疗保健的诸多领域都比从前受到更多关注，但他们仍然常被看作中年人群的变体（例外或异常情况），甚至在大多数患者都是老年人的癌症等领域也是如此。

即使在针对超高龄患者的治疗研究中，数据也表明这些治疗常常优先满足（年轻）研究人员的需求，而不是老年患者的需求。关于髋、膝的研究[335]或主动脉瓣置换术的研究[336]关注的是住院时长与死亡率的分析，然而大多数老年人更关注是否能离开养老院并拥有独立思考和独立行走的能力。21世纪的今天，全球老年人口数量将超过儿童人口数量，我们必须像对待成人和儿童健康一样认真对待老年健康。如果不能意识到人口发展的变化和老年群体的多样性，那么美国医疗和公共卫生事业将是失败的。

最近有很多人在抱怨医疗系统的现有设备和组织机构无法满足慢性病患者和老年患者的需求，[337]可见情况正在被动、缓慢地发生改变。大多数医疗中心的广告仍在强调紧急救护，讲述从生死边缘救回患者的故事，这些故事的确能带来很好的营销效果，但如今，一个不关注慢性疾病和老年疾病的医疗系统就像是一个容不下儿童的教育系统。

其实，有一个简单的方法不仅可以帮助美国疾病控制与预防中心优化疫苗政策，而且可以提高整个医学科学和医疗体系的结构性平等：在制订方案时，每当我们试图将人类按照年龄分类，或是将人类寿命划分为儿童时期和成年时期，都应该在分类过程中加入老年时期。

第十二章　白色巨塔

隐形人

通常，人们心底最惧怕的老年形象是这样的：一个佝偻的老妇，头发凌乱，牙齿稀疏，有一个骇人的鹰钩鼻和一双凸起、目光涣散的眼睛——这可能是一个老太婆、一个女巫、一个妖婆。这些都是格林兄弟在寒冷北方收集的童话故事中老人的形象，早在《格林童话》第一次印刷出版时，人们就觉得这些内容会吓到孩子。

这就是为什么我想把贝蒂·加拉格尔的家庭医疗照护时间安排在身边没有老年医学实习生的时候。

和童话故事里的情节一样，贝蒂家的门牌号是666，位于一条平坦的街道上，社区看起来一副世界末日的景象：大多数房门前的花园都被改成了水泥车道，两边是疏于打理的灌木丛和长满枯草杂草的草坪，就连那些被精心打点的房屋也显得破旧乏味。有时，一逢著名的旧金山式大雾天气，我就会想为什么在旅游地图和大多数当地新闻里都找不到这个社区的痕迹呢，是因为住在这里的人都像这些房子一样凋敝吗？我们所处的城市瞬息万变，聚集着众多技术人才、美食家、创业家和硅谷富豪，他们开发探索着城市各个角落，竟没有一个人对贝蒂的社区感兴趣。

贝蒂既不粗鲁也不是什么危险人物。她从不像其他难相处的患者那样打人、骂人、吼叫、咬人、踢人、吐口水或抓人。她虽然是个盲人，但总是对我的问候回以微笑，每次都问我最近怎么样，耐心回答我的众多问题，并毫无怨言地配合我的医疗照护工作。当我为了监测糖尿病和肾脏疾病情况给她扎针，或者为了检查皮肤状况给躺在病榻上的她脱衣服、翻身，又或者以不会把她弄疼但也不好受的方式戳她、推她时，她唯一的抱怨就是默默扮个鬼脸。

我认识贝蒂近10年，前5年的家庭医疗照护都在她家客厅进行。她坐在一张褪色的改造版扶手椅上，椅子上装有一对自行车踏板，只有这一对踏板，没有其他自行车部件。在我准备照护设备或将访问记录输入电脑中时，她总是一边踏着踏板一边聊起家人或收听广播节目。

她的收音机一早就开着，到她睡前才关掉，通常播放一些乐此不疲地批判所有人类的节目。这些节目谈话不仅针对加利福尼亚州的绝大部分居民，而且涉及照护她的工作人员和许多医学生，所以我有时会想如果贝蒂能看到我们，那么她的家庭医疗照护会变成什么样，但这并不是我不想带我的学生来贝蒂家的原因。

问题不在于贝蒂的身份，而是她的外表。她的样子不算特别怪诞，但由于她视力丧失，身体越发衰弱，子女不在身边，又至耄耋之年，而照料她的护工工资又极低，几十年来只能提供最基本的日常服务。如此境况之下，每个人都会变成贝蒂这样。她无法打扮自己，也不能要求护工提供额外的服务，比如给她剪个好看的发型，买件漂亮的衬衫，或是像许多更年轻甚至步入中年的白人女性一样涂点面霜，抹点胭脂或口红，然而人们常常会通过这些外在形象来评价一个人。光看外貌，贝蒂就是人们内心深处对老年的最大恐惧和偏见，可一旦你开始了解她，就会知道她只是一个叫贝蒂的老人：

一个丧偶的女人，前母亲俱乐部负责人，一位感到骄傲的祖母和本地球队的忠实粉丝。

具有讽刺意味的是，对医学生来说，贝蒂其实是个极好的学习案例。从医学角度来说，贝蒂能活到现在十分了不起。她在很久很久以前就开始注射胰岛素，以防血糖升高造成昏迷或死亡。糖尿病夺走了她的视力，伤害了部分肾脏和心脏机能，也使得她的双脚和手指失去大部分知觉。在我刚认识她的那段时间，有研究表明，糖尿病和痴呆症相关联。虽然并不确定这是否属实，但鉴于贝蒂的认知能力在下降，我一直努力让她的血糖保持在正常水平，希望以此减缓她的智力恶化速度。这个方法一直都很有效，直到有一年冬天，贝蒂的血糖毫无征兆地飙升到天文数字，因此不断被送入医院。

但我必须说明，在我开始照护贝蒂的前后几年，她都是家庭医疗照护项目中情况最稳定的患者之一。尽管我偶尔会和她住在外地的家人通电话，但大部分时间都是和她的住家护工沟通。之前她的护工是一个脾气暴躁的菲律宾人，每次给我开完门就躲进楼下垃圾房后面的屋子。有一天，护工突然换成了一个汤加女人，她的名字叫托科尼。托科尼的性格就和她高大柔软的身体一样宽厚，在我见她第二次或是第三次的时候，她就拥抱我跟我打招呼，朝我微笑，和我开玩笑，还会在听到我称赞她的工作时捏我的手臂。贝蒂好像也很喜欢托科尼，她笑得越来越多，体重也开始上升。印象中，我唯一一次和托科尼聊起她的工作情况是在我们第二次见面时，当时我要更新贝蒂的护工信息，填入医疗系统社会历史情况一栏，所以问了托科尼一些问题。对待虚弱的患者时，我们必须知道在其生活中扮演重要角色的人是谁，并留存他们的联系方式。

"还有谁在这儿工作？"我问道。

"没有别人了。"托科尼一边回答，一边笑着拍打大腿，"只有我一个人在这儿工作。"

她说完后，我们互相看着对方。每天工作 24 小时，每周工作 7 天是违法行为。基于这个房子的情况，我严重怀疑托科尼是否有加班工资。尽管这里提供食宿，住家护工的工作时间比较灵活，实际工作时间也许没有 24 小时，但起码护工的睡眠时间要得到保证。在我看来，大多数的晚上托科尼都能睡觉，因为嗜睡的贝蒂在白天都要睡很久。但我只能想到唯一一个让人选择这份工作的原因。显然，托科尼是一个头脑聪慧但受教育程度低的中老年女性，另外，她没有合法居留证件。

有那么一两秒钟，我们都没有说话，全神贯注琢磨着对方的处境。显然，贝蒂需要被照顾，她的家庭不富裕，而且家人无法或是不愿意亲自照料她。托科尼则需要一份工作和一个住处，她知道如何提供医疗照护，但由于没有合法居留身份，她没有其他选择。所以虽然她对目前的处境不堪满意，也仍觉得很开心。

在某些经济领域，也许无证工人需要和美国人竞争工作岗位，但在我 20 多年的老年医学工作经历中，只遇到过极少数能聘请到美国护工的工薪阶层或低收入阶层家庭，因为他们给出的薪水很低。即使是有能力支付更多薪水、提供更多报酬的中高收入家庭，也很难找到照顾老人的护工。因为他们的钱大部分会被中介机构克扣，到护工手里的工资依然少得可怜，然而护工们才是真正决定老人生活质量的人。

在我看来，我的职责是确保患者得到所需要的帮助及患者和护工双方的安全。在理想世界中，护工会得到一份不错的薪水，获得社会福利和保障，会有更多人愿意从事这份工作；但在现实生活中，如果贝蒂的家人不能雇用托科尼，就只能把贝蒂送去护理院——像大多数老人一样，这是她最怕发生的事情。基于贝蒂复杂的病情和全方位照护需求，我想她在护理院的生活会非常痛苦，也许短短几个月内就会去世。如果她还活着，那么她的家人会卖掉贝蒂的房子来继续支付照护费用，等钱都用完后，就会寻求医疗补助。想到这些现实，我很快就做了决定。只要贝蒂能被好好照料，我无意找任何人的麻烦。

托科尼读懂了我的心思，她把温暖宽厚的手掌放在我的手腕上，点了点头，示意我们达成了心照不宣的协议。

但我还有一个问题要问。贝蒂不能一个人待在家里，最近她想独自起床时总是摔倒。然而，托科尼也不能像囚犯一样整日被关在室内，这对她们俩都没好处。

"你离开过这间屋子吗？"我问道。

托科尼拍了拍手大笑起来，用鼻子和嘴唇指向南面："当然！当然！我姐姐就在那儿工作，和这儿只隔了两栋房子。"

说完我们俩都笑了，托科尼抑扬顿挫的英语发音和欢乐的性格如此可爱，而她的回答也让我大松了一口气。

"我姐姐的患者不能思考，但可以走路，他们整天都出来散步。我出去的时候，他们会走到这儿来看着贝蒂。所以我可以自由地出去购物、买药，去任何想去的地方。"

"太好了。"我尽可能让自己委婉地表达，"你需要呼吸新鲜空气，锻炼身体，享受休息时间。如果你不健康，那么贝蒂也不会健康。"托科尼捏了捏我的肩膀，脸上洋溢着喜悦的神情："没错，没错！你说得对！我会注意的，别担心。"

我不知道她说的是不是真的，但我显然已经够啰唆了，没必要再接着说下去，因为托科尼看起来很健康，也会继续认真照料贝蒂。

后来的几年间，我有时会在贝蒂家遇到托科尼的姐姐埃莱娜和她的患者，常常惊叹埃莱娜和托科尼从外貌到性格竟如此不同。埃莱娜害羞内向，身材比大多数汤加人都娇小。我不知道她们是真的有血缘关系，还是说只是因为都在美国无证居留，彼此扶持度过悲伤而艰难的穷苦生活，所以情同姐妹。在托科尼告诉我贝蒂走路越来越艰难的几个月后，我在一个深冬的下午去贝蒂家查看为她安排的物理治疗是否奏效，开门的竟不是托科尼而是埃莱娜。原来姐妹俩互换了工作。

埃莱娜没有解释她们是什么时候、出于什么原因换的工作，她只是站在一边邀请我进门。以前我在贝蒂家遇到埃莱娜和她的患者时，她总是很快就消失在另一个房间或直接离开这栋屋子，所以我没有机会观察她，现在我才注意到她的穿衣风格与托科尼截然不同。托科尼总穿花哨、宽松、混搭的上衣和裤子，埃莱娜则将同样鲜艳的衣服巧妙地搭配成朴素低调的风格。她盯着地毯，看起来似乎不太舒服，心情好像也有些低落。我发现她从不主动开口说话，所以我主动问她贝蒂最近怎么样。

"我带你去看。"埃莱娜边说边带我走向贝蒂位于屋子后面的卧室。

尽管比托科尼娇小苗条得多，埃莱娜走路速度却很慢，也不太会回答问题，哪怕是最简单直接的问题。我后来让她去隔壁房间拿一个药瓶，她花了五分钟。我不知道这是因为她感到这份工作无聊、英语不好、不太机灵，还是感到紧张和沮丧。也许这些都是原因。我检查完贝蒂的状况后，想看她的血糖值记录。埃莱娜看了看我，拿起电话。几分钟后托科尼就来了。

"实在抱歉！"托科尼笑着说："照顾贝蒂对我来说太累了！她需要更多的帮助！我的妹妹还年轻，体力更好，所以我们换了工作。这样对大家都好，不是吗？！"

我明白托科尼的意思。隔壁那位患者的痴呆症更加严重，已经不会说话，但她身材苗条，很灵活，看起来也很健康，也许是经常走动的缘故。相比之下，贝蒂身材更丰满，虽然她能自己坐起来，但已经不能走路，不能独自穿衣或上厕所。她每天都会去客厅，偶尔在自行车踏板上锻炼，但需要在机器的帮助下才能起床，而且只能靠轮椅在屋里走动。

"我已经教我妹妹怎么打胰岛素了。"托科尼说，"你不用担心。看，贝蒂过得多好啊！"托科尼将了将贝蒂的头发，拍了拍她的手臂，笑了起来。

几个月后，初夏的一天，埃莱娜打来电话说贝蒂病了。贝蒂坐不起来，起不了床，不肯吃东西，也无法被完全叫醒。贝蒂也许在咳嗽，也许在发烧，或是尿液有异味（这是感染迹象）。尽管细节信息很模糊，但埃莱娜明确表示贝蒂生病了。

我的一位同事拨打了紧急电话，把情况告诉贝蒂的孙子，他们把她送去了医院。验血报告显示，贝蒂的血糖值高达 500 毫克每分升（健康人的血糖值低于 110，糖尿病患者的血糖值一般维持在 200 以下），其他指标和肾脏功能也明显异常。即使按时服药，一些疾病也会增加血糖含量，导致患者脱水，血糖值异常，血盐和血酸量升高，甚至会导致昏迷和死亡。贝蒂的尿液和血液中含有细菌，说明她患有膀胱感染。也许是因为老年人膀胱感染的症状和年轻人不同——他们通常变得嗜睡、颤颤巍巍、思路不清、食欲缺乏、尿频尿痛——所以埃莱娜才没有注意到。感染扩散至贝蒂的血液，直接危及生命，也会对她原有的糖尿病造成影响。

贝蒂被送进重症监护室，尽管她的两项病症都很严重，但她对调整用量后的流质食物、抗生素和胰岛素反应良好。住院三天后，贝蒂就回家了。

贝蒂出院的第二天，我就把她加进晨间家庭医疗照护患者名单。

埃莱娜和我寒暄后没有走向客厅，而是穿过餐厅径直走向贝蒂的卧室。

"她怎么样？"我问。

当痴呆症病情达到一定程度时，无论问患者什么问题，他们都无法给出合理的答案，除非那个问题只与当下有关。不过他们仍能判断别人是否在谈论自己。所以我见患者前会在另一个房间和护工或患者家属谈论病情，在贝蒂家也 样，但我已经意识到埃莱娜不喜欢这种沟通方式。当我问埃莱娜有关贝蒂的饮食、睡眠和其他情况时，她给出的答案让我觉得她在猜我想听到什么，而不是说出事实。

"她还好。"埃莱娜说。

"她起床了吗？"

"还没有。"

我们说完这些时，几乎要走到贝蒂的卧室了，我只来得及再问最后一个问题。

"她吃东西了吗？"

"昨晚吃了。"

其实我是想知道贝蒂是否已经恢复正常。通常，当老人结束住院后（哪怕只住了几天），大家都会把重点放在治疗疾病上，比如贝蒂的糖尿病、膀胱感染和血液感染，却很少认识到疾病和几天的住院生活会对老人造成什么影响。一般情况下，如果之前不认识一位老人，人们会认为他在住院前就已经不能走路或意识不清。有时老人确实走不了路，认识功能下降，但每个人的躯体功能都有一条正常基准线。由于彼此陌生，医院的医生和护士很难判断患者的各项机能是否已回到基准线。在过去，患者在诊所和医院里通常是由同一位医生就诊，所以医生很清楚患者的基准线。如今的医生却只能向家属或护工询问患者的情况，但不同人口中的"他能正常走路"或"她这方面没问题"往往存在巨大差异。

卧室里的贝蒂正在睡觉，我希望她真的睡着了。

我放下背包和贝蒂打招呼，没有反应。我摸了摸她的肩膀，用尽可能小的力度温柔地摇她的身体。

贝蒂睁开眼睛。

"您好。"我用尊称和她打招呼。

她的眼皮颤动，嘴唇干裂，对我微笑。我知道这是她用尽力气挤出的笑容。

"你好。"贝蒂回答道，"你来得很早。"

这会儿确实是上午，但已经不早了，不过贝蒂的视力显然无法分辨出白天和黑夜。

她的舌头在口腔和嘴唇间来回移动。我问她："想喝点什么吗？"

她点了点头。埃莱娜和我交换眼神后就离开了房间。

问贝蒂问题时，我打开了电脑。我问她是否感到疼痛，过去几天她去哪儿了，国家总统是谁，她最爱的是哪支足球队。贝蒂出院时，她的血糖、血盐、糖尿病指标都已恢复正常。与这些仅能反映当下血糖水平的检查不同，还有一项检查叫作糖化血红蛋白检查，它能体现患者在过去 6 周内的整体血糖水平。如果你把血糖水平视为学生在单次测验中的成绩，那么糖化血红蛋白检查更像是该生在整个学期的成绩表现。

对贝蒂来说，她不仅没通过单次测验，整个学期的成绩还很糟糕。单独来看，她这次的糖化血红蛋白指标并不算高，但高于我照顾她这几年间的任何一个指标结果。

医院的医生说要加大贝蒂的药量。他们建议增加她长期摄入的胰岛素剂量并添加另一种胰岛素。提出这些建议时，他们表现出一贯的、令人恼火的自信。如果你是一位主要在诊所而不是在医院工作的基层医疗保健医生，那么他们的口气就是在说你不如他们聪明，是你把情况搞砸了，所以患者才被送来医院。

但在如何照顾贝蒂方面，他们的专业程度不过是常规血糖检查，而我的了解程度更像是糖化血红蛋白检查。也就是说，他们只关注症状不追究背后的病因。没错，贝蒂的血糖水平升高了，但原因是什么呢？

由于住院期间的各项静脉注射和抽血，贝蒂的手臂上到处是淤青，但她的意识和大部分生理机能已经恢复正常。如果有一个陌生人看到贝蒂的样子，那么他也许会觉得她在医院被工作人员打了，而不是被救了。

埃莱娜为贝蒂端来水和早餐。贝蒂开始用餐后，我把埃莱娜叫到厨房。导致血糖水平升高的原因有很多，最常见的是饮食、身体活动或药物变化。埃莱娜确定贝蒂在住院前的日常饮食、每日活动和运动量都没有任何变化。也许埃莱娜在撒谎，但这不太可能。在她和贝蒂待在一起时，我一个人在屋里四处看了看：有一个碗里放着水果，冰箱里的食材也很丰富，还有两顿做好的饭菜被保鲜膜包着。看来，我有必要检查一下贝蒂的药物。

埃莱娜拿出一堆从医院带回的纸条，其中有一张很重要，上面列着贝蒂的药物清单。我拿出自己和贝蒂多年来留存的两份服药清单，上面有一些涂改痕迹，有些药被划去，还新增了一些药。对比后，我发现三份清单完全一致，松了一口气。患者每次出院后，药物清单都应该核实无误，否则往往会出问题。

接着我让埃莱娜给我看贝蒂的药瓶，并让她告诉我每天不同时间段分别给贝蒂吃什么药。

埃莱娜打开一个药瓶，拧开瓶盖，把一粒药片倒在手心："这个药每天早晨吃一次。"

收起这个药瓶后，她又打开另一个："这个药每天早晨和晚餐后服用。"

埃莱娜盯着药瓶时，我观察了她双手和眼旁的细纹，意识到她并没有我想的那么年轻，是她优雅的体态和姣好的皮肤"蒙骗"了我。

埃莱娜把所有药瓶里的药片都依次倒在手心里，包括处方药和非处方维生素D，全程没有看一眼药物清单或说明书，也没有看我一眼。

我心想也许埃莱娜不识字，或者她在我面前没法安心阅读那些说明。我努力掩饰自己的新发现，假装没注意到她的羞愧，对她说："非常好。看来你做得很好，我们没有改变贝蒂的药物，所以你可以按照原来的方法给贝蒂喂药。现在，可以给我看一下她的胰岛素吗？"

埃莱娜打开冰箱，给我看冰箱门边架子上的一排胰岛素瓶。贝蒂需要注射两种胰岛素，埃莱娜很清楚两者的不同以及分别需要多少剂量。

然后我突然想到，如果埃莱娜不识字，那么她可能也不认识数字。由于不想让她更尴尬，我犹豫了一分钟，但为了贝蒂的安全，我不得不这么做。我尽量让自己的口吻听起来温和，表现得没有压迫感，但显然埃莱娜还是能听出我的心思。

"可以让我看看你是怎么注射胰岛素的吗？"

埃莱娜从柜子上那个放有一堆注射器的碗里取出一支，然后从冰箱里拿出一瓶胰岛素，整个动作比往常更慢。把这两样放在台面上后，她去房间另一侧拿了一小块正方形的东西，我一眼就看出那是酒精棉布。她把包装撕开，用酒精棉布擦拭胰岛素瓶口，然后停顿一下，好像在考虑要不要起身把包装纸和酒精棉布扔进对面的垃圾桶，还好她没有。针头刺进橡胶盖，她对着吊灯向后拉动注射器活塞，这个动作她一动不动保持了一会儿，最后一次调整完活塞后，她把注射器递给我。

我看了眼注射器，继续努力让自己显得温柔平静："这就是你准备在早餐时间给她注射的剂量吗？"

埃莱娜点点头。

我尽可能温柔地说："你可以指给我看注射器上的 20 刻度在哪儿吗？"她接过我手中的注射器，再次对着吊灯眯起眼睛。

"在这儿。"

埃莱娜指的位置没错，但她抽取的胰岛素远没到这条刻度线，而且液体中有一个巨大的气泡。我目测这一管只能给贝蒂注射 10~12 单位的胰岛素。

我不记得自己当时是如何回应的，只记得脑子里在想"原来如此，我的天啊"。

埃莱娜到底是否识字，我无从得知，但可以肯定的是，她的视力不好。她没有医疗保险，收入也很低，没有钱医治眼睛。后来我从托科尼那里得知，埃莱娜把大多数工资都寄给了远在汤加的孩子和母亲。

"胰岛素剂量不对。"我边说边取下眼镜，"没有这副眼镜的话，我也看不清。"

埃莱娜看了看我，我们俩都笑了。

如果埃莱娜看不清胰岛素剂量，那么她给贝蒂注射的剂量过少的话，贝蒂的血糖水平会升高，并增加患上感染、心脏病、精神紊乱、大小便失禁和各种疾病的风险；如果剂量过高，则可能导致贝蒂死亡。我也想显得友善幽默一些，让气氛变轻松，但这件事情非常严重，而埃莱娜也深知这一点。

我试图想出解决方法。毕竟贝蒂家负担不起常规的基于中介机构的家庭医疗照护，而埃莱娜也需要一个住处和一份工作。虽然她视力不好，但她仍可以提供贝蒂所需的大部分服务。也许可以找一家药房帮忙把胰岛素提前装进注射器，这样埃莱娜就只需要完成打针这个步骤。不过，这肯定会花不少钱。

我们确实遇到了一个大麻烦。几乎在同一时间，我和埃莱娜想到一起去了。

"托科尼！"她说。我点头表示赞同，心里舒了一口气。

奄奄一息的男性和贫穷的女性

母亲在她84岁生日的两个月前对我说："我仿佛进入了一个新的人生阶段，生活里再也没有男人了。"前一天晚上她和一大群朋友聚会，在场的全是女性，其中一位离婚了，还有一位的丈夫病得很重，其余所有人，包括我母亲在内，都是寡妇。她澄清说自己不是想寻求浪漫，只是想要正常的生活模式。"这太不寻常了，"她补充道，"我感觉生活中有很大一部分缺位了。"想到余生都要承受这样的"缺位"，她感到既奇怪又悲伤。

在所有人群中，无论是从地理位置、种族、经济还是民族背景来看，我母亲的经历都很典型。老年问题存在巨大的性别差异，这种差异以不同的方式对男性和女性都造成了伤害。有统计数据表明，随着年龄的增长，女性占总人口的比例逐步增加。高龄人群的性别失衡至少可以追溯到12世纪的西欧，在那之前，女人都不如男人长寿；但在那之后，情况就完全改变了。所以，有人认为高龄问题其实是女性健康问题。

老年问题当然也是男性健康问题，或者更准确地说，是男性健康危机。为什么男人总是比女人早逝呢？如果大多数本可以长寿的男人在现实中并不长寿，如果设计医疗系统时考虑到男性群体，那么问题究竟出在"医疗照护利大于弊"，还是"长寿与否不完全由生物学决定"呢？在公众面前提及这种突出的不平衡现象时，人们总会高呼一些解释，比如：相较于女性，男性不太去医院看病；男性被培养得坚忍、坚强，不轻易表现出软弱，所以他们总是拖延很久才寻求帮助；男性不喜欢听从他人指挥，不像女性一样认真遵循医嘱；当今社会仍期待男性"能力卓越、做出贡献"，这些压力损害了他们的身体健康；男性要承担更多的风险。除了这些，还有很多种解释，但这些是最常听到的。正确答案可能是这些解释和其他社会及生物学因素造成的混合结果。既然男性比女性更早死亡的现象如此突出且普遍，那么你可能会觉得解决这一问题应该是医学界的重大目标，但事实并非如此。

女性相对长寿这一点长期困扰着医生，特别是在认为"更年期等于老年"的年代，他们发现和男性相比，女性会更早患上常见疾病，这似乎与更年期有关。几个世纪以来的"体液学说"（如今已被推翻）解释说：由于停经后不良体液无法再被排出体外，所以女性随着年龄增长而患上疾病或躯体功能下降的现象不足为奇。医学界并不重视女性独有的衰老问题，医学教科书上的患者模型都是男性（这一优良传统至今仍在许多医学院中延续），女性器官衰老方面的研究和分析也远比阴茎和前列腺研究领域少得多。

不同于女性，人们认为男性的成就、权力和资产比他们的外表更重要，所以衰老可以给男性带来独有的好处。虽然如今情况有所改观，但化妆品界万亿市场的主要目标人群仍是女性，这说明她们都在追求"外貌"，[338] 即便是在职业领域获得极高成就的女性也是如此。

我们通常会为真正在意或需要的东西买单。在医学界，尽管同时从事内科和外科手术工作，但泌尿科医生的收入比妇科医生更高。也许这是因为，医学界中的性别比年龄更重要，毕竟泌尿科患者的平均年龄比妇科患者高得多。20世纪中叶确立各专科部门的费用和名声，就是基于这样的标准。在其他领域，有些工作岗位已被高科技代替，而在老年医学领域，虽然我们担心护工人数不够，但护工

（护工大多是女性，这份工作也是传统意义上的"女性"工作）的工资仍然很低甚至为零，这就是我们处理社会不平等的方式之一。正如女性要生养孩子而男性不用，所以女性赚的钱更少，大多数照料老年人的女性护工在短期内甚至一生中赚的钱也都更少。因为随着年龄增长，她们不得不减少工作时间、请假、退休或更换工作，所以显然女性在老年时也更易陷入贫穷。

为什么21世纪的老年群体由奄奄一息的男性和贫穷的女性构成？我们一定是做错了什么。

照护

"她一直在尖叫，说自己腿疼。"住院医师给我打电话求助时说，"我根本无法跟她沟通，她丈夫也不见了。她真的有腿部疾病吗？"

每个月我会去看望伊内兹一到两次，她住的一居室位于离卡斯特罗市中心很近的一栋破败的政府补贴公寓楼。去伊内兹家需要克服一些小阻碍，比如我要先通过门禁，哪怕是"口头门禁"。我至今都没搞清楚是谁负责这栋楼房大门的门禁，因为通常都没人回应门铃。好在人们经常在玻璃门内的入口处和公共休息区进进出出，虽然很多人会忽视站在门外的我，但最终总会有人给我开门。有时给我开门的人看起来像公寓保安，但每次见到的都不是同一个人，他们拥有不同的年龄和肤色，都穿着看起来不太舒服的保安制服。他们会上下打量我并询问我的身份，不看我的医院工作证而是费力地把我驾驶证上的名字填入访客进出时间记录表。填完后他们会点头示意，于是我走去最近的那部电梯。

走去电梯的路上，在公共休息区的人们总会注意到我，每一次我都会被坐在轮椅上的老人搭讪。这些老人甚至并不算老，他们终日坐在大厅里，看着公寓楼前来来往往的人群。这栋公寓的一边是巨大的天主教堂，另一边则是热闹的商业街，街上开着名为"尽情摇滚"或"你妈妈知道吗"的店铺。他们似乎都极度渴望和别人说话，有时甚至会有人陪我一起乘电梯去伊内兹住的那一层楼，并在电梯缓缓上升时和我聊天。电梯门开后是一条昏暗的长走廊，我需要走到走廊尽头，途中起码会经过一间开着门的房子，里面传出吵闹的音乐，严实的门帘和屋里人呆滞的眼神表明他们很可能在嗑药。这也是为什么伊内兹的丈夫埃斯特万每次都要亲耳听到我的声音后才开门，开门后他总是笑容灿烂，亲切地叫我"医生"。

但在住院医生打电话给我的两天前，埃斯特万的笑容消失了，他只说了句"请进"就迅速带我去卧室。卧室里的伊内兹因肥胖和中重度血管性痴呆症而卧床不起，躺在病床上的她张着嘴巴，胸部明显地一升一降。给她做完快速检查后，我发现她的血液含氧量很低，血压和心率都很高，单侧肺部还有很难听清的呼吸声。伊内兹体型庞大，无法在床上移动或进行深呼吸，所以给她做肺部检查总是非常困难。

给救护车和急诊室打电话时，我让埃斯特万马上给伊内兹做雾化呼吸。

即使在身体状况最好的时候，伊内兹的诊断书上也有各种活动性和衰竭性疾病。在我尽力治疗后，她的服药清单依然很长。现在看来她的哮喘又发作了，还患有肺炎、各种潜在疾病和急性疾病，并伴有心力衰竭和脱水症状。但无论在当天还是在过去我治疗她的两年间，伊内兹都从未有过"腿部疾病"。

"如果她的腿真的受伤了，应该也是最近的事。"我在电话里告诉住院医生。

"那她是在家摔倒了吗？"

"她已经卧床多年，"我回答道，"甚至都没办法起床。她可以描述痛感吗？"

"她一直在尖叫，不肯回答任何问题。医生刚刚给她吃了药，我会尽力再试试。"

"这不是她的常态。"我回答说，这并不是伊内兹的惯常举止和沟通能力。

伊内兹身体好的时候，会努力回答我的所有问题，尽管无法回忆起过去的事情，但总能对当下发生的事情做出准确的描述。她也可以用西班牙语说出自己患有的两种疾病和服用的一种药物。她从不尖叫，从没产生幻觉，从未表现出住院医生在电话里描述的那些行为。即使是身体不舒服的日子里，她也会微笑着和我打招呼，问候我的家人。有时候，我能在她身上看到过去那个健康的、还没有得脑卒中和痴呆症的伊内兹。如果我去看她时碰巧穿了鲜艳的衬衫或毛衣，她会夸我漂亮，还会让我转个身或靠近她，好让她观察衣服的剪裁和面料。最有趣的是，在伊内兹住院的几周前，我和单位新来的一名高大的男护工一起去看她，她趁埃斯特万和护工不注意时用西班牙语说了"哎哟不错"之类的话，接着挑起浓密的眉毛对我眨了眨眼，好像在说："别以为你的小心思能瞒过我，难道你今天真的只是碰巧穿了条短裙？"

我迅速把这些情况转达给电话那头的医生，他周围传来医院的嘈杂声，我猜他可能正在护士站。

他说："有可能存在深静脉血栓。"意思是说，她腿上有血块。

但我还有另一层担心："她很胖很重，我担心她在被医务人员搬运去医院途中或到医院后被弄伤。"

我很确定伊内兹在家里没有受伤。因为埃斯特万一直悉心照料她。埃斯特万把药片都小心放在一个大药盒里，家里经济拮据时仍给妻子吃肉，而自己只吃豆子。虽然他也80岁了，但苗条的身材和可爱的笑容让他有时看起来更像伊内兹的儿子而不是丈夫。如果埃斯特万把伊内兹从床上搬到轮椅上时失手了，那他一定会寻求他人的帮助并且把这事儿告诉我。因为据我目测，埃斯特万的体重大概只有 140 磅，而伊内兹超过 200 磅。

"知道了。"医生的语气表明他对伊内兹的家庭状况及其正常生理和认知机能表现毫无兴趣，"我想她可能有血栓，或者骨折，也可能是之前没有注意到的大片淤青或伤口。"

我把谈话记录写在自己的笔记上，另外多写了一句：需要移动患者。

我说："我不知道该如何跟你解释，但她一直是朝右边侧卧的。我给她做检查时，如果移动她的位置，她会觉得不舒服。她丈夫说这么多年来她一直是这个姿势。"

电话那头传来一阵声音，听起来像是没有藏住的叹息声。

"我知道这听起来很奇怪，但你们应该检查她的姿势，如果不是朝右侧的话，你们需要将她调整回正常姿势。"我一边想象他在翻白眼一边补充道，"如果调整姿势后她就不痛了，那么可以省去诊断时间和拍 X 光的费用。"

"我们过一遍治疗方案吧。"说完，他开始阐述一套针对伊内兹心房纤颤、肺炎和心脏容量负荷问题的周密治疗方案。挂电话前，我重申了先调整她卧姿的建议，如果这一步奏效，那么除了可以带来我刚刚说过的好处，它还能减轻伊内兹的痛苦，让她不必服用加重精神紊乱和长期便秘的止疼药。但和刚刚一样，电话那头对此无任何回复。

这可以说是住院和门诊、普通内科和老年科之间的文化鸿沟，因为我的同事只关心病情、X 光和药物治疗，他没有意识到治疗像伊内兹这样虚弱的老年患者时，了解她的正常躯体功能和家庭状况同样重要，特别是在她同时患有痴呆症因而无法清楚地表达自己的正常情况和需求时。挂断医生的电话后，我给埃斯特万打了电话。埃斯特万先是在家里熬了两天两夜照顾病情恶化的妻子，然后又在急诊室待了一晚上，希望情况有所好转，回家补觉也只睡了一小会儿，现在又准备回医院了。从头到尾没人向埃斯特万致电说明他妻子的情况，所以我告诉他伊内兹的呼吸状况有好转，但是她仍然感到疼痛，并让他去医院后想办法调整她的睡姿。埃斯特万说他会的。

当天晚上埃斯特万给我留了一条语音消息，他欣喜地说伊内兹已经好多了，显然他终于松了一口气。他还说刚到医院的时候伊内兹的腿很疼，但他把她移到右侧后，她立马就不疼了。护士告诉他伊内兹也许第二天就能出院回家了。

我登录电子病历系统仔细查看了伊内兹的骨盆、臀部、腿部和膝盖X光片，发现医生笔记里并没有提到她的卧床姿势。这让我想起了之前一位医学生的评论，他参观完一家出色的一站式老年医疗照护机构后说："这不是医学，这不过是在照顾患者。"

老年医学教育的缺失

步入 21 世纪约 20 年，医学教育就经历了前所未有的变革。教学内容由"老师想教什么"转变为"学生想学什么"，教科书也适应数字化时代浪潮，不再是线性教材，转而强调互动性和多媒体技术。课程以播客和直播形式开展，学生被分成小组积极学习；课堂中运用故事、游戏、视频等各种所谓寓教于乐的形式。随着质量与安全运动的兴起，对系统、跨学科合作、质量提高的关注也被放入所有教学阶段。为满足社会对更多基层医疗保健医生的需求，适应医生大多将主要工作时间花在诊所而非医院的现状，我们实行门诊轮岗制度以培养医生的临床核心技能。学习者被要求关注常见遗传、代谢和免疫系统，而不再局限于学习器官系统。2016 年，美国医学教育许可机构首次要求医学课程必须培养针对所有年龄段患者的临床诊疗能力。

然而，我学医时期的教学内容和重点如今仍是主流。大多数医生接受培训时接触的仍是 20 世纪的医学案例[339]，当时大多数美国人还没步入老年就去世了；如今的门诊轮岗内容也和 25 年前我学习的内容如出一辙，甚至和我父亲在 20 世纪 50 年代学习的内容相差无几，而那个年代的人类平均寿命只有 68 岁。如今，一个 65 岁的老人可以再活 25 年（其中 50% 的人甚至可以更长寿）；美国八旬老人的人数是过去的 48 倍；我们说的"老年"群体实际包含了整整两代甚至三代人。这就是为什么绝大多数医生都会遇到老年患者：手术科、精神科、神经科中 65 岁以上患者占比超过 30%；这个数字在内科、骨科、急诊科超过 40%；在心脏病科和眼科超过 50%。这些医生都学习了其他专科知识，还用几个月时间专门学习了如何治疗儿童和孕妇，虽然在实际工作中大多数人并不会运用这些知识。与此形成鲜明对比的是，仅有一小部分当代医生接受过老年医疗照护领域的培训，其中一些培训甚至根本称不上是真正的老年医学，而只是关于老年群体高发疾病的传统培训。老年医学绝非单纯解决"患者是谁"或"得了什么病"的问题，它还涉及"如何治疗"，"在哪里治疗"，以及"除了常规医疗手段和常规医务人员，还有哪些方法或哪些人可能有利于患者的健康"。

　　如果浏览美国各个医学院的课程设置，无论是永远排名第一的哈佛医学院还是备受好评的"新起之秀"得克萨斯大学奥斯汀分校戴尔医学院，都有一个共同点：医学生轮岗科室包含手术科、儿科、妇科、精神科和神经科，但均未提及老龄化或老年科。老年医疗照护课程都是作为选修课程供学生根据个人兴趣和判断进行选择，在所有医学院都是如此，几乎毫无例外。

　　引人深思的是，为什么这样一个社会需求越来越高、医疗利用占比和医疗成本越来越高且绝大多数临床医生都频繁接触的领域，会在医学院课程中沦为非必修课程呢？同样，为什么这些年轻聪明的医学生在刚进入医学院时都想尽可能多地学习各类知识，好在将来为患者提供优秀的治疗，却能满足于仅占 12 课时的老年医学课程，甚至认为自己已经在这个领域学有所成呢？

美国各地的医学院都在进行大刀阔斧的创新，其中有些新的教学模式也许能提高医学培训和治疗效果，但大多数模式仍在遵循传统医学界的基本结构和假设。

一项随机临床研究显示，在实习期间曾轮岗至老年科[340]的医学生（在完成儿科和成人内科的轮岗后）在老年医学领域的知识和技能比其他学生更多——这一结论似乎不证自明。但另一结论令人忧心：老年医学部门的轮岗经历并没有改善这些学生对待老年患者的态度。

另一项研究表明，医学界和医疗界的定位以及医疗系统中的结构和优先级排序使得医护人员对老年患者避之不及。[341]研究结果显示了背后的 17 个原因，其中包括照护无效的绝望、处理道德困境的不知所措和面对父母身体衰弱及死亡时的绝望。医学生还表示，接受专科培训后，他们依然觉得这一领域的回报率和认同感很低，因此感到沮丧。另外，尽管和老年人交流很愉快，但这个过程也很耗时、很有挑战性。

医学生的心声揭露了医学文化、医学教育、社会和医疗系统的失败。接下来，我们来逐个分析这些苦恼。首先，也许治疗会无效，但照护永远都有效，这两个完全不同的概念常常被混为一谈。其次，道德困境遍布医学界的各个领域，而且它的存在对医生来说至关重要，因此必须对医学生进行充分的相关培训，让他们习惯与道德困境共存，就像习惯做手术时把金属和塑料嵌入人体一样。如果不能做到这一点，他们就还没有做好成为一名医生的准备。

大量证据表明，很多美国人确实都接受过无效或有害治疗，[342]

尤其是在生命晚期或尽头。听到年轻医生们不想面对无效照护带来的道德和医学困扰，我们应该感到欣慰，并积极改变对患者和医生都在造成伤害的医疗系统。社会和医学界都应建立起更好的系统来应对衰老和死亡问题，这些问题并不能被所谓的态度纠正和回报政策改善，这些努力会适得其反。只有当人们认为自己真的能胜任这项工作，且付出的努力被认可时，他们才能更快乐地工作，无论这份工作有多么艰难。

培训医学生时，我们会告诉他们有些事情比其他事情更重要。但如果医学教育想培养出能够为各个年龄段患者提供安全、循证、优质、高满意度的医疗服务的从业者，那仅仅靠2016年颁布的政策——"医学课程必须包含所有年龄段患者的治疗内容"还远远不够。我们应该做的是更换那套已经沿袭了一整个世纪却仍然聚焦于成人医学的教学模式。如今，儿童和老人占据人口总数的40%，使用超过50%的医疗资源。这些数字很可能会继续攀升，因此将他们视为"例外"患者有悖于人口学和生物学事实。更合理的教学方法是，淘汰目前这套"正常患者+例外患者"的教学模式，采用对儿童、成人、老年患者一视同仁的态度进行器官、疾病和专科教学。

一个将患者年龄考虑在内的医学课程可能是这样的：医学生在学习正常的解剖学、生理学和药理学时，还会学习生命三个主要阶段的不同特点；各类疾病和病理生理学课程还会涉及各个年龄段的常见情况和特有状况；进行轮岗实习时，医学生将充分接触各类专科部门、临床环境和照护方法。该课程将培养出综合业务能力过关、满足社会需求的医学毕业生，使其在从医时具备做出明智决策的能力。

抗逆力

母亲快 86 岁时对我说:"我每天早上要做的事情真是太多了。先滴眼药水,然后趁着空腹吃甲状腺药片,不然就不能在正常的时间吃早餐;接着用洗鼻壶洗鼻子,否则我整天都会咳嗽流鼻涕;还要涂面霜预防痤疮,做些伸展运动和其他锻炼来放松筋骨,好让它们坚持得久一点;最后还要把助听器夹在头发上,不然它占着我耳后的位置就无法戴眼镜。现在回想起我从前只要起床、洗脸,就可以马上开始一天的生活,真是不可思议。"

她说得没错,这就是她的真实生活,但年迈的她身上那股坚韧的精神总是不断让我感到惊讶。她失去了丈夫,身边的朋友也不断离去,有些是病重去世,有些则是突然离世。她有时会流露出悲伤,但从不陷入抑郁;有时会抱怨几句,但转眼又回归到自己的生活并开始谈论一些宏大的话题。她说:"我在努力维持正常的生活,直到我维持不了的那一天。"

我真希望自己在 30 年后也能像母亲这样生活,但我知道自己做不到。这世上有些人就是比别人抗逆力更强。

当然,我也在慢慢进步,但这种抗逆力并不是我的强项。

在当今医学界,抗逆力是一个很流行的概念。有人认为它是业内人士抵抗职业耗竭的最有力武器。和许多医疗中心一样,我的单位也总是会给员工发邮件宣传各类提升抗逆力的训练。我总是把这些邮件删了,因为我可不想在医院里培养抗逆力。他们只是嘴上说要帮助我,实际上却对医疗系统的不公平视而不见,殊不知正是这些不公平在吞噬着我的抗逆力。从整个美国的角度来看,医学界"以药谋利"的风气、漏洞百出[343]的电子医疗系统,以及有悖于社会现实的价值排序正在伤害患者、浪费金钱,并挫伤医生群体的士气。

抗逆力培训包含了一些我平常用的健康技巧，例如定期锻炼、有规律的饮食、充足的睡眠、劳逸结合和业余活动，换句话说就是"健康的生活方式"。但当代医学从未关注医护人员的健康生活，一如它始终忽视患者照护的健康意义。

离开ACE部门后，我很难在医疗系统找到老年医学的门诊工作。彼时的我不能独自驾车，所以不能继续提供家庭医疗照护服务；我也没有勇气从事医院里的"养老"业务；我所在的单位只有一个很小的老年医学门诊科，小得容不下另一位老年科医生。也许我该换个领域，但我舍不得这里出色的同事、青春活力的学生和其他很多让我留恋的东西。最终，我做了所有老年科医生最擅长的事：动用自己所有的知识和经验审视四周，观察既存内容和所需内容，最后想到了一个富有创造性、可行性，基于实际情况，具有社会价值的解决方法——我决定尝试开一家面向老人的新诊所，像儿科医院对待儿童一样对待老年患者。该诊所将结合现代医学中出色的抗病技术，保留传统老年医学的优势，提供以患者为中心的个人照护，遵循"综合医学"这一新领域的治疗主张，以帮助不同年龄的老年人改善健康、改善生活、享受更多幸福为目标。

尽管一间新诊所只是在现有医疗系统门诊工作中加入的一环，但它也不是一蹴而就的。开始筹备前，我必须先得到机构领导的支持，找到自给自足的商业模式，学习更多关于疾病预防、健康维护和医疗保健的知识，并设计出能最有效地帮助旧金山老年人的运行方案。对我来说，这些工作都很有趣，显然我现在已经彻底摆脱了职业耗竭。

医学界的抗逆力"传道士"无处不在，永远也避不开。我曾经在另一个州参加一场继续教育培训。当时，我在一个坐满医生的大礼堂中央，演讲人说他们接下来会谈论医生的职业耗竭，其中一位是医学院院长，另一位是一个项目负责人。他们的演讲只提到了形成抗逆力的练习方法和技巧。

大约听了一个半小时后，我拿起话筒问他们能否谈论一下医疗系统将如何解决医生的职业耗竭现象。其中一位承诺我他们会谈到这个话题。当我回到座位上时，一些陌生医生朝我点头示意并竖起大拇指。接着，其中一位演讲人说现在有很多人都喜欢抱怨，他们认为大家应该转变关注点。

我听完一脸茫然。在医学界，将复杂问题简化为单一观点和解决方案很寻常。作为一名教育工作者，我知道最令人困扰的学生是将自己的问题归咎于他人的学生；作为一名职业人士，我也知道如果一个系统不能严肃地自我审视，无法意识到是系统价值观和系统政策导致了这些问题，那么这些问题将永远无法被解决。我并不是提倡撇开个人因素，而是在解决职业耗竭时，我们应该同时关注个人因素、医疗体系结构和医疗文化：如今，业内有权之士在挥霍权力，医疗文化在追逐利益而非价值，医疗政治更是在塑造我们的生活。

并不是所有医生都会产生职业耗竭，所以这其中必然有个人因素，但如果 50% 以上的医生都在经历职业耗竭，如果这是史无前例的现象，如果层出不穷的调查都罗列出背后的系统性和文化性原因，那么我站出来讨论这些问题应该是非常合理的，可以说这也是个人抗逆力的一种体现。

后来，这两位医生在幻灯片上介绍了职业耗竭时期的领导人。我在网上查了他们的个人履历，这些就是制定系统政策的人：他们出于好意地认为只需意志力和善意就能解决文化和系统性问题。作为医生，他们竟没有认识到，他们的方法治标不治本。正如作家兼摄影师兼评论家泰茹·科尔那篇关于报道人权和社会不平等问题的新闻人的评论所说的："他只看到了问题，他觉得没有必要去推导问题背后的问题。"[344]在医学界，这个问题就是职业耗竭，而根本问题则是在道德层面令人失望的美国医疗体系中的规范、结构和政策。

经历职业耗竭后，我的抗逆力提高了，我运用演讲中提及或未提及的各种方法更好地照顾自己。由于我常常觉得医学界的领导人正是那些在道德层面讨伐我们的人，所以我找到了一种最有效的对抗方法，即学会区分什么时候可以向他人坦白自己的真实情况，什么时候则需要隐瞒。实际操作起来其实很简单：如果对面站的是医生，我通常会撒谎；如果是圈外人士，我通常会说出真相。在医生群体中，正常的人类情绪仍被认为是软弱的表现。

培养抗逆力并不意味着不能感到悲伤或愤怒，抗逆力应是一种从万事万物的关联、意义和目标中产生的满足和幸福感。随着年龄增长，老年时期的抗逆力需要你在生活遇到任何变化、损失和局限时都能接纳自己，意识到自己的身心仍在不断发展。也许它能使你的人生目标发生改变，并激励你学习新的事物，帮助他人或探索新的领域。它需要你认清自己内心最在意的东西，并对他人明确表明需求，生活在能够满足你的需求、提高你的独立能力和舒适感的环境中。当一个人的乐观和悲观态度势均力敌，既能意识到现实困难，又能实现目标时，他就会拥有抗逆力。

安妮·法迪曼的父亲克利夫顿·法迪曼在88岁时失明了。当医生明确告诉克利夫顿那只原本能看见的眼睛也已经彻底看不见时，他告诉女儿自己再活下去已经没有意义了。不同的人说这话是出于不同原因，对于克利夫顿这位嗜书如命的评论家来说，他这样说主要有两个原因：一是不想成为妻子的负担，二是无法承受不能读书的痛苦。女儿安妮让他再等六个月，在这期间不要做任何伤害自己的事情，他同意了。不久后，克利夫顿参加了一个为视力受损人士开设的项目，他说那一天可能是他人生中最有趣的一天。因为这个项目为他提供了一些提高独立能力的策略，不仅能减少家人的负担，还能继续做很多他最喜欢的事情。后来克利夫顿很长寿，他的女儿在他逝世后写道：

> 我相信从很多方面来说，父亲在最终，患病前参加视力受损培训课程的时光都是他一生中最快乐的时光，虽然他年事已高，也失去了很多，[345] 虽然他每天早晨从五彩斑斓的梦中醒来时都会突然意识到自己已经失明了。有人说，为了保持大脑敏捷，老人可以去学习意大利语或学习吹奏双簧管，而对我父亲来说，他的方法就是学习如何成为一位盲人。他曾经认为自己是一个懦夫，现在他知道自己并不是。

一位失明的老人坐在椅子上听有声书或收音机，这个画面在很多人眼里可能都算不上是有勇气的表现。刚步入老年阶段时，大多数人都会对"老人"标签和老年生活感到恐惧和害怕，其实他们真正缺少的并不是所谓的勇气，而是能够看到各种形式的"勇气"的想象力。

态度

在《格林尼治村的来信》[346]（*Letter from Greenwich Village*）中，薇薇安·戈尼克描述了她在曼哈顿的际遇：那是一个天寒地冻的早晨，马路上新修了一段水泥路，工人们在水泥路面上盖了一块木板和颤颤巍巍的扶手供人通行。戈尼克准备跨过去时看到旁边有一位"很高、骨瘦如柴、年纪大到夸张的老人"，她毫不犹豫地向老人递出一只手，老人立即接受帮助并跨了过去，全程两人都一言不发。

他们四目相觑走在寒冷的马路上，最后是那位老人打破了沉默。戈尼克描述并记录下他们的对话：

> 他说："谢谢你，真的非常感谢。"听到他的话，我心里突然涌起一阵兴奋。"不客气。"我尽力平复心情，希望自己听起来和他一样平静。说完我们就分别了，但老人的那句"谢谢"点亮了我一整天的生活。

刚读完这些情节时，我们只能凭空猜测戈尼克感到兴奋的原因，可能是那位老人身上有令她感到不寻常、惊喜、有吸引力或熟悉的特质，比如他的长相、眼神或是举止。最后，戈尼克揭开了谜底：

> 是他的声音。他的声音铿锵坚定、充满活力、泰然自若，一点都不像是老人的声音。其他老人总是在受到小恩小惠时发出恳切的声音，仿佛在为自己的存在而道歉，但我从他的语调中丝毫听不出卑微。

这个故事的价值在于，它不仅阐释了戈尼克对社会上老年人刻板印象的见解，也展示了这位老人对刻板印象的蔑视。戈尼克所描述的这些声音特征在成人群体中很普遍。让它们显得特殊的原因是，戈尼克（和大多数人一样）认为当人们步入老年，身体变得衰弱后，就不会再拥有镇定自若、铿锵有力的声音。而这位老人的声音表明，老年人声音中的软弱并不是他们所处的人生阶段决定的；老人的声音同时表明，对老人的社会偏见实属不必。更糟糕的是，有些年轻人和老人一起站在偏见的阵营里，让这种侮辱老人的社会行为延续。

百岁老人戴安娜·阿特希尔在养老院里完成了最新著作，她说："到了晚年，一个人最关注的事情就是如何在将个人不适和对他人造成的不便降至最低^[347]的前提下安然度日。"

戈尼克告诉我们，这位老人的声音"一点都不"卑微，完全不认为偶尔需要帮助是一个人的缺陷或错误，也不认可自工业革命以来人类被赋予的价值标准：个人能力和自给自足完全不受当下社会规范的影响。而这种规范基于"老人是负担"、"老年群体是需要解决的社会问题"、"老人是具有破坏性的'银色海啸'"和"帮助他们很不便"等一系列假设。人们总是给需要帮助的老人贴上"心怀歉意"或"绝望无助"的标签，而这位老人的声音撕掉了这些标签。

跨过冰冷木板的那位老人独特的行为与大众媒体鼓吹的"特殊老人"有本质区别。媒体上的特殊老人是八旬体操员、管理员，或者九旬商店营业员、流水线工人、产品设计师或首席执行官，抑或是百岁马拉松运动员。他们确实很特殊，因此被认为是老年人的榜样，因为他们用自己的能力和勇气重新定义了一份工作和从业者的年龄上限。相比之下，戈尼克笔下的老人则只做了一件平凡的事，一件每个人都能做到的事：他保留了自己的能力、自尊和判断力，他分析了戈尼克给予的帮助并回之以得体而不夸张的感谢。

不过我怀疑这位老人的声音之所以会在戈尼克心中回荡一整天，还有第二个原因。在故事结尾，戈尼克写道："当我们站在一起时，他没有低声下气，我也没有趾高气扬。代表老年的面具已从他脸上滑落，代表年轻的面具也已离开我的脸颊。"根据这篇文章的发表时间，这个故事中的"年轻人"戈尼克当时应该处于 75~80 岁，她向对方伸出援手并不是为了炫耀自己的年轻，也不是为了轻视那位老人。不熟悉戈尼克的读者在读这段故事时，也许根本猜不到她当时的年龄，这也使得她的文字意义更加深远。戈尔尼克直接或间接地提醒我们，老年并不完全是由生物学决定的，它是一个漫长、多变，具有相对性和关联性的过程。面对真实情况时，我们对老人的偏见总是先入为主，也许这就是为什么很多人在身心衰弱前都拒绝承认自己是老人。现实生活中与戈尼克笔下类似的故事表明，老人的身体变化以及这些变化带给他人的影响并不是人类无法控制的"生物学现象"。同时，这些故事也让我反省，自己总是想为老人提供帮助和照护的心理是否也助长了"对老人的偏见"。

那么，究竟什么才是对待老年的"正确"态度呢？在人生第三幕，除了不死，还存在一些众所周知的积极因素，比如发挥优势、享受快乐、接纳自我、不再执着地追求外部认同、开辟新自由、明确生命中最重要的东西。当然，并不是每个老人都能拥有这些积极因素，就像并不是所有人的青春都很快乐。对发达英语国家人民生活满意度的调查显示，随着年龄增长，满意度明显更高。[348]同时，这些国家也存在明显的年龄歧视，[349]我们只能幻想在一个既不忽视老人也不嘲笑老人的文化中才能实现真正的老年人的生活满意度。

值得一提的是，一个人对老人的态度不仅会影响他对成长或衰老的态度，还会影响其健康以及度过个人时间的方式，甚至是寿命。的确，预防性健康措施可改善所有年龄段的健康状况，[350]但老年人是最不主动采取这类措施的群体。一项排除年龄、种族、性别、教育、自评健康等因素差异的调查显示，对衰老抱有更积极的态度的人[351]会进行更多预防性健康行为，比如运动、营养饮食和按医嘱服药。而另一项著名的调查也显示，如果对61~99岁的人进行意识干预，[352]那么为其灌输关于老年的积极态度，他们会表现出更好的躯体功能，且效果比运动干预更好。

我们此刻对衰老的观念就是对自己未来生活的预言；[353]通常，我们对老年生活是否健康、是否幸福的畅想（无论好坏）最终都会成为现实。没错，生物学规律很重要，但它只是这个复杂方程式中的一小部分，其他部分还包括态度、行为、人际关系和文化环境。如果一种文化中的年龄歧视比性别歧视或种族歧视更普遍，[354]如果不同年龄的大多数人都是透过由刻板印象铸成的黑暗而肮脏的玻璃来看待老年人，那将是非常可怕的。不过，我们仍握有一丝希望。纵观历史，人类观念始终在改变；而具体到个人，每个人的观念在人生任何阶段都能改变。当关于老年时期的观念得以改变时，社会和医学界的老年文化和老年生活都会发生变化。

银色建筑

我几个月前就听说这栋新建筑了。作为业内领先医疗中心的一部分，它的"绿色"建筑和设计理念得到了广泛关注，楼内的健康空间以世界各地文化为灵感来源，而且与一流现代医学相结合。由于父亲的医生已经搬去这栋楼，我们开车去就诊时很期待亲身体验这栋先进的医学大楼。

我取下父亲的助行器，牵着他穿过门口的玻璃移门。门里边有一张长凳，显然是由回收材料制成的，但两边没有能帮助老年人安全坐下和起身的扶手。看来走到我们要去的门诊部需要花很长时间，而我停在门诊部门口的车影响了后面车的通行。"在这里等我。"我对父亲说，希望他在我重新停好车回来之前能按照我说的待在这儿。

他点了点头。我们已经习惯了，几乎每去一个地方都会遇到这样的情况：无论是餐馆、银行、电影院、机场、医院、市政厅还是百货商店。就像这栋新医院大楼一样，这些地方大多非常华丽——历史悠久的市政厅里宽阔的台阶和新修缮的圆顶；时髦餐厅里独特的室内设计仿佛在隐喻餐厅的食物就像艺术品一样美好；还有充满未来感的电影院。

这些场所中没有一处能为我父亲这样的人提供便利，而且这也许是有意为之。几年前，我听说要建造一个备受欢迎的性少数群体社区中心。筹划时，设计人员专门设计了老年访客的专用通道，让老年人从侧门进入，这样就不会"吓到"他们希望吸引的年轻访客。

从商业角度来看，这些措施也许是合理的——也许只是在过去合理。我们暂且不谈应该减少年龄歧视的哲学论点，人口变化带来的经济和现实情况也需要社会上出现更多对老年人友好的住房、商业区、健康医疗和公共设施。

身体健康且受过教育的老年人可以适应任何建筑场所，他们可能会在辨别标牌或其他环节遇到不便，但最终都能解决。可对于患有一种或多种生理、感官、意识障碍或身体羸弱的老年人来说，就不是如此了。《美国残疾人法案》规定的无障碍设计标准确实有所帮助，但仍无法为正在快速增长的老年人带来便利和安全。在某些人看来，这也许只是一个小问题，是一个特殊利益群体对现代生活发出的刺耳抱怨声。他们错了。在美国有 1 100 万人（也是人口增长最快的群体）超过 80 岁，还有超过 4 000 万美国人的年龄达 65 岁及以上，而这些老人正在积极地参与社会生活，并掌握巨大的经济权力。

如今的建筑设计总是让活动受限的人（比如腿部受伤、听力受损、无法长距离行走）变成残疾人。具有讽刺意味的是，这些场所不仅限于餐厅、高层公寓、大型商业区，还包括大多数医疗服务机构。从事家庭照护工作的这些年来，我常听患者说起这些问题。有的患者申请家庭照护的原因就是他们无法再走出家门就医，而这也往往反映出另一个问题：是家门外的医院和诊所令他们难以接近。

直到把父亲留在那家"备受赞誉"的绿色医院里，我才意识到他和我的患者们在医疗机构面临的困难背后还存在更深层的问题。正如 20 世纪 80 年代后期能源危机的爆发导致生态友好型建筑和设计应运而生，在面临人口老龄化挑战的 21 世纪，我们也必须以积极创新的态度重塑建筑。有些建筑师和设计师正在朝这个方向努力，但大多数人仍无动于衷。

在环境友好型和生态友好型建筑领域，人们会自然联想到"绿色设计"这个专业术语，起初我想不出哪个词可以精准形容对老年人友好的设计。最近美国国家公共电台进行的民意调查显示，所有用来形容老人的词都不受老年群体或年轻群体的欢迎。只有"银色"一词具有代表美丽和价值的积极内涵，而且与老年相关。因此，继"绿色运动"之后，背负着独特使命的"银色"建筑和设计成为新浪潮。

"银色"医疗大楼应该提供轻松安全的环境：老人不需要步行很久，无须推开沉重的门或来回跑各个部门，无须排长队等候。建筑材料应该降低噪声，室内设计应优化照明功能，便可能让分散老人注意力、引起跌倒的环境刺激因素最小化。所有门、房间和公共区域都应同时容纳步行者、轮椅、以及和患者并肩通行的朋友、家属或护工。所有空间都应优先考虑导览性和便利性，提供固定的休息和社交场所。这些改变能够提高建筑便利性，以积极的态度解决患者面临的挑战，将老年人视为重要的客户并为所有患者和家人创造一个更安全、更愉快、更宜人的就医环境。

提高老年人安全、健康和幸福指数的建筑和设计策略已经用于很多长期提供照护服务的医疗机构和部分医院专科部门（比如老年急症室和ACE部门），但尚未普及，也未得到足够的重视。这些设计理念完全应被运用于各个领域，至少在医疗设施、出入口、自助餐厅、走廊、其他公共场所以及老年人或残障人士可能踏足的任何地方都应有所体现。在医疗中心，这两类人几乎无处不在。

这绝不只是公共建筑或医疗建筑面临的挑战，在这个人人都会变老的时代，难道不应该建造"银色住宅"吗？很多家庭住宅的建造理念是：如果连爬楼梯都变得困难，房子的主人就应该搬去"特殊住宅"或专业机构。进行家庭医疗照护时，我常常发现去患者家中要先爬好几层台阶才能乘上电梯，而这些房屋本该为患者提供便利。而且所有浴室几乎都没有安装扶手或淋浴座椅，也许不到最后一刻不安装这些设施的原因是它们不够美观，但我们完全可以改变这一点。设想一下，如果设计师能像对待其他家居产品（比如橱柜、把手、水槽和楼梯）一样设计这些安全设施，想方设法体现其美感和功能性，那么它们能变得多么美观，又能为家居增添多少便利？再想象一下，如果它们能像毛巾架一样既美观又实用，在你摔断腿、怀孕或年老时帮助你，那该多好啊！

再想象一下能让你和身边人好好聊天的公共场所。如今公共场所的噪声问题已不再只是老年人的问题。2000年后，旧金山和许多其他美国城市的很多餐厅都为了显得生意红火而故意营造喧闹的就餐环境，这影响了很多人的就餐体验，不仅是听力下降的中年人（大多数人的听力在50多岁时开始下降），还有想以正常音量说话、不想吼叫、不想费力听同伴说话的年轻人。设想一下电影院不再有陡峭的台阶，你可以清楚地看见台阶和座位而不用在昏暗的光线里摸索，或是可以通过多种方式找到座位。和20多岁的年轻人相比，65岁老人的双眼只能吸收其三分之一的光线，然而在65岁老人频繁出现的公共场所，所有照明设置都是为20多岁的人设计的。想象一下，如果餐厅和酒吧的照明既能够营造氛围，还能让顾客看清菜单，那又该多好啊！

其实，在医疗保健领域已经有一些设计原型，只需稍做修改就能直接用于建造"银色"医院和诊所。2018年的一则杂志广告刊登了一张照片，拍摄的是位于一家新装修的儿童医院的一间儿童友好型和家属友好型病房，备注文字一一解释了照片上标记的若干个红色标签，比如能够识别进入房间人员身份的智能人脸检测器，这项技术对所有患者都很有帮助，尤其是痴呆症、精神紊乱、视力或听力受损患者。每一间病房都配有室内植物箱和能看到室外景观的窗户以及一张沙发床、两台电视机和私密空间。这不仅对儿童和老年患者很重要,对年轻的患者父母同样重要。基于实证的设计研究表明,这些以患者为中心的设计理念[355]不仅可以提高患者满意度,还能提高医院安全系数和治疗效果。

建筑师、城市规划师、商业领袖和普通市民都应该关注医院和诊所里最有效的设计。医学界的领导和设计师也应该学习"老人"住宅这一新兴领域的创新举措。最成功、最具竞争力的新建筑、房屋、社区和城市能帮助人们留在自己最喜爱的地方(通常是自己的家和社区),无论生活发生什么改变,人们都能继续在那里度过充实的老年生活。社区在讨论新建或改造建筑时,不仅要关注它是否能创造就业、改善交通,也要考虑建筑设计能否满足不同年龄段的居民和消费者的需求,让居民在人生各个阶段享受同等的便利、健康和安全并将这一目标置于第一位。

也许有人会说没有一栋建筑可以满足所有特殊群体的需求,但"银色建筑"和设计的出发点并不是特殊人群,而是尽可能提高大多数人终将经历的老年生活的质量和独立性。

绿色建筑对环境有利,"银色建筑"对人类有益。最优秀的新建筑应该由内而外同时满足这两个要求。

老年医学的本质

科学家想了解某个问题时总会研究最具代表性的相关案例,在老年医学中,这体现为寻找最符合社会评价的"老年"患者形象。许多老年医疗和研究都聚焦于病情最严重、最虚弱、最高龄的老年人,而不是从整体上关注老年群体。另外,和其他医学部门一样,老年医学的大多数工作也致力于解决已有问题而不是预防问题的发生。以下为最常听到的老年医学观点:

我认为如今最应该关注的是"老年病患者"和年老虚弱的患者。我们必须给患者、同事和社会传达这一重要信息：确定一位患者是否为老年患者不仅要考虑其年龄……他还必须患有慢性疾病……服用多种药物，躯体功能受损……并遭遇一些社会问题[356]。

　　这种论点的主要逻辑是：由于老年科医生人数不足，老年科医生必须关注最需要帮助的人群。这一观点符合伦理，切合实际，在专业领域很受认同。但如果医疗系统的目标是让所有美国人在任何年龄阶段都享受优质医疗，或针对不同人生阶段提供专业医疗，那么上述观点是行不通的。

　　从其他角度来看，这个观点也会适得其反。将老年医学与最高龄、最虚弱的老年人捆绑只会加深人们对老年群体的误解和偏见，使老年医学的定位离儿科、内科这些专科越来越远，而更像是某一附属专业，进而降低其对老年患者的吸引力，使得他们错失接受针对不同年龄的专业治疗的最佳时机，降低医疗需求，将老年医学始终局限于很小的规模，最终可能导致甚至无法为最初的小范围目标群体提供足够的服务。无论何时，这套所谓的循环逻辑都无济于事。

　　鉴于老年科医生对现状没有任何不满，所以这种机制伤害的是患者，因为医疗系统从未考虑过他们的老年时期。忽略相对年轻和健康的老人的老年医学只会加深"年轻"和"年老"之间的概念鸿沟，并导致更年轻、更健康的老人由于没有采取积极的老年医疗措施而更早患病或变虚弱。这种存在漏洞的机制已经存在了40~50年，这意味着给大多数美国老年人看病的医生都对人体衰老、生命后期发展、老年等专业知识知之甚少。将"老年"概念与极少数极端情况混为一谈，只会让人们更难看清当下的生活与未来生活之间、自己与他人之间的联系，并轻易地用偏见来填补这些鸿沟。显然，如果一项策略已经失败了近半个世纪，那么是时候尝试新方法了。

和许多老年科医生一样，我选择这个领域是因为，对我来说，和年老虚弱的人一起工作充满无限的乐趣和巨大的成就感。诚然，痴呆症、残疾和死亡确实使我、我的患者和患者家属都很难过，但它们也是人生中最重要的事件。虽然不能像婴儿出生、毕业、结婚和退休一样值得庆祝，但它们背后的意义同样重要。一年又一年，这份工作让我不断与他人合作并为他人提供有意义、有价值的帮助，这使我感到幸运和快乐。写这本书时，为了全面准确地审视老年，我借鉴了很多书籍、媒体、家人和朋友的想法。如果老年科医生不去研究和诊疗不同老年阶段的患者，那么他也不足以称自己为老年科医生；如果我们的工作范围很局限，那么我们听到他人的负面评价时也没有理由不服。

其实解决方法很简单。老年医学的本质就是照顾老年人：各种情况、不同年龄的老年人。如果医生能够提供有效帮助，但医生数量不够，那么患者和家属肯定会提出需求。为了满足这些需求，政治家和医疗系统负责人就必须消除老年医学职业的所有结构性和财务性阻碍，打造关注所有人群的综合性专科医疗系统。医学需要制止病情恶化和器官衰竭，避免患者错过最佳治疗时间，不能等到患者病入膏肓后才投入专科医生和价格高昂的高科技照护。如果医学无法做到这些，那么我们将永远无法实现人口健康。

基于"婴儿潮一代"的特点，没有人会相信一个缺乏操盘手或操盘手并非专业人士的医疗团队。大多数人都已经看到自己父母在医疗系统中的遭遇，他们不会希望自己重蹈覆辙。人的一生包括儿童时期、成年时期和老年时期，每个时期都应该由专业医生负责：首先是儿科医生，然后是成人医生，最后是老年医生。

在长夜里拥抱

　　为了回应媒体对英国人口老龄化现象的关注，作家凯丽德温·多维想以一位八旬男性的视角写一篇小说。多维这样描述写书时的心理状态："虽然我只有 30 多岁，但完全能想象出自己衰老的样子，[357] 这能有多难呢？"小说主人公是一位脾气暴躁、不懂电脑的老人，他照料着患痴呆症的妻子，过着郁郁寡欢的生活，直到邂逅并爱上一位戴红色头巾的激进女人。一位编辑读完小说初稿后问多维："除了是老人之外，他们还是怎样的人呢？"刻画角色时，多维除了觉得角色要老，认为没有必要描述他们的其他人性特点。相反，她创造了两种常见的刻板印象：生活可悲且毫无意义的虚弱抑郁的老头，以及言谈举止、与年龄不符的聪明古怪的老妇。

　　在《观看之道》一书中，约翰·伯格表示，通常，我们是否能接受客观现实发生改变，[358] 取决于这种改变的呈现方式。他解释道，我们看待问题的方式会被既有知识和观念牵制，也会被现有信息和外部环境影响。一片广袤的麦田上空，群鸦飞翔，这个画面看似富有田园风情，但如果你知道这是凡·高自杀前的最后一幅画作，一切就都变了。

　　评论同一幅画、同一条新闻时，人们总是会采用各种各样的评价标准。只要背景音乐稍做变化，描绘一群男人坐在餐桌边聊天的同一幅画作就会变成完全不同的气氛，也许是幽默的、阴险的，或是有爱的、愤怒的。我们口中的结论取决于耳朵听到的信息：那个瘦小驼背的老头是刚从护理院逃出来，还是刚为最高法院写下前所未有的睿智的裁决书？

　　我们看见的世界并不是靠双眼看到的。即使尽力追求客观，人们对"事实"或"现实"的判断也会取决于过去、未来、此刻或随之而来的其他信息，取决于我们的身份、知识和观念，取决于我们是在什么地方看到它以及我们是了解来龙去脉，还是管中窥豹。站在不同的视角，同一个事物、同一种观念或同一个人会拥有全然不同的含义。

　　一个朋友曾问我，她母亲身上有"老人味"，该怎么办？写下这几个字时，尽管我特意用了双引号，尽管我也很清楚这个朋友的意思，但我依然感到十分愤怒。她并不只是在陈述自己母亲身上有一种奇怪、难闻的味道，而是暗示她母亲拥有了老年人中十分普遍的一样东西。为了形容它，人们甚至发明了专有名词，并给它扣上"真理之帽"，同时夹带着偏见和侮辱。其实，一个整洁的老人并不会有任何异味，但嗅觉会随着年龄增长而下降，洗澡也会变得更加困难或费力。由于性激素减少，老年人比年轻人的体味更少，因此也似乎没有频繁洗澡和洗衣服的必要。同时，很多老年人的鼻子和眼睛往往无法区分刚洗干净的衣物和穿了好几天的衣物，也不会注意到好几天没清洗的头发、皮肤或衣服因发霉而散发出的酸味。

　　不洗澡的老人身上散发的气味和不洗澡的小孩或成年人不同，因为不同年龄段的人的激素和饮食习惯不同，体内含有不同的细胞、细菌、油脂和化学物质。如果你告诉一位老人他身上有味道，那么他一定会感到非常惊讶，起码我肯定会这样。因为老人自己无法意识到，但我们凭什么要求他们意识到呢？我们口中的"老人味"其实是将它完全归咎于老年本身而忽视了背后的行为逻辑。面对成年人的体味时，我们提供健身房淋浴、除臭剂及足部、男士和女士香氛喷雾；而面对"老人味"时，我们没有提供任何类似的服务。这些产品也许会有所帮助，但它们不是最关键的需求。也许成年人需要掩盖自己平日里产生的体味，但高龄老人真正需要的只是一个能够更加便捷地定期洗澡的世界。

一味强调衰老的弊端，将人生必经的老年阶段病态化，忽视思想观念、身体状况和社会环境在衰老过程中扮演的重要角色，只会让所有人最终都陷入程度不同的身心残疾。

　　作为一名医生，我发现治疗各个年龄段的晚期患者时最困难的部分在于，我明确地知道自己无法阻止癌症扩散或改善晚期肺病，也无法治愈患者的大脑衰竭或左半身的永久性瘫痪。我想以下心情应该是很多人（包括医生）对患病、残疾或无助的老人避而远之的主要原因：觉得自己的存在无济于事。然而，如果沉湎于这些消极情绪，那么我们只会离正确、善良和满足患者需求的医疗越来越远。

　　设想一下，如果我们所处的世界在对待衰老时不再执着于哀悼逝去之事，而是把更多精力投入正在发生之事；如果医生和大众都能接受并谈论生活的不确定性，接受贯穿历史的每一个生命故事——出生、死亡以及介于两者之间不断发展、变化和衰老的幸福生活；如果在未来，我们每个人都能拥有这项免费的"生存技能"，那么未来的所有人，无论多少岁，都会比现在的同龄人过得更加充实。同时，我们也要意识到生活有时会变得不再充实，面对这种无法避免的变化时不能随意给人贴上"无用"的标签，除非我们认为善良和人际关系都是无用的。

　　在做家庭医疗照护的那些日子，我怀疑自己做过的最重要的事情，或者说最受一些患者青睐的事情，就是扮演一位友好的访客。对他们来说，我可能是最近几天、几周内为数不多的访客之一，有时甚至是唯一的访客，或是唯一真正和他们交谈、抚摸他们的人。我很喜欢这些患者，他们也能感受到这一点，我们经常一起大笑。如果患者不介意的话，我会把手搭在他们的手臂上。检查心跳和呼吸时，我总会把左手放在他们的肩膀上；有时患者会捏住我的手；有时会拥抱或亲吻我；有时会对我说他们已经想不起上一次被别人抚摸是什么时候的事了。

我的患者并不是因为年老才做出这些举动。但由于老年的"去性别化"和相较之下的无力感，这些在其他场合很正常的亲吻和拥抱动作发生在老人身上时，总被认为不合时宜，甚至被看成性骚扰。其实，老人极度渴望和其他人接触，这是超越文化、年龄和生理需求的渴望，是我们作为个人和社会一员的情感选择。然而我们任凭老人自生自灭，不把他们当作正常人看待，互相灌输"老年人的皮肤很奇怪"的偏见。如果搁置这些文化偏见，你会发现老年人的皮肤其实既柔软又温暖，摸起来很舒服。

想一想你周围的老人，比如公众人物、邻居或是家人，他们之中有些人也许行动很迟缓，有些人也许依然很敏捷；有些人也许很虚弱需要依赖他人生活，有些人也许仍然独立健康。但直到现在，当听到"老"这个字时，我们的第一反应都是有衰老症状的第一类人，并认为没有这些症状的第二类人都不算老人。

但现状已经开始改变。作家兼活动家阿什顿·爱普尔怀特讲述了一位东海岸音乐节主办人的故事：她将"衰老"定为 2012 年音乐节的主题，周围的朋友都提醒她观众不会对这个主题感兴趣。然而事实证明，那一年音乐节的观众比往年增加了两倍。

几年后，我和我的两位同事也遇到类似的经历。我们受邀在纳帕谷的沙龙式论坛上谈论"如何改善老年生活"的话题。主办方不断提醒我们，话题不同，观众出席人数会有很大差异。显然，主办方虽然对我们的话题很感兴趣并特意邀请我们前来谈论衰老，但同时担心这一话题无法吸引观众。结果当晚的活动现场非常火爆，座无虚席，最后为了不耽误晚餐，我们不得不缩短观众提问的时间。

1995 年，伊莎贝拉·罗塞利尼在为兰蔻品牌当了 15 年代言人[359]后被公司辞退，当时的她42岁。兰蔻告诉罗塞利尼，女性消费者购买化妆品是为了实现永葆青春的梦想，但她的形象已经太老了。

值得强调的是，40多岁的罗塞利尼仍然比大多数女性（无论多少岁）更美丽，60多岁的她也一样。不过这是题外话了，让我们继续回到这个故事……

在她被辞退的23年后，65岁的罗塞利尼又被邀请成为兰蔻代言人。她认为有必要告诉对方这么多年来她并没有变年轻，如果当年40多岁的她已经被认为太老，不能再代表女性的梦想，那么如今的她更加无法做到。于是罗塞利尼坚持要见公司决策人，让他们面对面看到自己近70岁的脸。

会上，兰蔻的新任女性首席执行官说目前的时尚界充斥着年轻貌美的模特，很多女性认为自己已经被排除在外，她们想重新定义美丽，让它超越"年轻"，拥有更加丰富的内涵。也许她们更赞同字典上对美丽的定义："一个人或一样事物具备的，让他人感到愉悦，使其思想和精神焕然一新[360]的品质。"

对此，罗塞利尼做出了最好的回应，她嫣然一笑："所以说，女人的梦想也许已经改变了，是吗？"

第十三章　理想境地

岁月无可回头

　　一年秋天，我们问兽医怎么判断何时应该与拜伦道别。拜伦是我们养了很多年的狗。它已经 14 岁了，半盲，部分失聪，患有痴呆症、关节炎和前列腺肿大。有时它会走到墙边，尾巴耷拉着茫然凝视前方。它漫无目的地四处走动，时而发出哀鸣。很多时候，我们都无法猜出它的心思。

　　拜伦遭受着很多与年龄相关的痛苦，但仍然很享受每日散步，虽然步履蹒跚，但它看起来很快乐。它总是像一位潜心研究的科学家一样细嗅路边的灌木丛和散发臭味的商店门口，还会和路人打趣。偶尔它会竖起耳朵和尾巴，圈住一小块领地，一边踢后腿一边低吠，仿佛在宣示主权，而很久以前这里就没有什么竞争者了。作为一只8 磅重的约克夏犬，拜伦总能引起路人亲切的问候。

　　考虑到拜伦的身体需求，我们用水把狗粮泡软并撒上肉末；它哭泣时，我们拥抱它；我们每晚带它去门外上厕所，有时一晚要出去 5 次甚至 8 次。为了照顾拜伦，我们不再出门旅行，因为我们无法要求任何人（无论朋友还是饲养员）为拜伦做这些事，也无法完全相信别人能像我们一样充分考虑它的需求。

我们问兽医是否该让拜伦"长眠"了，他回答说自己在这个问题上会使用 50% 法则：拜伦目前的生活中是否起码有一半时间是"好日子"？还是说今天状态好，次日就会状态差，抑或平均每过两天"坏日子"才会迎来一天"好日子"？如果它已经步入最后一种情况，那么是时候跟它告别了。

这段对话让我陷入思考的原因有两个。首先，拜伦到底需要什么？50% 的好日子对拜伦来说真的足够吗？这些问题的答案我们无从得知。其次，这些话让我想到自己的患者都是最高龄、最虚弱、病情最严重的老人，但很多人依然对自己的生活非常满意。

当然，并不是每个人在晚年都会有这样的感受。有些人在卧床不起或依赖他人生活后，觉得自己身心都受到重创，无法再做任何喜欢的事情；有些人终日躺在床上或坐在椅子上，无法表达自己的需求和想法，只能在接受高强度医疗照护和各种抗抑郁药、止痛药测试时皱起眉头或扮个鬼脸。

"为什么上帝不要我？"马上要过 90 岁生日的梅布尔问道。四年前她经历了一场严重的脑卒中，自此卧床不起，只能靠饲管进食。

"你真的不能帮帮我吗？"一位 89 岁、患有重度帕金森和大小便失禁的患者苦苦哀求我。如果自己能做到的话，那么他也许已经自杀了。

如果我们将兽医说的 50% 法则运用到人类身上，那么这些患者肯定会主动要求结束生命，因为他们已经过完了充实的一生，并且深知那些时光一去不复返，只是心有留恋。但还有一些人，尽管遭遇着相似的疾病困扰，却仍然强烈地希望不惜一切代价挽救自己的生命。

当然，这条规则不适用于人类。因为一旦使用这条规则，谁会变成做决定的人？这些患者都是弱势群体，尽管世界上有很多具有奉献和牺牲精神的优秀护工,但不能否认,也有很多企图通过让他人死亡或延续生命来牟利的人,比如等着继承财产、收取社保费和出租廉价房的人。

另外,尽管并不是所有人都像我的两位患者那样感到绝望,但要是数百万甚至数千万人也有同样的感受呢?我们应该继续忽视这个事实吗?其实这个事实背后也有我们的责任,是我们让他们的生活变得没有意义。人类在晚年和生命早期遭遇的严重疾病,在医学实践和道德层面真的应该被区别对待吗?

在生命的最后一年,拜伦有一系列健康问题,我们决定采取姑息治疗:只使用可以缓解它痛苦的治疗手段,尽可能避免各种检查和给它造成压力的兽医门诊。当时的它虽然走路越来越慢,睡觉时间越来越长,但看上去还算快乐。就在我们有此决定后不久,拜伦的爪子受伤了,所以我们不得不给它治疗。其他疾病症状随之而来。几个月后,拜伦变得呼吸急促,我们都认为应该是时候跟它告别了,但兽医们不同意,他们说需要给它做个X射线检查确认是否患有肺炎,然后再进行氧气和抗生素治疗。虽然没有明说,但他们的言外之意是,如果不治疗拜伦目前可被治愈的疾病,就相当于谋杀。每次要去兽医诊所时,拜伦都会颤颤巍巍、大口喘息着爬到我们身上,然后用力拉紧狗链,用它瘦小的身体抵住家门。

我突然理解了自己在工作时观察到的现象:你深爱的人患上重病,非常虚弱,照料他时,你将他的感受和健康放在第一位,却始终觉得周围所有人都不赞同你的选择。

在如何帮助拜伦这件事上,意见不一的家人和心怀好意的兽医让情况变得更加复杂。当医生反复说明这个问题完全可以用"简单"的手段解决时,无论是道德层面还是现实层面,我们都很难无视医生的建议转而谈论姑息治疗。不仅是对于动物,其实对人类来说,这种情况也时常发生，而背后的原因是：人们总是关注疾病本身，却忽略了患者处于一个更为复杂和多元的处境。

最终，我们意识到拜伦的寿命已经到达极限，它再也无法享受健康和快乐，于是和临终关怀医生约好了时间。当天晚上我下班回家，看到面色凝重的家人们正在拥抱拜伦。它摇着尾巴朝我走来，用尽全力给我跳舞。拜伦一整天都没有进食，我把鸡肉解冻，它狼吞虎咽地都吃完了。有人对我说："你不能杀了它。"

随后它跟着我走进卫生间，把鸡肉吐在我的脚边。它面朝墙壁，耷拉着尾巴站在那儿。

那天晚上，拜伦在我怀里死了。

拜伦去世前，甚至在它去世后，我始终在担心我们是否让它等太久了。我们把拜伦的睡眠看作衡量它生活质量的指标，想方设法地让这个指标超过医生说的 50% 法则，但其实我深知老年嗜睡常常是慢性疲惫、抑郁和避免疼痛的迹象。我们在不同的情绪中来回挣扎，既感到内疚，又想好好爱它；既感到它破坏了我们的生活，又觉得我们的过度补偿造成了它的痛苦。

在治疗垂死的老人时，几乎每天都会发生类似的情况：住院治疗解决了急性病症却恶化了慢性病症；急诊科检查确诊了病情，却给患者带来长达几周的身心创伤；手术虽小，却导致患者出现严重的精神紊乱和并发症；还有令人不适的护理院体验。如果医生能看清患者的真实需求，也许他们就能真正解决一些小问题，比如意识到患者并不需要救护车运送，不想让子女放弃工作来陪伴自己，不想花费超过医保范畴的打车费用，以及不想接受"看似有用"的过度医疗。

真实的情况是非常复杂的。几年前，我有一位患者身患 15 种重大疾病，包括某种类型的白血病。他决定不再去医院接受治疗，不再尝试化疗或任何我们曾讨论过的治疗方法。但几周后，他对姑息治疗产生强烈的不满和愤怒，因为他并没有放弃生命，依然非常渴望活在当下。

他想活下去，但不想在医院活下去，不想让各种药物流进自己的血液，不想再虚弱疲惫地活着。这是一位患者无比合理、不容置辩的生命立场。

关于怎样结束的思考

在教授《公共卫生写作》（*Public Medical Writing*）（这是我自己取的课程名）时，我经常引用外科医生作家阿图尔·加万德在《纽约客》上发表的文章《放手》中的第一句话："萨拉·托马斯·莫诺波利被医生告知已时日无多，[361]当时她已经怀孕8个月，那是她的第一个孩子。"接着我会问学生，为什么作者要以这样一个不寻常的死亡案例来开篇。上我这门课的学生有时是医学生或护理学学生，更多时候则是不同年龄段的医生、患者、作家和照护人员。

如果无人应答，我就会改成另一句话并让学生思考这两句话的不同效果："琼·斯特恩·史密斯是一位94岁的老人，医生告诉她时日无多时，她患有痴呆症、重度心脏病和肾脏衰竭。"

加万德用萨拉的例子开篇是因为萨拉本不该这样死去，再坚强的人得知一位如此年轻的孕妇即将离世也会心碎，只有这样的死亡才会吸引读者的注意。

加万德的写作才华不言而喻，但真实世界与一篇"好文章"里呈现的世界并不相同。在真实生活里，我描述的第二种场景才是常态；而在道德世界，我描述的场景被认为是自然现象。因为琼·斯特恩·史密斯已经度过了漫长的一生，她比大多数人类更长寿。然而问题在于我们会将所谓的"自然规律"（人们不该英年早逝，寿终正寝才是最好的结局）作为不关心老人、不为老人提供最佳照护的理由。

当这位老人的死被认为理所应当时，我们就会忘记不论她多少岁，都是和我们一样需要被关怀和同情的人。除非这个人是自己的祖父母或父母，否则人们总是会忽略这位94岁高龄、病入膏肓、患有重度痴呆症的老人正在承受的痛苦。她的死亡不会令我们感到惊讶，因为这似乎是自然规律的一部分，任何死亡都无法动摇意义深远的自然规律。

我们步入老年时也许已经历过许多事情，但从没有人经历过死亡。死亡的体验总是新鲜的，始终是充满意义的。因此，无论垂死之人处于什么年龄，所有人的言谈举止，包括家人和朋友、医生和护士乃至整个社会的态度，对其死亡过程和临死体验来说都意义重大。

一场没有硝烟的战争正在席卷美国各地，这场悄然始于20世纪末的战争就是衰老和死亡之间的斗争。经过几十年的对峙抗衡，前线发来确凿的报道：死亡大获全胜。

美国各地的卫生系统、社区乃至一些州政府都在出台宣传各种项目和政策，旨在让人们对死亡拥有更大的掌控权。这些策略包括在临终之际谈论生命价值和需求，支持在家中死亡以及通过死亡协助相关法案。许多推动这些社会变革的领导人一开始关注的都是社会衰老问题，最后转而关注死亡。如今，大多数医疗中心都能提供姑息治疗服务，有些医院还为临终患者专设临终病房。病房设计类似于半个世纪前专门为产妇设置的居家式分娩室。

这些不能表明我们已经战胜死亡，并不能像消失的天花或脊髓灰质炎（俗称小儿麻痹症）一样被写进历史书。尽管新政策陆续出台，仍有很多人无法体验这些政策；即使技术高超的医疗团队付诸全力，仍有很多人的死亡过程痛苦而艰难。不过，近年来不断进步的临终关怀确实体现出医疗系统和社会态度的改变，这是对人们在晚年普遍经历的不必要痛苦做出的重要回应。随着医学进步，某些类型的死亡可以被预防或延缓，而应对死亡的最新方法已超越这些医学化、制度化和标准化手段。具有讽刺意味的是，这场变革其实只是历史重现，因为过去20年间死亡"创新"政策背后的核心逻辑其实只是"承认死亡的必然性"。人们越来越清楚地意识到高科技医疗手段只会给患者带来更多更深的痛苦，因此他们开始关注如何提高患者的舒适感以及如何满足患者和患者家属的独特需求。如今在家中死亡的人比50年前多，但仍远不及100年前的人数，那时死亡尚未被医学化，仍被看作生命中的一项重大事件。

媒体报道中经常出现的"自然死亡"使美国人对死亡的理解越发混乱。人们所说的自然死亡并不是指遭遇地震或飓风的意外死亡，而是指死者的年纪很大，足够高龄。如果年轻人的死亡情况和老人一样，比如说一夜之间在床上去世，那么相关部门势必会对此展开一番调查。人们会议论纷纷，猜测死者是否吸毒或自杀，并且用"悲剧"一词形容此事。这种现象的背后既有生物学原因，也有哲学原因；从生物学理论上说，死亡是自然现象，是每一个生命都必定经历的结局；从哲学层面来看，我们将某些人的死亡归纳为"自然死亡"，并区别看待其他人的死亡，这与我们内心对老年的看法紧密相关。

16世纪初期，达·芬奇宣称自然死亡的原因是随着年龄增长，人体开始缺乏营养，血管内壁变粗并最终阻塞。尽管这与现代医学理论不完全相符，但他的描述相当准确地反映了人体的"衰老"机制以及各个器官和功能都渐渐衰退的过程。300年后，美国医生本杰明·拉什意识到人们所说的衰老其实是由一种或多种疾病造成的，但这些疾病往往被更明显的老年生理变化[362]掩盖。1793年，拉什发表了《老年身心状况记录，含对老年疾病及其治疗方法的观察》，指出"很少有人真正死于衰老。[363]通常是某一种疾病……切断了最后一线生机"。

现代人把解决问题视为第一要义，而死亡似乎比衰老更容易解决。因为衰老将伴随好几年甚至几十年的日常生活，而死亡通常只发生在几天或几个月内，或许这也是人们更能接受死亡的原因。如果把死亡比喻为冲刺，那么衰老则是一场马拉松。显然这种态度在医学界已经非常普遍，各个部门都有越来越多的实习生和临床医生积极参与姑息治疗。尽管这在某一个行业内部似乎只是个小问题，但医学界的变化通常能反映出全社会的文化趋势。姑息治疗正在通过培养一批以解决患者生理及生存痛苦为核心技能的医学人员来改变整个医学界。

与此同时，这种改变也使其他医生直接放弃姑息治疗这一领域，似乎在暗示专科医生无须具备这一基本技能。医疗系统为什么会允许大多数医生把普遍却至关重要的任务外包给其他同事呢，比如那些困难的谈话、减轻患者的痛苦、帮助弥留之际的患者？因为随着医学知识不断扩展，各类疾病不仅被细分至每个器官、每种病症，还被分解为不同子类别。如今的医生不再是笼统的心脏科、胃肠道科或是眼科专家，而是心律不齐、肝炎和视网膜专家。

这在许多方面看来都是合理的，相比于兼顾患者的髋关节异位、糖尿病、视力低下和心脏病，专注某一细分领域可以使医生对其掌握得更加透彻，但这也违背了当今医疗系统宣扬的"以患者为中心"的医疗理念[364]。当患有早期痴呆症、慢性阻塞性肺病、下肢溃疡的患者宝拉因意外摔倒撞到头部时，她需要同时接受肺科医生、皮肤科医生和血管外科医生的治疗，还被告知需要找一位专门治疗痴呆症的神经科医生、一位专门治疗创伤性脑损的医生以及一位专门治疗癫痫发作的医生。

姑息治疗不仅割裂了死亡与致死疾病的关系，也割裂了死亡与衰老之间的联系，因而切断了这几者之间的交织关联。大多数死者都是老年人，但在我的医院和其他机构，业内领先的姑息治疗专家都毫不掩饰地将衰老和老年人排除在自己的工作之外。在去世前，我们每个人都拥有自己的人生，而且大多数人不仅会步入老年，还会经历长达几十年、舒适且有意义的老年生活，并尽可能在这段时间为自己和他人做有价值的事。对任何人进行姑息治疗时，医生都应考虑其需求、生理情况和生活背景，这些情况都会因年龄不同而产生巨大差异。无数对成年人进行姑息治疗的医生声称，他们的工作不仅与老年医学有关，更与儿科学有关，这反映出医学文化中根深蒂固的年龄歧视以及不同医学"部落"的自我行为，就好像当年的逊尼派和什叶派，或图西人和胡图人——只顾着互相宣战，却忘了齐心协力对抗引发这些内部矛盾的外部力量。

被问及希望如何死去时，大多数人都会说他们不想在某天早晨醒来时被突如其来的疾病推下人生悬崖，跌入疾病和残疾吞噬的荒凉峡谷，从此失去充实有意义的人生。这种想法存在两个问题：首先，除非你的人生已经开始"下跌"，否则很难看到悬崖边；其次，已经从看似恐怖的悬崖边摔落的许多人，事实上都过着很有价值的生活。

79 岁的弗朗西斯科·戈梅斯开始常常被自己绊倒、撞上家具。戈梅斯的女儿带着家人去探望他，责备他一定又喝酒了，因为在她小时候，戈梅斯是个酒鬼。尽管戈梅斯已经戒酒 20 年，她仍然不相信自己的父亲从车上摔下来时没有喝醉。戈梅斯花了一个小时才说服她自己没有喝酒，于是女儿把孩子安顿在朋友家并开车带父亲去急诊科。计算机轴向断层成像（CAT）扫描结果显示戈梅斯脑部有一颗肿瘤。三个月后肿瘤被摘除，戈梅斯搬去女儿家，睡在客厅的病床上。他已经不能走路，但是上肢和意识都很健全。只有在升降装置的帮助下，戈梅斯才能下床，光是坐上轮椅就使他筋疲力尽。

三年后，戈梅斯仍然住在女儿家客厅里的那张病床上，但在这几年间，他使女儿家成了整个社区的"热门家庭"。他给各个楼层的孩子读书，帮他们辅导家庭作业。他还教从中国移民来美国的社区邮递员说英语，后来这两家人成为好朋友，常常在周日聚餐，餐桌上既有玉米饼也有白米饭。

被确诊患上食管癌时，玛吉·吉莱斯皮仍在经营开了几十年的家庭商店，并在孙子的四年级课堂上担任志愿助教。多年以来，她都明确表示，如果自己不幸患上重病，只愿意接受姑息治疗。但问题在于，她的肿瘤虽然很大，但没有扩散趋势，如果切除大部分食道并进行局部放射治疗，仍有痊愈的可能，只是她将不能再吞咽或通过食道进食。玛吉最终同意使用喂食管，前提是如果情况不妙她随时有权将其取下。手术和早期放射治疗使玛吉变得很虚弱，只能住进护理院休养。7个月后，我在那儿见到玛吉。由于她不是我的患者，我们第一次见面是在她出院当天，那一天是周六，我是唯一的值班医生。玛吉走近我并进行自我介绍，我当时还以为她是某一位患者的女儿。

玛吉看出我的困惑并笑着掀开上衣，给我看她新装的永久性喂食管。她说："我从没想过有一天会需要这种东西。过去总以为一旦装上这个，我就再也不是我了。事实上我依然是以前那个老太太，除了不能吃东西，我什么都能做。"

有时候，我们无法想象或预测自己在未来人生中的承受能力。例如，2004年一项针对健康人的研究显示，大多数人都不愿意在将来使用医疗干预[365]延长低质量生命。然而，真正体验着低质量生活的垂死之人几乎都表示，愿意用尽医疗手段来延长生命，哪怕只能延长几天。

我曾治疗过八旬、九旬甚至百岁老人，虽然他们同样年迈虚弱，但其人生价值来源各不相同。不过，尽管人各有异，人生价值也千差万别，但从事老年医学领域的我们发现了一些跨越文化和社会阶层差异的共同价值，它们常被总结为舒适性、能动性和人际关系。

通常，当这三点从生命中消失或变得难以实现时，患者的生理或认知能力也会下降（有时是两者同时下降），因而他们无法继续掌控生活或表达需求。在这个阶段，医生通常很难确定患者是否真的想要结束生命，患者的家属或朋友也无法给予任何指引，但患者的人生价值却没有任何改变。

这些顾虑都会让我迟疑，但我从多年老年医学实践中认识到，如果一个人丧失了大部分躯体功能和感知能力，无法再和他人交流、读书、享受美食甚至是看电视，那么无论他的大脑在日益衰竭还是暂时停止运作，大多数人都会渴望死亡，尽管他们内心仍然对死亡感到恐惧。和大多数事物一样，老年时期的死亡与生命其他时期的死亡既有相似之处，又不完全相同。

如果回到"相比于其他故事，人们总是更常提起某类故事并将其描述得更为准确"这一观念上，死亡话题在公共节目和讨论中比衰老话题更受欢迎似乎有另一个原因。电影、畅销书、TED演讲、报纸、博客和网站都在谈论死亡带来的挑战和机遇，虽然衰老话题在近年来逐渐得到更多关注，但二者的关注度依然大相径庭，而且在很多情况下人们对衰老的关注并不是积极的，甚至可以说是"灾难性"的。死亡是一条有限且短暂的轨迹，其依附的信仰、神话和宗教理念使它带有浪漫主义色彩；衰老则像一条更长、更混乱的轨迹，更倾向于现实主义。文学作品中的浪漫大都是发生在神秘和异域背景下的传奇故事，通常会出现拥有奉献精神的英雄来拯救身处绝境之人。相比之下，现实主义刻画的则是一个更真实的世界。若要在浪漫主义和现实主义之间做选择，很多人会选择前者。然而，我所从事的老年医学领域是为数不多坚持照料垂死之人，拒绝将其转交给姑息治疗团队的领域，这让我感受到了现实主义和浪漫主义可以兼而有之的快乐。

关怀范式

托马斯·库恩的里程碑式著作《科学革命的结构》(*The Structure of Scientific Revolutions*) 是 20 世纪最具影响力的著作之一。书中的学术性内容使库恩的影响力远超同一时期的其他著名思想家，包括米歇尔·福柯和西格蒙德·弗洛伊德。尽管这本书在讲科学，但是问世几十年来，库恩创造的范式和范式转换概念已经成为我们看待和评估生活各个方面的基本理论。

库恩认为，科学发展并不是一点一滴的积累，而是依靠不间断的革命性改变。范式或者说人们对某一问题的主流理解（比如医疗问题）在经历动荡、不确定和焦虑后可能会发生转变或颠覆。随着这些混乱加剧，传统范式暴露出越来越多缺陷，于是人们开始探索新的思考方式。当足够多的人认为应该推翻不准确的旧范式并支持新范式时，革命就会到来。

有些人可能对 21 世纪的"常态科学"感到满意，认同"科学技术是解决一切问题的最好方式"的医学范式。诚然，世界上有很多地区的情况远比美国更糟，但这并不能掩盖美国所面临的严重问题，也不能抵消范式革命的必要性。当前医学范式中"以科学为本"的策略确实为个人和社会带来了巨大福利，但同时伴随着令人深感不安的其他后果。为了实现这种范式所需的支付、照护、教育和研究系统，美国付出了任何国家都无法承担的代价。这个系统偏爱科学创新和发现，忽视过去已被证实有效的方法；关注高科技程序性干预措施和领域，低估预防性、社会性和关联性医疗手段。如今，美国患者破产率突破天际，反人性化现象屡见不鲜，各部门专科医生配比与社会需求严重不符，从业医生缺乏职业积极性，当下医学范式造成的健康差异和各种流行病普遍存在。

我们需要真正的健康中心，而现在的"医疗保健"只能治疗疾病；我们需要针对女性健康的专项计划、诊所和资金支持，但医疗系统会告诉你，它并不是为了照顾女性这一超过半数人口的群体而存在的；医学院需要开设针对患者多样性和差异性的课程及院系，而目前的核心课程完全不足以解决这些问题，更没有考虑到患者的不同背景。如果我们觉得有必要喊出诸如"以患者为中心"这样的口号[366]，那么医学到底是什么样的？难道医学不是本就应该以患者为中心吗？显然，目前的医疗系统和医学范式存在漏洞，而且是重大漏洞。

2016 年因癌症去世的作家珍妮·迪斯基在她的最后一本书《心怀感激》（*In Gratitude*）中从患者的角度描述了医疗界的问题。在做治疗决策时，珍妮说："我看到的一切都是数字化分析，就像统计学一样。我找不到一个合适的问题去冲破这些数字，谈一谈我身上的癌症和我这个人。癌症到底是什么？它现在处于什么情况？我和它之间存在怎样的关系？这些问题也许是这堆数字中的某个奇点，而这个奇点才是我真正想了解的。"提起放射性治疗时，她说："我丝毫不怀疑他们把我放在精准位置并启动治疗程序的专业能力，但放射疗法涉及的其他事情（比如我的个人体验）似乎并未被分析考量……每天，我的自尊都被挡在治疗室门外，不是因为在门内的我要露出乳房，而是因为一踏进那扇门，我就变成了一个松动的部件，变成放疗机器正在等待的某一部分，它随时准备将这一部分放在正确的位置并开始运行[367]。"

这些就是医学现状。我们所做的一切对医疗机构和医疗系统产生的价值和意义，都变成了数字：从反映医学效率的统计数字到医疗支出单上的消费数字，所有数字都能体现价值，仿佛人类健康和生命中所有重要的事情都可以用数字来衡量。

医学中心和医学教育将人分解成各个部分：第三根骨头、第八个关节，这种情况的心脏、那种情况的前列腺。科学手段需要控制情况，为此我们需要将问题分解为可以掌控的程度，或许当我们把人体和疾病都细分成不同类别后，生活会变得更轻松。人类是复杂且混乱的，将人当作一个整体来处理会很耗时，有时会出现难以预测的危险，并且常常伴有不确定性。因此，换个方式会更加容易，而这也是我们教给医学实习生的范式。医学教育中这类"隐藏课程"就像药物的副作用，是"与生俱来"的结构性特点。

也就是说，我们根本无法分割利与弊，除非从整体上改变这套方法。

不久前，我去一所医学院访问并旁听了一节广受好评的"案例型教学"课，这所学校因教学创新而声名大噪。教室空间不大，有一张共享课桌、一面白板和一个视频监视器，监视器可以连接学生自己的电脑，所有人都能看清小组代表写的内容。二年级医学生正在学习三个与课程相关的临床案例，他们针对案例提出机智的问题，对涉及的器官系统、某些药物的效果以及哪些症状具有临床意义进行了精辟且有见地的探讨。

在长达两小时的案例讨论中，只有一位学生喃喃自语地对患者的遭遇感到唏嘘。这些学生的学习生涯至少长达 7 年，而在上完第一年的课程后他们就学会了无视课堂案例中的患者显然正在遭受的痛苦，比如一位小男孩因哮喘发作而大喘粗气时的恐惧，一位健康的中年男子突然失去四肢和生计的痛苦，还有一名老妇因食物中毒而不断呕吐的痛苦。

课程结束后，我和课程负责人讨论了课堂上只专注于病理生理学和药理学的情况，接待我的学校老师说这位负责人是全校最优秀、最富创造力的老师。他回答说，这门课程设计的初衷就是鼓励学生专注于这些领域，因为不可能在课堂上同时教授病理生理学和临床照护，否则只会给学生带来困惑和压力。学生们需要先学习这些基本医学知识，而与患者相关的问题会在其他课程中有所体现。他在解释这些观点时有理有据，并无比真诚地表达了自己对教育和医学的真诚态度。

离开教室后，我赶着去参加下一场会议。走在楼道里，我意识到人们吸收外部信息的速度快得惊人，有时甚至都没有意识到自己在传达这些信息。就好像一个小朋友总是被妈妈教育要遵守红绿灯规则，但她在匆忙赶路时会不自觉地闯红灯。事实上，这么多年来医学院的"隐藏课程"一直在教学生：如何在什么时候忽视患者。

从很多角度来看，不把患者当作独特的人了解，不考虑患者需求和感受的医学教学都更为轻松。课堂案例中讨论的患者只是新人医生必学的病理学中的一些抽象和通用概念，或是一堆互通的人体血管。我们可以只关注肺部或血液检查，以及瞬时投上屏幕的了不起的医学影像，认为医学只关乎疾病和器官，而与每一个人、每一条生命无关。我们甚至可以将患者关怀从学习内容中剥离。

但如果换一种方式，我们就可以花几秒钟的时间从人性化角度了解患者的情况，让学生明白作为一名医生，为正遭受痛苦的患者而感到悲伤是一件很自然甚至让人欣慰的事情。医生可以露出不安的表情，可以说安抚的话，也可以有恐惧和担忧。当我们失去这些"自然反应"——当医学生的培养目标是"学习一个小男孩无法呼吸的案例时，只需关注他的肺功能情况"时，我们在告诉医学生，成为一名医生意味着不能以正常的方式回应痛苦。我担心这甚至是在暗示他们：不要在乎患者的痛苦。

同情心是考虑他人的感受。你可能觉得同情无法假装，但研究表明，曾学习过表现同情的话语和动作[368]的医生及实习生在医学实践中会表现出一种"虚假同情"，而在患者眼中这会变成真实的同情。也就是说，医生刻意表现的虚假同情会给患者带来安慰，而拥有这项技能的医学生也会变得越来越具同情心。但大多数医学培训都在削减医生的同情心，[369]这让我不禁思考：如果我们奖励那些将患者放在首位的医生和医疗系统呢？如果我们培训时教他们在乎患者呢？如果内心在乎患者，你就会努力成为最好的医生，将其视为最大的学习动力，而仅靠课堂知识无法起到这样的激励作用。

当年，在医学培训临近尾声时，我已经无法再听音乐了。因为在这短短几年间，我就听到了太多痛苦的声音，已经无法再忍受世界上的任何"噪声"。

世上有各种各样的痛苦，关乎生理、情感、生存、经济、社会、性、精神、心理。这让我怀疑以疾病为中心是不是解决患者痛苦的最佳方式。不过，通过照护或治疗来缓解痛苦或许不是医学的真正目的，或许是我不够清醒，或许大多数医生都对疾病更感兴趣而唯独我在关心痛苦。只有我在环顾四周时感到痛苦无处不在，这让我感到不安，甚至经常影响我的正常工作与生活。但也有另一种可能，而且这种可能更符合我的实际经验，即大多数医生其实是在乎痛苦的，但医学训练改变了他们，抑制了他们面对痛苦时的正常反应。一方面，这使得他们在不平衡的医疗系统中扮演好医生的角色；另一方面，这导致他们出现道德上的不安，甚至最终演变为职业耗竭。

在变量可控的环境里，科学方法通常效果良好（比如一个培养皿、实验室或数据库）。即便如此，我们有时也会陷入困境。而对于人类生命，我们可以掌控的部分更为有限。

正是人为因素（不仅对患者自身，也对所有人而言）使得医学不仅仅是一门科学。科学是为知识服务的，而医生是为患者服务的，这一重要区别总是被医疗系统忽略。患病体验、社会文化背景、政治经济结构中都含有不可避免、无法量化的人为因素，但在医学界，这些通常都被视为微不足道或不太重要的部分。"科学优于关怀"和"药物优于健康"的系统偏见是目前医疗界结构性不平等和系统危机的根源。当医学范式以科学为中心时，我们会厚此薄彼；当它以关怀为中心时，"人"将被排在第一位，而这才是合理的医学范式。

大多数医生都很熟悉弗朗西斯·韦尔德·皮博迪的论文《对患者的关怀》（*The Care of the Patient*）中的最后几句话。虽然这些话写于 1927 年，但至今依然适用：

> 人类的疾病永远不能等同于实验中动物身上的疾病，因为人类疾病会影响其情感生活并被情感生活影响（我还想在这里加上社会环境）。因此，如果医生在照顾患者时忽略这一点，就相当于研究者做实验时没有考虑所有可变因素，是不科学的行为……临床医生最重要的素质之一就是对人性的关注，因为照顾患者的秘诀就在于关怀患者。[370]

关怀患者是我成为医生的初衷，也是我目前仍想继续从事的方向（无论是以直接还是间接的方式）。这种对同胞和彼此的关怀，或"为其健康、幸福、生活和安全提供保障"应该成为医疗服务、医学培训、医学研究和学术的核心。因为只有这样，"关怀患者"才能真正处于医疗服务和医学界的中心。

一个新的范式必须从新的假设开始，以下是我希望看到的 10 个新假设：

1. 虽然医学和医疗这两个词经常被混用，但它们的内涵并不相同。

2. 对于个人和社会来说，健康高于医疗。

3. 医学不等同于医学科学、后者只是前者的一部分。

4. 科学是保障健康或提供医疗服务的必要条件，但不是充分条件。

5. 处理数据时要囊括所有可以被计入的数据，而不是只考虑所谓的"重要数据"（此条鸣谢爱因斯坦）。

6. 科学技术在解决问题的同时也会造成新的问题。为了合理运用技术，必须拟定指导原则，并充分考虑其背后的风险、后果和效益。

7. 将医学与人性分割会导致医学与人类脱节。

8. 历史一向是保守主义，并常常向强者利益倾斜。历史和科学在共同塑造我们的医疗系统。

9. 作为服务部门，医学应该将人民利益置于自身利益之上。

10. 医学的根本目标是尽力改善患者的健康。

这一新范式或其他新范式的唯一问题在于，成功前必出现一场革命。尽管当前的医疗系统让医生和患者都感到失望，但正是医生和系统负责人造成了目前的困境。我们大多数人都是良好市民，在传统的职业结构中安分守己地工作，面对挑战时我们总是集思广益并付出更多努力，而这些个人或集体努力[371]并不能推动社会或文化变革。面对医学界现状，医生们总是顺其自然，因为这是他们当年的自愿选择，也是他们已经习惯的局面。因此，我们不会掀起风浪，不会冒太大的风险，也不会反抗。我们宣称自己是"循证"派，但证据表明医学界每况愈下（美国医疗在国际排名中位列第37位！50%的美国医生都在经历职业耗竭！），我们需要的是全新的结构工程和建筑，但大多数人只是在提供新的室内设计方案。是时候改变这一切了，而改变的第一步就是淘汰 20 世纪的医学范式并创造一种适合当代人类需求的全新范式。

毫无疑问，科学是一种强有力的工具，但如果将其当作改善人类健康的指导原则，医学的关注重点就会发生偏移。科学过分强调知识、创新和问题的物理性，而很少关注实用性、业已证实的方法以及人性。但我们如果放弃科学，就势必需要用其他东西来代替。近年来，尽管有各种替代范式被陆续提出，但没有一种成为主流。在众多新范式中，生物—心理—社会模式似乎最富潜力，因为它同时强调生理学、心理学和社会学因素，但这种巨大的包容性似乎也使它失去了重点。另外，这个范式的术语化名称也让人感到不适。而人文主义范式追求的是最大限度地发挥每个人的潜能，尊重每个人的尊严，在各个生命阶段都将人当作一个整体来考量，但其无神论立场导致它无法在西方世界广泛传播。

事实上，我们需要的新范式自古希腊希波克拉底时期就已根植于医学之中，而且我们可以用一个简单且古朴的词给它命名，那就是"关怀"。

"关怀范式"的出发点是对积极结果的期待，而不是可能导致某种结果的方法论。关怀范式必然包含科学理念，但科学范式不含任何与"关怀"有关的理念。

换句话说，优质的医学科学不一定需要关怀，但优质的医学关怀一定需要科学。对任何年龄、任何生命阶段的人来说，二者都缺一不可。

临终心愿

在一个阳光明媚、空气清新的秋日午后，参加完一场关于老年话题的讲座后，一位护士、一位社工和一位医生开始分享各自的故事，她们都是专门从事老年医疗照护工作的中年女性。护士首先讲述了一位高龄女患者的故事，患者自己想要的治疗和医生建议的治疗方案不同，最后是这位护士帮她实现了心愿。患者没有接受扫描检查和手术，也没有继续住院，而是选择回家，两个月后于家中去世。

"我知道自己没有做错，"护士说，"但我不知道为什么始终对此感到内疚和怀疑。我可以确定医生都觉得是我杀了她。"

社工和医生听完后都点头表示理解。

接着社工说起一位重度神经疾病患者去世前的故事。患者将近90岁，治疗期间曾多次明确表达自己的治疗意愿，均被一一满足。也许是对抗生素过敏，后来患者出现了感染症状，社工提醒医生别忘了患者的治疗意愿，所以最后他们没有再使用抗生素。第二个星期患者就去世了。

医生讲述的故事是关于一位患有痴呆症和心脏病的赢弱老人，他已经无法给自己洗澡，也无法看书、看电视或参与任何谈话。后来他在家中跌倒，病情变得越发严重，只能卧床，靠止痛药缓解剧烈疼痛，而那些止痛药严重破坏了他的吞咽能力。由于他曾向家人明确表示自己不想过这样的生活，所以这位医生给他安排了临终关怀。

"他的主治医生当时很犹豫。"医生边说边和护士交换了充满同情的眼神。

"这些主治医生可把我害惨了。"护士说。

"不敢相信我们会聊起这些。"社工说。

护士笑了："这不是很好吗？我终于有解脱的感觉了。"

"我们没有谋杀自己的父母，"医生说，"他们是因为在老年患上严重疾患而去世的。"

他们三个看着对方，微笑着摇了摇头。

我之所以能详细复述这段对话，是因为那位医生就是我自己。从某个角度来看，有人会认为是我杀死了自己的父亲。

需要澄清的是：我没有犯谋杀罪，没有违反任何法律或道德准则，也没有让我的父亲安乐死。我和两位同事内心的不安并非缘于我们当时的决策，而是我们未做的尝试。如果按照美国医学的官方原则"但凡仍有治疗方法，就要继续治疗"，那么护士的母亲应该接受肿瘤切除手术，社工的母亲应该继续服用抗生素以治疗膀胱感染，我父亲也应该插上喂食管。这一官方原则的问题在于，它仅仅在处理医学问题，却忽略了正在经历痛苦的身体和生命。

这三个老人临终前的故事都很寻常，在美国，每天都有家庭在经历这些事情。我们三个人在老年医疗照护领域从业几十年，比普通人更有经验，也看到了莎朗·考夫曼所说的"普通医学"[372]对晚年生活的影响。我们和父母相处了这么多年，知道他们的需求和内心深处的恐惧，所以会在时机成熟时遵循他们的临终心愿。

我认识这位社工是因为几年前我曾是她母亲住在护理院期间的医生。她们母女俩感情很好，社工经常到护理院看望母亲，陪她参加各种活动。再次见到这名社工时，我想起自己当时多么喜欢这对母女。

社工的母亲是一个活泼有趣的老太太，患上的是一种无法确诊但不断恶化，使人逐渐衰竭的神经性疾病。为此，患者看遍了本地两家顶尖医院里的专科医生。后来患者失去行走能力，身体无法移动，也无法独自进食。但直到去世那一年，患者的思维依旧很敏捷，能很清楚地表达个人意愿。

患者患上膀胱感染时，社工拒绝给母亲使用抗生素，要求医生给她注射吗啡以缓解母亲的痛苦。过了几天，她母亲去世了，一切安排都遵循其生前的意愿。

为了让母亲能在生命尽头拥有尊严、自主权和爱，为了按照母亲的意愿顺其自然，这位孝顺的女儿陷入了深深的自责，怀疑自己是不是做错了。

造成这位社工产生这种心理的原因是，这个世界常常以恶意度人，因为确实有些家庭想让家里的老人早日离世。有些人是为了报复老人过去的行为，有些人则是希望摆脱照料老人的压力，继承不菲的遗产或不想让长年累月的老年护理"浪费"家产。也有些家庭为了继续照料老人、住在老人家里赚取报酬而努力延长老人的生命，这样老人就不用独自面对死亡，也能逃避自己内心的孤独和对死亡的恐惧。

有时老人被虐待的迹象很明显，但在通常情况下外人只能怀疑，无法找到任何证据。我们无法看透他人的内心，因而无法判断一个人放弃治疗父母是出于真心尊重他们的治疗意愿，还是只为解脱或牟利。同样，一个人竭尽全力延长老人生命是出于子女对父母的爱、宗教义务还是为了从中获取私利，也很难分辨，有时这些原因甚至会同时存在。你如果不了解患者和患者家属，就很难弄清楚背后的复杂情况。如果你作为一名住院医生、急诊医生或会诊医生，在询问患者社会背景时只关注他们是否抽烟酗酒，那么你将永远无法了解患者。

我母亲说是地方医院"杀"了我的外祖父。他被送进医院，但当时医生无法确诊病因，于是让他回家了。回家后的第二天他就在床上去世了。外祖父去世时 80 多岁，没有承受太大的痛苦，某种意义上这并不是最糟糕的死亡。我母亲始终怨恨医生没有确诊外祖父的病因，因为外祖父在去世前一直都精神矍铄，虽然年事已高，但还算健康。

30 年后，我父亲也经历了类似的遭遇。不过他在生命最后的六个月、一年或是几年间都没有像外祖父一样精神矍铄或"还算健康"，当然这取决于你怎么定义"还算健康"。一天晚上，他在家里摔倒。我母亲和来家里做客的堂兄听到了动静，把他扶了起来，虽然他不记得发生了什么，但看起来并无大碍。我从电话中得知情况后问了父亲很多问题，并让他尝试移动一些身体部位，听起来应该没什么问题。第二天我去看望父亲时，发现他有些不对劲，但也不是特别反常。过去这些年父亲往返于各个医院，如果可以的话，我们不想让他再次经历住院的痛苦。大约就在一年前，他摔了一跤，摔得很严重，在医院接受了手术治疗。术后的他失去了大部分活动能力和思维能力，也永远失去了幽默和快乐。

到了第三天，他下不来床了。母亲给我打电话，我叫了辆救护车，然后我们在医疗中心集合。他们无法在急诊室做出诊断，但大家一致认为他得住院。

后来我们把父亲送去医院，当时是住院医生年度值班的最后一周，住院总医生已经在另一个州找到新的工作和房子，而实习医生也渴望着即将到来的 10 天假期，并期待之后自己以团队负责人的新身份回到医院。他们都是受过良好训练的医生。

给父亲做完诊疗后，他们没有发现任何问题。我父亲看起来状态还好，但又和以前不太一样，而他自己也无法说清楚哪里不舒服。

"我们可以做些其他检查，"实习医生说，"但这可能是盲人摸象，因为没有看出什么明显的问题。"

让父亲接受随机检查似乎没有什么意义，因为这一次跌倒并不像上一年那样造成需要手术治疗的骨折或损伤。父亲经历的痛苦和预期治疗效果已经超越某个临界点，对他来说，这些治疗已经弊大于利。

在实习医生来医院的前一天下午，我们把父亲带回了家。那些实习医生几周前才刚从医学院毕业。

当天早上，父亲的意识还很清醒，但等我们办完出院手续时，他就开始神志不清，显得异常活跃，说了很多话。开车回家的 20 分钟里，他以为自己经过了匹兹堡、芝加哥和罗马！"天哪！"他不止一次地说，"我上次来这些地方还是很多年前。"

过去 10 年间，父亲一住院就会出现类似的妄想症状，但每次只要一回到自己的家就会变清醒。

彼时，他已经无法行走了。他需要一张病床、几位上门护士和一位上门物理治疗师。我们找出他的坐便器和床上便盆。他看起来不舒服、不开心，既沮丧又生气。在我们调整床的高度时，他总会气急败坏地咬紧牙关，发出痛苦的尖叫，却说不清是哪里疼。即使躺在床上，父亲也不能再接受太多物理治疗，但也找不到其他的办法。我们和护士都给他做了检查并把检查结果告诉他的医生，可是没人知道应该如何继续治疗。

后来医生上门访视，提出可以给父亲做 X 光检查，但他认为其实没有必要让父亲接受射线检查。我们也不想给他做手术了，但无论怎样都得想办法缓解他的疼痛。

于是他开始服用吗啡，这么做确实缓解了他的疼痛，但同时造成他的吞咽困难问题复发。8 年前父亲经历过一次复杂的心脏搭桥手术，那次手术导致他的吞咽能力受损，之后他使用了 7 个月的喂食管，同时接受语言恢复治疗，学习如何安全地吞咽食物。最终他的吞咽能力有所恢复，虽然没有恢复到从前的状态，但至少可以安全吞咽。喂食管被拔掉后，他又开始正常进食，这对于他这样的美食爱好者来说是万幸。

但他的吞咽能力再次受损，我们面临两难的选择：如果让他正常进食，那么会给他带来极大的痛苦；如果让他"舒服"地进食，食物可能无法正常进入胃里而是进入肺部，导致呛食和咳嗽，甚至造成窒息。父亲的意识状态一天不如一天，根本无法自主做选择。再安装一根喂食管也不可行，[373] 因为父亲曾明确表示他只愿意暂时接受喂食管进食。而且，最新研究表明，这种方法其实并不能帮助痴呆症患者。

起初我们给他喂些方便吞咽的食物，有时他还能小口小口吃下。服用吗啡几天后，虽然他确实感到更舒适、更快乐，但已无法咽下任何食物，哪怕是一小勺或一小口。任何食物都会呛到他，他一边咳嗽一边咒骂，并伸手打身边的人。和负责临终关怀的医生讨论后，我们决定不再让父亲进食或喝水。之后几天，虽然他不能说话，但显然表现出想吃什么东西，于是我们递给他蘸了水的海绵，他会像婴儿一样用力吮吸。这个动作只是返老还童的条件反射，还是代表他饿了或渴了？我们无从得知，只知道他看起来很舒适。我只能用看过的一篇癌症患者调查报告安慰自己。该报告显示，癌症患者如果在临死前连续几天不进食不喝水，只要他们的嘴巴和嘴唇保持湿润，就不会有饥渴的感觉。

随着日子一天天过去，父亲开始陷入昏迷，几天之后便去世了。这是一段艰难而痛苦的时光，但我知道，如果重新经历一次，我仍会为父亲做出同样的选择。

如果当时我们"尝试所有的治疗方法"，我父亲和我同事的母亲就会活得更久一些吗？我不确定。鉴于那位护士的母亲当时的情况极不适合做手术，她可能会因为手术并发症而更早过世。至于我父亲，他只会继续经历充满疼痛、愤怒、沮丧、无聊的毫无意义的人生——这是他最讨厌的生活，他曾明确告诉我们他不想过这样的日子——直到最后被病毒感染，患上脑卒中或遭受其他病症。

事实上，我父亲的垂死状态已持续几个月甚至一年，他早就"死于"20世纪后期创造的耗时费力的亚急性现代医学。如今，人们投入大量金钱和精力来"修复"问题，却极少考虑"修复"本身带来的消极影响以及弊大于利的结果。最后患者承受了不必要的痛苦，并陷入自己不想要却又无法挣脱的生活。

在大多数人生阶段，疾病被治愈都是很棒的事情。但在人生晚期，更准确地说是在人生尽头，它也造成了缺乏舒适感、能动性、意义、目标和快乐的老年生活。或许有人认为不必为此担心，因为科学早晚会帮人类实现长生不老。我们暂且不论治愈所有疾病的可能性，就算真的实现了长生不老，那紧接着会发生什么呢？一段漫长、没有终点、没有变化的人生，还是为这个本就环境恶劣的拥挤星球带来更激烈的资源竞争、就业竞争和情感竞争，抑或是创造出只有部分人类有权使用的技术？如果真有那么一天，投资抗衰老领域的生物技术企业家和好莱坞明星会得到使用权，而我们其他人将束手无策[374]。

我们真正应该考虑的紧迫问题是：如果一个人已至生命尽头并饱受痛苦，那么他是否应该继续活下去？用不同的伦理标准对待生命早期和生命晚期的疾病及身心状况，是否公平？如果人们认为患有重度痴呆症或身体功能严重受损的人是"行尸走肉"或"一具空壳"，难道不应该换一种方式来对待这些人的生命和死亡吗？相比于保持沉默，让患者自生自灭，问出这些问题是否会将我们置于道德滑坡？针对不同群体使用不同方法，可能会导致不公平，但也可能为特殊群体带来深切关怀。选择权在我们自己手中。

早已步入80岁的英国作家佩内洛普·莱夫莉写道，她几乎已经认不出自己了，希望能在2030年前去世："尽管这充满变数，但我的确来自一个长寿之家。我母亲活到 93 岁，我的舅舅活到 100 岁，我的外祖母活到 97 岁。这些数字让我惊骇，我不想和他们攀比谁更长寿。[375]"如果莱夫莉已经度过充实的一生，并且对未来有清晰的认识，那她是否有权做出决定？如果她有权决定，那么我们是否能接受所谓的"被动决策"，即不接受任何可能延长寿命的医学治疗？当人们在生理和医学上都到达生命尽头时，能否允许他们做出"主动决策"，按照自己的意愿结束生命？

许多欧洲国家都允许协助自杀，越来越多美国的州也加入此队列。根据规定，需要协助自杀的人必须是垂死之人，没有抑郁症状，并且可以自行服用药物。这些要求很合理，但完全不适用于患有严重痴呆症和身体重度残障的老年人。这导致有些人为了符合法律要求而过早结束自己的生命。在很多情况下，这项法律是老人无法享受的"特权"，只有年轻人才有权拥有，而对年轻人来说，他们的解决方法远比老人多。104 岁的澳大利亚科学家戴维·古道尔在 2018年春天摔了一跤，随后他的生活质量大大降低。最终他和三个孙辈一起飞到瑞士，因为在那里他可以结束自己的生命[376]。当时古道尔只能靠轮椅行动，视力和听力都严重受损。古道尔说自己更想死在家中，但澳大利亚的法律不允许，所以他不得不横跨大陆飞去另一个国家。但古道尔负担不起高昂的费用，最终是通过网络募捐才凑齐资金的。

澳大利亚医学委员会主席这样评价古道尔的决定："他的这种心理让人感到难过。"我抬头看了一眼这位主席，他是一位妇产科医生，也许从未照顾过百岁老人，而我曾照顾过很多次。可以肯定，他的言外之意是，世界上竟然有人会因为无法拥有舒适、有意义的生活而做出这样的决定，这难道不是很可悲的吗？又或许他想说：即使你非常高龄并做好了离世的准备，你也不能选择结束生命。

但老年时期与儿童时期、成年时期的不同之处就在于死亡是不可回避的话题。同一种严重疾病的治疗方案对儿童、成年人和老人而言利弊截然不同。在生命晚期，处于不同年龄段和不同境遇之中的患者应被分门别类地对待：所有老人都应有权享受生活，而垂死的老人也应有权选择死亡。如果政策和法规可以实现这两点，那么这将惠及所有人。

有些人反对他人选择死亡是出于宗教信仰，他们笃信生命的神圣以及人生来受苦的宿命。这种理论令人难以反驳，但它是在数千年前科学和技术尚未干预人类自然生命规律时形成的。如果科技进步能使人类更长寿，生活得更好，那么它必定也能使我们生命尽头的死亡过程更加短暂，让我们经历更少的痛苦，不是吗？但如今的协助死亡法案仍未解决这一问题，那些法律要求主要是为患有不治之症的更年轻人的成年人制定的。我和我同事遇到的许多老年患者都无法达到要求，他们只能不断问我们："为什么我还活着？"

与青年、中年或幼年相比，过去、未来、死亡这些宏大的话题在老年阶段有着极其不同的含义。因为老人的身体部件日益磨损，人生可选项大大减少，就连最简单的行为都变为折磨。以下是作家唐纳德·霍尔写下的话，但他没有像古道尔那样长寿（个体特殊性是老年人群的关键特点）：

> 80多岁时，走路变得艰难；年近90岁时，穿件睡衣就让你筋疲力尽……如果你开始嚼不动土豆泥，或是因为邮差没来送件猜测当天是周日，却没意识到有可能是圣诞假期，那么你就老了。80多岁时，你一天要打两次盹儿；年近90岁时，你不再计算自己打盹儿的次数[377]。80多岁时，你吃得很少；年近90岁时，你要提醒自己别忘了吃饭。

如果你根据邮差是否出现来猜测日期，如果你大部分时间都在睡觉，你就是在寂寞的深渊里静静地消磨时间。你听不到别人的声音，身心都很孤独。你已经站在人们所说的"死亡等待室"。

痛苦的老人可能会经历这样的时光：生活里只剩下不适和等待，所有时间都付诸治疗疾病和维持最基本的躯体功能。过去的人很少会踏入这一境地，直到现代医学发明了不让其他疾病剥夺现代人生命的药物。

这是人类历史上前所未有的时代。前所未有的时代需要的是前所未有的解决方案。

生命之本

床头柜上有东西在嗡嗡作响，我伸手去摸柜子上的传呼机，看到天花板上的闹钟投影显示现在是凌晨3点14分。传呼机的绿色小方框屏幕上写着"呼吸困难"。

我们的医疗照护项目包含两个部分：为身体衰弱的卧床老人提供上门诊疗，以及为突然患上重病，一下子从还没那么老变得垂垂老矣的患者提供老年医学治疗。

传呼机显示患者叫约翰，生于1926年，求助人叫格温。我一边快速拿上眼镜、衣服和手机，一边想传呼机上写的"困难"二字是格温的描述还是传呼中心工作人员的总结。关上卧室门后，我开始在大脑里搜索可能引起呼吸困难的种种情况。医学上把这种情况分析叫作鉴别诊断，每个医生心里都装满各种鉴别诊断。好的诊断必须分析引起某种症状的所有可能原因，并根据患者的生活、经历、检查和实验室测试结果，将其按照相关性从高到低排列。

我回电话时，刚拨通就被约翰的女儿格温接了起来。老年患者的女儿年龄跨度通常都很大，从40岁到80岁不等。根据电话里传来的声音，我猜测格温60多岁。

"他很痛苦,"格温向我解释说,"全身都是汗,睡衣都湿透了。最近一周他每晚都这样,但今天的情况更严重。"格温告诉我,他父亲患有严重的肺病,但以前躺在床上时都能正常呼吸。去年约翰得了一次脑卒中,现在吞咽能力受损。约翰已经瘦了整整 60 磅,但他坚持不肯去医院。

电话那头,格温迟疑了片刻又接着说:"还有一个问题。三个月前,我们让父亲搬来海边和我们住在一起,现在他还没有回旧金山。我们夫妻俩根本没法儿把他搬下床,更别说搬出屋子了。我丈夫的背不好,我前阵子又刚做了手术。这里也找不到任何可以给父亲看病的医生,所以我只能给你打电话了。我实在找不到其他人来帮忙,抱歉给你添麻烦了。"

我让格温放宽心。问了一些关于她父亲呼吸情况的问题后,我上网查询去他们家的路线——距我 49.7 英里,实在是太远了。

于是我问格温是否和父亲聊过,在他病得很重又不肯去医院的时候该怎么办。

"真不愿意提起这个。"她说,"其实我们曾经聊过,说好遇到这种情况就采取姑息治疗。我和父亲心里都知道,到时候了。"

格温的回答让情况变得比大多数求助电话简单很多。但有时患者的身体不再健康,长期患病或奄奄一息,人们的医疗需求也会随之变化。我想让格温明白住在家里和住在医院分别有什么利弊。虽然是格温代替约翰和我沟通,但我希望这些决定不是为了满足我们的需求,而是为了实现约翰真正想要的。

我们本应进行一场漫长而艰难的谈话,但现在没有时间了。我能在电话里听到约翰的呼吸声,他的呼吸节奏听起来不仅很快而且痛苦。为了获得足够的氧气,他不得不用力呼吸,呼吸速度是正常速度的 1.5 倍。而格温和我也必须加快速度做出决策。

我告诉格温,我基本可以确定约翰呼吸困难的原因,但如果有护士或医生上门给他做检查的话，可以提高诊断的准确性。我也坦言，家庭诊断不能像医院诊断一样精确，因为医院的检查仪器可以进一步查看她父亲的心脏和肺部情况，但有时相较于搞清楚确切的病因，人们更想照顾患者的感受。

"没错，"格温说，"他身上一定有很多健康问题，但我不想让他承受太多痛苦……"

鉴于约翰目前的症状，我有信心家庭医疗照护能够让他感到更舒适。但在此之前我必须让他的家人认清现实：如果约翰继续待在家里，他也许不会有好转，甚至会去世。

格温说她的父亲已经住院很多次了，但那些医学检查并没有带来明显的改观，所以后来他就不肯再去医院了。过去两年间，他的情况一直比较乐观，虽然没去医院，但每次发病后都能在家里慢慢恢复。

"保持身体健康，尽量不进医院"是老年医学的主要目标之一，也是家庭医疗照护项目如此重要的原因。通常，年老体弱的患者在人性化环境中的身体状况会好很多。但他们一旦踏进医院和诊所的门槛，就会瞬间被贴上"患者"的标签，没人关心他们的特性和需求，所有重心都被放在疾病和治疗方案上。而在家里，他们则不会感到这些压力，还可以在舒适的床上睡觉，吃自己最爱的有益健康的食物。

其实，能在家里实现的医疗工作远比大多数人想象得多：不仅包括绝大多数身体检查，还包括抽血、拍X光，进行关节注射、妇科检查、静脉输液甚至是小型手术等。另外，在家里可以避免很多在医院可能发生的危险情况，这就是为什么很多研究以及一项大型联邦政府项目均表明，家庭医疗照护可以为像约翰这样长期患病的老人提供更好的治疗效果[378]和生活质量。

但约翰的病情已经极其严重。我小心地提醒格温，她父亲已经

88岁高龄，他的心脏、肺部、肝脏和肾脏功能都有问题。对有些人来说，约翰这种情况的主要治疗目标是延长生命，但也有人觉得待在家里让他感到舒适更为重要。我告诉格温，这道选择题没有正确答案，只有对约翰和家人更好的答案[379]。

"他知道自己快死了。"格温说，"他说只想减轻一点痛苦，想和我们待在一起。我知道他说的是对的，但我不知道在他凌晨4点感到痛苦的时候可以为他做什么。"

听到格温说出"死"字反而让我松了一口气。大多数人（包括医生在内）都很避讳这个字。一项针对不同教育背景人群的调查显示，当医生全程不提"死"字但最后家人死去时，家属会感到更加诧异和愤怒。闭口不提这个字，只会加深这个时代独有的一种错觉，即只要使用正确的医疗手段，死亡就不是必选项；而如果坦然说出这个字，人们就能拥有更多时间和心力来适应它。也许他们不愿面对这个字，但起码可以趁一切还不算太晚时不留遗憾。

那天，我很幸运地听到约翰和格温都坦然地说出了"死"字，而且在如何继续治疗这件事上，父女俩也达成了共识。

我问格温家里都有什么药，希望起码能找到两种改善约翰呼吸困难的药。一种是吗啡或含吗啡成分的药物，可以缓解约翰肺部机能受损导致的缺氧情况；另一种是抗焦虑药，用于舒缓患者因呼吸困难无法获得足够氧气时自然产生的焦虑情绪。

"天啊！"格温说，"我们没有这些药啊。之前去看医生的时候他都不需要吃这种药。"

我想了一想，接着问格温，她做完手术后带回家的是哪些药。

"噢，对，"她显然听出了我的意思，"等一下，我这就去找。"

此刻的我已经完全从睡梦中清醒，我打开电脑，用毯子裹住肩膀和双脚。我仿佛可以看到约翰的胸口在剧烈起伏，他满头大汗，张着嘴巴。我也能想象，在我们接下去通话的几个小时，格温会调整约翰的被子和枕头的位置，强迫自己微笑，和父亲聊聊天，并时不时用手抚摸他，仿佛在说："我在这儿呢，你和我在一起呢。"尽管我从未见过约翰，但我见过太多这样的父亲，所以能看到这一幕背后的父爱：他用尽全力，假装一切都很好，希望能安抚自己的女儿。尽管早在很久以前他们就互换了照顾和被照顾的角色，但约翰的内心仍想继续保护女儿。其实父女俩都深知，约翰能留在这具躯体里的时间不多了。

医生这个职业最有趣的体验之一是，医学训练我们如何在执行必要的专业任务时将个人感情搁置。但此刻，我体内产生了一股熟悉而强烈的情绪，仿佛被一块巨大的磁铁吸引，一路把我拉往南方的海边，带到那条漆黑一片的街道，带进格温家里唯一亮着灯的房间。我也是一个女儿，我也在照顾自己虚弱年迈的父亲，所以我能够体会格温的感受——她的悲伤，她想让现状好转的急切，她的疲惫、焦虑、深情以及对生活即将天翻地覆的预感。我意识到了这些情绪，将它们视为对医疗情况的预判，接着搁在一边，继续专心工作。

"是这个吗，医生？"格温逐一读出药瓶上的名称。当她读出我想听到的化学名时，我心里松了一口气。接着我建议用这种药搭配约翰平日里服用的一些药物，让他一起服下，以缓解他的焦虑，这是很多家庭都会采取的方法，但在正常情况下医生不应该给出如此建议。吃下这些药后，约翰应该能撑到天亮，到那时我们再去购买合适的药物并开启临终关怀。

"我怎么就没想到这个方法呢？"格温说，"这下终于安心了！"

我们为当天晚上和次日早晨分别制订了不同的治疗方案。我告诉格温，如果约翰在接下去的一小时内感到任何不适，务必给我打电话。

格温对我表示感谢，尽管她听起来仍然很紧张、很悲伤，但她此刻的声音显然比刚来电时更有力了。挂掉电话后，我想起人们对老年医学的偏见，他们总认为这份工作令人感到挫败，因为照顾垂死的患者就意味着职业失败。事实上，虽然我为约翰和格温的经历感到悲伤，但这绝对不是代表绝望和徒劳的挫败感。诚然，这些时刻对约翰和格温来说很艰难，也极可能是他们人生中最艰难的一段时光，但同时是深刻、重要、意义非凡的人生经历。

不久前，朋友的继父去世，我写了一封吊唁信。后来我收到一封长长的回信，信上有这样一段话：

> 神奇的是，J死后留下了无比丰厚的"遗产"，其中之一就是让我拥有了前所未有的生命力。现在的我想完成更多事情，想为值得的人花更多时间……在他最后的日子里……我们都饱受各种世俗礼节的折磨，眼看一位老人像莎士比亚戏剧中的人物一样用他的尊严维持最后的呼吸……这些场景既怪异、悲伤、强烈，又带有滑稽色彩。幸运的是，在此期间，我们全家人团结在一起……大家在母亲的公寓里住了一整个星期，帮忙处理各类杂事并安抚母亲。所以另一件神奇的事在于，那段时光竟然也充满了乐趣和笑声。
>
> 除了亲人离世，我们还有什么机会能和家人这样长时间地待在一起呢？没人赶着去其他地方或完成其他工作，我们只是待在一起，一起坐着，一起吃饭，轮流去开门和清理洗碗机……

面对生活时，不同家庭里的不同人所在意的事也不同，但面对死亡时，大家在意的都是生命之本。自然且不痛苦的寿终正寝所带来的"意外之喜"就是，它让所有人学会了把生命之本放在首位。

约翰并没有在当晚或那一周内死亡，而是几个月后在临终关怀的过程中去世的。

- 死亡 -

我们如果有勇气思考和反思生命与死亡，那么培养孩子的
方式会不一样……我们会让死亡和离世再次成为生命中的
一部分[380]。

——伊丽莎白·库伯勒﹣罗斯

第十四章　从容变老

　　在一篇题为《六十五岁》[381]（*On Sixty-Five*）的散文中，埃米莉·福克斯·高登说她开始真切地感到自己上了年纪。在接下来的一段，她写道："我匆忙补上一句，尽管我的肌肉在变弱，我的关节在变僵硬，我仍和以前一样精力充沛，也相当健康。"阅读到这一段的年轻人或许理所当然地认为：等等，你不能两者兼有；你要么虚弱又僵硬，要么精力充沛。哪一个才是呢？福克斯·高登就自己的认知提出了类似的矛盾："思维上我完全没有问题，尽管我的记忆一直不好，还变得越发糟糕。"这篇文章的重点在于，福克斯·高登的身体和生活发生了很大的改变，并且她身上没有那些标志性的老年指标。认识福克斯·高登的朋友同意这样的评价："人们说我比实际年龄年轻。"这样说，人们的意思是她仍然像一个"正常"人。

　　事实是这样，首先，福克斯·高登已经超过 65 岁。参照美国法律和绝大多数人类历史，她已经是一个"老人"——可以退休，可以领社保和医保了；其次，她的身体和思维已经随着年龄改变，变得更糟；最后，在她以及那些认为她年轻的人看来，老并不是贬义词。从这些事实中得到的唯一解释是，年老的现实与我们对年老的观念脱钩，至少对于年轻些的老年人确实如此。

人们承认从成年向老年会在不同的年龄发生转变。在快 80 岁时，多丽丝·葛郎姆巴赫写道："这次不同，70 多岁的每个月似乎如灾难一般，没有救赎时刻。[382]" 90 岁的英国图书编辑戴安娜·阿西尔回顾年轻的自己时，也有同样的反应："我从 60 岁到 70 岁都感觉与中年不远，在中年的浅滩上踟蹰，在岸边的水域寻找方向……过了 70 岁就是老人了——突然搁浅在现实的岸上，发现是时候考虑这个问题了。"[383] 2018 年夏天，阿西尔和葛郎姆巴赫都 100 岁了。如果他们被认为"格外地老"，这也证明了定义上的 70 岁并不是绝对的灾难。

然而，每个年纪都有各自的不同。80 岁的佩妮洛普兴高采烈地认为，上了年纪的自己是一个全新的人：

> 这个所谓的另一个人，这个已经到来的自己变得不再敢冒险，更加厌恶风险，小心翼翼地使用着时间。精神和肉体的问题是关键所在：精神仍然愿意对新的感受敞开怀抱，身体已经不能，但不幸的是，它还在发号施令[384]。

无论是看向他人还是自己，身体都是我们大部分人要回应的对象。多丽丝·莱辛于 94 岁逝世，在其去世前的第 21 年，她觉得日渐力不从心。她这样说道："所有老年人都知道的一个秘密是，就算活到七八十岁，你也不曾改变。不过身体会变，但你还是你。这一点势必造成非常大的混乱。[385]" 伟大的作家和我的患者都常常这样认为，这让我怀疑老龄化的最大挑战就是忍住不去看年龄，不去只关注躯体功能的衰退，忘记我们身体里是一个人。

82 岁的梅·萨藤写道："这本书开始于一个艰难的过渡期，我现在进入真正的老年阶段了。75 岁时我感觉比现在能干多了。健忘让我有时糊涂，也让我效率下降。我既要处理好小事情带来的持续的挫败感（比如系衬衣扣子），也需要处理大事情（比如怎么才能多写几首诗）。这才是问题。[386]"读到这里，我脑海浮现一位身材娇小、头发花白的女性，她缓慢移动着。在这段话中，还有一些我能感同身受的情感和经历。7 年前，我 40 多岁，也比现在能干很多；而现在，我忘记了以前能记住的东西；余生我还有需要尝试着努力的事情。靠近了观察，我们大同小异。

90 岁的戴安娜·阿西尔叹息道："精力下降是老年阶段最让人厌烦的事情。时不时，你会哪一天精力恢复。你不禁感慨恢复正常，但这一状态不可持续。你只能少活动，或者在做什么事情时，时不时停下来。[387]"这种情况也很普遍。虽然年老是一个特殊的阶段，但将第一句话中的"老年"更换成怀孕、受伤或者过度劳累，阿西尔的这句话适用于每个人。年老并不会改变正常的人类反应。

但老年还是不同，不只是因为我们的身体和大脑发生了变化。罗杰·安格尔写道，"我 93 岁了，但我感觉很棒。[388]"安格尔还有这样的表述："如果下周这时候，家庭成员临时得到通知坐在我周围，替我做决定，我也不会感到意外。"比起前几个人生阶段，到了老年阶段，疾病和死亡越发突显。普利策奖获奖者、老年科医生罗伯特·布特勒在 50 年前写道，老年的悲剧"并不是我们注定衰老然后死亡这个事实，而是这一过程已经变得令人极其痛苦、卑微、虚弱孤立，[389] 而这一切是没有必要的"。

2018 年的某月，我做了一个思想实验。每去一个地方，我想象着自己看到的那些没有染发、没有填充、没有大背头的人。我观察得越多，我越发现——男性第一缕白头发通常出现在 30 岁，女性平均在 35 岁。看了不同族群的人，看了富有和贫穷的人，还有成年人、中年人、年长者、年老者、高龄者、暮年者，在我看到的所有地方（包括在镜子里），人们都在假装成为其他人。我们怎么就创造出了一个绝大多数成年人和老年人会因为自己的基本特征而感到羞耻的社会？如果我们假装拥有自己没有的东西，当他人因此抨击我们的时候，我们又怎么能感到吃惊和失望呢？

想象一下，如果我们每个人都是中年人或者看起来像中年人的老年人或者老年人。想象一下，看着公交司机、护士、世界领导人、教师、摇滚明星、投资银行家、护理人员、警察、医生、技术管理人、杂货店店员，以及地产销售人员、律师、美甲师、喜爱的演员，我们看到的是他们真实的样子，也是他们本真的自己。想象发间有了银丝，变白、变稀疏代表着青春的终结，成熟的开始。想象一下，如果所有这些银发、白发及头发稀疏的人已经做了他们要完成的事情。想象一下，我们喜欢、热爱、尊敬、仰慕他们并且受他们的启发，当他们老了需要我们的帮助时，我们给他们一个这样的世界和一种这样的世界观："我们仍然看得到你，仍然喜欢你、爱你、尊敬你、敬仰你，并且无论是曾经的你还是现在的你，作为一个人，你画完了人生这个圈，我们为此深受鼓舞。"想象一下，老年人看起来不像"他们"，而更像"我们"。

很多人都希望看起来美丽，但我们如果把美丽定义为年轻，就给自己挖了坑并注定会失败。对此，我已经讲了很多关于年老的一个故事。生命提供了两种可能性：英年早逝或者慢慢变老。后者对大多数人来说是更好的选择，但不一定是最好的选择。随着头发颜色变淡，花在健康上的费用逐渐增加，我们的生命也在不断流逝。我们如果迎合偏见，那么在发现自己变成隐形人，被忽视和被抛弃时，也就不用惊讶了。

-结语-

我故意用一种争辩的语气[390]写作。

——特雷萨·玛丽·麦赫特

机会

在这本书中，我把很大的篇幅给了历史、文学、人类学、社会学和科学有关的故事。科学有助于从源头上化解人类最大的焦虑和痛苦，这一论点有着强大而有力的支持。我还想提出另一个观点，即面对复杂问题时，如果采取一刀切的方式，不仅会损失准确性和真实性，而且会失去实现我们所期待的，没有担忧和恐惧的生活的机会。

好的生活，正如好的故事，需要开端、演进和结尾。没有这些界定的要素，人生会不完整，甚至令人感到悲凉，而且难以名状，缺少目的和意义。结局也许会很难熬、很悲伤，即使我们不想让这个故事结束，好的故事也会让人感到完整和满足。

靠左脑思考问题的人常常提供工具，有时能救命或者提升生命质量，有时副作用又会掩盖其功效。如果不去对谁选择了这些问题和工具、谁获益、谁会受到极大伤害做尽职调查，那么进步就只能是假象。科技只能提出和解答某一类问题。这些工具被认为是医学和生命科学领域进步的标志，只有在一开始投入使用时，充分考虑到它们的发端、目标以及对不同年龄和背景人群的影响后，其才能承担起社会和道德责任。

事件不能仅仅从整体来评价，还需关注高峰期的强度[391]和结尾。那么生命是什么，是一个漫长、混乱、糟糕、美妙的事件？老年是生命的第三阶段，也是人生这场戏的最后一章。生命呈现什么样子，完全取决于我们自己。

致　谢

特别感谢：

那些我引用过的作家和学者，他们不仅为年老问题做出过巨大贡献，他们杰出的著作也教会了我如何写作，如何思考，让我认识到差别，让我了解了生命。特别要感谢克劳迪娅·兰金、厄休拉·K. 勒吉恩、安德鲁·所罗门、玛丽·比尔德、马修·德斯蒙德和玛吉·纳尔逊，你们让我看到了更多的可能性。

维多利亚·斯威特，你在 9 月那通电话里给我的建议改变了我书写这本书的方式，帮助我更加接近我想要的结果。

感谢医学院培养我成为一名医生：哈佛大学，特别是加利福尼亚大学旧金山分校。两所美国最棒的医学院，都知道自己的所长。在某些篇章，我指出了两所学校各自需要改善的地方，这恰恰是因为我们知道这两所学校能够领引导美国创造一个更好、更公平、更包容，也更有效的医疗系统。

我的写作团队——凯瑟琳·奥尔登、娜塔莉·苏茜·詹森、凯瑟琳·马、爱德华·波特、波拉·里德和苏珊娜·威尔西——感谢你们与我的长久友谊，我乐在其中。感谢你们提供的美食和英明的建议，以及大度地包容我不务正业地从小说转向纪实文学。

The MacDowell Colony，奇迹般地将几年的杂乱文件和文档迅速变成这本书的第一版真正的初稿。

比尔·霍尔，你在医学领域杰出的造诣、独一无二的博学、广为流传的讲座、给予的无尽的支持，对我来说意义重大，而你却谦逊地觉得不值一提。

戴维·希尔兹，曾告诉那些我想在写作中完成的"奇怪的"东西是有趣并且重要的。

凯蒂·巴特勒和苏妮塔·普里，我的旅行伴侣，你们的支持是我的动力。

感谢那些出版了这本书部分内容的编辑（在我知道之前，这就是原本的情况），主要有以下出版物：《纽约时报》《新英格兰医学杂志》《柳叶刀杂志》《健康事务》《华盛顿邮报》《学术医学》《新英格兰评论》。

感谢我过去、现在和未来的患者。医生（doctor）这个英文单词来源于拉丁语（docere），但任何有过临床经验的医生都会知道，我们从患者身上学到的东西远远多过他们从我们身上学到的。我非常感谢自己能够全身心地照顾他们。

我的经纪人——埃玛·帕特森，我的编辑——南希·米勒，感谢她们在我很多年还没开始写、花了很多年完成这本书以及完成后帮助这本书出版的过程中给予我的坚定信心和持续的耐心。

我的父亲教会了我太多，各种意义上，我都想念他。

我的母亲，一直是我最大的支持者，我希望过上和她一样的老年生活，但这恐怕无法实现。

简，特别致谢，永远。

注　释

概念

[1] Featherstone, M., & Wernick, A. (1995). *Images of aging: cultural representations of later life.* London, UK: Routledge.

第一章　第三幕剧

[2] AHRQ Reports: Healthcare Costs and Utilization Project. (2010). *Overview statistics for inpatient hospital stays.*

第三章　蹒跚学步

老年的历史

[3] Magner, L. N. (1992). *A history of medicine.* (35). New York, NY: Marcel Dekker.

[4] Plato, Grube, G. M. A., & Reeve, C. D. C. (1992). *Republic.* Indianapolis: Hackett Pub. Co.

[5] Buhr, S. (September 15, 2014). The $1 million race for the cure to end aging. TechCrunch; De Grey, A., & Rae, M. (2007). *Ending aging: The rejuvenation breakthroughs that could reverse human aging in our lifetime.* New York, NY: St. Martin's Press; McNicoll, A. (October 3, 2013). How Google's Calico aims to fight aging and "solve death." CNN; National Academy of Medicine. (October 19, 2015). *Special session: innovation in aging and longevity.* Special session of the Symposium on Aging at the NAM Annual Meeting, Washington, DC.

[6] Span, P. (April 13, 2018). The clinical trial is open: the elderly need not apply. *New York Times.*

[7] Mulley, G. (2012). A history of geriatrics and gerontology. *European Geriatric Medicine.* 3(4), 225–227.

[8] Birren, J. E. (2007). History of gerontology. In Birren, J. E. (Ed.), *Encyclopedia of Gerontology* (2nd edition). San Diego: Academic Press (Elsevier); Peterson, M., & Rose, C. L. (1982).

Historical antecedents of normative vs. pathological perspectives in aging. *Journal of the American Geriatrics Society*. (30)4, 292.

[9] Walker, W. B. (1954). Luigi Cornaro, a renaissance writer on personal hygiene. *Bulletin of the History of Medicine*. 28(6), 525–534.

[10] Peterson, M., & Rose, C. L. (1982). Historical antecedents of normative vs. pathological perspectives in aging. *Journal of the American Geriatrics Society*. (30)4, 292.

[11] Carp, F. (1977). Impact of improved living environment on health and life expectancy. *Gerontologist*. 17(3), 242–249; Fontana, L., & Partridge, L. (2015). Promoting health and longevity through diet: from model organisms to humans. *Cell*. 161(1), 10–118; Gravina, S., & Vijg, J. (2010). Epigenetic factors in aging and longevity. *Pflügers Archiv—European Journal of Physiology*. (459)2, 247–258; Terracciano, A., Löckenhoff, C. E., Zonderman, A. B., Ferrucci, L., & Costa, P. T. (2008). Personality predictors of longevity: activity, emotional stability, and conscientiousness. *Psychosomatic Medicine*. 70(6), 621–627.

[12] Susan, A. G., & Williams, M. E. (1994). A brief history of the development of geriatric medicine. *JAGS*. 42, 335–340.

[13] Swift, J. (1953). Chapter 10. *Gulliver's travels, book 3*. (234–249). London/Glasgow, UK: Collins.

[14] Schafer, D. (2002). "That senescence itself is an illness" : a transitional medical concept of age and ageing in the eighteenth century. *Medical History*. 46, 525–548.

[15] Parker, S. (2013). *Kill or cure: an illustrated history of medicine*. New York, NY: DK Publishing.

[16] Cole, T. (1992). *The journey of life: a cultural history of aging in America*. Cambridge, UK: Cambridge University Press. (191).

[17] Day, G. E. (1849). *Practical treatise on the domestic management and most important diseases of advanced life*. Philadelphia, PA: Lea and Blanchard.

[18] Fothergill, J. M. (1885). *The diseases of sedentary and advanced life: a work for medical and lay readers*. New York, NY: D. Appleton & Co.

[19] Maclachlan, D. (1863). *A practical treatise on the diseases and infirmities of advanced age*. London, UK: John Churchill & Sons.

[20] Kong, T. K. (2000). Marjory Warren: the mother of geriatrics. *Journal of the Hong Kong Geriatrics Society*. 10(2), 102–105.

[21] Matthews, D. A. (1984). Dr. Marjory Warren and the origin of British geriatrics. *Journal of the American Geriatrics Society*. 32(4), 253–258.

[22] Nevins, M. (2012). Chapter 9. *More meanderings in medical history*. (122). Bloomington, IN: iUniverse.

[23] Warren, M. W. (1943). Care of chronic sick. British Medical Journal. 2(4329), 822–823; Warren, M. W. (1946). Care of the chronic aged sick. *Lancet*. (247)6406, 841–843.

[24] Both who is doing the work and who is most likely to benefit from it have now, as they always have, a lot to do with money and power. See Friend, T. (2017). Silicon valley's quest to live forever. *New Yorker*.

老年病的识别误区

［25］Span, P. (July 21, 2017). Another possible indignity of age: arrest. *New York Times*.

［26］Diachun, L., Van Bussel, L., Hansen, K. T., Charise, A., & Rieder, M. J. (2010). "But I see old people everywhere": dispelling the myth that eldercare is learned in nongeriatric clerkships. *Academic Medicine*. 85(7), 1221–1228.

［27］Brown, R. T., Ahalt, C., Steinman, M. A., Kruger, K., & Williams, B. A. (2014). Police on the front line of community geriatric healthcare: challenges and opportunities. *Journal of the American Geriatrics Society*. 62(11), 2191–2198; Brown, R. T., Ahalt, C., Rivera, J., Cenzer, I. S., Wilhelm, A., & Williams, B. A. (2017). Good cop, better cop: evaluation of a geriatrics training program for police. *Journal of the American Geriatrics Society*. 65(8), 1842–1847.

第四章 锋芒挫缩

我的职业理想

［28］Gilman, S. L. (1998) Introduction: ethnicity-ethnicities-literature-literatures. *PMLA*. 113(1), 19–27; Le, N. (2006). Love and honour and pity and pride and compassion and sacrifice. *Zoetrope: All Story*. 10(2); Lee, K. (February 23, 2012). Should we still be using the term "ethnic literature"? Huffington Post.

［29］Macapagal, K., Bhatia, R., & Greene, G. J. (2016). Differences in healthcare access, use, and experiences within a community sample of racially diverse lesbian, gay, bisexual, transgender, and questioning emerging adults. *LGBT Health*. 3(6), 434-442; Rahman, M., Li, D. H., & Moskowitz, D. A. (2018). Comparing the healthcare utilization and engagement in a sample of transgender and cisgender bisexual+ persons. *Archives of Sexual Behavior*.

［30］S. (2010). The house of God. New York, NY: Berkley Books.

处方瀑布

［31］Rochon, P. A., & Gurwitz, J. H. (1997). Optimising drug treatment for elderly people: the prescribing cascade. *British Medical Journal*. 315, 1096–1099.

无可避免的"老糊涂"？

［32］Bayley, J. (1999). Chapter 7. *Elegy for iris*. (115). New York, NY: Picador.

［33］Ernaux, A. (1987). *A woman's story*. New York, NY: Seven Stories Press. (71–72).

［34］(September 12, 2017) Why are we so afraid of dementia? *Conversation*.

［35］Bradford, A., Kunik, M. E., Schulz, P., William, S. P., & Singh, H. (2009). Missed and delayed diagnosis of dementia in primary care: Prevalence and contributing factors. *Alzheimer's Disease and Associated Disorders*. 23(4), 306–314.

［36］Mayeda, E. R., Glymour, M. M., Quesenberry, C. P., & Whitmer, R. A. (2016). Inequalities in dementia incidence between six racial and ethnic groups over fourteen years. *Alzheimer & Dementia: The Journal of the Alzheimer's Association* 12(3), 216-224.

［37］Valcour, V. G., Masaki, K. H., Curb, J. D., & Blanchette, P. L. (2000). The detection of dementia in the primary care setting. *Archives of Internal Medicine*. 160(19), 2964–2968; Callahan, C. M., Hendrie, H. C., & Tierney, W.M. (1995). Documentation and evaluation of cognitive impairment in elderly primary care patients. *Annals of Internal Medicine*. 122(6), 422–429; Lin, J. S., O'Connor, E., Rossom, R. C., Perdue, L. A., Eckstrom, E. (2013). Screening for cognitive impairment in older adults: a systematic review for the U.S. preventive services task force. *Annals of Internal Medicine*. 159(9), 601–612.

[38] Park, A. (March 24, 2015). Many doctors don't tell patients they have Alzheimer's. *Time*; Alzheimer's Association. (2015). 2015 Alzheimer's disease facts and figures. *Alzheimer's and Dementia*. 11(3), 332–384.

不欢迎老人的医疗体系

[39] Gabow, P. (2015). The fall: aligning the best care with standards of care at the end of life. Health Affairs. 34(5), 871–874.

[40] Kleinman, A. (1988). *Illness narratives*. New York, NY: Basic Books.

[41] Jecker, N. S. (2017). Doing what we shouldn't: medical futility and moral distress. American Journal of Bioethics. 17(2), 41–43; Derse, A. R. (2017). "Erring on the side of life" is sometimes an error: physicians have the primary responsibility to correct this. *American Journal of Bioethics*. 17(2), 39–41.

被异化的"老年"

[42] Gross, T., & Brown, M. M. (August 4, 2017). Poet imagines life inside a 1910 building that eugenics built. Fresh Air: *NPR*. 31:18—31:44, 32:15–33:48, 34:01–34:06.

[43] Cole, T. (1992). *The journey of life: a cultural history of aging in America*. (230). Cambridge, MA: Cambridge University Press.

[44] Haraven, T. K. (1976). The last stage: historical adulthood and old age. *American Civilization: New Perspectives*. 105(4), 13– 27.

第五章　循序渐进

所谓"正常"

[45] 事实上，本书作为史料引用的只是欧洲和北美大陆的历史。这本书关注的焦点是美国，写作语言是英语，相关文献也更易获取。所以多涉及美国信仰与制度。

[46] Brosco, J. P. (2012). Navigating the future through the past: the enduring historical legacy of federal children's health programs in the United States. *American Journal of Public Health*. 102(10), 1849–1857.

[47] Association of American Medical Colleges. (2018). Medical school graduation questionnaire.

[48] Hafferty, F. W. (1998). Beyond curriculum reform: confronting medicine's hidden curriculum. *Academic Medicine*. 73(4), 403–407.

[49] Esteghamati, A., Baradaran, H., Monajemi, A., Khankeh, H. R., & Geranmayeh, M. (2016). Core components of clinical education: a qualitative study with attending physicians and their residents. *Journal of Advances in Medical Education & Professionalism*. 4(2), 64–71.

[50] Bickley, L. S. (2003). *Bates' guide to physical examination and history taking*. Philadelphia: Lippincott Williams & Wilkins.

差异即偏见

[51] Allport, G. W. (1954). *The nature of prejudice.* Cambridge, MA: Addison-Wesley Pub. Co.

[52] Butler, R. N. (1975). *Why survive?: Being old in America.* Baltimore, MD: Johns Hopkins University Press.

[53] Butler, R. N. (1975). *Why survive?: Being old in America.* Baltimore, MD: Johns Hopkins University Press.

[54] Butler, R. N. (1975). *Why survive?: Being old in America.* Baltimore, MD: Johns Hopkins University Press.

[55] Hazlitt, W. On prejudice. In *Sketches and essays.* London, UK: Richards.

[56] Voltaire. (1984). Tolerance. In T. Besterman (Ed.), Philosophical dictionary. London, UK: Penguin Classics.

[57] Allport, G. W. (1954). *The nature of prejudice.* Cambridge, MA: Addison- Wesley Publishing Co.

第六章　老之迷思

变老：漫长而隐秘的过程

[58] Goldman, D. P., Chen, C., Zissimopoulos, J., Rowe, J. W., & the Research Network on an Aging Society. (2018). Opinion: measuring how countries adapt to societal aging. *Proceedings of the National Academy of Sciences of the United States of America.* 115(3), 435– 437.

[59] Thane, P. (2003). Social histories of old age and aging. *Journal of Social History.* 37(1), 93– 111.

[60] Falkner, T. M., & De Luce, J. (Eds.). Homeric heroism, older age and the end of the *Odyssey* in *Old age in Greek and Latin literature* (25). Albany, NY: State University of New York Press.

[61] Davis, L. (July 10, 2017). Fear of ageing. *New York Tyrant.*

残忍的治疗

[62] Finlayson, E. (2015). Surgery in the elderly: aligning patient goals with expected outcomes. [PowerPoint slides]; Suskind, A., Jin, C., Cooperberg, M. R., Finlayson, E., Boscardin, W. J., Sen, S., & Walter, L. C. (2016). Preoperative frailty is associated with discharge to skilled or assisted living facilities after urologic procedures of varying complexity. *Urology.* 97, 25– 32.

"抗衰老"的幻梦

[63] Featherstone, M., & Hepworth, M. (1995). Images of positive aging: a case study of Retirement Choice magazine. In M. Featherstone, & A. Wernick (Eds.) *Images of aging: cultural representations of later life.* (29–48). London, UK: Routledge.

[64] Austad, S. (2016). The geroscience hypothesis: is it possible to change the rate of aging? In F. Sierra, & R. Kohanski (Eds.). *Advances in Geroscience.* (1–36). Bethesda, MD: Springer International Publishing.

[65] Cristofalo, V. J., Gerhard, G. S., & Pignolo, R. J. (1994). Molecular biology of aging. *Surgical Clinics of North America.* 74(1), 1–21; Pignolo, R. J. (n.d.). The biology of aging: an overview. [PowerPoint slides]. Retrieved from https://www.med.upenn.edu/gec/user_

documents/Pignolo-BiologyofAging2012GGRFINAL.pdf.

［66］Herodotus. (1920). Book III in A. D. Godley (Ed.) *The Histories.* (23). Cambridge, UK: Harvard University Press.

［67］Gruman, G. J. (1961). The rise and fall of prolongevity hygiene, 1558–1873. *Bulletin of the History of Medicine.* 35, 221–225.

［68］Weindruch, R., & Sohal, R. S. (1997). Caloric intake and aging. *New England Journal of Medicine.* 337(14), 986-994.

［69］Roth, G. S., Mattison, J. A., Ottinger, M. A., Chachich, M. E., Lane, M. A., & Ingram, D. K. (2004). Aging in rhesus monkeys: relevance to human health interventions. *Science.* 305(5689), 1423–1426.

［70］Baur, J. A., Pearson, K. J., Price, N. L., Jamieson, H. A., Lerin, C., Kalra, A., et al. (2006). Resveratrol improves health and survival of mice on a high-calorie diet. *Nature.* 444(7117), 337–342.

［71］Buck Institute for Research on Aging. (September 5, 2017). Ketogenic diet improves healthspan and memory in aging mice. *Eurekalert!*

［72］Kirland, J. L., Tchkonia, T., Zhu, Y., Niedernhofer, L. J., & Robbins, P. D. (2017). The clinical potential of senolytic drugs. *Journal of American Geriatrics Society.* 65(10), 2297–2301.

［73］Baker, D. J., Wijshake, T., Tchkonia, T., LeBrasseur, N. K., Childs, B. G., van de Sluis, B., et al. (2011). Clearance of p16^{Ink}4^a–positive senescent cells delays ageing- associated disorders. *Nature.* 479(7372), 232– 236.

［74］Bitto, A., Ito, T. K., Pineda, V. V., LeTexier, N. J., Huang, H. Z., Sutlief, E., et al. (2016). Transient rapamycin treatment can increase lifespan and healthspan in middle-aged mice. eLife. 5, 16351; Bjedov, I., Toivonen, J. M., Kerr, F., Slack, C., Jacobson, J., Foley, A., & Partridge, L. (2010). Mechanisms of life span extension by rapamycin in the fruit fly *Drosophila melanogaster. Cell Metabolism.* 11(1), 35–46; Blagosklonny, M. V. (2013). Rapamycin extends life- and health span because it slows aging. *Aging (Albany NY).* 5(8), 592–598; Ehningher, D., Neff, F., & Xie, K. (2014). Longevity, aging, and rapamycin. *Cellular and Molecular Life Sciences.* 71(22), 4325–4346.

［75］Barber, G. (March 27, 2018). The Science behind the pursuit of youth. Wired.

［76］Perls, T. T., Reisman, N. R., & Olshansky, S. J. (2005). Provision or distribution of growth hormone for "antiaging": clinical and legal issues. *JAMA.* 294(16), 2086–2090.

［77］Olshansky, S. J., Hayflick, L., & Carnes, B. A. (2002). Position statement on human aging. *Journals of Gerontology. Series A, Biological Sciences and Medical Sciences.* 57(8), B292– 297.

［78］Hayflick, L., and Moorhead, P. S. (1961). "The serial cultivation of human diploid cell strains." *Experimental Cell Research* 25:585–621.

老年人的用药风险

［79］O'Connor, A. (November 23, 2011). Four drugs cause most hospitalizations in older adults. *New York Times.*

［80］National Institutes of Health (May 25, 2018). *Inclusion Across the Lifespan-Policy Implementation.*

［81］Hughes, L. D., McMurdo, M. E., & Guthrie, B. (2013). Guidelines for people not for diseases:

the challenges of applying UK clinical guidelines to people with multimorbidity. *Age Ageing.* 42(1), 62–69.

[82] Boyd, C. M., Darer, J., Boult, C., Fried, L. P., Boult, L., & Wu, A. W. (2005). Clinical practice guidelines and quality of care for older patients with multiple comorbid diseases: implications for pay for performance. *JAMA.* 294(6), 716–724.

[83] Shenoy, P., & Harugeri, A. (2015). Elderly patients' participation in clinical trials. *Perspectives in Clinical Research.* 6(4), 184– 198.

[84] Brauer, C. A., Coca-Perraillon, M., Cutler, D. M., & Rosen, A. B. (2009). Incidence and mortality of hip fractures in the United States. *JAMA.* 302(14), 1573–1579.

[85] McCarvey, C., Coughlan, T., & O'Neill, D. (2017). Ageism in studies on the management of osteoporosis. *Journal of the American Geriatrics Society.* 65(7), 1566–1568.

[86] Walter, L. C., & Covinsky, K. E. (2001). Cancer screening in elderly patients: a framework for individualized decision making. *JAMA.* 285(21), 2750–2756.

[87] Suskind, A. M., Zhao, S., Walter, L. C., Boscardin, W. J., & Finlayson, E. (2018). Mortality and functional outcomes after minor urological surgery in nursing home residents: a national study. *Journal of the American Geriatrics Society.* 66(5), 909-915.

[88] American Academy of Home Care Physicians. (n.d.). The case for home care medicine: access, quality, cost.

[89] Ornstein, K., Wajnberg, A., Wajnberg, A., Kaye-Kauderer, H., Winkel, G., DeCherrie, L., et al. (2013). Reduction in symptoms for homebound patients receiving home-based primary and palliative care. *Journal of Palliative Medicine.* 16(9), 1048–1054; Totten, A. M., White-Chu, E. F., Wasson, N., Morgan, E., Kansagara, D., Davis- O'Reilly, C., & Goodlin, S. (2016). Home-based primary care interventions. *Comparative Effectiveness Reviews*, No. 164.

成年

[90] Mount, B. M. (1976). The problem of caring for the dying in a general hospital; the palliative care unit as a possible solution. *Canadian Medical Association Journal.* 115.

第七章　我的思考

现代老年医学

[91] Vaughan, C. P., Fowler, R., Goodman, R. A., Graves, T. R., Flacker, J. M., & Johnson, T. M. (2014). Identifying landmark articles for advancing the practice of geriatrics. *Journal of American Geriatrics Society.* 62(11), 2159–6162.

[92] Friedman, S. M., Shah, K., & Hall, W. J. (2015). Failing to focus on healthy aging: a frailty of our discipline? *Journal of American Geriatrics Society.* 63(7), 1459–1562.

[93] Morley, J. E. A brief history of geriatrics. *Journals of Gerontology. Series A Biological Sciences and Medical Sciences* 2004;59:1132–1152.

[94] Bynum, W. F., & Porter, R. (Eds.). (1993). *Companion encyclopedia of the history of medicine.* (1107). New York, NY: Routledge.

[95] Rosenthal, E. (2017). *An American sickness: how healthcare became big business and how*

you can take it back. New York: Penguin Press.

医生也会犯错

［96］Robbennolt, J. K. (2009). Apologies and medical error. *Clinical Orthopaedics and Related Research*. 467(2), 376–382.

［97］Peterson, M., & Rose, C. L. (1982). Historical antecedents of normative vs. pathological perspectives in aging. *Journal of the American Geriatrics Society*. 30(4), 289–294.

［98］Gunnarsson, B. L. (2011). *Languages of science in the eighteenth century*. Berlin, DE: Walter de Gruyter GmbH & Co. (273).

［99］Ritch, A. (2012). History of geriatric medicine: from Hippocrates to Marjory Warren. *Journal for the Royal College of Physicians of Edinburgh*. 42(4), 368-374.

［100］Banerjee, S. (2014). Multimorbidity-older adults need health care that can count past one. *Lancet*. 385(9968), 587-589; Wolff, J. L., Starfield, B, & Anderson, G. (2002). Prevalence, expenditures, and complications of multiple chronic conditions in the elderly. *Archives of Internal Medicine*. 162(20), 2269-2276.

［101］Charcot, J. M. (1881). Clinical lectures on the diseases of old age. New York, NY: William Wood & Co.; Charcot, J. M. (1889). *Clinical lectures on diseases of the nervous system*. London, UK: The New Sydenham Society.

准确识别的能力

［102］American Bar Association Commission on Law and Aging, & American Psychological Association. (2008). *Assessment of older adults with diminished capacity: a handbook for psychologists*. American Bar Association Commission on Law and Aging & American Psychological Association. (12); Leo, R. J. (1999). Competency and capacity to make treatment decisions: a primer for primary care physicians. *The Primary Care Companion to the Journal of Clinical Psychiatry*. 1(5), 131–141; Moye, J., & Marson, D. C. (2007). Assessment of decision-making capacity in older adults: an emerging area of practice and research. *Journals of Gerontology: Series B*. 62(1), 3–11; Silberfeld, M., Stevens, D., Lieff, S., Checkland, D., & Madigan, K. (1992). Legal standards and threshold of competence. *Advocates' Quarterly*. 14, 482.

［103］Moye, J., Marson, D. C., Edelstein, B. (2013). Assessment of capacity in an aging society. *American Psychologist*. 68(3), 158-171.

［104］Cruickshanks, K. J., Tweed, T. S., & Wiley, T. L. (2003). The five-year incidence of progression of hearing loss: the epidemiology of hearing loss study. *JAMA Otolaryngology— Head & Neck Surgery*. 129(10), 1041–1046.

系统性歧视

［105］Didion, J. (1979). *The white album*. New York, NY: Noonday.

［106］Lewis-Fernandez, R., & Díaz, N. (2002). The cultural formulation: a method for assessing cultural factors affecting the clinical encounter. *Psychiatric Quarterly*. 73(4), 271–295; Myers, H. F., Lesser, I., Rodriguez, N., Mira, C. B., Hwang, W. C., Camp, C., et al. (2002). Ethnic differences in clinical presentation of depression in adult women. *Cultural Diversity* and *Ethnic Minority Psychology*, 8(2), 138–156; Takeuchi, D. T., Chun, C. A., Gong, F., & Shen, H. (2002). Cultural expressions of distress. *Health: An Interdisciplinary Journal for the Social Study of Health, Illness and Medicine*. 6(2).

[107] Baldwin, J., & Peck, R. (Writers) & Peck, R. (Director). (2016). *I am not your negro*. United States: Magnolia Pictures.

[108] Oh, E. S., Fong, T. G., Hshieh, T. T., & Inouye, S. K. (2017). Delirium in older persons: advances in diagnosis and treatment. *JAMA* 318(12), 1161–1174.

[109] FitzGerald, C., & Hurst, S. (2017). Implicit bias in healthcare professionals: a systematic review. BMC Medical Ethics, 18(1), 19; Shaband, H. (August 29, 2014). How racism creeps into medicine. *Atlantic*.

[110] Levy, B. R. (2003). Mind matters: cognitive and physical effects of aging self-stereotypes. *Journals of Gerontology: Series B*. 58(4): 203–211.

[111] Crenshaw, K., Gotanda, N., Peller, G., & Thomas, K. (1995). *Critical race theory: the key writings that formed the movement* (6th edition). New York, NY: New Press; hooks, b. (1990). *Yearning: race, gender, and cultural politics*. Boston, MA: South End; Crenshaw, K. (September 24, 2015). Why intersectionality can't wait. *Washington Post*.

[112] Goddu, P., O'Conor, K. J., Lanzkron, S., Saheed, M. O., Peek, M. E., Haywood, C., & Beach, M. C. (2018). Do words matter? Stigmatizing language and the transmission of bias in the medical record. *Journal of General Internal Medicine*. 33(5), 685–691; Haider, A. H., Sexton, J., Sriram, N., Cooper L. A., Efron, D. T., Swoboda, S., et al. (2011). Association of unconscious race and social class bias with vignette- based clinical assessments by medical students. *JAMA*. 306(9), 942–951; Hall, W. J., Chapman, M. V., Lee, K. M., Merino, Y. M., Thomas, T. W., Payne, K., et al. (2015). Implicit racial/ethnic bias among health care professionals and its influence on health care outcomes: a systematic review. *American Journal of Public Health*. 105(12), e60–e76; Hamberg, K. (2008). Gender bias in medicine. *Women's Health*. 4(3), 237–243; Jackson, C. L., Agénor, M., Johnson, D. A., Austin, S. B., & Kawachi, I. (2016). Sexual orientation identity disparities in health behaviors, outcomes, and services use among men and women in the United States: a cross- sectional study. *BMC Public Health*. 16, 807; Scheck, A. (2004). Race, gender, and age affect medical care, so why does bias persist? *Emergency Medical News*. 26(5), 18–21.

[113] Kaul, P., Armstrong, P. W., Sookram, S., Leung, B. K., Brass, N., & Welsh, R. (2011). Temporal trends in patient and treatment delay among men and women presenting with ST-elevation myocardial infarction. *American Heart Journal*. 161(1), 91–97; Liakos, M., & Parikh, P. B. (2018). Gender disparities in presentation, management, and outcomes of acute myocardial infarction. *Current Cardiology Reports*. 20, 64; Vaccarino, V., Rathore, S. S., Wenger, N. K., Frederick, P. D., Abramson, J. L., Barron, H. V., et al. (2005). Sex and racial differences in the management of acute myocardial infarction, 1994 through 2002. *New England Journal of Medicine*. 353, 671–682.

[114] Nguyen, M., Ugarte, C., Fuller, I., Haas, G., & Portenoy, R. K. (2005). Access to care for chronic pain: racial and ethnic differences. *Journal of Pain*. 6(5), 301–314; Campbell, C. M., & Edwards, R. R. (2012). Ethnic differences in pain and pain management. *Pain Management*. 2(3), 219–230.

［115］Grubbs, V. (2017). *Hundreds of interlaced fingers: a kidney doctor's search for the perfect match*. United States: Amistad.

第八章　拨云见日

稀有物种

［116］Campbell, J. Y., Durso, S. C., Brandt, L. E., Finucane, T. E., & Abadir, P. M. (2013). The unknown profession: a geriatrician. *Journal of American Geriatrics Society*. 61(3), 447–449.

［117］Whitbourne, S. K., & Sneed, J. R. (2004). Chapter 8: The paradox of well-being, identity processes, and stereotype threat: ageism and its potential relationships to the self in later life. In T. D. Nelson (Ed.), *Ageism: stereotyping and prejudice against older persons*. (247). Cambridge, MA: MIT Press.

［118］The Old Women's Project. (n.d.). Real-life examples of ageist comments.

关于老年的隐喻

［119］Le Guin, U. K. (2017). *No time to spare: thinking about what matters*. (193). Boston, MA: Houghton Mifflin.

［120］Le Guin, U. K. (2017). *No time to spare: thinking about what matters*. (201). Boston, MA: Houghton Mifflin.

［121］Le Guin, U. K. (2017). *No time to spare: thinking about what matters*. (243). Boston, MA: Houghton Mifflin.

［122］Sontag, S. (1972). The double standard of aging. *Saturday Review*. 29–38.

［123］Morris, W. (July 19, 2017). Jay-Z and the politics of rapping in middle age. *New York Times*.

［124］Sontag, S. (1979). *Illness as metaphor*. (3). New York, NY: Vintage Press.

顿悟时刻

［125］Kemp, B., Brummel-Smith, K., & Ramsdell, J. (Eds.). (1990) *Geriatric rehabilitation*. Austin, TX: Pro-Ed Press.

［126］Dyrbye, L. N., Thomas, M. R., & Shanafelt, T. D. (2005). Medical student distress: causes, consequences, and proposed solutions. *Mayo Clinic Proceedings*. 80(12), 1613–1622; West, C. P., Huschka, M. M., Novotny, P. J., Sloan, J. A., Kolars, J. C., Haberman, T. M., & Shanafelt, T. D. (2006). Association of perceived medical errors with resident distress and empathy: a prospective longitudinal study. *JAMA*. 296, 1071–1078.

［127］Nascher, I. L. (1909). Geriatrics. *New York Medical Journal*. 90(17), 358–359; Nascher, I. L. (1914). *Geriatrics: the diseases of old age and their treatment*. Philadelphia, PA: P. Blakiston's Son & Co.

［128］Nascher, I. L. (1909). Longevity and rejuvenescence. *New York Medical Journal*. 89(16), 794–800.

［129］Dodd, Mead, & Co. (1916). The new international encyclopaedia. (703). New York, NY: Dodd, Mead and Co.; Ozarin, L. (2008). I. L. Nascher, MD (1863–1944): the first American geriatrician. *Psychiatric News*. https://doi.org/10.1176/pn.43.22.0024.

［130］Thane, P. (1993). Chapter 46: Geriatrics. In W. F. Bynum & R. Porter (Ed.), *Companion*

Encyclopedia of the History of Medicine (1092). London, UK; New York, NY: Routledge.

[131] Freeman, J. T. (1950). François Ranchin contributor of an early chapter in geriatrics. Journal of the History of Medicine and Allied Sciences. 5(4), 422–431; Thane, P. (2005). *A history of old age*. Oxford, UK: Oxford University Press.

[132] (Greek: geron— old man; komeo— to take care of it) Bynum, W. F., & Porter, R. (Eds.). (1993). *Companion encyclopedia of the history of medicine: volume 2*. (1095). London, UK; New York, NY: Routledge.

[133] Freeman, J. T. (1961). Nascher: excerpts from his life, letters, and works. *Gerontologist*, 1, 17–26.

[134] Burstein, S. R. (1946). Gerontology: a modern science with a long history. *Postgraduate Medical Journal*.

[135] Howell, T. H. (1975). *Old age: some practical points in geriatrics* (3rd edition). London, UK: H. K. Lewis. (101).

[136] Gabow, P. A., Hutt, D. M., Baker, S., Craig, S. R., Gordon, J. B., & Lezotte, D. C. (1985). Comparison of hospitalization between nursing homes and community residents. *Journal of the American Geriatrics Society*. 33(8), 524-529; Graham, J. (December 8, 2016). You're not just "growing old" if this happens to you. Kaiser Health News; Piers, R. D., Van den Eynde, M., Steeman, E., Vlerick, P., Benoit, D. D., & Van Den Noortgate, N. J. (2012). End-of-life of the geriatric patient and nurses' moral distress. *Journal of the American Medical Directors Association*. 13(1), 7–13; Pijl-Zier, E., Armstrong-Esther, C., Hall, B., Akins, L., & Stingl, M. (2008). Moral distress: an emerging problem for nurses in long- term care? *Quality in Ageing and Older Adults*. 9(2), 29–48; Span, P. (June 22, 2018). Breathing tubes fail to save many older patients. *New York Times*; Tedeschi, B. (March 28, 2018). With the help of a loved one, a family finds what is essential in the end. STAT.

实然与应然的距离

[137] Lynn, J. (2008). *Aging America: a reform agenda for living well and dying well*. Hastings Center Bioethics Agenda 08: America Ages.

圣人与罪人

[138] Leigh, J. L., Kravitz, R. L, Schembi, M., Samuels, S. J., & Mobley, S. (2002). Physician career satisfaction across specialties. *Archives of Internal Medicine*. 162(14), 1577–1584; Leigh, J. P., Tancredi, D. J., & Kravitz, R. L. (2009). Physician career satisfaction within specialties. *Biomedical Central Health Services Research*. (9, 166); Siu, A. L., & Beck, J. C. (1990). Physician satisfaction with career choices in geriatrics. *The Gerontologist*. 30(4), 529–534.

[139] American Geriatrics Society Expert Panel on the Care of Older Adult with Multimorbidity. (2012). *Journal of American Geriatrics Society*. 60(10), E1– E25; Capezuit, E. A. (2015). *Geriatrics models of care: bringing "best practice" to an aging America*. New York, NY: Springer; Coleman, E. A., & Boult, C. (2003). Improving the quality of transitional care for persons with complex care needs. *Journal of the American Geriatrics Society*. 51(4), 556–557; Counsell, S. R., Holder, C. M., Libenauer, L. L., Palmer, R. M., Fortinsky, R.

H., Kresivic, D. M., et al. (2000). Effects of multicomponent intervention on functional outcomes and process of care in hospitalized older patients: a randomized controlled trial of Acute Care for Elders (ACE) in a community hospital. *Journal of the American Geriatrics Society*. 48(12), 1572–1581; Fulmer, T., & Berman, A. (November 3, 2016). Age- friendly health systems: how do we get there? Health Affairs; Meier, D. E., & Gaisman, C. (2007). Palliative care is the job of every hospital. *Medscape General Medicine*. 9(3), 6.

［140］Sandberg, S. (2013). Lean in: women, work, and the will to lead. New York, NY: Alfred A. Knopf; Mody, L., Boustani, M., Braun, U. K., & Sarkisian, C. (2017). Evolution of geriatric medicine: midcareer faculty continuing the dialogue. *Journal of the American Geriatrics Society*. 65(7), 1389-1391.

［141］Nascher, I. L. (1914). *Geriatrics: the diseases of old age and their treatment*. (XV) Philadelphia, PA: P. Blakiston's Son & Co.

［142］Nascher, I. L. (1914). *Geriatrics: the diseases of old age and their treatment*. (V) Philadelphia, PA: P. Blakiston's Son & Co.

［143］Nascher, I. L. (1909). Longevity and rejuvenescence. *New York Medical Journal*.

［144］Nascher, I. L. (1914). *Geriatrics: the diseases of old age and their treatment*. (VI). Philadelphia, PA: P. Blakiston's Son & Co.

［145］Higashi, R. T., Tilack, A. A., Steinman, M., Harper, M., & Johnson, C. B. (2012). Elder care as "frustrating" and "boring": understanding the persistence of negative attitudes toward older patients among physicians-in-training. *Journal of Aging Studies*. 26(4), 476– 483.

居家还是住院？

［146］Steel, N., Abdelhamid, A., Stokes, T., Edwards, H., Fleetcroft, R., Howe, A., & Qureshi, N. (2014). A review of clinical practice guidelines found that they were often based on evidence of uncertain relevance to primary care patients. Journal of Clinical Epidemiology, 67(11), 1251–1257; Jansen, J., McKinn, S., Bonner, C., Irwig, L., Doust, J., Glasziou, P., et al. (2015). Systematic review of clinical practice guidelines recommendations about primary cardiovascular disease prevention for older adults. *BMC Family Practice*, 16, 104; Upshur, R. E. G. (2014). Do clinical guidelines still make sense? No. *Annals of Family Medicine*, 12(3), 202– 203.

［147］Bodenheimer, T., Lo, B., & Casalino, L. (1999). Primary care physicians should be coordinators, not gatekeepers. JAMA. 281(21), 2045–2049; Wenrich, M. D., Curtis, J. R., Ambrozy, D. A., Carline, J. D., Shannon, S. E., & Ramsey, P. G. (2003). *Journal of Pain and Symptom Management*. 25(3), 236–246.

［148］Bradley, E. H., Canavan, M., Rogan, E., Talbert- Slagle, K., Ndumele, C., Taylor, L., Curry, L. A. (2016). Variation in health outcomes: the role of spending on social services, public health, and health care, 200–209. Health Affairs. 35(5), 760–768; Schneider, E. C., & Squires, D. (2017). From last to first—could the U.S. health care system become the best in the world? *New England Journal of Medicine*. 377, 901–904.

［149］Delbaere, K., Close, J. C., Brodaty, H., Sachdev, P, & Lord, S. R. (2010). Determinants of disparities between perceived and physiological risk of falling among elderly people: cohort study. *British Medical Journal*. 341, 4165.

生物学上的老年

[150] Shakespeare, W. (1963). *As you like it*. H. H. Furness (Ed.). New York, NY: Dover Publications.

[151] Cristofalo, V. J., Allen, R. G., Pignolo, R. J., Martin, B. G., & Beck, J. C. (1998). Relationship between donor age and the replicative lifespan of human cells in culture: a reevaluation. *Proceedings of the National Academy of Sciences of the United States of America*. 95(18), 10614–10619; Cristofalo, V. J., Gerhard, G. S., Pignolo, R. J. (1994). Molecular biology of aging. *Surgical Clinics of North America*. 74(1), 1–21; Cristofalo, V. J., Lorenzini, A., Allen, R. G., Torres, C., & Tresini, M. (2004). Replicative senescence: a critical review. *Mechanisms of Ageing and Development*. 125(10–11), 827–848.

[152] Morales, A. (2016). *The girls in my town*. (92). Albuquerque, NM: University of New Mexico Press.

[153] Masoro, E. J. (Ed.). (1995). *Handbook of physiology Sect 11: Aging*. (3–21). Oxford, UK: Oxford University Press.

[154] Finch, C. E. (1990). *Longevity, senescence, and the genome*. Chicago, IL: University of Chicago Press.

[155] Benetos, A., Okuda, K., Lajemi, M., Kimura, M., Thomas, F., Skurnick, J., et al. (2018). Telomere length as an indicator of biological aging. *Hypertension*. 37, 381-385; Epel, E. S., Blackburn, E. H., Lin, J., Dhabhar, F. S., Adler, N. E, Morrow, J. D., & Cawthon, R. M. (2004). Accelerated telomere shortening in response to life stress. *Proceedings of the National Academy of Sciences of the United States of America*. 101(49), 17312–17315; Harley, C. B., Futcher, A. B., & Greider, C. W. (1990). Telomeres shorten during ageing of human fibroblasts. *Nature*. 345(6274), 458–460; Marniciak, R., & Guarente, L. (2001). Human genetics: testing telomerase. Nature. 413(6854), 370–371, 373; Rudolph, K. L., Chang, S., Lee, H. W., Blasco, M., Gottlieb, G. J., Greider, C., & DePinho, R. A. (1999). Longevity, stress response, and cancer in aging telomerase-deficient mice. *Cell*. 96(5), 701–712.

[156] Bowles, P. J. (1986). *Theories of human evolution: a century of debate*, 1844–1944. Baltimore, MD: Johns Hopkins University Press.

[157] Central Intelligence Agency. (2017). Country comparison: Life expectancy at birth. *World Factbook*; The US Burden of Disease Collaborators. (2018). The state of US health, 1990–2016: Burden of diseases, injuries, and risk factor among US states. *JAMA*. 319(14), 1444–1472.

[158] Roth, P. (2006). *Everyman*. New York, NY: Houghton Mifflin.

[159] Ehrenreich, B. (March 31, 2018). Why are the poor blamed and shamed for their deaths? *Guardian*.

[160] Savan, S. (2006). *Slam dunks and no-brainers: Pop language in your life, the media, business, politics, and like, whatever*. New York, NY: Vintage.

养老还是囚禁？

[161] American Geriatrics Society Geriatrics Healthcare Professionals. (2017). AGS extends hip fracture co-management program that sees geriatrics mending more than bones; Friedman,

S. M., Mendelson, D. A., Kates, S. L., & McCann, R. M. (2008). Geriatric co-management of proximal femur fractures: total quality management and protocol-driven care result in better outcomes for a frail patient population. *Journal of American Geriatrics Society*. 56(7), 1349–1356.

[162] Burke, R. E., Lawrence, E., Ladebue, Ayele, R., Lippman, B., Cumbler, E., Allyn, R., & Jones, J. (2017). How hospital clinicians select patients for skilled nursing facilities. *Journal of American Geriatrics Society*. 65(11), 2466–2472.

[163] Ernaux, A. (1996). *A woman's story*. New York, NY: Seven Stories Press. (73).

[164] Ernaux, A. (1996). *A woman's story*. New York, NY: Seven Stories Press. (74).

[165] Ernaux, A. (1996). *A woman's story*. New York, NY: Seven Stories Press. (78).

[166] Ernaux, A. (1996). *A woman's story*. New York, NY: Seven Stories Press. (80-81).

[167] Clarfield, A. M. (1990). Dr. Ignatz Nascher and the birth of geriatrics. *Canadian Medical Association Journal*. 143(9), 944.

[168] Kelly, M., & Ó Gráda, C. (2011). The poor law of Old England: institutional innovation and demographic regimes. *Journal of Interdisciplinary History*. 41(3), 339-366.

[169] San Francisco Ombudsman program, personal communication, 2018.

[170] Gubrium, J. F., & Holstein, J. A. (1999). The nursing home as a discursive anchor for the ageing body. *Ageing & Society*. 19(5), 519–538.

[171] Nevins, M. (2012). Chapter 9: *More meanderings in medical history* (119). Bloomington, IN: iUniverse.

[172] Warren, M. W. (1946). Care of the chronic aged sick. *Lancet*. 1, 841–843.

[173] Gilleard, C., & Higgs, P. (2010). Aging without agency: theorizing the fourth age. *Aging & Mental Health*. 14(2), 121–128.

[174] Knight, H. (March 5, 2016). Fast-aging homeless population may lead to public health crisis. *San Francisco Chronicle*; Sabatini, J. (April 11, 2016). Report: SF needs to adapt services for an aging homeless population. *San Francisco Examiner*.

[175] *Here and Now*. (September 14, 2017). Florida nursing home under investigation after at least eight die. NPR.

治疗的狂热

[176] Mount, B. M. (1976). The problem of caring for the dying in a general hospital; the palliative care unit as a possible solution. *Canadian Medical Association Journal*. 115, 119–121.

[177] Polite, B., Conti, R. M., & Ward, J. C. (June 2, 2015). Reform of the buy-and-bill system for outpatient chemotherapy care is inevitable: perspectives from an economist, a realpolitik, and an oncologist. *2015 ASCO Annual Meeting*; Wynne, B. (2016). For Medicare's new approach to physician payment, big questions remain. *Health Affairs*. 35(9).

第九章 举步维艰

人生阶段

[178] Thane, P. (1993). Chapter 46: Geriatrics. *In Companion encyclopedia of the history of medicine*, volume 1. W. F. Bynum, & R. Porter (Eds.). (1093). New York, NY: Routledge.

〔179〕Higgs, P., & Gilleard, C. (2015). *Rethinking old age: theorising the fourth age*. London, UK: Palgrave Macmillan.

〔180〕Thane, P. (1993). Chapter 46: Geriatrics. In *Companion encyclopedia of the history of medicine, volume 1*. W. F. Bynum, & R. Porter (Eds.). (1093). New York, NY: Routledge.

〔181〕Hareven, T. K. (1976). The last stage: historical adulthood and old age. *American Civilization: New Perspectives*. 105(4), 13–27. 193 a late-life analogue of adolescence Hall, G. S. (1922). *Senescence, the last half of life*. New York, NY: D. Appleton and Co.

〔182〕Hall, G. S. (1922). *Senescence, the last half of life*. (366). New York, NY: D. Appleton and Co.

〔183〕Neugarten, B. (1974). Age groups in American society and the rise of the young-old. *Annals of the American Academy of Political and Social Science*. 415, 187–198.

〔184〕Suzman, R., & Riley, M. W. (1985). Introducing the "oldest old." *Milbank Memorial Fund Quarterly, Health and Society*. 63(2), 175–186.

〔185〕Palmore, E. (1999). *Ageism: negative and positive* (2nd edition). (55). New York, NY: Springer Publishing.

〔186〕Carey, E. C., Covinksy, K. E., Lui, L., Eng, C., Sands, L. P., & Walter, L. C. (2008). Prediction of mortality in community-living frail elderly people with long-term care needs. *Journal of the American Geriatrics Society*. 56, 68–75; Lunney, J. R., Lynn, J., & Hogan, C. (2002). Profiles of older Medicare decedents. *Journal of the American Geriatrics Society*. 50(6), 1108–1112.

〔187〕Nascher, I. L. (1916). *Geriatrics; the diseases of old age and their treatment: including physiological old age, home and institutional care, and medicolegal relations*. (1). Philadelphia, PA: P. Blakiston's Son & Co.

〔188〕Nascher, I. L. (1916). *Geriatrics; the diseases of old age and their treatment: including physiological old age, home and institutional care, and medicolegal relations*. (11). Philadelphia, PA: P. Blakiston's Son & Co.

〔189〕Martin, L. J. (1930). *Salvaging old age*. London, UK: Macmillan Co.

老年阶段的意义

〔190〕Rubin, E. B., Buehler, A. E., & Halpern S. D. (2016). States worse than death among hospitalized patients with serious illness. *JAMA Internal Medicine*. 176(10), 1557–1559.

〔191〕Fiatarone, M. A., Marks, E. C., Ryan, N. D., Meredith, C. N., Lipsitz, L. A., & Evans, W. J. (1990). High-intensity strength training in nonagenarians: effects on skeletal muscle. JAMA. 263(22), 3029–34; Reid, D. F., Callahan, D. M., Carabello, R. J., Philips, E. M., Frontera, W. R., & Fielding, R. A. (2008). Lower extremity power training in elderly subjects with mobility limitations: a randomized controlled trial. *Aging Clinical and Experimental Research*. 20(4), 337–343.

〔192〕McKnight, P. E., & Kashdan, T. B. (2009). Purpose in life as a system that creates and sustains health and well-being: an integrative, testable theory. *Review of General Psychology*. 13(3), 242–251; Stoyles, G., Chadwick, A., & Caputi, P. (2015). Purpose in life and well-being: the relationship between purpose in life, hope, coping, and inward sensitivity among first-year university students. *Journal of Spirituality in Mental Health*. 17(2), 119–134; Reker, G. T., Peacock, E. J., & Wong, P. T. P. (1987). Meaning and purpose in life and well-being: a life-span perspective. *Journal of Gerontology.* 42(1), 44–49.

［193］Gilleard, C., & Higgs, P. (2010). Aging without agency: theorizing the fourth age. *Aging & Mental Health.* 14(2), 121–128.

医疗界的势利

［194］Kane, L. (April 11, 2018). Medscape physician compensation report 2018. *Medscape.*

［195］Schneider, E. C., Sarnak, D. O., Squires, D., Shah, A., & Doty, M. M. (2017). Mirror, mirror, 2017: international comparison reflects flaws and opportunities for better U.S. health care. *Commonwealth Fund.*

［196］Vassar, L. (February 18, 2015). How medical specialties vary by gender. *AMA Wire.*

［197］Farber, O. N. (August 6, 2018). Women survive a heart attack more often when their doctor is female, study finds. *STAT.*

［198］Moss- Racusin, C. A., Dovidio, J. F., Brescoll, V. L., Graham, M. J., & Handelsman, J. (2012). Science faculty's subtle gender biases favor male students. *Proceedings of the National Academy of Sciences of the United States of America.*

领导们的决定

［199］Span, P. (January 19, 2018). One day your mind may fade: at least you'll have a plan. New York Times; Givens, J. L., Sudore, R. L., Marshall, G. A., Dufour, A. B., Kopits, I., & Mitchell, S. L. (2018). Advance care planning in community-dwelling patients with dementia. *Journal of Pain and Symptom Management.* 55(4), 1105–1112.

［200］Committee on Approaching Death: addressing key end of life issues; Institute of Medicine. (2015). *Dying in America: improving quality and honoring individual preference near the end of life.* Washington, DC: National Academies Press; Huffman, J. C., & Stern, T. A. (2003). Compassionate care of the terminally ill. *The Primary Care Companion to the Journal of Clinical Psychiatry.* 5(3), 131–136.

去性化的老年

［201］Freeman, J. T. (1979) *Aging, its history and literature.* New York, NY: Human Sciences Press.

［202］G. Herdt & B. deVries. (Eds.) (2004). Gay and lesbian aging: Research and future directions. New York: Springer. Fredriksen-Goldsen K. I., Cook-Daniels L., Kim H.-J., Erosheva E. A., Emlet C. A., Hoy-Ellis, C. P, et al. (2014). Physical and mental health of transgender older adults: An at-risk and underserved population. *Gerontologist*, 54, 488–500; Choi, S., & Meyer, I. H. (2016). *LGBT Aging: A Review of Research Findings, Needs, and Policy Implications.* Los Angeles: Williams Institute.

［203］Angell, R. (February 17 and 24, 2014). This old man. *The New Yorker.*

［204］Athill, D. (2008). *Somewhere towards the end.* New York, NY: W. W. Norton & Co.

［205］Hawthorne, F. (May 9, 2012). Talk to me, not my daughter. *New York Times.*

［206］Gorina, Y., Schappert, S., Bercovitz, A., Elgaddal, N., & Kramarow, E. (2014). Prevalence of incontinence among older Americans. *Vital and Health Statistics*: Series 3. 36, 1–33.

［207］Cochran, A. (2000). Don't ask, don't tell: the incontinence conspiracy. *Managed Care*

Quarterly. 8(1), 44–52; Hahn, S. R., Bradt, P., Hewett, K. A., & Ng, D. B. (2017). Physician-patient communication about overactive bladder: results of an observational sociolinguistic study. *Public Library of Science One*. 12(11).

［208］Beard, M. (2017). *Women and power: a manifesto*. New York, NY: Liveright Publishing.

［209］Gawande, A. (2014). *Being mortal: medicine and what matters in the end*. New York, NY: Metropolitan Books.

幻灭

［210］Shaw, B. (2015). *Last night in the OR: a transplant surgeon's odyssey*. New York, NY: Plume.

［211］Rush, T., & Shannon, D. (2018). Why I left medicine: a young doctor's views on burnout and non-clinical transitions. *ReachMD*.

［212］Shannon, D. (December 2, 2015). Physician burnout: it's bad and getting worse, survey finds. *WBUR*.

［213］Personal e-mail communication, 2015.

［214］Shanafelt, T. D., Hasan, O., Dyrbye, L. N., Sinsky, C., Satele, D., Sloan, J., & West, C. P. (2015). Changes in burnout and satisfaction with work-life balance in physicians and the general US working population between 2011 and 2014. *Mayo Clinic Proceedings*. 90(12), 1600-1613.

［215］Huynh, C., Bowles, D., Yen, M.S., Phillips, A., Waller, R., Hall, L., & Tu, S. P. (2018). Change implementation: the association of adaptive reserve and burnout among inpatient medicine physicians and nurses. *Journal of Interprofessional Care*.

［216］Shanafelt, T. D., Hasan, O., Dyrbye, L. N., Sinsky, C., Satele, D., Sloan, J., & West, C. P. (2015). Changes in burnout and satisfaction with work-life balance in physicians and the general US working population between 2011 and 2014. *Mayo Clinic Proceedings*. 90(12), 1600–1613.

［217］Association of American Medical Colleges. (2015). *The complexities of physician supply and demand: projections from 2013 to 2025*. Washington, DC: Association of American Medical Colleges.

［218］Hill, A. B. (March 23, 2017). Breaking the stigma--a physician's perspective on self-care and recovery. *New England Journal of Medicine*. 376, 1103–1105; Humikowski, C. A. (July 2018). Beyond burnout. JAMA. 320(4), 343–344; Métraux, E. (March 20, 2108). I experienced trauma working in Iraq: I see it now among America's doctors. STAT; Talbot, S. G., & Dean, W. (July 26, 2018). Physicians aren't "burning out." They're suffering from moral injury. STAT; Xu, R. (May 11, 2018). The burnout crisis in American medicine. *The Atlantic*.

最好的时代，最坏的时代

［219］Alkureishi, M. A., Lee, W. W., Lyons, M., Press, V. G., Imam, S., Nkansah-Amankra, A., et al. (2016). Impact of electronic medical record use on the patient-doctor relationship and communication: a systematic review. *Journal of General Internal Medicine*. 31(5), 548–560.

[220] Friedberg, M. W., Chen, P. G., Van Busum, K. R., Aunon, F. M., Pham, C. Caloyeras, J. P., et al. (2013). *Factors affecting physician professional satisfaction and their implications for patient care, health systems, and health policy*. Santa Monica, CA: RAND Corporation.

[221] Sinsky, C., Colligan, L., Li, L., Prgomet, M., Reynolds, S., Goeders, L., et al. (2016). Allocation of physician time in ambulatory practice: a time and motion study in four specialties. Annals of Internal Medicine. 165(11), 753–760; McDonald, C. J., Callaghan, F. M., Weissman, A., Goodwin, R. M., Mundkur, M., & Kuhn, T. (2014). Use of internist's free time by ambulatory care Electronic Medical Record systems. *JAMA Internal Medicine*. 174(11), 1860–1863.

[222] Brown, D. F., Sullivan, A. F., Espinola, J. A., & Camargo, C. A. (2012). Continued rise in the use of mid- level providers in the US emergency departments, 1993–2009. *Internal Journal of Emergency Medicine*. 5(21); Liu, H., Robbins, M., Mehrota, A., Auerbach, D., Robinson, B. E., Cromwell, L. F., & Roblin, D. W. (2017). *Medical Care*. 55(1), 12–18.

[223] Soudi, A., & McCague, A. B. (2015). Medical scribes and electronic health records. JAMA. 314(5), 518–519; Yan, C., Rose, S., Rothberg, M. B., Mercer, M. B., Goodman, K., & Misra-Hebert, A. D. (2016). Physician, scribe, and patient perspectives on clinical scribes in primary care. *Journal of General Internal Medicine*. 31(9), 990–995.

[224] Darves, B. (October 3, 2014). Compensation in the physician specialties: Mostly stable. *New England Journal of Medicine CareerCenter*.

[225] Brownlee, S., Saini, V., & Cassel, C. (April 25, 2014). When less is more: issues of overuse in health care. Health Affairs Blog; Fuchs, V. R. (July 2104). Why do other rich nations spend so much less on healthcare? *The Atlantic*.

[226] U.S. National Library of Medicine. (2016). *Health Disparities*. Bethesda, MD: National Institutes of Health.

[227] Starfield, B., Shi, L., & Macinko, J. (2005). Contribution of primary care to health systems and health. *Milbank Quarterly*. 83(3), 457–302.

[228] Smith, M., Saunders, R., Stuckhardt, L., & McGinnis, J. M. (Eds.). (2012). *Best care at lower cost: the path to continuously learning health care in America*. Washington, DC: National Academies Press.

[229] Farmer, P. E., Nizeye, B., Stulac, S., & Keshavjee, S. (2006). Structural violence and clinical medicine. *PLOS Medicine*. 3(10), e449.

[230] Stone, T. (December 6, 2016). Incremental fixes won't save the U.S. health care system. *Harvard Business Review*.

[231] Papanicolas, I., Woskie, L. R., & Jha, A. K. (March 13, 2018). Health care spending in the United States and other high- income countries. *JAMA*. 319(10), 1024–1039.

[232] Parente, S. T. (2018). Factors contributing to the higher health care spending in the United States compared with other high- income countries. *JAMA*. 319(10), 988–990.

[233] Yao, N., Ritchie, C., Camacho, F., & Leff, B. (2016). Geographic concentration of home-based medical care providers. *Health Affairs*. 35(8), 1404–1409; Lown, B. A., Rosen, J., & Marttila, J. (2011). An agenda for improving compassionate care: a survey shows about half of patients say such care is missing. *Health Affairs*. 30(9), 1772–1778.

[234] Bodenheimer, T. (2006). Primary care—will it survive? *New England Journal of Medicine*.

355, 861– 864; Beckman, H. (2015). The role of medical culture in the journey to resilience. *Academic Medicine*. 90(6), 710– 712.

同理心

［235］Weinstein, M. S. (2018). Out of the straitjacket. *New England Journal of Medicine*. 378, 793–795.

第十章　老之将至

年龄的概念

［236］Aries, P. (1965). *Centuries of childhood: a social history of family life*. (R. Baldick, Trans.). (125). New York, NY: Vintage Books. (Original work published 1960).

［237］Ulanowicz, A. (2005). *Philippe Ariès*. Representing Childhood project, University of Pittsburgh.

［238］Acocella, J. (August 18, 2003). Little people. *New Yorker*.

［239］Thomas, B. (December 26, 2012). Meaning on the brain: how your mind organizes reality. *Scientific American*.

［240］Laslett, P. (1991). *A fresh map of life: the emergence of the third age*. (3). Cambridge, MA: Harvard University Press.

［241］Laslett, P. (1991). *A fresh map of life: the emergence of the third age*. (4). Cambridge, MA: Harvard University Press.

［242］Laslett, P. (1991). *A fresh map of life: the emergence of the third age*. (vii). Cambridge, MA: Harvard University Press.

［243］Gilleard, C., & Higgs, P. (2010). Aging without agency: theorizing the fourth age. *Aging & Mental Health*. 14(2), 121-128.

［244］Gilleard, C., & Higgs, P. (2005). *Contexts of ageing: Class, cohort, and community*. Cambridge, UK: Polity Press.

［245］Laslett, P. (1991). *A fresh map of life: the emergence of the third age*. (3–5). Cambridge, MA: Harvard University Press.

［246］Gilleard, C., & Higgs, P. (2010). Aging without agency: theorizing the fourth age. *Aging & Mental Health*. 14(2), 122.

［247］Gilleard, C., & Higgs, P. (2010). Aging without agency: theorizing the fourth age. *Aging & Mental Health*. 14(2), 123.

［248］Gilleard, C., & Higgs, P. (2010). Aging without agency: theorizing the fourth age. *Aging & Mental Health*. 14(2), 125.

［249］Laslett, P. (1991). *A fresh map of life: the emergence of the third age*. (viii). Cambridge, MA: Harvard University Press.

老年学

［250］Estes, C. L., & Binney, E. A. (1989). The biomedicalization of aging: dangers and dilemmas. *Gerontologist*. 29(5), 587–596.

［251］Hareven, T. R. (1976). The last stage: historical adulthood and old age. *Daedalus*. 105(4),

13–27.

[252] Cole, T. (1992). *The journey of life: a cultural history of aging in America*. (202). Cambridge, UK: Cambridge University Press.

[253] H. T. Riley (Ed.). (1874). Act III, scene 1 in *The comedies of Terence: Phormio*. (George Colman, Trans.). New York, NY: Harper & Bros.

老年的快乐

[254] Delany, S. L., Delany, E., & Hearth, A. H. (1994). *Having our say: the Delany sisters' first 100 years*. New York, NY: Dell Publishing.

[255] Angell, R. (February 17 and 24, 2014). This old man. *New Yorker*.

[256] Sacks, O. (July 6, 2013). The joy of old age. (No kidding.) *New York Times*.

[257] Sue, D. W. (2010). *Microaggressions and marginality: manifestation, dynamics, and impact*. (229–233). Hoboken, NJ: John Wiley & Sons.

[258] Stone, A. A., Schwartz, J. E., Broderick, J. E., & Deaton, A. (2010). A snapshot of the age distribution of psychological well-being in the United States. *Proceedings of the National Academy of Sciences of the United States of America*. 107(22), 9985–9990.

[259] Steptoe, A., Deaton, A., & Stone, A. A. (2018). Psychological wellbeing, health, and ageing. Lancet. 385(9968), 640–648; Rock, L. Life gets better after 50: why age tends to work in favour of happiness. (May 5, 2018). *Guardian*.

[260] Blanchflower, D. G., & Oswald, A. J. (2008). Is well-being U-shaped over the life cycle? *Social Science & Medicine*. 66(8), 1733–1749.

[261] Stone, A. A., Schwartz, J. E., Broderick, J. E., & Deaton, A. (2010). A snapshot of the age distribution of psychological well-being in the United States. *Proceedings of the National Academy of Sciences*. 107 (22) 9985–9990.

[262] Naimon, D., & Ruefle, M. (June 3, 2015). *Between the Covers* podcast. (00:29).

[263] Plato. (1943). *Plato's The Republic*. New York: Books, Inc.

老后的世界

[264] Engelhardt, G. V., & Gruber, J. (2006). Social security and the evolution of elderly poverty. In *Public Policy and the Income Distribution*, A. J. Auerbach, D. Card, & J. M. Quigley (Eds.) (259-287). New York, NY: Russell Sage Foundation; DeNavas-Walt, C., Proctor, B. D., & Smith, J. C. (2014). *Income and Poverty in the United States: 2013*. Current Population Report P60- 249. Washington, DC: U.S. Census Bureau.

[265] Chen, Y., & Sloan, F. A. (2015). Explaining Disability Trends in the U.S. Elderly and Near-Elderly Population. *Health Services Research*. 50(5), 1528–1549.

[266] Fischer, D. H. (1978). *Growing old in America*. Oxford, UK: Oxford University Press.

[267] Shoven, J. B. (2007). New age thinking: alternative ways of measuring age, their relationship to labor force participation, government policies and GDP. *National Bureau of Economic Research*.

[268] Fries, J. F. (1980). Aging, natural death, and the compression of morbidity. *New England Journal of Medicine*. 303(3), 130–135.

[269] Vernon, S. (June 29, 2017). What age is considered "old" nowadays? *Money Watch*.

[270] Fried, L. P. (2016). Investing in health to create a third demographic dividend. *Gerontologist.* 56(2), S167–S177.

[271] Thane, P. (2005). *A history of old age.* Oxford, UK: Oxford University Press.

[272] Gaylord, S. A., & Williams, M. E. (1994). A brief history of the development of geriatric medicine. *Journal of the American Geriatrics Society.* 42(3), 335–340.

[273] Buettner, D. (2005). The secrets of long life. *National Geographic.*

[274] Ducharme, J. (February 15, 2018). You asked: do religious people live longer? *Time.*

[275] Deiana, L., Pes, G. M., Carru, C., Ferrucci, L., Franceschi, C., & Baggio, G. (2008). The "oldest man on the planet." *Journal of the American Geriatrics Society.* 50(12), 2098–2099; Robine, J. M., & Allard, M. (1998). The oldest human. *Science.* 279(5358), 1834–1835.

[276] Wang, J. (January 23, 2018). Jeff Bezos gains $2.8 billion after Amazon Go's debut, reaches highest net worth ever. *Forbes*; Silverman, S. (January 24, 2018). Retrieved from https: // twitter.com/SarahKSilverman/status/956166109585063937.

关于药瓶的一件 "小事"

[277] Burch, C. (Producer), & Loncraine, R. (Director). (2014). *Five flights up.* [Motion Picture]. United States: Lascaux; Latitude; Revelations.

[278] Rodgers, G. B. (2002). The effectiveness of child-resistant packaging for aspirin. *Archives of Pediatrics and Adolescent Medicine.* 156(9), 929–933.

[279] US Consumer Product Safety Commission. (2005). *Poison prevention packaging: a guide for healthcare professionals.* Washington, DC.

[280] Rodgers, G. B. (1996). The safety effects of child- resistent packaging for oral prescription drugs. Two decades of experience. *JAMA.* 275(21), 1661–1665.

[281] United States Environmental Protection Agency. (February 27, 1996). *PRN 96- 2: changes to child-resistant packaging (CRP) testing requirements.*

[282] Barbour, K. E., Helmick, C. G., Boring, M., Zhang, X., Lu, H., & Holt, J. B. (2016). Prevalence of doctor-diagnosed arthritis at state and county levels—United States 2014. *Morbidity and Mortality Weekly Report.* 65(19), 489–494.

[283] How to open a child proof pill container. (2018) wikiHow; Whitson, G. (January 1, 2013). Turn a childproof pill bottle in an easy-open one. *lifehacker.*

[284] United States Consumer Product Safety Commission. (October 4, 2008). *Poison prevention packaging act.* (4). (Originally published December 30, 1970).

老年

[285] Longfellow, H. W. (1866). *The poetical works of Henry Wadsworth Longfellow.* (210–314). Boston, MA: Ticknor and Fields.

第十一章　新的契机

成功地变老

[286] Rowe, J. W., & Kahn, R. L. (1997). Successful aging. *Gerontologist.* 37(4), 433–440.

[287] Aristotle. (1926). Book 1, Chapter 5 in *Rhetoric*. J. H. Freese, Trans. Cambridge, UK: Harvard University Press.

新的职业生涯

[288] Barnes, D. E., Palmer, R. M., Kresevic, D. M., Fortinsky, R. H., Kowal, J., Chren, M. M., & Landefeld, C. S. (2012). Acute care for elders units produced shorter hospital stays at lower cost while maintaining patients' functional status. *Health Affairs*. 31(6), 1227–1236; Flood, K. L., & Allen, K. R. (2013). ACE units improve complex patient management. *Today's Geriatric Medicine*. 6(5), 28; Landfeld, C. S., Palmer, R. M., Kresevic, D. M., Fortinsky, R. H., & Kowal, J. (1995). A randomized trial of care in a hospital medical unit especially designed to improve the functional outcomes of acutely ill older patients. *New England Journal of Medicine*. 332(20), 1338–1344; Palmer, R. M., Landefeld, C. S., Kresevic, D., & Kowal, J. (1994). A medical unit for the acute care of the elderly. *Journal of the American Geriatrics Society*. 42(5), 545–552.

[289] Clark, C. (April 25, 2013). If ACE units are so great, why aren't they everywhere? *HealthLeaders*.

[290] Institute for Healthcare Improvement. (2018). *Age-friendly health systems*.

[291] World Health Organization. (2018). *Ageing and life-course: health systems that meet the needs of older people*.

价值标签

[292] Eisenberg, R. (March 26, 2018). Are retirees spending too little? *Next Avenue*; Ghilarducci, T. (March 2, 2018). America's unusual high rates of old- age poverty and old- age work. *Forbes*.

[293] National Council on Aging. (2016). Economic security for seniors facts.

[294] Gallegos, D. (February 11, 2018). Why so many men die at sixty-two. *Wall Street Journal*.

[295] Maestas, N., Mullen, K. J., Powell, D. von Wachter, T., & Wenger, J. B. (2017). Working conditions in the United States: results of the 2015 American working conditions survey. Rand Corporation.

[296] Toosi, M., & Torpey, E. (May 2017). Older workers: labor force trends and career options. Bureau of Labor Statistics.

[297] Jaffe, I. (March 28, 2017). Older workers find age discrimination built right into some job websites. NPR; Palmer, K. (n.d.) Ten things you should know about age discrimination. *AARP: Work Life Balance*.

[298] Parker, S. (2013). Medicine and care for the elderly in *Kill or cure: an illustrated history of medicine*. (279). New York, NY: Dorling Kindersley Ltd.

[299] Burstein, S. R. (1950). Lillien Jane Martin—Pioneer in old age rehabilitation. *Medicine Illustrated*. 4(2), 82-90; Burstein, S. R. (1950). Lillien Jane Martin—Pioneer in old age rehabilitation. *Medicine Illustrated*. 4(3), 153-158.

数字

[300] Hayes, Bill. (2017). *Insomniac city: New York, Oliver, and me*. New York, NY: Bloomsbury.

理想的养老之地

[301] Waldinger, R. (November 2015). What makes a good life? Lessons from the longest study on happiness. *TEDxBeaconSteet.*

[302] May, D. R., Gilson, R. L., Harter, L. M. (2010). The psychological conditions of meaningfulness, safety, and availability and the engagement of the human spirit at work. *Journal of Occupational and Organizational Psychology.* 77(1), 11–37; Peterson, C., Park, N., & Seligman, M. E. (2005). Orientations to happiness and life satisfaction: the full life versus the empty life. *Journal of Happiness Studies.* 6(1), 25–41.

[303] Perissinotto, C. M., Stikacic Cenzer, I., & Covinsky, K. E. (2012). Loneliness in older persons: a predictor of functional decline and death. *Archives of Internal Medicine.* 172(14), 1078–1083.

[304] Connect2affect. (n.d.). About isolation. AARP.

[305] Holt- Lunstad, J., Smith, T. B., Baker, M., Harris, T., & Stephenson, D. (2015). Loneliness and social isolation as risk factors for mortality: a meta-analytic review. *Perspectives on Psychological Science.* 10(2), 227–237.

最后的平和

[306] Davies, D. (2005). *A brief history of death.* Malden, MA: Blackwell Publishing.

[307] Institute of Medicine (US) Committee on Care at the End of Life; Field, M. J., & Cassel, C. K. (Eds.). (1997). Approaching death: improving care at the end of life. Washington, DC: National Academies Press; 2, A profile of death and dying in America.

[308] Gleckman, H. (February 6, 2013). More people are dying at home and in hospice, but they are also getting more intense hospital care. *Forbes*; Teno, J. M., Gozalo, P. L., & Bynum, J. P. (2013). Change in end-of-life care for Medicare beneficiaries: site of death, place of care, and health care transitions in 2000, 2005, and 2009. *JAMA.* 309(5), 470–477.

看护机器人

[309] Poo, A. (2015). *The age of dignity: Preparing for the elder boom in a changing America.* New York, NY: New Press.

[310] Walton, A. G. (April 16, 2018). How too much screen time affects kids' bodies and brains. *Forbes.*

[311] (n.d.). Health and technology. Digital Responsibility; Cook, J-R. (March 29, 2016). Technology doesn't ruin health, people do. *Zócalo Public Square*; Pew Research Center (April 2018). The Future of Well-Being in a Tech-Saturated World. *Pew Research.*

[312] Wolf, G. (n.d.). Quantified self. Antephase; Wolf, G. (June 2010). The quantified self. *TED@ Cannes.*

[313] Kuchler, H. (July 30, 2017). Silicon Valley ageism: "They were, like, wow, you use Twitter?" *Financial Times.*

老年的盲点

[314] Emanuel, E. J. (October 2014). Why I hope to die at 75. *Atlantic.*

[315] Murray, K. (March–April 2013). How doctors die. *Saturday Evening Post*; Byock, I. (June

30, 2016). At the end of life, what would doctors do? *New York Times*; Chen, P. (2007) *Final exam: a surgeon's reflections on mortality*. New York, NY: Alfred A. Knopf.

［316］Remnick, D., & Emmanuel, E. (July 14, 2017). The man who would be king (of Mars), and Trumpcare revisited. *New Yorker Radio Hour*.

［317］Fried, L. P. (June 1, 2014). Making aging positive. *The Atlantic*.

［318］Clark, M. (1976). The anthropology of aging, a new area for studies of culture and personality. *Gerontologist*. 7(1), 55-64; Perkinson, M. A., & Solimeo, S. L. (2014). Aging in cultural context and as narrative process: conceptual foundations of the anthropology of aging as reflected in the works of Margaret Clark and Sharon Kaufman. *Gerontologist*. 54(1), 101-107.

［319］Kaufman, S. (1986). The ageless self: sources of meaning in later life. (6). Madison, WI: University of Wisconsin Press.

想象力

［320］Douthat, R. (August 8, 2018). Oh, the humanities! *New York Times*.

老后的身体

［321］Albrecht, G. L., & Devlieger, P. J. (1999). The disability paradox: high quality of life against all odds. *Social Science & Medicine*. 48(8), 977–988; Viemerö, V., & Krause, C. (1998). Quality of life in individuals with physical disabilities. *Psychotherapy and Psychosomatics*. 67(6), 317–322.

［322］Brown, C. J., & Flood, K. L. (2013). Mobility limitations in the older patient: a clinical review. *JAMA*.

［323］Perissinotto, C. M., Cenzer, I. S., & Covinsky, K. E. (2012). Loneliness in older persons: a predictor of functional decline and death. *Archives of Internal Medicine*. 172(14), 1078–1083.

［324］(September 21, 2017). *The Loneliness Project. The Campaign to End Loneliness*; Worland, J. (March 18, 2015). Why loneliness may be the next big public- health issue. *Time*.

老人的年龄组

［325］Centers for Disease Control. (2018). *Recommended immunization schedule for adults aged 19 years or older, United States 2018*. Atlanta, GA: U.S. Department of Health & Human Services.

［326］Marcum, C. S. (2011). Age differences in daily social activities. *RAND Center for the Study of Aging*.

［327］Aspinall, R., & Lang, P. O. (2014). Vaccine responsiveness in the elderly: best practice for the clinic. *Expert Review of Vaccines*. 7, 885–894.

［328］Del Guidice, G., Weinberger, B., & Grubeck-Loebenstein, B. (2015). Vaccines for the elderly. *Gerontology*. 61, 203–210.

［329］Suskind, A., & Cox, L. C. (May 6–10, 2016). AUA 2016: baseline functional status predicts postoperative treatment failure in nursing home residents undergoing transurethral resection of the prostate (turp)-session highlights. *UroToday*.

[330] Balducci, L. (2006). Management of cancer in the elderly. *Oncology*. 20(2), 135-143.

[331] American Cancer Society. (2014). *Treatment response rates for acute myeloid leukemia*. Retrieved from https://www.cancer.org/cancer/acute-myeloid-leukemia/treating/response-rates.html.

[332] Ansah, J. P., Malhotra, R., Lew, N., Chiu, C., Chan, A., Bayer, S., & Matchar, D. B. (2015). Projection of young-old and old-old with functional disability: Does accounting for the changing educational composition of the elderly population make a difference? PLOS One. 10(5).

[333] Lee, S. J., Leipzig, R. M., & Walter, L. C. (2013). "When will it help?" Incorporating lagtime to benefit into prevention decisions for older adults. *JAMA*. 310(23), 2609–2610.

[334] Brownlee, S., Saini, V., & Cassel, C. (April 25, 2014). When less is more: issues of overuse in health care. Health Affairs. Retrieved from https://www.healthaffairs.org/do/10.1377/hblog20140425.038647/full/.

[335] Skinner, D., Tadros, B. J., Bray, E., Elsherbiny, M., & Stafford, G. (2016). Clinical outcome following primary total hip or knee replacement in nonagenarians. *Annals of the Royal College of Surgeons of England*. 98(4), 258–264.

[336] Barreto-Filho, J. A., Wang, Y., Dodson, J. A., Desai, M. M., Sugeng, L., Geirsson, A., & Krumholz, H. M. (2013). Trends in aortic valve replacement for elderly patients in the United States, 1999–2015 2011. *JAMA*. 310(19), 2078–2085.

[337] Gawande, A. (January 23, 2017). The heroism of incremental care. *New Yorker*.

第十二章　白色巨塔

奄奄一息的男性和贫穷的女性

[338] Sontag, S. (1997). Chapter 1: the double standard of aging. In *The other within us: feminist explorations of women and aging*, M. Pearsall (Ed.). New York, NY: Routledge.

老年医学教育的缺失

[339] Association of American Medical Colleges. (2018).*Curriculum reports*. Retrieved from https://www.aamc.org/initiatives/cir/curriculumreports/.

[340] Diachun, L., Van Bussel, L., Hansen, K., Charise, A., & Rieder, M. (2010). "But I see old people everywhere": Dispelling the myth that eldercare is learned in nongeriatric clerkships. *Academic Medicine*. 85(7), 1221–1228.

[341] Bagri, A. S., MD, & Tiberius, R. (2010). Medical student perspectives on geriatrics and geriatric education. *Journal of American Geriatrics Society*. 58, 1994-1999.

[342] Butler, K. (2013). *Knocking on heaven's door: the path to a better way of death. New York, NY: Scribner; Zitter, J. N. (2017). Extreme measures: finding a better path to the end of life. New York, NY: Avery.*

抗逆力

[343] Eisenstein, L. (2018). To fight burnout, organize. *New England Journal of Medicine*. 379, 509–511.

［344］Cole, T. (March 21, 2012). The White-Savior Industrial Complex. *Atlantic*.

［345］Fadiman, A. (2017). *The wine lover's daughter: a memoir*. New York, NY: Farrar, Straus and Giroux.

态度

［346］Gornick, V. (2014). Letter from Greenwich Village. In J. J. Sullivan (Ed.), *The best American essays 2014*. (61–62). Boston, MA: Houghton Mifflin Harcourt Publishing Company.

［347］Athill, D. (2009). Chapter 15. *Somewhere towards the end*. (1655). Kindle ed. New York, NY: W. W. Norton & Company.

［348］Stone, A. A., Schwartz, J. E., Broderick, J. E., & Deaton, A. (2010). *Proceedings of the National Academy of Sciences of the United States of America*. (107)22, 9985–9990.

［349］World Health Organization. (2018). Ageing and life- course.

［350］Westerhof, G. J., Miche, M., Brothers, A. F., Barrett, A. E., Diehl, M., Montepare, J. M., et al. (2014). The influence of subjective aging on health and longevity: a meta-analysis of longitudinal data. Psychology and Aging, 29, 793-802; Kim, E. S., Moored, K. D., Giasson, H. L., & Smith, J. (2014). Satisfaction with aging and use of preventive health services. *Preventive Medicine*, 69, 176-180.

［351］Levy, B. R., & Myers, L. M. (2004). Preventive health behaviors influenced by self-perceptions of aging. *Preventive Medicine*. 39(3), 625–629.

［352］Levy, B. R., Pilver, C., Chung, P. H., & Slade, M. D. (2014). Subliminal strengthening: improving older individuals' physical function over time with an implicit- age- stereotype intervention. *Psychological Science*. 25(12), 2127–2135.

［353］Sargent-Cox, K. A., Anstey, K. J., & Luszcz, M. A. (2014). Longitudinal change of self-perceptions of aging and mortality. *Journals of Gerontology, Series B: Psychological Sciences and Social Sciences*. 69, 168–173.

［354］Carretta, H. J., Sutin, A. R., Stephan, Y., & Terracciano, A. (2015). Perceived discrimination and physical, cognitive, and emotional health in older adulthood. *American Journal of Geriatric Psychiatry: Official Journal of the American Association for Geriatric Psychiatry*. 23(2), 171-179.

银色建筑

［355］Reiling, J., Hughes, R. G., & Murphy, M. R. (2008). Chapter 28: The impact of facility design on patient safety in R. G. Hughes (Ed.) *Patient safety and quality: an evidence-based handbook for nurses*. Rockville, MD: Agency for Healthcare Research and Quality; Siddiqui, Z. K., Zuccarelli, R., Durkins, N., Wu, A. W., & Brotman, D. J. (2015). Changes in patient satisfaction related to hospital renovation: experience with a new clinical building. *Journal of Hospital Medicine*. 10(3), 165–171.

老年医学的本质

［356］Ribera Casaro. J. M. (2012). The history of geriatric medicine. The present: problems and opportunities. *European Geriatric Medicine*. 3, 230.

在长夜里相拥

[357] Dovey, C. (October 1, 2015). What old age is really like. *New Yorker*.

[358] Berger, J. (1972). *Ways of seeing*. London, UK: British Broadcast Corporation.

[359] Hughes, S. (July 9, 2016). Isabella Rossellini: "There is no work between 45 and 60— you're in limbo." *Guardian*.

[360] Merriam-Webster. (n.d.). Definition of beauty. Retrieved from https://www.merriam-webster. com/dictionary/beauty.

第十三章　理想境地

关于怎样结束的思考

[361] Gawande, A.(August 2, 2010). Letting go. *New Yorker*.

[362] Ritch, A. (2012). History of geriatric medicine: from Hippocrates to Marjory Warren. *Journal of the Royal College of Physicians of Edinburgh*. 42(4), 368–374.

[363] Rush, B. (1793). Account of the state of the body and mind in old age, with observations on its diseases and their remedies in *Medical Inquiries and Observations, 2*, Butterfield (Ed.). Edinburgh, UK: Sinclair.

[364] What is patient-centered care? (January 1, 2017). *NEJM Catalyst*.

[365] Pelham, B. (April 2004). Affective forecasting: the perils of predicting future feelings. *American Psychological Association*.

关怀范式

[366] Bardes, C. L. (2012). Defining "patient- centered medicine." *New England Journal of Medicine*. 366, 782–783.

[367] Diski, J. (2016). *In gratitude*. New York, NY: Bloomsbury.

[368] Newton, B. W., Savidge, M. A., Barber, L., Cleveland, E., Clardy, J., Beeman, G., & Hart, T. (2000). Differences in medical students' empathy. *Academic Medicine*. 75(12), 1215.

[369] Neumann, M., Edelhäuser, F., Tauschel, D., Fischer, M. R., Wirtz, M., Woopen, C., et al. (2011). Empathy decline and its reasons: a systematic review of studies with medical students and residents. *Academic Medicine*. 86(8), 996–1009.

[370] Peabody, F. W. (1927). The care of the patient. *JAMA*. 88(12), 877–882.

[371] For a good example of this, see the work of *Race Forward* or read this article: Murphy, T. (2017). A new way to look at race. *Brown Alumni Magazine*.

临终心愿

[372] in old lives Kaufman, S. R. (2015). *Ordinary medicine: extraordinary treatments, longer lives, and where to draw the line*. Durham, NC: Duke University Press.

[373] Finucane, T. E., Christmas, C., & Leff, B. A. (2007). Tube feeding in dementia: how incentives undermine health care quality and patient safety. *Journal of American Medical Directors Association*. 8(4), 205–208; Dzeng, E., Colaianni, A., Roland, M., Levine, D., Kelly, M. P., Barclay, S., & Smith, T. J. (2016). Moral distress amongst American physician trainees regarding futile treatments at the end of life: a qualitative study. *Journal of General*

Internal Medicine. 31(1), 93–99.

［374］Friend, T. (April 3, 2017). Silicon Valley's quest to live forever. *New Yorker*.

［375］Lively, P. (October 5, 2013). So this is old age. *Guardian*.

［376］Westcott, B. (May 3, 2018). 104-year-old Australian scientist to fly to Switzerland to end life. CNN.

［377］Hall, D. (2018). Notes nearing ninety. *Narrative Magazine*.

生命之本

［378］Leff, B., Carlson, C. M., Saliba, D., & Ritchie, C. (2015). The invisible homebound: setting quality-of care standards for home-based primary and palliative care. *Health Affairs*. 34(1), 21-29.

［379］Sudore, R. L. (2009). A piece of my mind. Can we agree to disagree? *JAMA*. 302(15), 1629–1630.

死亡

［380］Kübler- Ross, E. (1970). On death and dying. New York, NY: Collier Books/Macmillan Publishing Co.

第十四章　从容变老

［381］Fox Gordon, E. On sixty-five. (2014). In Sullivan, J. J. and Atwan, R. (Ed.). *Best American essays 2014*. New York, NY: Houghton-Mifflin Harcourt.

［382］Grumbach, D. (1991). *Coming into the end zone: a memoir*. New York, NY: W. W. Norton & Co.

［383］Athill, D. (2008). *Somewhere towards the end*. New York, NY: W. W. Norton & Co.

［384］Lively, P. (October 5, 2013). So this is old age. *Guardian*.

［385］Lessing, D. (May 10, 1992). *Sunday Times*.

［386］Sarton, M. (1997). *At eighty-two: a journal*. New York, NY: W. W. Norton & Co.

［387］Athill, D. (2008). *Somewhere towards the end*. New York, NY: W. W. Norton & Co.

［388］Angell, R. (2015). *This old man: all in pieces*. New York, NY: Anchor Books.

［389］Butler, R. N. (1975). *Why survive?: Being old in America*. Baltimore, MD: Johns Hopkins University Press.

结语

［390］Mailhot, T. M. (2018). *Heart berries: a memoir*. Berkeley, CA: Counterpoint.

机会

［391］Frederickson, B. L., & Kanheman, D. (1993). Duration neglect in retrospective evaluations of affective episodes. *Journal of Personality and Social Psychology*. 65(1), 45–55; Kahneman, D. (2000). Evaluation by moments, past and future. In Choices, values, and frames, D. Kahneman, & A. Tversky (Eds.). (693). Cambridge, UK: Cambridge University Press.

参考文献

Adichie, C. N. (2009). The danger of the single story. TEDGlobal. Retrieved from https://www.ted. com/talks/chimamanda_adichie_the_danger_of_a_single_story/transcript?language=en.

Angell, R. (2015). *This old man: all in pieces*. New York: Anchor Books.

Applewhite, A. (2016). *This chair rocks: a manifesto against ageism*. New York: Networked Books.

Aries, P. (1982). *The hour of our death: the classic history of western attitudes toward death over the last one thousand years*. New York: Vintage Books.

Athill, D. (2008). *Somewhere towards the end*. New York: W. W. Norton & Co.

Barnes, J. (2008). *Nothing to be frightened of*. New York: Random House.

Bayley, J. (1998). *Elegy for Iris: a memoir of Iris Murdoch*. London: Duckworth Overlook. Beard, M. (2017). *Women & power: a manifesto*. New York: Liveright Publishing.

Berger, J. (1972). *Ways of seeing*. London: Penguin Books.

Blythe, R. (1979). *The view in winter: reflections on old age*. London: Penguin Books.

Booth, W. C. (1992). *The art of growing older: writers on living and aging*. Chicago: University of Chicago Press.

Brownlee, S. (2007). *Overtreated: why too much medicine is making us sicker and poorer*. New York: Bloomsbury.

Buettner, D. (2008). *The blue zones: nine lessons for living longer from the people who've lived the longest*. Washington, DC: National Geographic Society.

Butler, K. (2013). *Knocking on heaven's door: the path to a better way of death*. New York: Scribner.

Butler, R. N. (1975). *Why survive?: being old in America*. Baltimore: Johns Hopkins University Press.

Carstensen, L. (2011). *A long bright future*. New York: PublicAffairs.

Chast, R. (2014). *Can't we talk about something more pleasant?: a memoir*. New York: Bloomsbury.

Cicero, M. T. (1927). *De senectute, de amicitia, de divinatione*. London: W. Heinemann, G. P. Putnam's Sons.

Cole, T. (1992). *The journey of life*. Cambridge, UK: Cambridge University Press.

Cole, T. R., & Winkler, M. G. (Eds.). (1995). *The oxford book of aging: reflexions on the journey of life*. Oxford, UK: Oxford University Press.

Crenshaw, K., Gotanda, N., Peller, G., & Thomas, K. (Eds.). (1995). *Critical race theory: the key writings that formed the movement*. New York: New Press.

de Beauvoir, S. (1996). *The coming of age*. (P. O'Brian, Trans.). New York: W. W. Norton & Co. (Original work published 1970).

Desmond, M. (2016). *Evicted: poverty and profit in the American city*. New York: Crown Publishers.

Didion, J. (2005). *The year of magical thinking*. New York: Alfred A. Knopf.

Ehrenreich, B. (2018). *Natural causes: an epidemic of wellness, the certainty of dying, and killing ourselves to live longer*. New York: Hachette Book Group.

Ernaux, A. (1991). *A woman's story*. (T. Leslie, Trans.). New York: Seven Stories Press. (Original work published 1988).

Fischer, D. H. (1978). *Growing old in America*. Oxford, UK: Oxford University Press.

Foucault, M. (1994). *The birth of the clinic: an archaeology of medical perception*. (A. Sheridan, Trans.). New York: Vintage Books. (Original work published 1963).

Friedan, B. (1993). *The fountain of age*. New York: Simon & Schuster.

Gawande, A. (2015). *Being mortal: medicine and what matters in the end*. New York: Picador.

Gillick, M. R. (2017). *Old and sick in America: the journey through the health care system*. Chapel Hill, NC: University of North Carolina Press.

Groopman, J. (2007). *How doctors think*. New York: Houghton Mifflin Co.

Grumbach, D. (2014). *Coming into the end zone: a memoir*. New York: Open Road.

Hall, D. (2014). *Essays after eighty*. New York: Houghton Mifflin Harcourt.

Hall, D. (2018). *A carnival of losses: notes nearing ninety*. New York: Houghton Mifflin Harcourt.

Heilbrun, C. (1997). *The last gift of time: life beyond sixty*. New York: Ballantine Books.

Hemingway, E. (1952). *The old man and the sea*. New York: Scribner.

Kaufman, S. R. (1986). *The ageless self: sources of meaning in late life*. Madison: University of Wisconsin Press.

Kaufman, S. R. (2015). *Ordinary medicine: extraordinary treatments, longer lives, and where to draw the line*. Durham, NC: Duke University Press.

Kidder, T. (1993). *Old friends*. New York: Houghton Mifflin Company.

Kleinman, A. (1988). *The illness narratives: suffering, healing, and the human condition*. New York: Basic Books.

Kohn, M., Donley, C. C., & Wear, D. (Eds.). (1992). *Literature and aging: an anthology*. Kent, OH: Kent State University Press.

Kozol, J. (2015). *The theft of memory: losing my father, one day at a time*. New York: Random

House. Le Guin, U. K. (2017). *No time to spare: thinking about what matters*. New York: Houghton Mifflin Harcourt.

Leland, J. (2018). *Happiness is a choice you make: lessons from a year among the oldest old*. New York: Farrar, Straus and Giroux.

McPhee, J. (1984). *Heirs of general practice*. New York: Farrar, Straus and Giroux.

Mendelsohn, D. (2017). *An odyssey: a father, a son, and an epic*. New York: Alfred A. Knopf.

Mukherjee, S. (2011). *The emperor of all maladies: a biography of cancer*. New York: Scribner.

Nuland, S. B. (1994). *How we die: reflections on life's final chapter*. New York: Vintage Books.

O'Neil, M., & Haydon, A. (2015). *Aging, agency, and attribution of responsibility: shifting public discourse about older adults*. Washington, DC: FrameWorks Institute.

Pipher, M. (1999). *Another country: navigating the emotional terrain of our elders*. New York: Riverhead Books.

Poo, A. (2015). *The age of dignity: preparing for the elder boom in a changing America*. New York: New Press.

Rankine, C. (2014). *Citizen: an American lyric*. Minneapolis: Graywolf Press.

Rosenthal, E. (2017). *An American sickness: how healthcare became big business and how you can take it back*. New York: Penguin Books.

Sarton, M. (1995). *Encore: a journal of the eightieth year*. New York: W. W. Norton.

Segal, L. (2013). *Out of time: the pleasures and the perils of ageing*. Brooklyn, NY: Verso.

Shem, S. (1978). *The house of God*. New York: Bantam Dell.

Shenk, D. (2003). *The forgetting: Alzheimer's: portrait of an epidemic*. New York: Anchor Books.

Skloot, R. (2011). *The immortal life of Henrietta Lacks*. Portland, OR: Broadway Books.

Sloan, J. (2009). *A bitter pill: how the medical system is failing the elderly*. Vancouver, CA: Greystone Books.

Solomon, A. (2012). *Far from the tree: parents, children, and the search for identity*. New York: Scribner.

Sontag, S. (1979). *Illness as metaphor*. New York: Vintage Books.

Span, P. (2009). *When the time comes: families with aging parents share their struggles and solutions*. New York: Hachette Book Group.

Sweet, V. (2017). *Slow medicine: the way to healing*. New York: Riverhead Books.

Thane, P. (2005). *A history of old age*. Oxford, UK: Oxford University Press.

Thomas, W. H. (1996). *Life worth living: how someone you love can still enjoy life in a nursing home: the Eden Alternative in action*. Acton, MA: VanderWyk & Burnham.

Weil, A. (2005). *Healthy aging: a lifelong guide to your physical and spiritual well-being*. New York: Alfred A. Knopf.

Winakur, J. (2008). *Memory lessons: a doctor's story*. New York: Hyperion.